みんなが欲しかった！

FP の教科書

滝澤ななみ

ナルホド

2級
AFP

JN043997

TAC出版
TAC PUBLISHING Group

FP試験を受検するにあたって

2024-2025年度版

知っておきたい 改正・変更情報

在職老齢年金

CH01 ライフプランニングと資金計画

在職老齢年金の支給停止のラインが **50** 万円となった（2023年度は48万円）

年金額

CH01 ライフプランニングと資金計画

2024 年度の年金額（主なもの）は下記のとおり

老齢基礎年金（満額）	816,000円 (1956年4月2日以後生まれ) ※ 1956年4月1日以前生まれは813,700円
子の加算額	第1子と第2子：234,800円 第3子以降　　：　78,300円
老齢年金の配偶者加給年金額	408,100円
中高齢寡婦加算	612,000円

法改正等によって内容が変更となったもののうち、
重要なものを抜粋しました。 改正・変更があったところは、
試験で出題されやすいので、
該当箇所を確認しておきましょう。

NISA制度

2024年1月から新しいNISA制度が導入された

	2023年までのNISA制度		2024年からのNISA制度	
	一般NISA	つみたてNISA	成長投資枠	つみたて投資枠
非課税期間	5年間	20年間	無期限	
年間投資枠	120万円	40万円	240万円	120万円
投資枠上限（総額）	600万円	800万円	1,800万円（うち成長投資枠1,200万円）	
制度の併用	不可		可	
対象商品	上場株式・投資信託・ETF	長期の積立て・分散投資に適した投資信託	上場株式・投資信託・ETF	長期の積立て・分散投資に適した投資信託

FPの
教科書

所得税・住民税の定額減税

- 所得税：2024年分の所得税額から1人につき3万円が控除される
- 住民税：2024年度分の住民税額から1人につき1万円が控除される

住宅ローン控除
（子育て世帯等に対する支援措置）

子育て特例対象個人（夫婦のいずれかが40歳未満の人か、19歳未満の扶養親族を有する人）が認定住宅等の新築等をして居住した場合には、控除対象借入限度額が上乗せとなる

			住宅ローンの 年末残高限度額
新築等	認定住宅	下記以外	4,500万円
		子育て特例対象個人	5,000万円
	ZEH水準 省エネ住宅	下記以外	3,500万円
		子育て特例対象個人	4,500万円
	省エネ基準 適合住宅	下記以外	3,000万円
		子育て特例対象個人	4,000万円
	一般住宅	──	0円

交際費等の損金算入

法人税における交際費等から除かれる飲食費等が1人あたり5,000円から10,000円に拡充された

空き家の譲渡の特例

空き家にかかる譲渡所得の3,000万円の特別控除において、2024年1月1日以降の譲渡より、相続人が3人以上の場合は特別控除額が2,000万円となった

生前贈与加算

相続開始前の一定期間内の生前贈与につき、相続財産に加算されるが、2023年12月までに贈与された財産については相続開始前「3年以内」の贈与が対象となるところ、2024年1月以降に贈与される財産については、対象期間が順次延長され、最終的には「7年以内」の贈与が対象となる

なお、相続開始前4年から7年のものについては100万円を控除した残額が相続財産に加算される

相続時精算課税制度

2024年1月以降、相続時精算課税制度につき、特別控除（累計2,500万円）を控除する前に、年間110万円を控除することができる

相続時にはこの110万円を控除した価格が相続税の課税価格となる

2024年1月以降の贈与では、相続時精算課税制度を選択した場合でも、年間110万円以下であれば贈与税の申告書の提出は不要となる

次のページから、勉強法や試験のあれこれについて、見ていきましょう！

本書の特徴 & はしがきに代えて…
合格するための勉強法

資格試験…にかかわらず、勉強のコツは共通していて、

❶何回転もすること ❷早い段階から問題を解くこと ❸継続すること

…なんです。意外とシンプルですよね。だけど、なかなかできないものです。

教科書は2回転以上を目標に。1回転目はざっと全体を読んで、2回転目はしっかりと読み込んでいきます。

SECTIONの
全体像を把握

最初にSECTION全体の学習内容をざっと確認。そのSECTIONの全体像や前後のつながりが見えてきます。

本文を読み進める

本文はなるべく平易な表現＆短い文章で書いています。
1回転目はささっと、2回転目は理解しながら読んでください。
赤太字（赤シートで隠れます）は、試験で問われる重要な箇所。その周辺はしっかり読み込みを！

3 奨学金制度

Ⅰ 貸与型

代表的な奨学金制度に、日本学生支援機構（独立行政法人）が行う奨学金制度があります。
同機構の奨学金制度には、無利息の**第1種奨学金**と利息付の**第2種奨学金**があります。
なお、奨学金制度の利用要件には、親の所得金額に係る基準が設けられています。

ひとこと

被扶養者の所得要件は130万円未満です。所得税等（CHAPTER04参照）の配偶者控除や扶養控除の所得要件である103万円とは区別して覚えましょう。

◀理解を深めるための

理解のヒントや補足情報などを簡単にまとめています。

その、「なかなかできない」を「気がついたらできていた！」とするため、いろいろな工夫をしたのが本書…と言いますか、本書を中心とした当システムです。

このシステムでは、アプリの活用に力を入れています。

多くの方が所有していて、手軽に、頻繁に見るスマートフォン、これをうまく使っていただこうと、フラッシュカード機能 などを搭載したアプリです。

本書とアプリをうまく使って効率的に学習してくださいね。

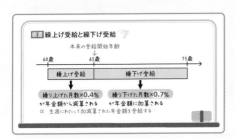

板書を目に焼きつける

文章だけではわかりづらいものやポイントを、図やイラストを用いてまとめています。板書の内容を脳に刻みつけましょう。

ポイントがまとまっているので板書だけささっと見ていくのも効果的です。

実は例題が超重要

> **例題**
>
> 2024 年 6 月 1 日に 60 歳に到達した人が老齢基礎年金の繰上げ受給を行った場合、「繰り上げた月数× 0.5%」が年金額から減額され、その減額割合は一生涯続く。
>
> ▶ × 減額率は **0.4%**である。60 歳に到達した月から繰上げ受給すると、最大 24%（0.4%× 12 カ月× 5 年）が減額される。

「例題」は基本的な問題で、しかもよく出題されるものを選んでいます。

1回転目から、例題は〇か×か答えを考えながら、必ず自力で解いてください。例題の直前にその内容が記載されているので、解いたあと、もう一度、直前の内容を確認します。これだけでもかなり知識が定着しますよ。

プラスワン　短期要件と長期要件

短期要件に該当する場合と長期要件に該当する場合の主な違いは次のとおりです。

遺族厚生年金の計算の基礎となる被保険者月数について	短期要件	300 月未満は **300 月**
	長期要件	実加入月で計算
給付乗数について	短期要件	生年月日による読替えを行わない
	長期要件	生年月日による読替えを行う

◀余裕のある人は　プラスワン　も

「試験で出題されたことがあるけど、発展的な内容」というものは「プラスワン」として記載しています。余裕のある人は目を通しておきましょう。

本書の特徴 & 合格するための勉強法 はしがきに代えて…

問題集（別売）を解く!

「教科書」と「問題集（別売）」はペアで使います。
特に FP 試験は、早い段階で問題集を解いて、その周辺の内容を教科書で確認するというやり方が賢い勉強法です。

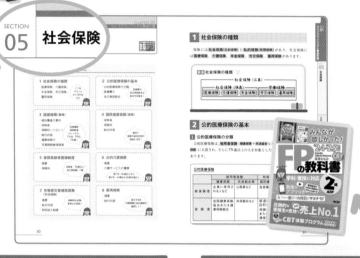

対応する問題を解く

教科書の1つのSECTIONを読んだら、そのSECTIONの問題を解きます。

教科書に戻る

間違えても、間違えなくても、すらすら解けた問題以外は教科書に戻って内容を確認しておきましょう。

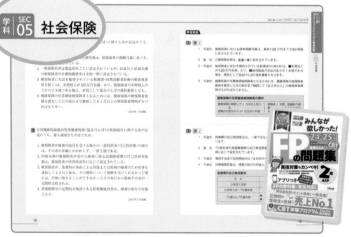

勉強法の詳細は P(28) でも説明しているので、ぜひご覧下さい!

書籍連動サービスをフル活用しよう！

学習をより効果的なものにするために、
動画講義とスマートフォンアプリをご用意しています。

その❶ 動画を見る

各CHAPTERで学習する概要を動画でご
説明しています。
概要なので軽い気持ちで見てOK！
最初にこの動画を見て、「ここではこんな
内容を勉強するんだな」と全体像をぼん
やり把握してくださいね。

※配信は7月上旬を予定しております。

その❷ アプリを使う

本書を使った学習をより効果的なものにするために、場所を選ばず学習できるスマートフォンアプリを活用しましょう。いつでも、どこでもスマホがあれば学習、復習、
問題演習ができる…手軽さが便利です。

フラッシュカードを使おう！

重要数字をまとめた**フラッシュカード**。
1項目を数秒でパパッと確認できます。
※どなたでも、無料でご利用いただけます。

その他の機能（有料）

- ■**教科書縦読み機能**※
  横にページをめくるのではなく、スクロールで「教科書」が読める機能
- ■**問題集（別売）のアプリ化**※
  問題集の問題がアプリで解けます。
- ■**スケジュール機能**
  学習スケジュールを管理する機能
  ※一部無料でお試しいただくことができます！

アプリの詳細はこちら

https://tatesuta.jp/tacfp/

※配信は7月上旬を予定しております。

その❸ 模擬プロを使う

試験直前対策に！ 模擬試験プログラムでCBT方式の試験を体験しましょう。詳細は
(14) ページ（←目次のあと）をご確認ください。

以上の工夫により、本書（とその仲間たち）は、現時点で 一番わかりやすい・読み
やすい・見やすい・そして合格しやすい本 になっているのではないかと思います。
どうぞ、本書（とその仲間たち）をご活用いただき、「お金に関する総合知識」を身に
つけてください。皆様の合格を心よりお祈り申し上げます。

滝澤ななみ

本書の使い方

本書は、持ち運びに便利なように
2分冊に分解できるようになっています。

⭐ なるべくコンパクトに持ち歩きたい人は、
　　次ページのように本を分解して使用できます

⭐ 全科目をまとめて持ち歩きたい人は、バラさずに1冊で使えます

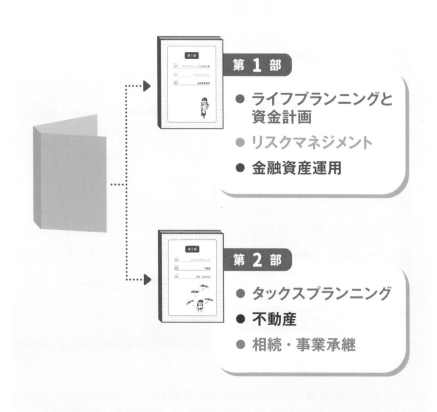

第 1 部

- ● ライフプランニングと
　　資金計画
- ● リスクマネジメント
- ● 金融資産運用

第 2 部

- ● タックスプランニング
- ● 不動産
- ● 相続・事業承継

2分冊に分解して使用する方法

分解して本書を使用する場合は、
下記の手順にそってご利用ください。

❶ 白い厚紙から冊子を取り外します。

※白い厚紙と冊子がのりで接着しています。乱暴に扱うと破損する恐れ
　があるため、丁寧に取り外すようにしてください。

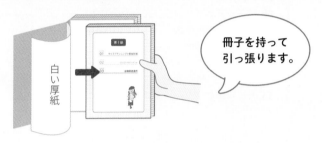

冊子を持って
引っ張ります。

**❷ カバーを使用する際は、本体のカバーを裏返しにして、抜き
取った冊子にあわせてきれいに折目をつけて使用してください。**

※抜き取る際の損傷についてのお取替えはご遠慮願います。

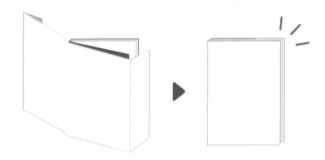

１冊のまま使用する方へ

各分冊間の白い厚紙を切り取って、１冊の本としてご利用ください。
切り取り線がついていますので、カッターなどで丁寧に切り取ってください。

模擬試験プログラムでCBT方式を体験しよう!

本書には、CBT方式を体験できるWebアプリ「模擬試験プログラム」が付属しており、学科試験と実技試験※1のどちらも体験することができます。本番そっくりの環境を体験できるので、ひと通りの操作に慣れるためにも、本試験前に一度は挑戦しておきましょう。

「模擬試験プログラム」へのアクセス方法

STEP 1	TAC出版 🔍 で検索
STEP 2	書籍連動ダウンロードサービス ⬇ にアクセス
STEP 3	パスワードを入力 240511180

Start!

（免責事項）
(1) 本アプリの利用にあたり、当社の故意または重大な過失によるもの以外で生じた損害、及び第三者から利用者に対してなされた損害賠償請求に基づく損害については一切の責任を負いません。
(2) 利用者が使用する対応端末は、利用者の費用と責任において準備するものとし、当社は、通信環境の不備等による本アプリの使用障害については、一切サポートを行いません。
(3) 当社は、本アプリの正確性、健全性、適用性、有用性、動作保証、対応端末への適合性、その他一切の事項について保証しません。
(4) 各種本試験の申込、試験申込期間などは、必ず利用者自身で確認するものとし、いかなる損害が発生した場合であっても当社では一切の責任を負いません。

（推奨デバイス）PC・タブレット
（推奨ブラウザ）Microsoft Edge 最新版／Google Chrome 最新版／Safari 最新版

詳細は、下記 URL にてご確認ください。
https://tac-fp.com/login

※1 本プログラムは学科試験と実技試験（金財「個人資産相談業務」「生保顧客資産相談業務」、FP協会「資産設計提案業務」）に対応しています。

※2 本特典の提供期間は、改訂版刊行月末日までです。

※3 この模擬試験プログラムは TAC 出版が独自に製作したものです。実際の画面とは異なる場合がございますので、ご了承ください。

本書は、2024 年 4 月 1 日現在の施行法令に基づいて作成しております。

改正がある場合には、下記ホームページの法改正情報コーナーに法改正情報を掲載いたします。

TAC 出版書籍販売サイト「Cyber Book Store」
https://bookstore.tac-school.co.jp/

復興特別所得税の本書における取扱い

東日本大震災の復興財源を確保するため、「復興財源確保法」が公布・施行されました。これにより、所得税においては、2013年から「復興特別所得税」として「所得税額（基準所得税額）× 2.1％」が課されています。

FP試験では、復興特別所得税を考慮した税率で出題されることも、復興特別所得税を考慮しない税率で出題されることもあるので、本書では原則として所得税と復興特別所得税を分けて記載しています。

なお、本試験では問題文の指示にしたがって解答するようにしてください。

試験の内容や学習の進め方、
FP資格の活かし方がわかる!

スタートアップ講座

CONTENTS

FP資格の全体像

ファイナンシャル・プランニング技能検定

実施機関
金財・日本FP協会

3級FP技能検定
（学科＋実技試験）

3級合格者

`3級`

2級FP技能検定
（学科＋実技試験）

2級合格者

`2級`

＋

A F P 認定研修 受講＆修了

1級FP技能検定
（学科＋実技試験）

1級合格者

`1級`

1級学科試験免除
（合格の翌々年度まで）

1級学科試験免除

FP（ファイナンシャル・プランナー）の資格には、
国家資格のファイナンシャル・プランニング技能検定
3級〜1級と、日本FP協会認定のAFP資格
およびCFP®資格があります。
試験は、「一般社団法人金融財政事情研究会（金財）」と
「NPO法人日本ファイナンシャル・プランナーズ協会
（日本FP協会）」の2団体が実施しています。

実施機関
日本FP協会

日本FP協会認定資格

AFP認定者

**CFP®資格
審査試験
6課目に合格**

＋

**CFP®エントリー研修、
一定の実務経験など**

CFP®認定者

FP（ファイナンシャル・プランナー）が活躍する場面

本格的な学習に入る前に、
まずＦＰが活躍する場面についてみていきましょう。

仕事で役立つ場面

ファイナンシャル・プランナーとして仕事をする場合には、大きく分けて、企業系FPと独立系FPがあります。

企業系FPとは？

企業系ＦＰは、銀行や信用金庫、証券会社、保険会社などの金融系の企業で従業員として働いています。

これらの企業で、ライフプランの相談にのったり、商品の一般的な説明を行ったりします。

こういった相談や説明はFPの資格がなくてもできますが、FPの資格を持っていることで、お客さんに安心感を持ってもらうことができますし、

自分も、知識があるため、自信を持って相談にのることができます。

金融系の企業ではFP試験の内容が業務に直結しているので、金融系の企業に転職するさいやキャリアアップには、FPの資格や知識がおおいに役立ちます。

また、FPで学習する内容には社会保険や税務、相続、不動産に関する分野もあるため、金融系の企業以外にも、活躍する場面がたくさんあります。

独立系FPとは？

続いて、独立系FPについてです。

独立系FPとは、個人または数人でFP事務所を構え、独立開業しているFPをいいます。

独立系FPは、自分の専門分野について個人のお客さんの相談にのったり、セミナーの講師をしたり、新聞・雑誌の記事を書いたりします。

以上のように、FP資格を仕事に活かせる場面はたくさんあります。

FPの知識はプライベートでも必要!

また、FPで学習する内容は、仕事だけでなく、プライベートでも必要になる知識ばかりです。

たとえば、「ちょっと投資でもしてみようかな」というときには「金融資産運用」の知識が役に立ちますし、

「独立して個人事業主になったから、確定申告しなきゃ!」というときには、「タックスプランニング」の知識があると安心ですよね。

また、学生さんが社会人になるときや、結婚したときなどに保険の加入や見直しを検討する場合がありますが、このときに「リスクマネジメント」の知識があると、保険商品を選ぶときに役立ちますよね。

そして、マンションや一軒家を購入するときには、「不動産」の知識があると、契約のさいにドンとかまえていられます。

万一、自分の身内が亡くなったときには、「相続・事業承継」の知識が役に立つでしょう。

老後資金も気になりますよね…。

なにより、一生を通じていくらお金が必要で、豊かな老後を送るにはどれだけ貯蓄や稼ぎが必要なのかを把握しておくことによって、将来のお金の不安を解消することができます。

このような、老後資金や一生を通じての資金計画については「ライフプランニングと資金計画」で学習します。

…というように、FP試験の学習内容は就職・転職・キャリアアップに有利なだけでなく、わたしたちが生活する上で必要な知識ばかりなのです。

みなさんも、FPの知識を活かして充実した人生を送りましょう。

FP 2級の試験概要

> 2025年4月からCBT方式がスタートします!

つづいて、
FP2級の試験概要をみてみましょう。

I 試験の概要

試験日

試験は、2024年9月、2025年1月に紙試験が実施され、2025年4月よりCBT方式[※1]により(随時[※2])実施されます。なお、金財の試験では、2025年5月にも紙試験が並行実施されます。

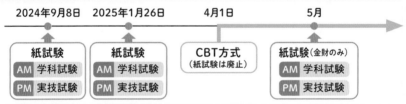

2024年9月8日　2025年1月26日　　　　4月1日　　　　　　5月

紙試験
AM 学科試験
PM 実技試験

紙試験
AM 学科試験
PM 実技試験

CBT方式（紙試験は廃止）

紙試験（金財のみ）
AM 学科試験
PM 実技試験

※1　CBT方式…テストセンターのPC上で解答する形式
※2　年末年始、3月の1カ月間と5月下旬の休止期間を除く

試験実施機関

FP技能検定の実施機関は、次の2つがあります。受検の申込や詳細については、下記の各試験実施機関にお問い合わせください。

一般社団法人
金融財政事情研究会（金財）
URL https://www.kinzai.or.jp
TEL 03-3358-0771

NPO法人　日本ファイナンシャル・
プランナーズ協会（日本FP協会）
URL https://www.jafp.or.jp
TEL 03-5403-9890

法令基準日

各試験の法令基準日は以下のとおりです。

紙試験	2024 年9月試験は 2024 年4月1日 2025 年1月・5月試験は 2024 年 10 月1日
CBT方式	2025 年4月・5月実施分は 2024 年4月1日 2025 年6月〜 2026 年5月実施分は 2025 年4月1日

受検資格

次のいずれかに該当する人は2級を受検することができます。

受検資格 (どれか1つに あてはまる人)	・3 級 FP 技能検定の合格者 ・FP 業務に関して 2 年以上の実務経験がある人 ・日本 FP 協会が認定する AFP 認定研修を修了した人 ・厚生労働省認定 金融渉外技能審査 3 級の合格者

Ⅱ 出題内容と合格基準

試験種

| 学科試験 | 両方合格して |
| 実技試験 | 2級FP技能士取得 |

2級FP技能士を取得するためには、学科試験と実技試験の両方に合格する必要があります。

学科試験

学科試験は、四答択一式で、試験時間は 120 分です。

学科試験の問題は 金財・日本FP協会 ともに同一です。

出題形式	四答択一式60問
試験時間	120分
合格基準	60点満点で36点以上 ←6割以上の正答

・次の各問について答えを1つ選び、その番号を解答用紙にマークして
ください。

問題 1
ファイナンシャル・プランナー（以下「FP」という）の顧客に対する行
為に関する次の記述のうち、職業倫理や関連法規に照らし、最も不適
切なものはどれか。

1. FPのAさんは、顧客から外貨定期預金の運用に関する相談を受け、
   為替レートが変動した場合のリスクについて説明した。

2. FPのBさんは、顧客から上場投資信託（ETF）に関する相談を受
   け、商品の概要を説明したうえで、元本保証がないことを説明した。

3. FPのCさんは、賃貸アパートの建設に関する相談を受け、顧客から
   預かったデベロッパーの事業計画書を、顧客の同意を得ることなく、
   紹介予定の銀行の担当者に融資の検討資料として渡した。

4. FPのDさんは、顧客から公正証書遺言の作成時の証人になること
   を要請され、証人としての欠格事由に該当しないことを確認したうえ
   で、適正な対価を受けて証人になった。

4つの答えの中から1つを選ぶ問題

実技試験

実技試験は、金財 と 日本FP協会 で内容が異なります。

そのため、実技試験をどの科目で受検するかによって申込先が異なります。

	金 財	日本FP協会
出題形式	事例形式5題	記述式40問
出題科目	下記のうちから1つ選択 ◆個人資産相談業務 ◆生保顧客資産相談業務 ◆中小事業主資産相談業務 ◆損保顧客資産相談業務	◆資産設計提案業務
試験時間	90分	90分
合格基準	50点満点で30点以上 6割以上の正答	100点満点で60点以上 6割以上の正答

申込者数・受検者数・合格者数・合格率

FP2級の申込者数や合格者数は、下記のとおりです。

【金財　受検者】

科目	受検月	受検申請者数	受検者数(A)	合格者数(B)	合格率(B/A)
学科 （金財受検）	2023年9月	36,884	28,094	6,393	22.75%
	2023年5月	35,898	27,239	4,772	17.51%
	2023年1月	47,555	36,713	10,676	29.07%
	2022年9月	44,968	34,872	5,495	15.75%
	2022年5月	47,971	36,863	8,152	22.11%
	2022年1月	61,392	41,803	8,154	19.50%
	平均	45,778	34,264	7,274	21.12%
【実技】 個人資産 相談業務	2023年9月	12,444	9,065	3,750	41.36%
	2023年5月	13,187	9,827	3,908	39.76%
	2023年1月	16,943	12,487	4,257	34.09%
	2022年9月	15,634	11,716	4,867	41.54%
	2022年5月	16,701	12,319	3,874	31.44%
	2022年1月	24,357	16,420	6,518	39.69%
	平均	16,544	11,972	4,529	37.98%
【実技】 生保顧客資産 相談業務	2023年9月	11,933	8,352	3,355	40.17%
	2023年5月	12,989	9,112	3,572	39.20%
	2023年1月	13,955	9,813	3,131	31.90%
	2022年9月	14,410	10,160	3,307	32.54%
	2022年5月	15,910	10,953	3,760	34.32%
	2022年1月	21,784	13,156	6,702	50.94%
	平均	15,164	10,258	3,971	38.18%

【日本FP協会　受検者】

科目	受検月	受検申請者数	受検者数(A)	合格者数(B)	合格率(B/A)
学科 （FP協会受検）	2023年9月	29,220	23,917	12,804	53.54%
	2023年5月	30,511	24,727	12,072	48.82%
	2023年1月	37,352	29,466	16,537	56.12%
	2022年9月	31,989	26,265	11,074	42.16%
	2022年5月	34,877	27,678	13,617	49.20%
	2022年1月	37,738	27,889	11,576	41.51%
	平均	33,615	26,657	12,947	48.56%
【実技】 資産設計 提案業務	2023年9月	26,198	20,892	10,867	52.02%
	2023年5月	27,999	22,167	12,991	58.61%
	2023年1月	31,645	23,994	14,283	59.53%
	2022年9月	27,115	21,516	12,167	56.55%
	2022年5月	30,454	23,237	14,432	62.11%
	2022年1月	32,640	23,186	13,061	56.33%
	平均	29,342	22,499	12,967	57.53%

「みん欲し」を使った効果的な学習の進め方

「みんなが欲しかった！ FPシリーズ」で
合格しよう！

学習の進め方

みんなが
欲しかった！

FPの教科書

みんなが
欲しかった！

FPの問題集

この「みんなが欲しかっ
た！ FPシリーズ」には、
『教科書』と『問題集』
があります。

教科書

問題集

問題	解答
1	1答
2	2答
3	3答

↖ 教科書を
　読んだら…

↖ 対応する
　問題を解く

学習するときは、『教
科書』を読んだらそれ
に対応する『問題集』
の問題を解く、を繰り
返します。

✕	教科書を全部読んでから問題を解く	『教科書』を全部読んだあとに、まとめて『問題集』の問題を解くんじゃないですよ。
○	教科書をちょっと読んだら、それに対応する問題を解く	『教科書』をちょっと読んだら、それに対応する問題を解くんです。すぐに問題を解くことで、知識が定着しやすくなります。

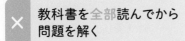

いちいち解く！

CHAPTER01	CHAPTER02	CHAPTER03
SECTION01 02 ⋮	SECTION01 02 ⋮	SECTION01 02 ⋮

CHAPTER04	CHAPTER05	CHAPTER06
SECTION01 02 ⋮	SECTION01 02 ⋮	SECTION01 02 ⋮

『教科書』は全6チャプターあり、そこから細かくセクションに分かれています。

CHAPTER01	CHAPTER02	CHAPTER03
学科 実技	学科 実技	学科 実技

CHAPTER04	CHAPTER05	CHAPTER06
学科 実技	学科 実技	学科 実技

『問題集』も、『教科書』の掲載順に全6チャプターあります。

そして、各チャプターごとに「学科」と「実技」に分かれています。

問題集

学科	実技
SECTION01	_____
SECTION02	_____
↑ 教科書の セクション順	↑ 教科書の チャプター全体 からの出題

『問題集』の「学科」の問題は、『教科書』のセクション順に掲載しています。

一方、「実技」の問題は、チャプター全体からの出題となっています。

このセクションを読んだら…

問題集の対応するセクションの問題を解く

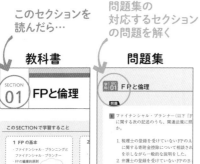

教科書　　問題集

SECTION 01 FPと倫理

このSECTIONで学習すること

1 FPの基本
- ファイナンシャル・プランニングと
  ファイナンシャル・プランナー
  FPの業務の原則

制限 SEC 01 FPと倫理

問題

1 ファイナンシャル・プランナー（以下「FP」に関する次の記述のうち、関連法規に照かか。
1. 税理士の登録を受けていないFPのAに関する寄附金控除について相談されを示しながら一般的な説明をした。
2. 弁護士の登録を受けていないFPのB当該顧客を委任者とする任意後見契約
3. 生命保険募人の登録を受けていない

だから、『教科書』の1セクションを読んだら、それに対応する『問題集』の「学科」のセクションの問題を解きます。

教科書　　問題集

問題	解答
1	1答
2 ✕	2答
3	3答

間違えた問題は
教科書に戻って
該当箇所を確認！

『教科書』の内容が頭に入っていれば問題は解けるはずですが、FPの学習範囲はとても広いので、全部の内容を頭に入れるのは難しいです。

だから、問題が解けなかったり、答えを間違えることもあります。

そういった場合には、『教科書』に戻って、該当箇所を確認してください。

問題集

学科 → 実技

学科の次は実技を解く！

1チャプターについて『教科書』→『問題集』を繰り返していき、「学科」の問題が解き終わったら、次は「実技」の問題を解きます。

なお「実技」は他の科目と関連する出題があるので、6チャプター分の「学科」が終わったあとにまとめて解いてもかまいません。

個人資産相談業務

生保顧客資産相談業務

資産設計提案業務

ぼくはコレ！　わたしはコレ！　わたしはコレ！

「実技」の問題は、自分が受ける科目の問題のみ解けばOKです。

ここでも、間違えた問題は『教科書』の該当部分に戻ります。

教科書　問題集

問題　解答
1　1答
2　2答
3　3答　おわり
おわり

↓ 6チャプター全部おわったら…

問題集

問題　解答
1　1答
2　2答
3　3答

問題集の問題を最初からばば〜っと解く！

以上のことを6チャプター分繰り返したら、次は『問題集』の問題を最初からばば〜っと解きます。

そして、問題を解いたあと、該当する『教科書』の部分を読んでおきます。

教科書　**問題集**

ふせんをはったり、メモ書きをして、
あとでまた見る!

このとき、間違えたところや、知識があやふやな問題や内容についてはメモしておいて、あとでまた解いたり読み返すようにしましょう。

また、まとまった勉強時間がとりにくい方は、アプリなどを活用して、ちょっとした時間にも勉強を進めてみてください。

問題集

← 時間を計って
解く

このような感じで、『教科書』『問題集』が2回転くらい終わったら、『問題集』の最後に掲載してある、総合問題編(1回分の本試験問題)を時間を計って解きます。
2025年4月からのCBT方式を受検されるかたは、「模擬試験プログラム」にもチャレンジし、実際の試験環境を体験しておきましょう。

採点して
自分の得意、
不得意を
把握しよう!

もちろん採点もして、自分の到達度や得意・不得意科目を把握して、不得意な科目は本試験までに克服しましょう。

また、できなかった問題は、必ず教科書に戻って復習しましょう。

3回分の
本試験形式の
予想問題を
収載

なお、総合問題をもっと解きたい方や時間に余裕がある方は、別売りの『●年●月試験をあてる TAC 直前予想模試 FP 技能士 2 級・AFP』をやっておくと安心です。

以上が基本的な学習の進め方になりますが…

どこから始める？

実は、FPの勉強は、『教科書』の1ページ目（CHAPTER01）から順に進める必要はないんです。

CHAPTER01	CHAPTER02	CHAPTER03
ライフプランニングと資金計画	リスクマネジメント	金融資産運用

CHAPTER04	CHAPTER05	CHAPTER06
タックスプランニング	不動産	相続・事業承継

科目が独立しているから
どのチャプターから勉強してもOK

FP試験は大きく分けて6科目から出題されます。

だから、本書も科目ごとに6チャプターに分けて記載していますが、これらの科目は独立しているので、どの科目から…つまり、本書のどのチャプターから勉強をはじめてもいいんです。

お好きな
チャプターから
勉強してね！

FPの
教科書

だから、自分の得意な科目やなんとなく知っている科目…要するにとっつきやすいチャプターから学習をはじめてください。

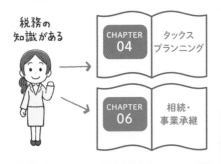

税務の
知識がある

CHAPTER
04　タックス
　　　プランニング

CHAPTER
06　相続・
　　　事業承継

たとえば、会計事務所に勤めたことがある人や、税務の勉強をしたことがある人、個人で確定申告をしたことがある人などは、CHAPTER04のタックスプランニングやCHAPTER06の相続・事業承継がとっつきやすいのではないでしょうか。

○×不動産

CHAPTER
05　不動産

○○生命

CHAPTER
02　リスク
　　　マネジメント

また、不動産会社に勤めたことがある人は、CHAPTER05の不動産から。

保険会社に勤めたことがある人なら、CHAPTER02のリスクマネジメントから。

人事部や社労士事務所などで社会保険関連の業務についたことがある人なら、CHAPTER01のライフプランニングと資金計画から。

証券会社などに勤めたことがあったり、個人で株や投資信託、FXなどをやったことがある人なら、CHAPTER03の金融資産運用から。

「どの科目についてもよく知らないんだけど…」っていう人は、CHAPTER03の金融資産運用からはじめるのはどうでしょうか。

預貯金の話や投資の話が出てくるので、興味を持って勉強できるかもしれません。

もちろん、科目の知識があったとしても、CHAPTER01から順番にやったってかまいません。

自分が気持ちよく、継続して勉強できる順番で勉強していってください。

各チャプターで学習する内容

各チャプターでどんなことを勉強するのか、
最初にかる〜く見ておきましょう。

CHAPTER01　ライフプランニングと資金計画

CHAPTER01で学習する主な内容

● FPと倫理 ← 当たり前のことを言っているので、難しくはない
● ライフプランニングの手法
● 社会保険（公的保険）など

医療保険	介護保険	年金保険
↖ 健康保険とか、国保とか…		↖ 国民年金とか、厚生年金
労災保険	雇用保険	

CHAPTER 01では、「FPはこういうことをしてはいけない」とか、「FPはどのようにライフプランニングを行うか」といった、FPの基本的なことを学習します。

また、健康保険や雇用保険、公的年金といった社会保険の仕組みや内容について学習します。

CHAPTER02　リスクマネジメント

CHAPTER02で学習する主な内容

● 保険の基礎
● 生命保険
● 損害保険
● 第三分野の保険 など
　↖ 医療保険やがん保険など

えーと…
ウチが加入してる保険は…
保険証券

CHAPTER02では、生命保険や損害保険、医療保険やがん保険等の仕組みや内容について学習します。

自分が加入している保険の内容を確認しながら学習すると、知識が定着すると思います。

CHAPTER03　金融資産運用

CHAPTER03で学習する主な内容

- 金融・経済の基本
- 貯蓄型金融商品 ← 預貯金とか…
- 債券、株式、投資信託

  ここらへん、ちょっとやってみた（投資したことがある）人や、興味のある人が多いのでは…?

- 外貨建て金融商品 など

CHAPTER03 では、金融・経済の基本から、貯蓄型金融商品、国債などの債券、株式、投資信託、外貨建て金融商品などについて学習します。

すでに投資をしている人は知識を確認しながら、そうでない人は、「もし自分が投資するなら…」と考えながら勉強を進めるといいでしょう。

CHAPTER04　タックスプランニング

CHAPTER04で学習する主な内容

- 所得税
- 個人住民税、個人事業税
- 法人税
- 消費税

ほほう…そういうことだったのか

FPの教科書　確定申告書

CHAPTER04 では、主に所得税について内容と仕組みを学習します。2 級では法人税や消費税についても学習します。

確定申告をしたことがある人は、確定申告書の控えを見ながら学習してみるといいかもしれません。

"還付額"だけ見てポイッとしちゃわないで

じっくり見てみようね

FPの教科書　源泉徴収票

また、会社員の方は、年末調整という便利な制度のために、自分の税額（税率）や控除額を知らない人が多いので、ここで自分の源泉徴収票を引っ張り出して、ながめてみましょう。

CHAPTER05　不動産

CHAPTER05で学習する主な内容

- **不動産の取引** ← 不動産の売買契約に
関するポイントなど
- **不動産に関する法令**

　　↖ 借地借家法とか、区分所有法とか、
　　　建築基準法とか…

- **不動産に係る税金** など

CHAPTER05では、不動産について学習します。

不動産の売買契約や不動産に関する法令、不動産に係る税金などについて学習します。

不動産を買う前に知っておきたい内容ですね。

CHAPTER06　相続・事業承継

CHAPTER06で学習する主な内容

- **相続の基本** ← 相続分とか、相続の放棄
とか、遺言とか…
- **相続税**
- **贈与税**
- **財産の評価** など

自分のケースで
考えてみよう

妻
子　子

CHAPTER06では、相続に関する法律の基礎知識や、相続税、贈与税について学習します。

もし、自分の両親や自分自身が亡くなった場合、「法定相続人が誰で、相続分はいくつで、相続税の基礎控除額がいくらになるのか」などを考えながら教科書を読むと覚えやすいでしょう。

まとめ

FP試験の学習のコツは…

「自分の場合はどうなるのか?」を
考えながら読み進めること!

要するに、「自分のケース」を思い浮かべながら教科書を読むと、理解しやすいし覚えやすい…ということです。
以上のことをふまえて、「どのチャプターからやっていくか」を決めて、本書を読み進めていってくださいね!

【著 者】

滝澤ななみ（たきざわ・ななみ）

簿記、ＦＰ、宅建士など多くの資格書を執筆している。主な著書は
『スッキリわかる日商簿記』１～３級（15年連続全国チェーン売上第
１位※1）、『みんなが欲しかった！簿記の教科書・問題集』日商２・
３級、『みんなが欲しかった！ＦＰの教科書』２・３級（10年連続売
上第１位※2）、『みんなが欲しかった！ＦＰの問題集』２・３級、『み
んなが欲しかった！宅建士の教科書』、『みんなが欲しかった！宅建士の問題集』など。

※1　紀伊國屋書店PubLine／三省堂書店／丸善ジュンク堂書店　2009年1月～2023年12月（各社調べ、50音順）
※2　紀伊國屋書店PubLine調べ　2014年1月～2023年12月

〈ホームページ〉『滝澤ななみのすすめ！』
著者が運営する簿記・FP・宅建士に関する情報サイト。
URL：https://takizawananami-susume.jp

・装丁、本文デザイン：Malpu Design
・装画：matsu（マツモト　ナオコ）
・前付イラスト：イケナオミ

2024－2025年版
みんなが欲しかった！　FPの教科書　２級・AFP

（2013-2014年版　2013年６月20日　初版　第１刷発行）

2024年５月25日　初　版　第１刷発行
2024年５月30日　初　版　第２刷発行

著　者	滝　澤　な　な　み	
発行者	多　田　敏　男	
発行所	ＴＡＣ株式会社　出版事業部	
	（ＴＡＣ出版）	

〒101-8383
東京都千代田区神田三崎町3-2-18
電話 03(5276)9492（営業）
FAX 03(5276)9674
https://shuppan.tac-school.co.jp/

組　版	株式会社　グ　ラ　フ　ト
印　刷	株式会社　光　　　邦
製　本	株式会社　常　川　製　本

© Nanami Takizawa 2024　　　　Printed in Japan　　　　ISBN 978-4-300-11180-2
N.D.C. 338

魅惑のパーソナルファイナンスの世界を感じられる無料オンラインセミナーです！

「多くの方が不安に感じる年金問題」「相続トラブルにより増加する空き家問題」
「安全な投資で資産を増やしたいというニーズ」など、社会や個人の様々な問題の解決に、
ファイナンシャルプランナーの知識は非常に役立ちます。
長年、ファイナンシャルプランニングの現場で顧客と向き合い、
夢や目標を達成するためのアドバイスをしてきたベテランFPのTAC講師陣が、
無料のオンラインセミナーで魅力的な知識を特別にお裾分けします。
とても面白くためになる内容です！
無料のオンラインセミナーですので、気軽にご参加いただけます。
ぜひ一度視聴してみませんか？　皆様の世界が広がる実感が持てるはずです。

皆様の **人生を充実させる**のに必要なコンテンツがぎっしり詰まった**オンラインセミナー**です！

参考 ▷ **過去に行ったテーマ例**

- 達人から学ぶ「不動産投資」の極意
- 老後に役立つ個人年金保険
- 医療費をたくさん払った場合の節税対策
- 基本用語を分かりやすく解説 NISA
- 年金制度と住宅資産の活用法
- FP試験電卓活用法
- 1級・2級本試験予想セミナー
- 初心者でもできる投資信託の選び方
- 安全な投資のための商品選びのチェックポイント
- 1級・2級頻出論点セミナー

- そろそろ家を買いたい！実現させるためのポイント
- 知らないと損する！社会保険と公的年金の押さえるべきポイント
- 危機、災害に備える家計の自己防衛術を伝授します
- 一生賃貸で大丈夫？老後におけるリスクと未然の防止策
- 住宅購入時の落とし穴！購入後の想定外のトラブル
- あなたに必要な保険の見極め方
- ふるさと納税をやってみよう♪ぴったりな寄付額をチェック

書籍で学習されている方のための
最後の追い込みに最適のコース!

「書籍で学習はしているものの演習は十分ではない」「過去問は分量が多くて手が回っていない」
「限られた時間の中、分厚い演習教材を何回も繰り返してやっている時間はない」……

そんなあなたにオススメのコースです!

TAC FP講座の長年の合格ノウハウを詰め込んだ
直前期総まとめ教材「あてるTAC直前予想模試」(TAC出版)をフル活用し、
最短の時間で最大の効果を上げる!

2級直前対策パック
(試験対策+公開模試)

TAC FP 2級直前対策パック 🔍

知識を全て総チェックするのはもちろん、
「苦手なテーマ」「手が回っていない分野」「強化したい部分」等を
選択して学習するということもでき、非常に効果的です!

今お手持ちの書籍で一通り学習を進めたら、直前期の最後の仕上げは、セレクトされた選りすぐりの問題を解くことで得点につなげていきましょう。問題を解いて、既に使っている見慣れたテキストを開いて読み返すという流れも良いのですが、整理された重要ポイントをスピーディーにチェックできる時間効率を高めた専用コースが「2級直前対策パック」です。

最後の演習では、時間効率のため超重要問題を解きつつ、知識の確認をする必要があります。その際に残された時間は少ないため、無駄は徹底的に省かなければなりません。そんな書籍学習者の皆様にオススメのコースです。

TACは何度も出題されるところを知り尽くしています！

OP オプション講座

2級直前対策パック （試験対策4回+公開模試 1 回）

「2 級直前対策パック」は、問題演習によって頻出論点の総整理ができる試験対策と、オリジナルの予想問題で試験直前の総仕上げができる公開模試を組み合わせたコースです。また、「公開模試」のみでもお申込みいただけます。

試験対策

「あてる TAC 直前予想模試」（TAC 出版）収録の模擬試験（学科 3 回分＋実技 1 回分）を使用して知識を総整理するとともに、本試験で実践できる解法テクニックを習得し、得点力を確実なものにします。

また、「過去の出題傾向と出題予想」「計算ドリル」「20 点 UP!! 直前つめこみノート」などの付録も充実しているので、自習用教材としてもぜひご活用ください。

模擬試験 問題

模擬試験 解答・解説

出題傾向・出題予想

計算ドリル

直前つめこみノート

公開模試

本試験前の実力判定！ TAC の予想問題に挑戦！

■ **本試験を想定した予想問題**
最新の試験傾向、試験に重要な法改正を徹底分析した TAC オリジナル予想問題です。

■ **本番の緊張感と臨場感を体験**
本試験と同形式の問題を同時間で解くので、本番へのシミュレーションとして最適です。

■ **詳細な解答・解説、個別成績診断書（Web 閲覧）**
自分の理解度、弱点を正確に把握することにより、直前期に効率的かつ効果的な学習が可能となり、合格への大きな自信となります。

通常受講料

2 級直前対策パック
（試験対策＋公開模試）

	テキストあり	テキストなし
通学（教室・ビデオブース）講座	¥16,500	¥14,300
Web 通信講座	¥16,500	¥14,300
DVD 通信講座	¥19,200	¥17,000

※使用教材「あてる TAC 直前予想模試」（TAC 出版）をお持ちでない方は「テキストあり」、すでにお持ちの方は「テキストなし」の受講料にてお申込みください。
※「学科＋実技」のセット申込限定です。「学科のみ」「実技のみ」のお申込みはいただけません。

公開模試

	学科＋実技	学科のみ	実技のみ
会場受検	¥3,100	¥1,600	¥1,600
自宅受検	¥3,100	¥1,600	¥1,600

※「2 級直前対策パック」「公開模試」の受講料は教材費込・消費税込です。
※「2 級直前対策パック」「公開模試」は入会金不要です。

コースの詳細、割引制度等は、TAC HP またはパンフレットをご覧ください。

TAC FP 2 級直前対策パック 🔍

TAC出版 書籍のご案内

TAC出版では、資格の学校TAC各講座の定評ある執筆陣による資格試験の参考書をはじめ、資格取得者の開業法や仕事術、実務書、ビジネス書、一般書などを発行しています!

TAC出版の書籍

*一部書籍は、早稲田経営出版のブランドにて刊行しております。

資格・検定試験の受験対策書籍

- ✪日商簿記検定
- ✪建設業経理士
- ✪全経簿記上級
- ✪税　理　士
- ✪公認会計士
- ✪社会保険労務士
- ✪中小企業診断士
- ✪証券アナリスト

- ✪ファイナンシャルプランナー(FP)
- ✪証券外務員
- ✪貸金業務取扱主任者
- ✪不動産鑑定士
- ✪宅地建物取引士
- ✪賃貸不動産経営管理士
- ✪マンション管理士
- ✪管理業務主任者

- ✪司法書士
- ✪行政書士
- ✪司法試験
- ✪弁理士
- ✪公務員試験(大卒程度・高卒者)
- ✪情報処理試験
- ✪介護福祉士
- ✪ケアマネジャー
- ✪電験三種　ほか

実務書・ビジネス書

- ✪会計実務、税法、税務、経理
- ✪総務、労務、人事
- ✪ビジネススキル、マナー、就職、自己啓発
- ✪資格取得者の開業法、仕事術、営業術

一般書・エンタメ書

- ✪ファッション
- ✪エッセイ、レシピ
- ✪スポーツ
- ✪旅行ガイド (おとな旅プレミアム/旅コン)

FP（ファイナンシャル・プランナー）対策書籍のご案内

TAC出版のFP（ファイナンシャル・プランニング）技能士対策書籍は金財、日本FP協会それぞれに対応したインプット用テキスト、アウトプット用テキスト、インプット＋アウトプット一体型教材、直前予想問題集の各ラインナップで、受検生の多様なニーズに応えていきます。

みんなが欲しかった！シリーズ

『みんなが欲しかった！FPの教科書』
- ●1級 学科基礎・応用対策 ●2級・AFP ●3級
- 1級：滝澤ななみ 監修・TAC FP講座 編著・A5判・2色刷
- 2・3級：滝澤ななみ 編著・A5判・4色オールカラー
- ■ イメージがわきやすい図解と、シンプルでわかりやすい解説で、短期間の学習で確実に理解できる！動画やスマホ学習に対応しているのもポイント。

『みんなが欲しかった！FPの問題集』
- ●1級 学科基礎・応用対策 ●2級・AFP ●3級
- 1級：TAC FP講座 編著・A5判・2色刷
- 2・3級：滝澤ななみ 編著・A5判・2色刷
- ■ 無駄をはぶいた解説と、重要ポイントのまとめによる「アウトプット→インプット」学習で、知識を完全に定着。

『みんなが欲しかった！FPの予想模試』
- ●3級 TAC出版編集部 編著
- 滝澤ななみ 監修・A5判・2色刷
- ■ 出題が予想される厳選模試を学科3回分、実技2回分掲載。さらに新しい出題テーマにも対応しているので、本番前の最終確認に最適。

『みんなが欲しかった！FP合格へのはじめの一歩』
- 滝澤ななみ 編著・A5判・4色オールカラー
- ■ FP3級に合格できて、自分のお金ライフもわかっちゃう。本気でやさしいお金の入門書。自分のお金を見える化できる別冊お金ノートつきです。

わかって合格るシリーズ

『わかって合格るFPのテキスト』
- ●3級 TAC出版編集部 編著
- A5判・4色オールカラー
- ■ 圧倒的なカバー率とわかりやすさを追求したテキストさらに人気YouTuberが監修してポイント解説をしてくれます。

『わかって合格るFPの問題集』
- ●3級 TAC出版編集部 編著
- A5判・2色刷
- ■ 過去問を徹底的に分析し、豊富な問題数で合格をサポートさらに人気YouTuberが監修しているので、わかりやすさも抜群。

スッキリシリーズ

『スッキリわかる FP技能士』
- ●1級 学科基礎・応用対策 ●2級・AFP ●3級
- 白鳥光良 編著・A5判・2色刷
- ■ テキストと問題集をコンパクトにまとめたシリーズ。繰り返し学習を行い、過去問の理解を中心とした学習を行えば、合格ラインを超える力が身につきます！

『スッキリとける 過去＋予想問題 FP技能士』
- ●1級 学科基礎・応用対策 ●2級・AFP ●3級
- TAC FP講座 編著・A5判・2色刷
- ■ 過去問の中から繰り返し出題される良問で基礎力を養成し、学科・実技問題の重要項目をマスターできる予想問題で解答力を高める問題集。

書籍の正誤に関するご確認とお問合せについて

書籍の記載内容に誤りではないかと思われる箇所がございましたら、以下の手順にてご確認とお問合せをしてくださいますよう、お願い申し上げます。

なお、正誤のお問合せ以外の**書籍内容に関する解説および受験指導などは、一切行っておりません。**
そのようなお問合せにつきましては、お答えいたしかねますので、あらかじめご了承ください。

1 「Cyber Book Store」にて正誤表を確認する

TAC出版書籍販売サイト「Cyber Book Store」の
トップページ内「正誤表」コーナーにて、正誤表をご確認ください。

CYBER TAC出版書籍販売サイト
BOOK STORE

URL：https://bookstore.tac-school.co.jp/

2 1 の正誤表がない、あるいは正誤表に該当箇所の記載がない ⇒ 下記①、②のどちらかの方法で文書にて問合せをする

★ご注意ください★

お電話でのお問合せは、お受けいたしません。
①、②のどちらの方法でも、お問合せの際には、「お名前」とともに、
「対象の書籍名（○級・第○回対策も含む）およびその版数（第○版・○○年度版など）」
「お問合せ該当箇所の頁数と行数」
「誤りと思われる記載」
「正しいとお考えになる記載とその根拠」
を明記してください。
なお、回答までに１週間前後を要する場合もございます。あらかじめご了承ください。

① ウェブページ「Cyber Book Store」内の「お問合せフォーム」より問合せをする

【お問合せフォームアドレス】

https://bookstore.tac-school.co.jp/inquiry/

② メールにより問合せをする

【メール宛先　TAC出版】

syuppan-h@tac-school.co.jp

※土日祝日はお問合せ対応をおこなっておりません。
※正誤のお問合せ対応は、該当書籍の改訂版刊行月末日までといたします。

乱丁・落丁による交換は、該当書籍の改訂版刊行月末日までといたします。なお、書籍の在庫状況等により、お受けできない場合もございます。
また、各種本試験の実施の延期、中止を理由とした本書の返品はお受けいたしません。返金もいたしかねますので、あらかじめご了承くださいますようお願い申し上げます。

memo

memo

第1部

目 contents 次

CHAPTER **01**

ライフプランニング
と資金計画

SECTION

01 FPと倫理

このSECTIONで学習すること

1 FPの基本
・ファイナンシャル・プランニングと
　ファイナンシャル・プランナー
・FPの職業的原則

> ここは軽く
> 読んでおけばOK

**2 ファイナンシャル・
　プランニングと関連法規**
・ファイナンシャル・プランニングと
　関連法規

> 3級で学習した
> 内容だね

3 FPと著作権
・概要

> 他人の著作物を使用する場合でも、
> 許諾が不要な場合をおさえておこう

---

1 FPの基本

I ファイナンシャル・プランニングとファイナンシャル・プランナー

ファイナンシャル・プランニング とは、ライフプランを実現すべく、資金計画を立てることをいいます。

また、ファイナンシャル・プランニングを行う専門家を **ファイナンシャル・プランナー (FP)** といいます。

II FPの職業的原則

FPが守るべき職業的原則には次のようなものがあります。

FPが守るべき職業的原則

顧客の利益優先	◆ 顧客の立場に立って、顧客の利益を優先するようなプランニングを行う ◆ ただし、顧客の知識や判断が誤っていた場合には、それを修正する必要がある
秘密の保持	◆ 顧客から得た個人情報を顧客の許可なく、第三者に漏らしてはいけない ◆ ただし、FPの業務を行うにあたって必要な場合は、顧客の許可を得れば、第三者に伝えてもよい ↳ 他の専門家の判断を仰ぐ場合など

例題

FPが顧客に提案をする際は、顧客の利益ではなく自身の利益を優先してプランニングしなければならない。

▶ × 顧客の立場に立ち、顧客の利益を優先するようなプランニングを行わなければならない。

2 ファイナンシャル・プランニングと関連法規

　FP業務は、法律分野や税務分野、保険分野など、さまざまな領域にわたりますが、弁護士や税理士、保険募集人など、資格を持った専門家でなければ行うことができない業務があるため、これに抵触しないよう注意が必要です。
　具体的には次のような禁止事項があります。

板書 ファイナンシャル・プランニングと関連法規

FP業務と弁護士法

弁護士資格を持たないFPは、具体的な法律判断や法律事務を行ってはならない
↳ 遺言書の作成指導など

FP業務と税理士法

税理士資格を持たないFPは、具体的な税務相談や税務書類の作成を
行ってはならない
　　　　　　　　　　　　× 有償無償にかかわらず税務相談等を
　　　　　　　　　　　　　行うことはできない
　　　　　　　　　　　　○ 仮の事例にもとづく計算や、一般的
　　　　　　　　　　　　　な税法の解説は行うことができる

FP業務と金融商品取引法

金融商品取引業者（投資助言・代理業者、投資運用業者）としての登録
を受けていないFPは、投資判断の助言や顧客資産の運用を行ってはな
らない
　　　　　　　　　　　　○ 金融商品の一般的な説明を行うことはできる

FP業務と保険業法

保険募集人の資格を持たないFPは、保険の募集や勧誘を行ってはなら
ない

例題

税理士の資格を有しないFPは、顧客である相続人の求めに応じて、被相続人の実
際の財産の価額をもとに具体的な相続税額を算出し、その内容を説明することがで
きる。

▶ × 税理士資格を有しないFPは、有償無償を問わず、具体的な税務相談や税額計算を行うこと
はできない。

例題

金融商品取引業の登録を受けていないFPでも、顧客と有償で投資顧問契約を結び、
その契約にもとづいて、顧客に株式の推奨銘柄の情報を提供することができる。

▶ × 金融商品取引業の登録を受けていないFPは、投資判断の助言や顧客資産の運用を行うこと
はできない。

---

3 FPと著作権

　FPの仕事をするさい、セミナー等で説明するためのレジュメなどを作成す
る場面が出てきます。そのさい、他者の著作権を侵害しないように注意が必

要です。

　他人の著作物を使用する場合、原則として著作者の許諾が必要です。なお、下記の場合には、著作権法に抵触しません。

他人の著作物を使用しても著作権法に抵触しない場合

❶他人の著作物を個人的に、あるいは家庭内などの範囲で使用する場合

❷法令、条例、通達、判例など

❸国や地方公共団体が公表している広報資料、統計資料など

例題

FPが資産運用に関するセミナーを開催する場合、官公庁が作成した転載を禁止する旨の表示がない広報資料をインターネットで入手し、その許諾を得ることなく、そのセミナーのレジュメで出典を明記して使用する行為は、著作権法に抵触する。

▶ ✕ 国や地方公共団体が公表している広報資料、統計資料などをセミナーのレジュメ等で出典を明記して使用する行為は著作権法に抵触しない（転載禁止の表示がある場合は除く）。

SECTION 02 ライフプランニングの手法

このSECTIONで学習すること

1 ライフプランニングの手法

- ・ライフプランニングの手順
- ・ライフイベント表
- ・キャッシュフロー表
- ・個人バランスシート

> キャッシュフロー表の
> 金額の求め方を
> しっかり確認！

2 資金計画を立てるさいの 6つの係数

- ・終価係数
- ・現価係数
- ・年金終価係数
- ・減債基金係数
- ・資本回収係数
- ・年金現価係数

> メンドクサイけど、
> しっかり
> おさえておこう！

1 ライフプランニングの手法

I ライフプランニングの手順

FPが顧客に対してライフプランニングを行う場合、次の手順で進めます。

ライフプランニングの手順

❶顧客との関係を確立する

❷顧客データを収集して、目標を明確化する

❸❷のデータをもとに、現状の問題点を分析する

　→ライフイベント表、キャッシュフロー表、個人バランスシートを作成して分析する

❹問題点を解決するための対策とプランを立案する

❺プランの実行を支援する

❻プランを定期的に見直す

Ⅱ ライフプランニングを行うさいに利用するツール

ライフプランニングを行うさいに利用するツールには **ライフイベント表**、**キャッシュフロー表**、**個人バランスシート** があります。

Ⅲ ライフイベント表

ライフイベント表 とは、家族の将来のライフイベントと、それに必要な資金の額を時系列にまとめた表をいいます。

ライフイベント表を作成することによって、将来の夢や目標を明確にすることができます。

経過年数	現在	1	2	3	4	5	6	7	8	9	10
西暦	2024	2025	2026	2027	2028	2029	2030	2031	2032	2033	2034
家族の年齢											
佐藤太郎様	40	41	42	43	44	45	46	47	48	49	50
花子様	37	38	39	40	41	42	43	44	45	46	47
薫 様	6	7	8	9	10	11	12	13	14	15	16
家族のイベントと必要資金											
佐藤太郎様				車買換え					車買換え		独立・開業
花子様											
薫 様		小学校入学						中学校入学			高校入学

Ⅳ キャッシュフロー表

❶ キャッシュフロー表とは

キャッシュフロー表 とは、ライフイベント表と現在の収支状況にもとづいて、将来の収支状況と貯蓄残高の予想をまとめた表をいいます。

経過年数	変動率	現在	1	2	3	4	5	6	7	8	9	10
西暦	変動率	2024	2025	2026	2027	2028	2029	2030	2031	2032	2033	2034
家族の年齢												
佐藤太郎様		40	41	42	43	44	45	46	47	48	49	50
花子様		37	38	39	40	41	42	43	44	45	46	47
薫　様		6	7	8	9	10	11	12	13	14	15	16
家族のイベント												
佐藤太郎様					車買換え					車買換え		独立・開業
花子様												
薫　様			小学校入学						中学校入学			高校入学
収入				❶	❷	❸							
給与収入	1%	600	606	612	618	624	631	637	643	650	656	663
その他	0%	0	0	0	0	0	0	0	0	0	0	0
合計		600	606	612	618	624	631	637	643	650	656	663
支出												
基本生活費	1%	300	303	306	309	312	315	318	322	325	328	331
住居費	0%	144	144	144	144	144	144	144	144	144	144	144
教育費	2%	36	12	12	12	13	13	49	119	94	94	120
保険料	0%	18	18	18	18	18	18	18	18	18	18	18
車の買換え	1%				206					217		
その他	1%	30	30	31	31	31	32	32	32	32	33	33
合計		528	507	511	720	518	522	561	635	830	617	646
年間収支		72	99	101	-102	106	109	76	8	-180	39	17
貯蓄残高	1%	500	604	711	616	728	844	928	945	774	821	846

（ⓐ）収入欄には給与収入など、収入金額(可処分所得)を記入します。

（ⓑ）支出欄には基本生活費など、支出金額を記入します。

（ⓒ）変動率とは変化の割合をいい、給料であれば昇給率、基本生活費等であれば物価上昇率を用います。

> **n年後の収入額または支出額＝現在の金額×（1＋変動率)^{n}**

現在の給与収入を600万円、変動率（昇給率）を1％とした場合の1
年後～3年後の給与収入の求め方

❶1年後：600万円×（1＋0.01）＝606万円

❷2年後：600万円×（1＋0.01)^2≒612万円
↳ 600万円×1.01×1.01

❸3年後：600万円×（1＋0.01)^3≒618万円
↳ 600万円×1.01×1.01×1.01

なお、保険料など、定額で支払うものには変動率を加味しません。

ⓓ 年間収支欄には収入合計から支出合計を差し引いた金額を記入します。

ⓔ 貯蓄残高欄にはその年の貯蓄残高を記入します。なお、その年の貯蓄残高は、
以下の計算式によって求めます。

その年の貯蓄残高＝前年の貯蓄残高×（1＋変動率※）±年間収支
※または「運用利率」

現在の貯蓄残高を500万円、変動率を1％、1年後～3年後の年間
収支額をそれぞれ99万円、101万円、－102万円とした場合の1年
後～3年後の貯蓄残高の求め方

❹1年後：500万円×（1＋0.01）＋99万円＝604万円

❺2年後：604万円×（1＋0.01）＋101万円≒711万円

❻3年後：711万円×（1＋0.01）－102万円≒616万円

2 可処分所得とは

　キャッシュフロー表の収入欄には、年収ではなく、一般的に 可処分所得 で記入します。

　可処分所得は、年収から社会保険料（健康保険料、厚生年金保険料、雇用保険料など）と所得税および住民税を差し引いた金額です。

> **可処分所得＝年収ー（社会保険料＋所得税＋住民税）**

例題

Aさんの当年度の収入等の資料は次のとおりである。Aさんの当年度における可処分所得を計算しなさい。なお、可処分所得とは、「収入から所得税、住民税、社会保険料を控除した金額」とする。

[資料]
収入金額………………………………… 850万円
税金等の支出額
　所得税・住民税………………… 80万円
　健康保険料……………………… 37万円
　厚生年金保険料………………… 69万円
　雇用保険料……………………… 5万円
　個人年金保険料………………… 24万円
　火災保険料……………………… 10万円

▶ **659** 万円

可処分所得：850万円−(80万円＋37万円＋69万円＋5万円)＝659万円
　　　　　　収入金額　所得税・　健康　　厚生年金　雇用
　　　　　　　　　　　住民税　保険料　　保険料　　保険料

Ⅴ 個人バランスシート

個人バランスシート とは、一定時点における資産と負債のバランスをみるための表をいいます。

個人バランスシート　　　　　　　　20××年1月1日時点

ⓐ [資　産]		ⓑ [負　債]	
普通預金	300万円	住宅ローン	2,800万円
定期預金	500万円	車ローン	90万円
株式等	100万円	**負債合計**	**2,890万円**
投資信託	100万円	ⓒ [純資産]	
生命保険(解約返戻金相当額)	80万円		1,790万円
自宅	3,500万円		
車	100万円		
資産合計	**4,680万円**	**負債・純資産合計**	**4,680万円**

ⓐ 資　産…現金、預貯金、株式、投資信託、生命保険(解約返戻金相当額)、自宅(土地、建物)、車など

ⓑ 負　債…住宅ローン、車のローンなど

ⓒ 純資産…資産合計から負債合計を差し引いた正味の資産額

ポイント
☆ 資産と負債の金額は**時価**で記入する！

2 資金計画を立てるさいの6つの係数

「現在の金額を複利で運用した場合の一定期間後の金額」や「数年後に一定金額に達するために、毎年積み立てるべき金額」などは、次の係数を用いて計算します。

板書 資金計画を立てるさいの6つの係数

☆ 期間5年の場合の係数表

係数 ＼ 利率	1%	2%	3%	4%	5%
終 価 係 数	1.0510	1.1041	1.1593	1.2167	1.2763
現 価 係 数	0.9515	0.9057	0.8626	0.8219	0.7835
年 金 終 価 係 数	5.1010	5.2040	5.3091	5.4163	5.5256
減 債 基 金 係 数	0.1960	0.1922	0.1884	0.1846	0.1810
資 本 回 収 係 数	0.2060	0.2122	0.2184	0.2246	0.2310
年 金 現 価 係 数	4.8534	4.7135	4.5797	4.4518	4.3295

1 終 価 係 数

…現在の金額を複利で運用した場合の、一定期間後の金額を求める場合に用いる係数

> 例：100万円を年利2%で運用した場合の5年後の金額はいくらか？

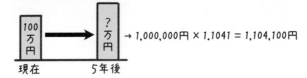

→ 1,000,000円 × 1.1041 ＝ 1,104,100円

---

2 現 価 係 数

…一定期間後に一定金額に達するために必要な元本を求める場合に用いる係数

例：年利2%で5年後に100万円を用意するためには、元本がいくら必要か？

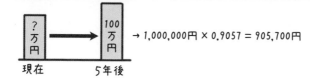

→ 1,000,000円 × 0.9057 = 905,700円

3 年金終価係数

…毎年一定金額を積み立てた場合の、一定期間後の元利合計を求める場合に用いる係数

例：年利2%で毎年20万円を5年間積み立てた場合の5年後の金額はいくらか？

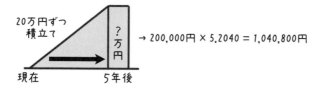

→ 200,000円 × 5.2040 = 1,040,800円

4 減債基金係数

…一定期間後に一定金額を用意するための、毎年の積立額を計算するための係数

例：年利2%で5年後に100万円を用意するためには、毎年いくら積み立てる必要があるか？

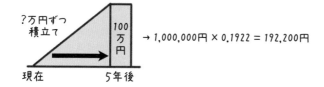

→ 1,000,000円 × 0.1922 = 192,200円

5 資本回収係数

…現在の一定金額を一定期間で取り崩した場合の毎年の受取額を計算するための係数

例：100万円を年利2%で運用しながら5年間で取り崩した場合の毎年の受取額はいくらか？

→ 1,000,000円 × 0.2122 = 212,200円

6 年金現価係数

…将来の一定期間にわたって一定額を受け取るために必要な元本を計算するための係数

例：5年間にわたって20万円ずつ受け取りたい。年利2%とした場合、必要な元本はいくらか？

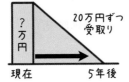

→ 200,000円 × 4.7135 = 942,700円

例題

次の［資料］にもとづいて、1,000万円を年利3%で運用した場合の5年後の金額を求めなさい。金額は万円未満を四捨五入すること。

［資料］期間5年、年利3%の場合の係数
　終価係数………1.1593　現価係数………0.8626　年金終価係数…5.3091
　減債基金係数…0.1884　資本回収係数…0.2184　年金現価係数…4.5797

▶ **1,159万円**　終価係数を用いる。　1,000万円× 1.1593 ≒ 1,159万円

例題

次の［資料］にもとづいて、年利3%で毎年300万円を5年間積み立てた場合の5年後の金額を求めなさい。金額は万円未満を四捨五入すること。

［資料］期間5年、年利3%の場合の係数
終価係数………1.1593　現価係数………0.8626　年金終価係数…5.3091
減債基金係数…0.1884　資本回収係数…0.2184　年金現価係数…4.5797

▶ **1,593万円**　**年金終価**係数を用いる。　300万円×5.3091≒1,593万円

例題

次の［資料］にもとづいて、年利3%で5年間にわたって300万円ずつ受け取りたい場合の必要な元本を求めなさい。金額は万円未満を四捨五入すること。

［資料］期間5年、年利3%の場合の係数
終価係数………1.1593　現価係数………0.8626　年金終価係数…5.3091
減債基金係数…0.1884　資本回収係数…0.2184　年金現価係数…4.5797

▶ **1,374万円**　**年金現価**係数を用いる。　300万円×4.5797≒1,374万円

例題

次の［資料］にもとづいて、年利3%で5年後に1,000万円を用意するために必要な毎年の積立額を求めなさい。金額は万円未満を四捨五入すること。

［資料］期間5年、年利3%の場合の係数
終価係数………1.1593　現価係数………0.8626　年金終価係数…5.3091
減債基金係数…0.1884　資本回収係数…0.2184　年金現価係数…4.5797

▶ **188万円**　**減債基金**係数を用いる。　1,000万円×0.1884≒188万円

例題

次の［資料］にもとづいて、800万円を年利3%で運用しながら5年間で取り崩した場合の毎年の受取額を求めなさい。金額は万円未満を四捨五入すること。

［資料］期間5年、年利3%の場合の係数
終価係数………1.1593　現価係数………0.8626　年金終価係数…5.3091
減債基金係数…0.1884　資本回収係数…0.2184　年金現価係数…4.5797

▶ **175万円**　**資本回収**係数を用いる。　800万円×0.2184≒175万円

次の［資料］にもとづいて、年利3%で5年後に500万円を用意するために必要な元本を求めなさい。金額は万円未満を四捨五入すること。

［資料］期間5年、年利3%の場合の係数
　終価係数………1.1593　現価係数………0.8626　年金終価係数…5.3091
　減債基金係数…0.1884　資本回収係数…0.2184　年金現価係数…4.5797

▶ **431万円**　現価係数を用いる。　500万円×0.8626≒431万円

CHAPTER 01
ライフプランニングと資金計画

CH
01
ライフプランニングと資金計画

SEC
03
教育資金計画

こども保険（学資保険）

SECTION 03 教育資金計画

このSECTIONで学習すること

1 こども保険（学資保険）

・概要

> 親が払込期間の
> 途中で死亡した場合、
> 以後の保険料の支払いなしに
> 満期保険金等が受け取れる！

2 教育ローン

・教育一般貸付

> 融資限度額は、
> 学生1人につき
> 最高350万円！

3 奨学金制度

・日本学生支援機構の奨学金制度

> 利用要件に
> 親の所得金額に係る基準がある！

1 こども保険（学資保険）

　子供の教育資金を準備するための保険商品として、**こども保険（学資保険）**があります。こども保険（学資保険）は、一般の生命保険会社や損害保険会社等から販売されています。

> こども保険（学資保険）
> ◆親（契約者）が死亡したり、高度障害となった場合、それ以後の保険料の支払いが免除され、満期保険金や入学祝金を受け取ることができる
> ◆親の死亡後、保険期間終了時まで年金（育英年金）が支払われるタイプもある

17

ひとこと

被保険者である子供が死亡した場合には、死亡給付金等が受け取れます。

例題

こども保険は、親（保険契約者）が死亡したり、高度障害となった場合でも、以後の保険料を支払わない限り、満期保険金や入学祝金を受け取ることができない。

▶ ✕ 保険契約者である親が死亡したり、高度障害になった場合には、以後の保険料の支払いが免除され、満期保険金や入学祝金を受け取ることができる。

2 教育ローン

　教育ローンには、公的ローンと民間ローンがあり、公的ローンの主なものに **教育一般貸付**（国の教育ローン）などがあります。

教育一般貸付	
融資限度額	学生1人につき最高**350万円**（一定の場合※には450万円）
融資金利	固定金利 →交通遺児家庭、母子家庭、父子家庭、世帯年収が一定額以内の人には優遇金利あり
融資期間	最長**18年**
融資元	日本政策金融公庫
資金使途	学校納付金（入学金、授業料など）以外にも幅広く利用できる →受験費用、住居費用、教科書代、教材費、**パソコン購入費**、通学費用、修学旅行費用、**学生の国民年金保険料**など
その他	◆世帯の年収制限（子供の数によって異なる）がある ◆保証は、（公財）教育資金融資保証基金または連帯保証人から選択できる

※一定の場合…❶自宅外通学、❷5年以上の大学、❸大学院、
　　　　　　　❹海外留学（外国教育施設に3カ月以上留学する場合）

国の教育ローンの資金使途は、受験にかかった費用（受験料、受験時の交通費・宿泊費など）と学校納付金（入学金、授業料、施設設備費など）に限定されている。

▶× 国の教育ローンの資金使途は、学校納付金や受験費用のほか、住居費用や教科書代、パソコン購入費など、幅広く利用できる。

3 奨学金制度

Ⅰ 貸与型

代表的な奨学金制度に、日本学生支援機構(独立行政法人)が行う奨学金制度があります。

同機構の奨学金制度には、無利息の 第1種奨学金 と利息付の 第2種奨学金 があります。

なお、奨学金制度の利用要件には、親の所得金額に係る基準が設けられています。

例題
日本学生支援機構が行う奨学金制度は、利用要件に親の所得金額に係る基準は設けられていない。

▶× 日本学生支援機構が行う奨学金制度は、利用要件に親の所得金額に係る基準が設けられている。

【制度内容の比較】
2 教育一般貸付（国の教育ローン）と、3 Ⅰ 日本学生支援機構の奨学金(貸与型)について、制度内容を比較すると、次のとおりです。

制度内容の比較

	教育一般貸付	日本学生支援機構の奨学金 （第1種・第2種）
貸与対象者	保護者 （一定の場合には**学生本人**でも可）	**学生本人**
申込時期	1年中、いつでも可能	決められた募集期間内
貸与金額	学生1人につき最高**350万**円（一定の場合には450万円）の**一括貸与**	区分によって異なる。月々定額の貸与
成績要件	なし	あり ただし住民税非課税世帯であれば成績要件はない
返済期間	最長**18**年	割賦方法、金額によって異なる ◆返済が困難になった場合には❶減額返還制度※1や❷返還期限猶予※2がある
利息	在学期間内は利息のみの返済とすることができる	【第1種奨学金】 無利息 【第2種奨学金】 年利3％を上限とする利息付（在学中は無利息）
対象となる学校	修業年限が原則として6カ月以上で、**中学校卒業**以上の人を対象とする教育施設	大学院、大学（学部）、短期大学、高等専門学校、専修学校（専門課程）
その他	両者の併用は**可能**	

※1 返還額を減らして返還期間を延ばす制度
※2 一定期間返還を先送りにする制度

Ⅱ 給付型

　2020年4月より行われている「高等教育の修学支援新制度」の概要は次のとおりです。

板書 高等教育の修学支援新制度 🖊

支援対象

大学、短期大学、高等専門学校、専門学校

支援内容

① 授業料と入学金の減額または免除
→これは各大学等が行う
② 給付型奨学金の支給
→これは日本学生支援機構が行う
→大学等の種類、自宅生かどうかによって給付額が異なる

支援対象となる学生

☆ 世帯収入や資産の要件を満たしており、進学先で学ぶ意欲がある
学生

SECTION
04

住宅取得資金計画

このSECTIONで学習すること

1 住宅ローンの金利

・固定金利型
・変動金利型
・固定金利選択型

固定金利選択型は、固定金利の期間が長いほど、金利が↑↑

2 住宅ローンの返済方法

・元利均等返済
・元金均等返済

毎回の返済額のうち元金部分が一定なのはどちら？

3 住宅ローンの種類

・財形住宅融資
・フラット35

フラット35は、保証人・保証料が不要！

4 住宅ローンの借換えと繰上げ返済

・借換えのポイント
・返済期間短縮型
・返済額軽減型

イメージ図で違いをおさえておこう

1 住宅ローンの金利

　住宅ローンの金利には、**固定金利型**、**変動金利型**、**固定金利選択型**など
があります。

板書 住宅ローンの金利

固定金利型	変動金利型

ローン申込時（またはローンの実行時）の金利が返済終了まで変わらず適用されるローン

市場の金利の変動に応じて金利が変動するローン

　　　金利一定 →

金利変動 →

変動金利型のポイント
☆ 金利の見直しは年**2**回（半年ごと）
☆ 返済額の見直しは**5**年に1度
　　→5年ごとの見直しのさい、金利が上昇して返済額が増加する場合でも、これまでの返済額の**1.25**倍が上限となる

固定金利選択型

返済期間のはじめのうち（一定期間）は固定金利で、固定金利期間が終了したあと、固定金利か変動金利かを選択できるローン。固定金利期間が長いほど、（固定金利期間の）金利は**高くなる**

例題

住宅ローン金利のうち、固定金利選択型は、固定金利の期間が長いほど金利は低くなる。

▶ ✕ 固定金利の期間が長いほど、金利は高くなる。

2 住宅ローンの返済方法

　住宅ローンの返済方法には、**元利均等返済**と**元金均等返済**があります。

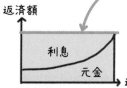

板書 住宅ローンの返済方法

1 元利均等返済 …毎回の返済額（元金＋利息）が一定の返済方法

返済額
利息
元金
返済期間

☆ 返済期間の当初は利息の部分
　が大きく、返済期間が経過すると
　ともに元金の部分が増える

2 元金均等返済 …毎回の返済額のうち元金部分が一定となる返済方法

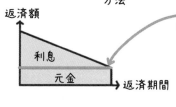

返済額
利息
元金
返済期間

☆ 返済が進むと…
　ローン残高が減る→利息も減る
　　　↓だから
この方法によると、返済期間が経
過するにつれ、利息を含めた毎回の
返済額が減少していく

ポイント

☆ 返済期間等が同一の場合、**元金**均等返済のほうが総返済額が少なくなる

元利均等返済は、はじめのうちは返済額のうちほとんどが利息。
元金がなかなか減らないから、利息がずるずるかかってしまい、
結果として総返済額が多くなってしまう！

例題

返済期間等が同一の場合、元利均等返済のほうが、元金均等返済に比べて総返済額
が少なくなる。

　▶ × 返済期間等が同一の場合、元利均等返済のほうが、元金均等返済に比べて総返済額が**多くな**る。

3 住宅ローンの種類

主な住宅ローンには、**財形住宅融資** と **フラット35** があります。

Ⅰ 財形住宅融資

財形住宅融資は、財形貯蓄(一般財形貯蓄、財形住宅貯蓄、財形年金貯蓄)を行っている場合において、一定の条件を満たしたとき、購入価格の**90%**以内の融資を受けることができる公的ローンです。

財形住宅融資

融資条件	**1**年以上継続して積立てをしており、財形貯蓄残高が**50**万円以上あることなど
融資金額	一般財形、住宅財形、年金財形の合計貯蓄残高の**10**倍以内(最高**4,000**万円)で、購入価格の**90%**以内
適用金利	固定金利(5年ごとに金利の見直しあり)

例題

財形住宅融資の融資金額は、財形貯蓄残高の10倍以内、最高3,000万円、物件購入価格の90%以内である。

▶ ✕ 「最高**4,000**万円」である。

プラスワン 財形貯蓄制度

財形貯蓄制度は、従業員の給料から天引きで行う貯蓄制度で、**一般財形貯蓄**、**財形住宅貯蓄**、**財形年金貯蓄**の3つがあります。

	一般財形貯蓄	財形住宅貯蓄	財形年金貯蓄
積立ての目的	自由	住宅取得・増改築	60歳以降の5年以上の期間にわたって年金を受け取ることを目的とする
契約時の年齢制限	なし	55歳未満	55歳未満
積立期間	3年以上	5年以上[※1]	5年以上
非課税枠	なし	あり[※2]	あり[※2、3]

※1　目的払出し（住宅取得・増改築のための払出し）の場合には、5年未満でも可
※2　財形住宅貯蓄と財形年金貯蓄をあわせて元利合計 550 万円までの利子等が非課税となる
※3　保険型については、払込保険料 385 万円まで（残りの 165 万円は財形住宅貯蓄の非課税枠として利用できる）

Ⅱ　フラット35

　フラット35は、民間の金融機関と住宅金融支援機構が提携して提供している長期固定金利型の住宅ローンです。

> フラット35（買取型）では、住宅金融支援機構が金融機関から住宅ローン債権を買い取り、担保となっている住宅の第1順位の抵当権者になります。

フラット35

申込者	◆申込日時点で**70歳未満** ◆年収に対するすべての借入の年間合計返済額の割合が次の基準を満たしている人 　・年収が400万円未満→30%以下 　・年収が400万円以上→35%以下
資金使途	申込者本人または親族が住むための新築住宅の建設・購入資金または中古住宅の購入資金 ☆　セカンドハウス購入資金には利用できるが、リフォーム資金（リフォームのみの場合）には利用できない
借入の対象となる住宅	◆床面積が**70㎡以上**（一戸建て等の場合）または**30㎡以上**（マンション等の場合） ◆店舗併用住宅の場合、住宅部分の床面積が2分の1以上であること
融資金額	最高**8,000万円**で、購入価格（または建設資金）の **100%** （ただし、融資割合が90%超のときは高い金利となる。取扱金融機関により金利は異なる）
借入期間	◆最長**35年** （ただし、完済時の申込者の年齢は80歳以下であること） ◆返済期限の下限は**15年**（満60歳以上の場合は10年）
適用金利	固定金利（**融資実行日**の金利が適用される）

その他	◆保証人や保証料は**不要** ◆返済方法は元利均等返済または元金均等返済を選択できる ◆繰上げ返済の手数料は**無料** ◆繰上げ返済は { 窓口の場合→**100万円以上** インターネットの場合→**10万円以上** （住・My Note） ◆借入対象となる住宅およびその敷地に、住宅金融支援機構を抵当権者とする第1順位の<u>抵当権</u>を設定しなければならない 　　　抵当権の設定費用（登録免許税、司法書士報酬など） 　　　は自己負担

例題

フラット35の融資条件には、年齢要件はない。

▶× 融資申込時の年齢が **70** 歳未満でなければならない。

例題

フラット35では、繰上げ返済手数料がかかる。

▶× 繰上げ返済の手数料は無料である。

4 住宅ローンの借換えと繰上げ返済

Ⅰ 住宅ローンの借換え

借換えとは、（低金利の）住宅ローンを新たに組んで、現在返済している（高金利の）住宅ローンを一括返済することをいいます。

住宅ローンの借換えのポイントは次のとおりです。

板書 住宅ローンの借換えのポイント

☆ 公的融資は借換えでの利用はできない
　　→借換えの場合は民間のローンを利用する

☆ 借換えの費用（印紙税、司法書士手数料、保証料、事務手数料、
　抵当権抹消費用、新規融資に対する抵当権設定費用など）がかかるため、
　借換えにあたって費用を含めて返済負担の軽減効果があるかどうかの
　判断が必要

☆ 団体信用生命保険（団信）は加入しなおす必要がある

☆ 火災保険は継続することができる

II 住宅ローンの繰上げ返済

　繰上げ返済とは、通常の返済以外に、元金の一部や全部を返済することをいいます。

　繰上げ返済の方法には返済期間短縮型と返済額軽減型があります。

板書 住宅ローンの繰上げ返済 🎵

1 返済期間短縮型 ←返済額軽減型に比べて、利息の軽減効果が大きい

…毎回の返済額を変えずに、返済期間を短縮する方法

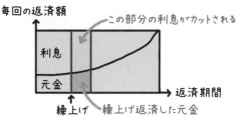

毎回の返済額

この部分の利息がカットされる

利息

元金

返済期間

↑繰上げ　繰上げ返済した元金

2 返済額軽減型

…返済期間を変えずに毎回の返済額を減らす方法

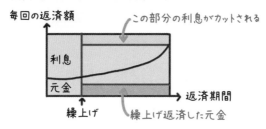

毎回の返済額

この部分の利息がカットされる

利息

元金

返済期間

繰上げ　繰上げ返済した元金

例題

返済期間短縮型によって、住宅ローンの繰上げ返済を行った場合、毎回の返済額が減るが、返済期間は変わらない。

▶ ✕ 返済期間短縮型によると、毎回の返済額は変わらないが、返済期間は短くなる。

社会保険

このSECTIONで学習すること

1 社会保険の種類

・医療保険、介護保険、
年金保険、労災保険、
雇用保険

ここは
サラッと
みておけば
OK

2 公的医療保険の基本

・公的医療保険の分類

・医療費の
自己負担割合

医療費の
自己負担割合は
基本中の基本！

3 健康保険（健保）

・被扶養者の要件

・保険者

・保険料→労使折半

・給付内容

・健康保険の
任意継続被保険者

任意継続
被保険者
といったら、
2カ月、20日、
2年間！

4 国民健康保険（国保）

・保険者

・保険料

・給付内容

健保と
国保の給付内容の
相違に注目！

5 後期高齢者医療制度

・概要

・保険料

対象者…75歳以上
自己負担額…1割

6 公的介護保険

・概要

・介護サービスの種類

第1号…65歳以上の人
第2号…40歳以上65歳未満の人

7 労働者災害補償保険
（労災保険）

・概要

・給付内容

・特別加入制度

保険料は全額、
事業主が負担！

8 雇用保険

・概要

・給付内容

基本手当の
待期期間と給付制限を
確認して！

1 社会保険の種類

保険には **社会保険（公的保険）** と **私的保険（民間保険）** があり、社会保険には **医療保険**、**介護保険**、**年金保険**、**労災保険**、**雇用保険** があります。

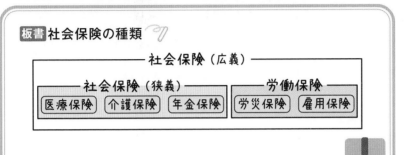

2 公的医療保険の基本

I 公的医療保険の分類

公的医療保険は、**被用者保険**（健康保険や共済組合など）と **地域保険**（国民健康保険）に大別され、さらに **75**歳以上の人を対象とした **後期高齢者医療制度** があります。

公的医療保険

	被用者保険		地域保険	後期高齢者医療制度
	健康保険	共済組合等	国民健康保険	
被保険者	企業に使用される人など	公務員など	自営業者など	**75**歳以上の人（一定の場合は65歳以上）
保険者	全国健康保険協会または健康保険組合	共済組合など	**都道府県**と**市区町村**で共同保険者となる。または国民健康保険組合	後期高齢者医療広域連合

Ⅱ 医療費の自己負担割合

医療費の自己負担割合は次のとおりです。

医療費の自己負担割合

区　分	自己負担割合
小学校入学前	**2**割
小学校入学後〜70歳未満	**3**割
70歳以上75歳未満	◆一般所得者は**2**割 ◆現役並み所得者は**3**割
75歳以上	◆一般所得者は**1**割 ◆現役並み所得者以外で一定以上所得のある人は**2**割 ◆現役並み所得者は**3**割

3 健康保険（健保）

Ⅰ 概要

健康保険は、被保険者(会社員等)とその被扶養者(家族)に対して、労災保険の給付対象とはならない病気やケガ、死亡、出産について保険給付を行う制度です。

Ⅱ 適用事業所

健康保険が適用される事業所(会社等)のことを適用事業所といいます。適用事業所は、必ず適用となる強制適用事業所と、適用が強制ではない任意適用事業所に分かれます。

株式会社などの法人は、業種や従業員の人数にかかわらず強制適用事業所となります。また、個人事業所の場合で、常時使用する従業員が5人以上であれば強制適用事業所となります。ただし、個人事業所の場合、農林漁業、サービス業は対象外となっているので、常時5人以上従業員がいても強制適用事業所となりません。

板書 適用事業所

```
法人（株式会社など）  ──→  強制
                          適用事業所

個人事業    ──→  従業員が
（下記以外）      常時5人以上

            ──→  従業員が      ──→  任意
                 常時5人未満        適用事業所

個人事業    ──────────────────→
（農林漁業、
サービス業）
```

☆ 健康保険の適用事業所になると、同時に厚生年金保険の適用
事業所になる！→ Sec07 **2** **Ⅲ**

Ⅲ 被保険者

　健康保険の被保険者となるのは、一般的に通常の労働者（正社員）や代表取締役、役員等です。正社員よりも労働時間が短い短時間労働者（パートやアルバイト）の人も、原則として、1週間の所定労働時間が通常の労働者（正社員）の**4分の3**以上であると、被保険者となります。

プラスワン　**短時間労働者の社会保険の適用拡大**

　被保険者数が101人以上の事業所（特定適用事業所）では、1週間の所定労働時間が4分の3未満の人でも以下の4要件を満たす場合には、健康保険の被保険者となります。

---

❶ 1週間の所定労働時間が20時間以上であること
❷ 月の報酬が88,000円以上であること
❸ 雇用期間が2カ月以上見込まれること
❹ 学生ではないこと

　なお、2024年10月1日以降は、特定適用事業所の規模が、「101人以上」から「51人以上」にさらに拡大します。

Ⅳ 被扶養者の要件

　健康保険の被扶養者に該当するには、次の要件を満たしていなければなりません。

被扶養者の要件

　日本に住所がある同一生計親族等で、原則として 年間収入 が

> ❶ **130万円未満**
> （60歳以上または障害者は180万円未満）

かつ

> ❷ 被保険者の年間収入の2分の1未満（同居の場合）

 プラスワン　同一生計親族等

　同一生計親族等には、具体的には次の要件があります。

	被扶養者の要件
❶被保険者の直系尊属（父母、祖父母など）、配偶者（事実上婚姻関係と同様の人を含む）、子、孫、兄弟姉妹	被保険者に生計を維持されている
❷被保険者の3親等内の親族（❶以外の人）など 例：甥、姪	被保険者に生計を維持されている ＋ 被保険者と同一世帯である

 ひとこと

　被扶養者の所得要件は130万円未満です。所得税等（CHAPTER04参照）の配偶者控除や扶養控除の所得要件である103万円とは区別して覚えましょう。

Ⅴ 保険者

　健康保険は、全国健康保険協会が保険者となる 全国健康保険協会管掌健康保険（協会けんぽ）と、健康保険組合が保険者となる 組合管掌健康保険（組合健保）があります。

健康保険の保険者

	保 険 者	被保険者
協会けんぽ	全国健康保険協会	主に中小企業の会社員
組 合 健 保	健康保険組合	主に大企業の会社員

Ⅵ 保険料

保険料は、被保険者（会社員等）の標準報酬月額と標準賞与額に共通の保険料率を掛けて計算（総報酬制）し、その金額を事業主と被保険者（会社員等）で半分ずつ負担（**労使折半**）します。

保険料率は次のようになっています。

保険料率

協会けんぽの保険料率	組合健保の保険料率
都道府県ごとに異なる	一定の範囲内で組合が決めることができる（ただし、**被保険者**の負担割合を2分の1超にすることはできない）

例題

協会けんぽの保険料率は全国一律である。

▶ ✕ 協会けんぽの保険料率は**都道府県**ごとに異なる。

なお、産休期間中（産前42日〈多胎妊娠の場合は98日〉、産後56日）および育休期間中（3歳までの子を養育するための育児休業期間）における社会保険料（健康保険料、厚生年金保険料など）は、被保険者分および事業主分ともに免除されます（事業主の申出が必要）。

ひとこと

健康保険の標準報酬月額の最高等級は**50**級で上限額は139万円です。
また、賞与については年間上限額は573万円です。

Ⅶ 給付内容

健康保険の主な給付内容は次のとおりです。

健康保険の給付内容

❶療養の給付（被扶養者の場合は家族療養費）

日常生活（業務外）の病気やケガについて、診察や投薬等の医療行為を受けることができる

❷高額療養費

月間の医療費の自己負担額が一定額を超えた場合、その超過額について請求すれば、あとで返金を受けることができる。なお、同一月・同一医療機関の窓口における支払額は、「健康保険限度額適用認定証」の提示により、入院・外来診療ともに自己負担限度額までとなる（高額療養費の現物給付）

［70歳未満の自己負担限度額の計算式］

所得区分	自己負担限度額
標準報酬月額83万円以上	252,600円＋（総医療費※－842,000円）×1%
標準報酬月額53万～79万円	167,400円＋（総医療費※－558,000円）×1%
標準報酬月額28万～50万円	**80,100**円＋（総医療費※－267,000円）×1%
標準報酬月額26万円以下	57,600円
住民税非課税世帯（低所得者）	35,400円

※ 総医療費であり、いわゆる窓口負担（自己負担）分ではない

❸出産育児一時金（被扶養者の場合は家族出産育児一時金）

被保険者または被扶養者が出産した場合、2023年4月1日から一児につき**50万円**（産科医療補償制度に加入している病院等で出産した場合）が支給される

❹出産手当金

被保険者が出産のため、仕事を休み、十分な給料を受けられない場合に、出産前の**42**日間（多胎妊娠の場合は98日間）、出産後の**56**日間のうちで仕事を休んだ日数分の金額が支給される

$$1日あたりの支給額＝\frac{支給開始日以前12カ月間の各月の標準報酬月額を平均した額}{} ÷30日×\frac{2}{3}$$

❺傷病手当金

被保険者が病気やケガのため、仕事を連続して**3**日以上休み、十分な給料を受けられない場合に、休業**4**日目から通算して**1**年**6**カ月間、支給される

$$1日あたりの支給額＝\dfrac{支給開始日以前12カ月間の\\各月の標準報酬月額を平均した額}{}÷30日×\dfrac{2}{3}$$

❻埋葬料（被扶養者の場合は家族埋葬料）

被保険者が死亡したとき、埋葬を行う者に対し、**5万円**が支給される

被扶養者（家族）が死亡したときは、被保険者に**5万円**が支給される

例題

傷病手当金は、会社を3日以上続けて休み、給料を受けることができなかった場合に、休業3日目から通算して1年間、支給される。

▶ ✕ 傷病手当金は会社を3日以上続けて休み、給料を受けることができなかった場合に、**4日**目から通算して**1年6カ月間**、支給される。

Ⅷ 健康保険の任意継続被保険者

被保険者が会社を退職した場合、健康保険の被保険者の資格はなくなりますが、一定の要件を満たせば、退職後**2年間**、退職前の健康保険に加入することができます。

この場合の保険料は被保険者（退職者）が**全額自己負担**します。

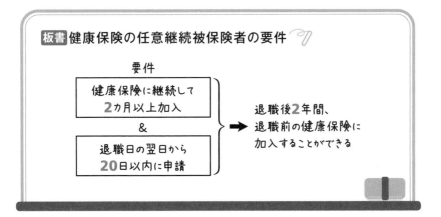

板書 健康保険の任意継続被保険者の要件

要件

健康保険に継続して
2カ月以上加入

＆

退職日の翌日から
20日以内に申請

➡ 退職後2年間、
退職前の健康保険に
加入することができる

プラスワン　任意継続被保険者の資格喪失

任意継続被保険者は、次のいずれかの日に資格を喪失します。

❶ 2 年間の期間満了日の翌日
❷ 保険料が納付されなかった場合、納付期限の翌日
❸ 適用事業所の被保険者となった日
❹ 後期高齢者医療制度の被保険者となった日
❺ 任意継続被保険者でなくなることを希望する旨を申し出た場合、その申出が受理された日の属する月の翌月 1 日
❻ 死亡した日の翌日

4 国民健康保険（国保）

Ⅰ 概要

国民健康保険 は、健康保険などの適用を受けない自営業者や未就業者など、市区町村に住所があるすべての人を対象とした保険です。なお、被扶養者制度はありません（加入者全員が被保険者となります）。

Ⅱ 保険者

国民健康保険には、**都道府県** と **市区町村** が共同で保険者になるものと、国民健康保険組合が保険者になるものがあります。

Ⅲ 保険料

　保険料は、市区町村によって異なり、前年の所得等によって計算されます（上限あり）。

ひとこと

　2024年1月より国民健康保険の被保険者にかかる産前産後期間相当分の国民健康保険料が免除されるようになりました。2023年11月1日以降に出産予定または出産の被保険者が対象で、単胎の場合は出産予定月の前月から出産予定月の翌々月までの計4カ月分（多胎の場合は出産予定月の3カ月前から出産予定月の翌々月までの計6カ月分）の保険料が免除になります。

Ⅳ 給付内容

　国民健康保険の給付は健康保険とほぼ同じですが、一般に出産手当金や傷病手当金はありません。

国民健康保険の給付内容（健康保険との違い）

	国民健康保険	健 康 保 険
療 養 の 給 付 （家族療養費）	○	労災保険の給付対象 とはならない傷病…○
高 額 療 養 費	○	○
出 産 育 児 一 時 金 （家族出産育児一時金）	○	○
出 産 手 当 金	×	○
傷 病 手 当 金	×	○
埋葬料／葬祭費 （家族埋葬料）	○	○

5 後期高齢者医療制度

Ⅰ 概要

　後期高齢者医療制度は**75**歳以上の人（または65歳以上75歳未満の障害認定を受けた人）が対象となります。

自己負担額は医療費の**1**割（現役並み所得者以外で一定以上所得のある人は**2**割、現役並み所得者は**3**割）です。

　また、<u>被扶養者制度はありません</u>（加入者全員が被保険者となります）。

ひとこと

　2022年10月1日から、現役並み所得者以外で一定以上所得のある人（課税所得が28万円以上かつ「年金収入＋その他の合計所得金額」が単身世帯の場合で200万円以上ある人）については、自己負担割合が2割に引き上げられました。

Ⅱ 保険料

　保険料は、各都道府県の後期高齢者医療広域連合で決定され、原則として年金からの天引きで徴収されます。

6 公的介護保険

Ⅰ 概要

　介護保険とは、介護が必要と認定された場合に、必要な給付がされる制度です。公的介護保険の保険者は**市区町村**です。

　被保険者は**40**歳以上の人で、65歳以上の人を第**1**号被保険者、40歳以上65歳未満の人を第**2**号被保険者といいます。

公的介護保険の概要

	第1号被保険者	第2号被保険者
対象者	**65歳以上の人**	**40歳以上65歳未満の人**
保険料	◆市区町村が所得に応じて決定 ◆年額**18万円以上**の年金を受け取っている人は年金から天引きで納付	■**健康保険の場合**■ 協会けんぽの介護保険料率は**1.6%**(全国一律) ■**国民健康保険の場合**■ 前年の所得等に応じて決定
受給者	要介護者・要支援者※	特定疾病(初老期認知症、脳血管疾患、**末期がん**など)によって要介護者・要支援者※になった場合のみ
自己負担	◆原則**1**割(支給限度額を超えた場合、超過分は全額自己負担) 　☆ 第1号被保険者について合計所得金額が160万円以上（年金収入とあわせて280万円以上）の人は**2割**負担。また、特に所得の高い人（合計所得金額が220万円以上、年金収入とあわせて340万円以上）は**3割**負担 ◆**食費**と施設での**居住費**は**全額自己負担** ◆ケアプラン作成費については利用者負担なし

※ 程度に応じて要介護は5段階（要介護1〜5）、要支援は2段階（要支援1、2）に分かれる

ひとこと

協会けんぽの健康保険料率は都道府県ごとに異なりますが、介護保険料率は全国一律となります。

例題

介護保険の被保険者は40歳以上の人で、40歳以上65歳未満の人を第1号被保険者、65歳以上の人を第2号被保険者という。

▶ ✕ 40歳以上65歳未満の人を第**2**号被保険者、65歳以上の人を第**1**号被保険者という。

Ⅱ 介護サービスの種類

　介護保険で利用できるサービスは、要介護・要支援の状態によって異なります。

　「要介護」の場合、**介護給付**を行うサービスを受けることができます。「要支援」の場合、**予防給付**を行うサービスを受けることができます。

介護給付を行うサービスと予防給付を行うサービスには、次のようなものがあります。

要介護（要介護 1 ～ 5）	要支援（支援 1、2）
居宅サービス ・訪問介護　　　・訪問看護 ・訪問リハビリテーション ・通所介護　　　・短期入所生活介護 ・通所リハビリテーション ・福祉用具貸与[※1] ・特定福祉用具販売[※2]　など	介護予防サービス ・介護予防訪問看護 ・介護予防訪問リハビリテーション ・介護予防通所リハビリテーション ・介護予防短期入所生活介護 ・介護予防福祉用具貸与[※1] ・特定介護予防福祉用具販売[※2]　など
施設サービス ・介護老人福祉施設(特別養護老人ホーム)[※3] ・介護老人保健施設 ・介護医療院	
地域密着型サービス ・夜間対応型訪問介護 ・グループホーム　など	地域密着型介護予防サービス ・グループホーム　など
居宅介護支援	介護予防支援
住宅改修[※4]	介護予防住宅改修[※4]

※1　福祉用具貸与にかかるレンタル代の自己負担は1割（または2割[★1]）

※2　特定福祉用具を購入した場合、購入時に費用の全額を利用者が支払うが、あとで請求することにより、10万円を上限に9割（または8割[★2]）が戻ってくる

※3　新規入所者は、原則として、要介護3以上と認定された人に限られる

※4　自宅等に手すりの取付け、スロープの設置などを行った場合、利用者が費用の全額を支払うが、あとで請求することにより20万円を上限に9割（または8割[★2]）が戻ってくる

　　★1　特に所得が高い人は3割

　　★2　特に所得が高い人は7割

Ⅲ 負担が高額になった場合のサービス

　介護保険には、自己負担が高額になった場合、次のように払い戻しされる制度があります。

負担が高額になった場合のサービス	
高 額 介 護 サ ー ビ ス 費	**1カ月**に支払った利用者負担の合計が負担限度額を超えた場合、超えた分が払い戻される制度
高額医療合算 介護サービス費	世帯内における**1年間**の介護保険と医療保険の自己負担合計額が負担限度額を超えた場合、超えた分が払い戻される制度

7 労働者災害補償保険（労災保険）

Ⅰ 概要

　労災保険は、業務上や通勤途上（労働者が家⇔会社間を合理的な経路および方法で往復した場合）における労働者の病気、ケガ、障害、死亡等に対して給付が行われる制度です。

　労災保険の保険者は**政府**で、窓口は**労働基準監督署**です。

　労災保険の保険給付には、**業務災害**（業務上における病気、ケガ、障害、死亡等）によるもの、**複数業務要因災害**（2以上の会社の業務を要因とする病気、ケガ、障害、死亡等）、**通勤災害**によるものがあります。

ひとこと

　通勤災害における「通勤」とは、労働者が自宅⇔会社間などを合理的な経路および方法で移動することをいいます。経路を逸脱したり、移動を中断した場合は、逸脱や中断の間およびそのあとの移動は「通勤」となりません。

　ただし、逸脱や中断が日常生活上必要な行為で、やむを得ない事由により行うための最小限度のものであるときは、逸脱や中断の間を除いて「通勤」となります。

　たとえば、会社から自宅に帰る途中、夕食の材料を買うためにスーパーに立ち寄った場合には、スーパーに立ち寄った間は「通勤」となりませんが、その後、通常の経路に戻ったあとは「通勤」となります。したがって、スーパーに立ち寄ったあと、通常の経路に戻り、転倒してケガをした場合には、通勤災害となります。ほかに、風邪の治療のために病院に立ち寄ったり、選挙権を行使するために投票所に立ち寄った場合などには、通常の経路に戻ったあとは「通勤」となります。

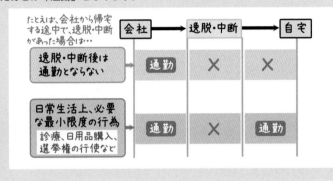

　労災保険の主な内容は次のとおりです。

労災保険の概要

対象者	適用事業に使用されているすべての労働者（アルバイト、パートタイマー、日雇労働者、外国人労働者などを含む） → 原則として1人以上の労働者を使用する事業所は加入しなければならない（強制加入）
保険料	◆事業の種類ごとに保険率が決められている ◆保険料は全額 事業主が負担する

適用事業に使用されている労働者であっても、アルバイトやパートタイマーは労災保険の適用は受けない。

▶ ✕ アルバイトやパートタイマーも労災保険の適用を受ける。

労災保険の保険料は、全額事業主が負担し、その保険率はどの業種でも一律である。

▶ ✕ 労災保険の保険料は、全額事業主が負担するが、その保険率は業種によって**異なる**。

Ⅱ 給付内容

労災保険の業務災害に関する給付内容は次のとおりです。

労災保険（業務災害）の給付内容

❶療養補償給付 ケガ・病気
労災病院または労災保険指定医療機関で、直接、療養の給付（現物給付）が行われる

❷休業補償給付 ケガ・病気
労働者が業務上のケガや病気で休業し、賃金を受けない場合、休業**4日目**から給付基礎日額の**60**％相当額が支給される

☆ 休業初日から3日目までは待期期間であるが連続する必要はない

❸傷病補償年金 ケガ・病気
労働者が業務上のケガや病気により療養し、療養開始後**1年6カ月**経過後に、傷病が治っておらず、傷病等級1級から3級に該当する場合に支給される

❹障害補償給付 障害
ケガや病気が治ったあと、障害が残った場合に支給される

❺介護補償給付 介護
労災事故により労働者が介護を要する状態にあって、実際に介護を受けている場合に支給される

❻遺族補償給付 死亡
労働者が業務災害によって死亡したとき、遺族（労働者に生計を維持されていた配偶者、子、父母、孫、祖父母、兄弟姉妹）に対して年金が支給される（年金を受け取るべき遺族がいない場合には一時金が支給される）

☆ 年金額は受給資格のある遺族の数によって異なる

7 葬祭料 死亡

業務災害によって死亡した労働者の葬祭を行う者に対して、請求にもとづいて支給される

ひとこと

通勤災害、複数業務要因災害の場合にも同様の給付があります（給付の名称は少し異なります）。

Ⅲ 特別加入制度

社長や役員、自営業者などは労働者ではないので、労災保険の対象となりませんが、一定の場合には労災保険に任意加入できる制度があります。これを**特別加入制度**といいます。

ひとこと

労災保険の適用を受けない中小事業主や、労働者としての側面が強い個人タクシー業者、大工（いわゆる一人親方）、フードデリバリー、フリーのIT技術者なども労災保険に加入することができます。

8 雇用保険

Ⅰ 概要

雇用保険は、労働者が失業した場合に必要な給付を行ったり、再就職を援助する制度です。

雇用保険の保険者は**政府**で、窓口は**公共職業安定所**（ハローワーク）です。

雇用保険の主な内容は次のとおりです。

雇用保険の概要

被保険者	適用事業に雇用されている労働者 ☆ パート、アルバイトでも被保険者となる場合（1週間の所定労働時間が20時間以上で、かつ継続して31日以上雇用されることが見込まれる場合）がある
保 険 料	◆ 保険料は**事業主と労働者で負担** 　　　　　↳ ただし、折半ではない！ ◆ 保険料率と負担割合は業種によって異なる

ひとこと

　2022年1月から、複数の事業所において短時間で勤務する65歳以上の労働者が、一定の要件を満たせば雇用保険に加入できる雇用保険マルチジョブホルダー制度が創設されました。2つの事業所の労働時間を合計して1週間の所定労働時間が20時間以上であること等の要件を満たす必要があります。

Ⅱ 給付内容

雇用保険の給付内容は次のとおりです。

雇用保険の給付内容

❶一般被保険者（65歳未満の人など）の**求職者給付**（基本手当）← 一般に「失業保険」とよばれている給付
失業者（働く意思と能力があるが、失業している人）に対する給付

給付日数

❶自己都合、定年退職の場合← 一般の離職者

年齢＼被保険者期間	1年以上 10年未満	10年以上 20年未満	20年以上
全　年　齢	**90**日	**120**日	**150**日

❷倒産、会社都合の解雇等の場合← 特定受給資格者

年齢＼被保険者期間	1年 未満	1年以上 5年未満	5年以上 10年未満	10年以上 20年未満	20年 以上
30歳未満		**90**日	120日	180日	－
30歳以上35歳未満		120日	180日	210日	240日
35歳以上45歳未満	90日	150日	180日	240日	270日
45歳以上60歳未満		180日	240日	270日	**330**日
60歳以上65歳未満		150日	180日	210日	240日

受給要件

離職前の**2**年間に、被保険者期間が通算**12**カ月以上

（倒産、解雇等の場合は、離職前の**1**年間に、被保険者期間が通算**6**カ月以上）

給付額（日額）

賃金日額	×	給付率（50％〜80％）※	※ 60歳〜64歳は45％〜80％

↳ *離職日直前6カ月間の賃金÷180*

待期期間

7日間。ただし、自己都合退職の場合には、

7日間の待期期間	＋	原則**2**カ月間の**給付制限**※

※ 離職日からさかのぼって5年間のうち2回までは2カ月間の給付制限、3回目以降の離職は3カ月間の給付制限となる。ただし、自己の責めに帰すべき重大な理由で退職した人の給付制限期間は3カ月間

受給期間

離職日の翌日から起算して原則**1**年間（ただし、受給期間中に、病気、ケガ、妊娠、出産、育児等の理由によって、引き続き**30**日以上働くことができなくなったときは、最長**3**年間延長できる〈合計**4**年間となる〉）

❷高年齢求職者給付金

65歳以上で雇用されている人（65歳以上で新たに雇用される者を含む）が離職した場合に、一時金で支給される

給付額

被保険者期間が**1**年未満→**30**日分

被保険者期間が**1**年以上→**50**日分

| 待期期間 | ←**❶**求職者給付（基本手当）と同じ
|---|

7日間。ただし、自己都合退職の場合には、

7日間の待期期間	＋	原則**2**カ月間の**給付制限**※

※ 離職日からさかのぼって5年間のうち2回までは2カ月間の給付制限、3回目以降の離職は3カ月間の給付制限となる。ただし、自己の責めに帰すべき重大な理由で退職した人の給付制限期間は3カ月間

❸就職促進給付

就職の促進と支援をするための給付。一定の要件を満たした基本手当の受給者が再就職した場合や、アルバイト等に就業した場合に支給される

就職促進給付のうち、就業促進手当として、**再就職手当**、**就業促進定着手当**、**就業手当** などがある

再就職手当	
給 付 を 受けられる人	基本手当を受給していた人が、安定した職業についたときに、所定給付日数の支給残日数が3分の1以上で再就職した場合
支 給 額	所定給付日数の支給残日数×60%※×基本手当日額(上限あり) ※ 所定給付日数の支給残日数を3分の2以上残して再就職した場合は70%

❹教育訓練給付

労働者等が自分で費用を負担して、厚生労働大臣が指定する講座を受講し、修了した場合に、その費用の一部が支給される

教育訓練給付には、**一般教育訓練給付金**、**特定一般教育訓練給付金**、**専門実践教育訓練給付金** がある

一般教育訓練給付金	
給 付 を 受けられる人	雇用保険の被保険者期間が**3年以上**(初めての受給の場合は**1年以上**)の被保険者が、厚生労働大臣指定の一般教育訓練を受講し、修了した場合
支 給 額	受講料等の**20%**相当額(上限は**10万円**)

特定一般教育訓練給付金	
給 付 を 受けられる人	雇用保険の被保険者期間が**3年以上**(初めての受給の場合は**1年以上**)の被保険者が、厚生労働大臣指定の特定一般教育訓練(速やかな再就職及び早期のキャリア形成に資する教育訓練)を受講し、修了した場合
支 給 額	受講料等の**40%**相当額(上限は**20万円**)

専門実践教育訓練給付金	
給 付 を 受けられる人	雇用保険の被保険者期間が**3年以上**(初めての受給の場合は**2年以上**)の被保険者が、厚生労働大臣指定の専門実践教育訓練を受講し、修了した場合
支 給 額	◆受講料等の**50%**相当額(上限は年間40万円、給付期間は最長3年間) ◆資格取得のうえ、就職につながったらプラス**20%**(上限は年間16万円)

❺雇用継続給付

高齢者や介護をしている人に対して必要な給付を行い、雇用の継続を促すための制度

高年齢雇用継続給付 と **介護休業給付** がある

↳ 高年齢雇用継続基本給付金と高年齢再就職給付金がある

	高年齢雇用継続基本給付金	高年齢再就職給付金
内　容	基本手当を受給しないで雇用を継続する人に支給される ☆ 支給対象期間は**60歳到達月**から**65歳到達月**まで	基本手当を受給後、再就職した人に支給される ☆ 基本手当の支給残日数が100日以上ある場合に最大**2年間**支給される (支給残日数200日以上…**2年間** 支給残日数100日以上 　　　200日未満…**1年間**)
受給要件	◆雇用保険の被保険者期間が**5年**以上あること ◆60歳以上65歳未満の被保険者であること ◆60歳以降の賃金が60歳到達時点の賃金の**75%**未満であること	
支　給　額	賃金の最大**15%**（賃金の低下率が61%未満の場合。賃金の低下率が61%以上75%未満の場合には、低下率に応じた一定の金額）	

	介護休業給付金
内　容	家族を介護するための休業した期間について、支給対象となる家族（配偶者、父母、子、配偶者の父母、祖父母、兄弟姉妹、孫）について、**93日**を限度に、**3回**までに限り支給される
受給要件	◆介護休業開始日前2年間に被保険者期間が12カ月以上あること ◆支給単位期間内の就業日数が10日以下であること
支　給　額	休業前の賃金日額の最大**67%**相当額 →支給単位期間中に休業前賃金の80%以上の賃金が支払われている場合は支給されない

❻育児休業給付

子を養育するために育児休業を取得した場合に一定額が支給される制度

育児休業給付金 と **出生時育児休業給付金** がある

	育児休業給付金	出生時育児休業給付金
内　容	満1歳未満の子（一定の場合には1歳6カ月または2歳未満の子）を養育するため育児休業を取得した場合に支給される	子の出生日から8週間経過日の翌日までの期間内に、4週間（28日）以内の期間を定めて、子を養育するため出生時育児休業を取得した場合に支給される
受給要件	◆休業開始日前2年間に被保険者期間が12カ月以上あること ◆支給単位期間中の就業日数が10日（10日を超える場合は就業した時間が80時間）以下であること	◆休業開始日前2年間に被保険者期間が12カ月以上あること ◆支給対象期間中の就業日数が10日（10日を超える場合は就業した時間数が80時間）以下であること
支給額	休業前の賃金日額×支給日数×**67**%（育児休業開始から**181**日目以降は**50**%） →支給単位期間中に休業前賃金の80%以上の賃金が支払われている場合は支給されない	休業前の賃金日額×休業期間の日数（**28**日が上限）×**67**% →出生時育児休業期間中に休業前賃金の80%以上の賃金が支払われている場合は支給されない

例題

雇用保険の基本手当は、離職の理由にかかわらず、受給資格決定日から失業している日が7日経過したときに支給が開始される。

▶ ✕ 自己都合によって離職した場合は、7日間の待期期間のほか、原則**2**カ月間の給付制限がある。

例題

高年齢雇用継続基本給付金は、60歳以降の賃金が、60歳到達時点に比べて70%未満に低下した状態で働き続ける場合に支給される。

▶ ✕ 高年齢雇用継続基本給付金は、60歳以降の賃金が、60歳到達時点に比べて**75**%未満に低下した状態で働き続ける場合に支給される。

例題

育児休業給付金の支給額は、賃金が支払われなかった場合、育児休業給付金の支給に係る休業日数が通算して181日目以降については、1支給単位期間あたり、「休業開始時賃金日額×支給日数×67%」相当額である。

▶ ✕ 180日目まで（6カ月間）は「**67**%」であるが、181日目以降（6カ月経過後）は「**50**%」である。

SECTION 06 リタイアメントプランニングの基本

このSECTIONで学習すること

1 リタイアメントプランニングと老後生活資金

・リタイアメントプランニング
・老後生活資金

概要を
おさえておこう

2 年金以外の老後収入

・資産運用
・高年齢者雇用安定法
・リバースモーゲージ

年金以外の老後
収入にはどんな
ものがあるか、
みておこう

1 リタイアメントプランニングと老後生活資金

I リタイアメントプランニングとは

退職後や老後の生活設計のことを **リタイアメントプランニング** といいます。

II 老後生活資金

老後生活の主な資金は、**退職金**、**年金**(公的年金、企業年金)、**貯蓄** です。

2 年金以外の老後収入

年金以外で老後に収入を得る手段に、資産運用、仕事、マイホームの活用などがあります。

Ⅰ 資産運用

　老後の資産運用は、一般的に、収益性よりも安全性と流動性（いつでもお金に換えられる）を重視すべきと考えられます。

Ⅱ 高年齢者雇用安定法【仕事】

　高年齢者雇用安定法は、高年齢者が少なくとも年金受給開始年齢までは働き続けられる環境を整備することを目的とした法律です。

　高年齢者雇用安定法の主な内容は次のとおりです。

高年齢者雇用安定法の主な内容

◆定年を定める場合、定年は原則として**60**歳を下回ることができない

◆定年（65歳未満のものに限る）の定めがある場合、**65**歳までの安定した雇用を確保するため、以下の措置（高年齢者雇用確保措置）のいずれかを講じなければならない

❶定年の引上げ→定年を65歳以上にするなど

❷継続雇用制度の導入
　雇用している高年齢者を定年後も雇用する制度

❸定年の定めの廃止

例題

定年年齢を65歳未満に定めている事業主は、雇用する高年齢者の65歳までの雇用確保のため、「定年の定めの廃止」を講じなければならない。

▶×「定年の引上げ」「継続雇用制度の導入」「定年の定めの廃止」のいずれかを講じなければならない。

プラスワン　65歳から70歳までの就業機会確保

　2021年4月から、65歳から70歳までの就業機会を確保するため、65歳までの雇用確保に加え、70歳までの定年の引上げ、70歳までの継続雇用制度の導入などの高年齢者就業確保措置を講ずることが、企業の努力義務とされました。

Ⅲ リバースモーゲージ【マイホームの活用】

　リバースモーゲージとは、自宅を担保に融資を受け、死亡後に自宅を売却して借入金（元本および利息）を清算する制度をいいます。

SECTION 07 公的年金の全体像

このSECTIONで学習すること

1 公的年金制度の全体像

・公的年金と私的年金
・公的年金制度の全体像
・公的年金の
　給付内容

> 3級で
> 学習した内容を
> 確認しておこう

2 公的年金の被保険者と保険料

・国民年金の被保険者
・厚生年金保険の被保険者
・保険料と納付期限
・保険料の免除と
　猶予

> 会社員の妻
> (専業主婦)は
> 保険料の
> 負担はない！

3 公的年金の給付手続き

・公的年金の給付手続き
・年金の支給期間

> 給付の手続先は、
> 加入していた年金制度
> によって異なる！

4 公的年金に係る税金

・概要

> 老齢給付は
> 課税対象(雑所得)、
> 障害給付と遺族給付は
> 非課税！

1 公的年金制度の全体像

I 公的年金と私的年金

　年金制度には、強制加入の **公的年金** と、任意加入の **私的年金** があります。

II 公的年金制度の全体像

　我が国の公的年金制度は、国民年金を基礎年金とした2階建ての構造です。

1階は **国民年金**（20歳以上60歳未満のすべての人が加入）、2階は **厚生年金保険**（会社員等が加入）となっています。

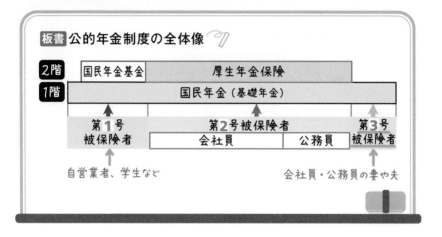

板書 公的年金制度の全体像

2階	国民年金基金	厚生年金保険
1階	国民年金（基礎年金）	

第**1**号被保険者	第**2**号被保険者	第**3**号被保険者
	会社員　　公務員	

自営業者、学生など　　　　　　　会社員・公務員の妻や夫

Ⅲ 公的年金の給付内容

公的年金の給付には、**老齢給付**、**障害給付**、**遺族給付** の3つがあります。

公的年金の給付内容

	国民年金	厚生年金保険
老齢給付	老齢基礎年金	老齢厚生年金
障害給付	障害基礎年金 （1級、2級）	障害厚生年金 （1級〜3級） 障害手当金
遺族給付	遺族基礎年金 寡婦年金 死亡一時金	遺族厚生年金

ひとこと

たとえば、会社員（厚生年金保険加入者）の場合には、厚生年金と基礎年金の両方から給付を受けることができます。

年金生活者支援給付金

　年金生活者支援給付金は、公的年金等の収入金額やその他の所得が一定基準額以下の人に、生活の支援を図ることを目的として、公的年金に上乗せして支給されるものです（月額は 2024 年度価額）。

❶ 老齢年金生活者支援給付金

支 給 対 象 者	・65 歳以上の老齢基礎年金の受給者 ・世帯全員が市町村民税非課税で一定の者
支　給　額	月額 5,310 円を基準に保険料納付済期間等に応じて算出

❷ 障害年金生活者支援給付金

支 給 対 象 者	障害基礎年金の受給者で一定の者
支　給　額	**2級** 月額 5,310 円　**1級** 月額 6,638 円

❸ 遺族年金生活者支援給付金

支 給 対 象 者	遺族基礎年金の受給者で一定の者
支　給　額	月額 5,310 円（2 人以上の子が遺族基礎年金を受給している場合は、5,310 円を子の数で割った金額）

2　公的年金の被保険者と保険料

Ⅰ 国民年金の被保険者

　国民年金の被保険者（強制加入被保険者）は、第 1 号から第 3 号の 3 種類に分けられます。

国民年金の被保険者

	第1号被保険者	第2号被保険者	第3号被保険者
対象者	自営業者、学生、無職の人など	会社員や公務員（厚生年金保険や共済年金の加入者）	第2号被保険者の被扶養配偶者
年齢要件	20歳以上60歳未満	なし ただし、老齢年金の受給権者となった場合には第2号被保険者の資格を失う	20歳以上60歳未満
国内居住要件	あり	なし	あり

ひとこと

国民年金の被保険者に国籍要件はありません。

例題

23歳の会社員Aさんの妻（18歳、専業主婦、日本国内居住）は、国民年金の第3号被保険者となる。

▶ ✕ 第3号被保険者の年齢要件は、20歳以上60歳未満であるため、18歳であるAさんの妻は第3号被保険者にならない。

　なお、国民年金の加入義務はないが、任意で国民年金に加入することができる人（**任意加入被保険者**）もいます。

任意加入被保険者（原則）
❶国内に住所がある60歳以上65歳未満の人
❷日本国籍を有する人で、国内に住所がない20歳以上65歳未満の人

Ⅱ 厚生年金保険の被保険者

　厚生年金保険の適用事業所に使用される**70**歳未満の人は、厚生年金保険の被保険者になります。

ひとこと

70歳以上の人は、原則として、厚生年金保険の被保険者にはなりません。

Ⅲ 保険料と納付期限

1 保険料

国民年金および厚生年金の保険料(2024年度)は、次のとおりです。

板書 **保険料**

第1号被保険者

☆ 国民年金保険料は、月額**16,980**円（2024年度）

☆ 世帯主はその世帯に属する被保険者の保険料を、配偶者は被保険者である他方の保険料を<u>連帯</u>して納付する義務を負う

☆ 第1号被保険者は、出産予定日または出産日が属する月の前月から<u>4</u>カ月間（多胎妊娠の場合は出産予定月の**3**カ月前から**6**カ月間）の国民年金保険料が免除され、その期間は**保険料納付済期間**とされる

産前産後期間 ←

第2号被保険者

☆ 厚生年金保険料に国民年金保険料も含まれるため、国民年金保険料を別途納める必要はない

> 毎月の保険料＝標準報酬月額×保険料率

> 賞与の保険料＝標準賞与額×保険料率

18.30%

☆ 保険料は事業主と従業員が<u>半分</u>ずつ負担 → 労使折半

☆ 標準報酬月額の上限は**65**万円

☆ 標準賞与額の上限は1回の支払いにつき**150**万円

☆ 育児休業中等の保険料は、子が**3**歳になるまで<u>事業主・被保険者（従業員）</u>ともに免除される

☆ 産前産後の産休期間中の保険料は、<u>事業主・被保険者（従業員）ともに免除される</u>

第3号被保険者

☆ 保険料の負担はなし

第1号被保険者が出産する場合、届出により、単胎妊娠の場合は出産予定月の前月から6カ月間、保険料の納付が免除される。

▶ × 単胎妊娠の場合、出産予定月の前月から **4**カ月間が保険料免除となる。また、多胎妊娠の場合は出産予定月の **3**カ月前から **6**カ月間、保険料免除となる。

例題

厚生年金保険料の標準賞与額の上限は1回の支払いにつき573万円である。

▶ × 厚生年金保険料の標準賞与額の上限は1回の支払いにつき **150**万円である。

2 保険料の納付期限

保険料の納付期限は、原則として**翌月末日**ですが、例外があります。

板書 保険料の納付期限 〆

原則 …**翌月**末日

例外 …①口座振替（当月末日引き落とし）
　　　　②前納（6カ月前納、1年前納、2年前納） ┃ 保険料の割引がある！

ポイント

☆ 保険料を滞納した場合、あとから **2年**以内の分しか支払うことができない
　　　　　　　　　　　　　　　　↳ 時効は2年

Ⅳ 保険料の免除と猶予（第1号被保険者のみ）

1 保険料を免除または猶予する制度

　第1号被保険者については、保険料の納付が困難な人のため、次のような保険料の免除または猶予の制度があります。

板書 **保険料の免除と猶予**

1 法定免除

| 障害基礎年金を受給している人や生活保護法の生活扶助を受けている人 | は | 届出があれば、保険料の **全額** が免除される |

2 申請免除

| 経済的な理由などで、保険料を納付することが困難な人（所得が一定以下の人） | は | 申請し、認められた場合には、保険料の全額または一部が免除される |

・全額免除
・$\frac{3}{4}$ 免除
・半額免除
・$\frac{1}{4}$ 免除

　　の4段階

3 学生納付特例制度

| 第1号被保険者で、本人の所得が一定以下の学生 | は | 申請によって、保険料の納付が猶予される |

4 納付猶予制度

| 50歳未満の第1号被保険者で本人および配偶者の所得が一定以下の人 | は | 申請によって、保険料の納付が猶予される |

例題

第1号被保険者で、親の所得が一定以下の学生は学生納付特例制度の適用を受けることができる。

▶ ✕ 学生納付特例制度の場合は、「親」ではなく、「**学生本人**」の所得が一定以下である場合に適用を受けることができる。

2 追納

保険料の免除または猶予を受けた期間については、**10**年以内ならば**追納**(あとからその期間の保険料を支払うこと)ができます。ただし、免除または猶予の翌年度から**3**年度目以降は、当時の保険料に一定額が加算されます。

例題

国民年金の保険料免除期間に係る保険料のうち、追納することができる保険料は、追納に係る厚生労働大臣の承認を受けた日の属する月の前5年以内の期間に係るものに限られる。

▶ ✕ 「5年以内」ではなく、「**10**年以内」である。

3 免除期間の年金額への反映

保険料の免除と年金額の関係は次のとおりです。

免除期間の年金額への反映
❶…免除等の期間が2009年3月までの場合の反映率
❷…免除等の期間が2009年4月以降の場合の反映率

		受給資格期間の算入	老齢基礎年金額への反映
法定免除(全額免除)		○	❶… $\frac{1}{3}$ ❷… $\frac{1}{2}$
申請免除	全額免除	○	❶… $\frac{1}{3}$ ❷… $\frac{1}{2}$
	$\frac{3}{4}$ 免除	○	❶… $\frac{1}{2}$ ❷… $\frac{5}{8}$
	半額免除	○	❶… $\frac{2}{3}$ ❷… $\frac{3}{4}$
	$\frac{1}{4}$ 免除	○	❶… $\frac{5}{6}$ ❷… $\frac{7}{8}$
学生納付特例制度		○	✕(追納すれば○)
納付猶予制度		○	✕(追納すれば○)

3 公的年金の給付手続き

I 公的年金の給付手続き

公的年金を受給するには、受給者(受給する権利のある人)が自ら、受給権があるかどうかを国に確認(これを**裁定**といいます)したあと、年金の給付を請求します。具体的には、支給年齢到達日の**3**カ月前に、日本年金機構から年金請求書が送付されるので、この年金請求書を用いて、支給年齢到達日以降に請求手続きを行います。

裁定請求の手続きは、年金事務所で行います(加入していた年金制度が国民年金の第1号被保険者期間のみの場合は住所地の市区町村役場でも可)。

年金の請求手続きが遅れた場合、**5**年間分の年金はさかのぼって支給されますが、5年を超える分は、原則として支給されません。

II 年金の支給期間

年金は受給権が発生した月の翌月(通常は誕生月の翌月)から受給権が消滅した月(受給者が死亡した月)まで支給されます。

年金は原則として、**偶数月**の各**15**日に、前月までの**2**カ月分が支払われます。なお、年金生活者支援給付金も年金と同様のスケジュールで支払われます。

例題

公的年金は、奇数月の各15日に、前月までの2カ月分が支給される。

▶ ✕ 公的年金は、偶数月(2月、4月、6月、8月、10月、12月)の各15日に、前月までの2カ月分が支給される。

プラスワン 未支給年金

年金受給者が死亡し、その死亡した人がまだ受給していない年金や、死亡後に振り込まれた年金のうち死亡月までの年金は、一定の遺族が「未支給年金」の請求をすることで受け取ることができます。

未支給年金を請求することができる遺族の順位	死亡した人と生計を同じくしていた ❶配偶者、❷子、❸父母、❹孫、❺祖父母、❻兄弟姉妹、❼その他❶〜❻以外の3親等内の親族

4 公的年金に係る税金 　→参照 CH04 タックスプランニング

　公的年金について、保険料を支払ったときと年金給付を受けたときの税務上の取扱いは、次のとおりです。

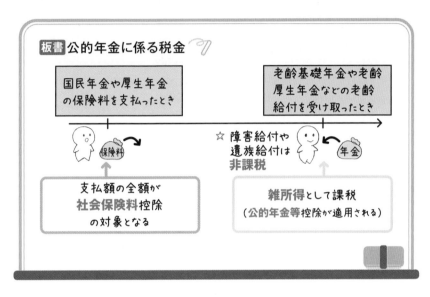

板書 公的年金に係る税金

| 国民年金や厚生年金の保険料を支払ったとき | 老齢基礎年金や老齢厚生年金などの老齢給付を受け取ったとき |

☆ 障害給付や遺族給付は非課税

支払額の全額が**社会保険料控除**の対象となる

雑所得として課税
（公的年金等控除が適用される）

ひとこと

　ちなみに、未支給年金を受給した場合は、受給した人の一時所得となります。

例題

公的年金の障害給付は非課税だが、遺族給付は雑所得として課税される。

▶ ✕ 障害給付や遺族給付は非課税である。

公的年金の給付

このSECTIONで学習すること

1 老齢給付① 老齢基礎年金

・老齢基礎年金の受給

・年金額

・繰上げ受給と繰下げ受給

・付加年金

繰上げ受給や
繰下げ受給を
したときの
年金の調整率を
確認しておこう

2 老齢給付② 老齢厚生年金

・老齢厚生年金

・受給要件

・特別支給の老齢厚生年金の支給開始
　年齢の引き上げ

・年金額

・加給年金

・在職老齢年金

ここは重要だけど、
ややこしいので、
サッと読んで、
問題集で問題を
確認しておこう

3 障害給付

・障害基礎年金

・障害厚生年金

障害基礎年金は
1級と2級、
障害厚生年金は
1～3級と
障害手当金がある

4 遺族給付

・遺族基礎年金

・寡婦年金と死亡一時金

・遺族厚生年金

・中高齢寡婦加算と
　経過的寡婦加算

それぞれの
要件をしっかり
把握しておこう

5 併給調整

・併給調整とは

・遺族厚生年金と老齢厚生年金の
　併給調整

・雇用保険との
　併給調整

どの組合せなら
併給可能か、確認を！

1 老齢給付① 老齢基礎年金

Ⅰ 老齢基礎年金の受給

老齢基礎年金は、**受給資格期間**（**保険料納付済期間** ＋ **保険料免除期間** ＋ **合算対象期間**〈**カラ期間**〉）が **10** 年以上の人が、**65** 歳になったときから受け取ることができます。

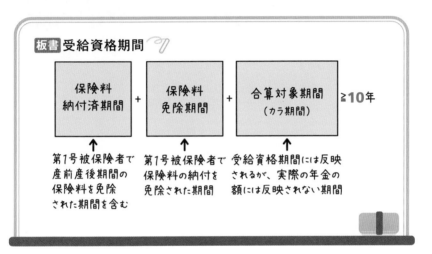

板書 受給資格期間

| 保険料納付済期間 | ＋ | 保険料免除期間 | ＋ | 合算対象期間（カラ期間） | ≧10年 |

第1号被保険者で産前産後期間の保険料を免除された期間を含む

第1号被保険者で保険料の納付を免除された期間

受給資格期間には反映されるが、実際の年金の額には反映されない期間

例題

老齢基礎年金は、保険料納付済期間、保険料免除期間、合算対象期間（カラ期間）を合計した期間が 20 年以上の人が 65 歳になったときから受け取ることができる。

▶ × 「20年以上」ではなく、「**10年以上**」である。

Ⅱ 年金額

1956 年 4 月 2 日以後生まれの人の老齢基礎年金の年金額（満額）は、**816,000** 円（2024年度）です。

> **老齢基礎年金額 ＝780,900円× 1.045 ≒816,000円**
> （満額）　　　　　　（改定率）

また、1956 年 4 月 1 日以前生まれの人は、813,700 円（2024年度）です。

ひとこと

満額の老齢基礎年金などについては、1円単位での算出はせず、50円以上切上げ、50円未満切捨てとなります。

ひとこと

2024年度の年金額は昨年度から2.7%上がりました。1956年4月2日以後生まれの人と1956年4月1日以前生まれの人で年金が異なりますが、これは2023年度の年金額が1956年4月2日以後生まれと1956年4月1日以前生まれで改定率が異なっていたためです。それぞれ2023年度の改定率に2.7%プラスされています。

1956年4月1日以前生まれの人の老齢基礎年金の年金額（満額）は次のようになります。

$$老齢基礎年金額 = \underset{(満額)}{780,900円} \times \underset{(改定率)}{1.042} ≒ 813,700円$$

ただし、免除期間等がある人はこの金額よりも少なくなります。

免除期間等がある場合の老齢基礎年金額の計算は次のとおりです。

老齢基礎年金額＝❶＋❷

❶ 2009年3月までの期間分

$$満額の年金額 \times \frac{保険料納付済月数 + A \times \frac{1}{3} + B \times \frac{1}{2} + C \times \frac{2}{3} + D \times \frac{5}{6}}{480月（40年 \times 12カ月）}$$

❷ 2009年4月以降の期間分

$$満額の年金額 \times \frac{保険料納付済月数 + A \times \frac{1}{2} + B \times \frac{5}{8} + C \times \frac{3}{4} + D \times \frac{7}{8}}{480月（40年 \times 12カ月）}$$

A：全額免除月数　　B：$\frac{3}{4}$ 免除月数　　C：半額免除月数　　D：$\frac{1}{4}$ 免除月数

ここでいう免除期間は、法定免除期間と申請免除期間のことです。合算対象期間（カラ期間）、学生納付特例期間、納付猶予期間は年金額の計算には反映されません。

学生納付特例期間は、追納しなかった場合、老齢基礎年金の年金額の計算において、2分の1として計算される。

▶ ✕ 学生納付特例期間は、追納しなかった場合、老齢基礎年金の年金額の計算には反映されない。

Ⅲ 繰上げ受給と繰下げ受給

老齢基礎年金の受給開始年齢は原則として65歳からですが、**繰上げ受給**（60歳から64歳までのうちに年金の受取りを開始すること）や**繰下げ受給**（66歳から**75**歳までに年金の受取りを開始すること）もできます。

繰上げ受給や繰下げ受給を行った場合、次のように年金額が調整されます。

ひとこと

繰下げ受給について、従来の上限年齢は70歳までとされていましたが、2022年4月以降は、75歳まで繰り下げることができるようになりました（原則として、1952年4月2日以降生まれの人が対象）。また、繰上げ受給を行った場合の減額率は、0.4％（1962年4月2日以降生まれの人が対象）に改正されました。なお、1962年4月1日以前生まれの人の繰上げ減額率は0.5％です（後述の厚生年金保険の老齢厚生年金も同様です）。

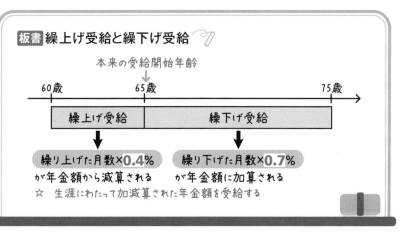

2024年6月1日に60歳に到達した人が老齢基礎年金の繰上げ受給を行った場合、「繰り上げた月数×0.5%」が年金額から減額され、その減額割合は一生涯続く。

▶× 減額率は**0.4**%である。60歳に到達した月から繰上げ受給すると、最大24%（0.4%×12カ月×5年）が減額される。

プラスワン **特例的な繰下げみなし増額制度**

「特例的な繰下げみなし」とは、70歳到達後に繰下げ申出をしないでさかのぼって年金受取りを選択した場合、請求の5年前の日に繰下げ申出をしたとみなすことをいいます。たとえば71歳0カ月時点で繰下げ申出をしないで過去にさかのぼって受け取ることを選択すると、5年前の66歳時点の増額率で計算した年金5年分を一括して受け取ることができます。

Ⅳ 付加年金

付加年金とは、第1号被保険者のみの制度で、任意で月額**400**円を国民年金保険料に上乗せして納付することによって、「**200**円×付加年金保険料の納付期間」が老齢基礎年金に加算されます。

> **付加年金＝200円×付加年金保険料の納付期間**

なお、付加年金と国民年金基金（後述）との併用はできません。

ひとこと

ただし、個人型確定拠出年金（iDeCo）（後述）との併用は可能です。

2 老齢給付② 老齢厚生年金

Ⅰ 老齢厚生年金

厚生年金には、60歳から64歳までの**特別支給の老齢厚生年金**と65歳以上の**老齢厚生年金**があります。

特別支給の老齢厚生年金は、**定額部分**（加入期間に応じた金額）と**報酬比例部**

分（在職時の報酬に比例した金額）とに分かれます。

Ⅱ 受給要件

老齢厚生年金の受給要件は次のとおりです。

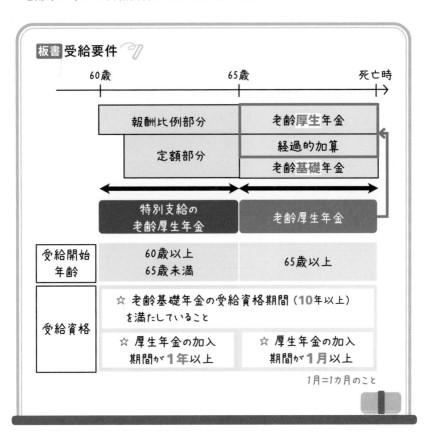

例題

60歳台前半の特別支給の老齢厚生年金は、厚生年金保険の被保険者期間が1カ月以上あり、老齢基礎年金の受給資格期間を満たしている人に支給される。

▶× 「1カ月以上」ではなく、「1年以上」である。

69

特別支給の老齢厚生年金の支給開始年齢の引き上げ

　特別支給の老齢厚生年金の支給開始年齢は、生年月日によって段階的に引き上げられ（次の 板書 参照）、最終的には65歳からの老齢厚生年金のみになります。

　なお、支給開始年齢は男性と女性で異なり、女性は男性よりも **5** 年遅れで引き上げられます。

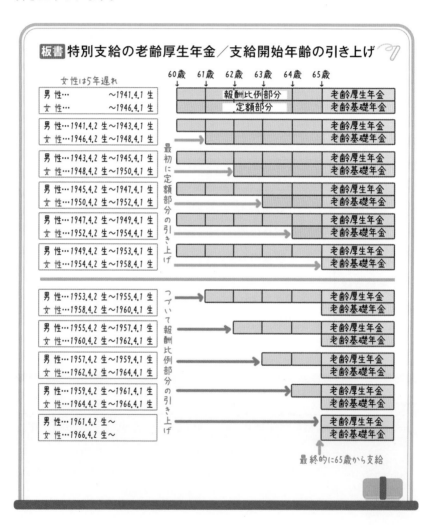

Ⅳ 年金額

特別支給の老齢厚生年金と、65歳からの老齢厚生年金の年金額は以下のようにして算出します。

❶ 特別支給の老齢厚生年金の年金額

報酬比例部分 と 定額部分 の年金額は次の計算式で算定します（乗率は1946年4月2日以降生まれの場合の乗率）。

報酬比例部分＝ア＋イ

$$ア＝平均標準報酬月額^{※1} \times \frac{7.125}{1,000} \times 2003年3月以前の被保険者期間の月数$$

$$イ＝平均標準報酬額^{※2} \times \frac{5.481}{1,000} \times 2003年4月以後の被保険者期間の月数$$

$$定額部分＝1,701円 \times 被保険者期間の月数（上限480月）$$

※1 2003年3月以前の厚生年金保険期間における平均月収額（賞与を含まない）
※2 2003年4月以降の厚生年金保険期間における平均月収額（賞与を含む）

❷ 65歳以上の老齢厚生年金の年金額

65歳からは、特別支給の老齢厚生年金の報酬比例部分が 老齢厚生年金 、定額部分が 老齢基礎年金 として支給されます。

ただし、65歳からの老齢基礎年金は、定額部分よりも当面低い金額となるため、その減少額を補てんする目的で 経過的加算 という調整が行われます。

ひとこと

経過的加算額の計算式（67歳以下の場合）を示すと次のとおりです。

経過的加算額＝（A）－（B）
（A）＝1,701円×被保険者期間の月数

$$（B）＝816,000円 \times \frac{1961年4月以降で20歳以上60歳未満の厚生年金保険の被保険者月数}{480月}$$

ただし、試験では計算式が与えられるので、覚える必要はないですよ。

なお、65歳以上の老齢厚生年金の年金額は、特別支給の老齢厚生年金の報酬比例部分と同様に計算します。

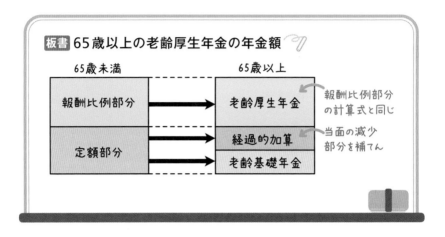

3 老齢厚生年金の繰上げ受給と繰下げ受給

　老齢厚生年金の受給開始年齢は原則として65歳（老齢基礎年金と同様）ですが、**繰上げ受給**（60歳から64歳までのうちに年金の受取りを開始すること）や**繰下げ受給**（66歳から75歳までに年金の受取りを開始すること）もできます。

老齢厚生年金の繰上げ受給と繰下げ受給のポイント

◆繰上げ受給の場合は、「繰り上げた月数×**0.4**%」が老齢厚生年金額から減算される　　　　1962年4月2日以後生まれの人

◆繰下げ受給の場合は、「繰り下げた月数×**0.7**%」が老齢厚生年金額に加算される→在職老齢年金で減額がある場合は減額後の年金額×0.7

◆老齢厚生年金の繰上げは老齢基礎年金の繰上げと**同時**に行わなければならない

◆老齢厚生年金の繰下げは老齢基礎年金の繰下げと**別々**に行うことができる

したがって、繰上げ受給の場合の年金減少率は最大24%（0.4%× 12カ月×5年）、繰下げ受給の場合の年金増加率は最大84%（0.7%× 12カ月× 10年）となります。なお、1962年4月1日以前生まれの人の繰上げ減額率は0.5%です。

プラスワン　特別支給の老齢厚生年金の特例

特別支給の老齢厚生年金は、生年月日に応じて支給開始年齢が引き上げられていますが、一定の要件に該当する人には、生年月日に関係なく、支給開始年齢に到達したときから、定額部分と報酬比例部分のセットの特別支給の老齢厚生年金が支給されます。

1 障害者の特例

報酬比例部分の老齢厚生年金の受給権者で、障害等級の3級以上に該当した人は、（元来の）報酬比例部分に加えて定額部分も支給されます。

受給要件	❶現在、厚生年金保険の被保険者ではないこと ❷障害等級1級から3級に該当する障害があること

2 長期加入者の特例

報酬比例部分の老齢厚生年金の受給権者で、被保険者期間が44年以上ある人は、（元来の）報酬比例部分に加えて定額部分も支給されます。

受給要件	❶現在、厚生年金保険の被保険者ではないこと ❷厚生年金保険の被保険者期間が44年以上あること

Ⅴ 加給年金

加給年金とは、年金の家族手当のようなもので、特別支給の老齢厚生年金（定額部分）または65歳からの老齢厚生年金の受給権者に、配偶者（65歳未満）または子（18歳になって最初の3月31日までの子または障害等級1、2級の20歳未満の子）がある場合に支給される年金をいいます。

加給年金（2024年度）

受 給 要 件	厚生年金保険の被保険者期間が **20** 年以上あり、その人によって生計維持されている、 **65** 歳未満の配偶者 または **18** 歳到達年度の末日までの子 → *18歳になって最初の3月31日* （もしくは **20** 歳未満で障害等級1級または2級の子） がいること
受 給 額	配偶者…234,800 円（受給権者の生年月日によって加算あり） 子………第1子と第2子は各 234,800 円 　　　　　第3子以降は各 78,300 円

ひとこと

　　老齢厚生年金の受給権者が 1934 年 4 月 2 日以降生まれの場合は、配偶者の加給年金額に特別加算があります（特別加算額は生年月日に応じて異なります）。
　　特別加算と配偶者加給年金額の合計額は、**408,100** 円（2024年度）です。

例題

老齢厚生年金の受給権者である A さん（厚生年金保険の被保険者期間は 30 年）は、妻 B さん（63 歳）と長男 C さん（16 歳）を扶養している。この場合、加給年金の対象となるのは妻 B さんのみである。

　　▶ × 加給年金の対象となるのは、妻 B さんと長男 C さんである。

　加給年金は、配偶者が65歳に到達すると支給が停止され、その代わりに配偶者の生年月日に応じた金額が配偶者の老齢基礎年金に加算されます（ただし、配偶者が1966年4月1日以前生まれの場合に限ります）。これを 振替加算 といいます。

Ⅵ 在職老齢年金

　在職老齢年金 とは、60歳以降も厚生年金保険の加入者として働く場合の老齢厚生年金をいい、60歳以降に会社等から受け取る給与等の金額に応じて老齢厚生年金の額が減額（支給停止）されます。

減額される年金額の計算式は次のようになります。

板書 在職老齢年金～年金額の減額調整～

☆ <u>基本月額</u>＝$\dfrac{老齢厚生年金額}{12カ月}$
↳年金

☆ $\dfrac{総報酬月額}{相当額}$＝$\dfrac{その月の標準}{報酬月額}$＋$\dfrac{その月以前1年間の標準賞与額}{12カ月}$
↳いま勤務している会社等から受け取っている給料等

支給停止額の計算方法

A 基本月額＋総報酬月額相当額 が**50万円以下**

→年金の支給停止はなし（全額支給）

B 基本月額＋総報酬月額相当額 が**50万円超**

→50万円を超える額の**2分の1**が支給停止（または全額停止）

ポイント

☆ 支給停止されるのは、老齢**厚生**年金の部分
→老齢**基礎**年金は全額支給される！

☆ 70歳以降は年金保険料の負担はなくなる
↳在職中でも厚生年金の被保険者とならないから

例題

65歳以上の厚生年金保険の被保険者に支給される老齢厚生年金は、総報酬月額相当額と基本月額の合計額が28万円以下の場合、在職支給停止のしくみは適用されない。

▶✕ 老齢厚生年金の支給停止ラインは、「28万円以下」ではなく、「**50万円以下**」である。

離婚した場合、婚姻期間中の厚生年金記録を夫婦で分割することができます。年金の分割方法には**合意分割**と**3号分割**がありますが、いずれも分割の請求期限は離婚してから**2**年以内です。

◼️ 合意分割

離婚した場合で、夫婦間の合意（または裁判所の決定）があるときは、婚姻期間中の厚生年金記録（夫婦の報酬比例部分の合計）を分割することができます。分割割合は夫婦で決めることができますが、上限は**2**分の**1**となります。

◼️ 3号分割

2008年5月以降に離婚した場合、夫婦間の合意がなくても、2008年4月以降の第3号被保険者期間について、第2号被保険者の厚生年金記録の**2**分の**1**を分割することができます。

3　障害給付

病気やケガが原因で障害者となった場合で、一定の要件を満たしたときは障害年金や障害手当金を受け取ることができます。

Ⅰ 障害基礎年金

障害基礎年金は**1級**と**2級**があります。

受給要件および年金額は次のとおりです。

障害基礎年金の受給要件、年金額(2024年度)

受給要件	◆ 初診日に国民年金の被保険者であること(または国民年金の被保険者であった人で60歳以上65歳未満で、国内に住んでいること) ◆ <u>障害認定日</u>に障害等級1級、2級に該当すること ➥ 初診日から**1年6カ月**以内で傷病がなおった日 (傷病がなおらない場合は、初診日から1年6カ月を経過した日)
保険料納付要件	■**原則**■ 「 保険料納付済期間 ＋ 保険料免除期間 」が全被保険者期間の $\frac{2}{3}$ 以上あること ■**特例**■◀ 初診日において65歳以上の人には適用されない 初診日が2026年4月1日前の場合は、初診日のある月の前々月までの1年間において、保険料の滞納がないこと
年金額	1級 816,000円※1 × **1.25倍**＋子の加算額※2 2級 816,000円※1 ＋子の加算額※2 ※1 1956年4月2日以後生まれの場合。1956年4月1日以前生まれの人は813,700円 ※2 子の加算額…第1子、第2子は各 234,800円 第3子以降は各 78,300円
20歳前の傷病による障害基礎年金	初診日が20歳未満であった人が ❶ 初診日から1年6カ月以内に20歳になった場合 は 障害認定日 において ❷ 初診日から1年6カ月以後に20歳になった場合 は 20歳に達した日 において 障害等級1級、2級に該当するときは、障害基礎年金が支給される(ただし、所得制限あり)

Ⅱ 障害厚生年金

障害厚生年金には 1級 、 2級 、 3級 と 障害手当金 があります。

受給要件および年金額は次のとおりです。

障害厚生年金の受給要件、年金額

受給要件	◆初診日に厚生年金保険の被保険者であること ◆障害認定日に障害等級1級、2級、3級に該当すること
保険料納付要件	障害基礎年金の場合と同じ
年金額	A＝報酬比例部分の計算式と同じ **1級** A×**1.25倍**＋配偶者加給年金額 **2級** A＋配偶者加給年金額 **3級** A **障害手当金** A×2倍 ←障害手当金は一時金で支給 ☆ 計算上、被保険者期間が**300月**に満たない場合には、**300月**として計算する ☆ 3級、障害手当金には最低保障がある

例題

障害等級3級の人は障害基礎年金を受給することができる。

▶× 障害等級3級の人は、**障害厚生年金**を受給することができる。障害基礎年金は障害等級1級、2級が対象である。

例題

障害厚生年金の計算上、被保険者期間が250月に満たないときは、250月として計算する。

▶× 障害厚生年金の計算上、被保険者期間が**300月**に満たないときは、**300月**として計算する。

4 遺族給付

　被保険者（年金加入者）または被保険者であった人（年金受給者）が死亡した場合の、遺族の生活保障として遺族給付があります。

I 遺族基礎年金

　国民年金に加入している被保険者等が死亡した場合で、一定の要件を満たしているときは、遺族に遺族基礎年金が支給されます。

　受給要件、受給できる遺族の範囲、年金額は次のとおりです。

遺族基礎年金の受給要件、遺族の範囲、年金額（2024年度）

受給要件	❶国民年金の被保険者が死亡したとき ❷国民年金の被保険者であった人で、国内に住所を有する60歳以上65歳未満の人が死亡したとき ❸老齢基礎年金の受給権者が死亡したとき。ただし、保険料納付済期間、保険料免除期間、合算対象期間を合算した期間が25年以上ある人 ❹老齢基礎年金の受給資格期間を満たしている人が死亡したとき。ただし、保険料納付済期間、保険料免除期間、合算対象期間を合算した期間が25年以上ある人 ※ ❶❷の場合には、下記の保険料納付要件を満たしている必要がある
保険料納付要件	■原則■ 死亡した月の前々月までに被保険者期間がある場合は、「その期間の 保険料納付済期間＋保険料免除期間 」が全被保険者期間の $\frac{2}{3}$ 以上あること ■特例■←死亡日において65歳以上の人には適用されない 死亡日が2026年4月1日前の場合は、死亡月の前々月までの1年間において、保険料の滞納がないこと
受給できる遺族の範囲	死亡した人に生計を維持されていた 子※1 または 子※1のある配偶者※2 ※1 18歳到達年度の末日までの子または20歳未満で障害等級1級または2級の子 ※2 年収は850万円未満でなければならない
年金額	816,000円※1＋子の加算額※2 ※1 1956年4月2日以後生まれの場合。1956年4月1日以前生まれの人は813,700円 ※2 子の加算額…第1子、第2子は各 234,800円 　　　　　　　　第3子以降は各 78,300円

　また、国民年金の第1号被保険者の独自給付として、**寡婦年金**や**死亡一時金**という制度があります。

　寡婦年金と死亡一時金は、いずれか一方しか受け取ることができません。

寡婦年金と死亡一時金　☆ いずれか一方のみ受給

寡婦年金	国民年金の第1号被保険者として、保険料納付済期間と保険料免除期間が**10年**以上ある夫が、年金(老齢基礎年金や障害基礎年金)を受け取らずに死亡した場合に、一定の妻に支給される年金 **ポイント** ☆ 寡婦年金を受給できるのは、夫と**10年**以上の婚姻期間があり、夫の死亡当時**65歳未満**である妻 ☆ 寡婦年金の受給期間は妻が**60歳**から**65歳**に到達するまで ☆ 妻が自分の老齢基礎年金を繰上げ受給した場合には、寡婦年金は受給できない
死亡一時金	第1号被保険者として保険料を納付した期間が合計**3年**以上ある人が、年金(老齢基礎年金や障害基礎年金)を受け取らずに死亡し、遺族が遺族基礎年金を受け取ることができない場合に、<u>一定の遺族に支給される一時金</u> **一定の遺族** 死亡した人と生計を同じくしていた配偶者、子、父母、孫、祖父母、兄弟姉妹で、遺族基礎年金を受給できない人

例題

国民年金の第1号被保険者が死亡し、その遺族である妻が寡婦年金の受給要件を満たす場合、妻は60歳に到達するまで寡婦年金を受給することができる。

▶ **✕** 寡婦年金は夫の死亡当時、**65歳未満**である妻が、**60歳**から**65歳**に到達するまでの間、受給することができる。

Ⅱ 遺族厚生年金

厚生年金保険の被保険者が死亡した場合で、一定の要件を満たしているときは、遺族は遺族厚生年金を受け取ることができます。

遺族厚生年金の受給要件 …次の❶～❹のいずれかに該当する場合に支給される

短期要件
❶厚生年金保険の被保険者が死亡したとき
❷厚生年金保険の被保険者期間中の傷病がもとで、初診の日から5年以内に死亡したとき
❸1級、2級の障害厚生年金の受給権者が死亡したとき

長期要件
❹老齢厚生年金の受給権者または受給資格期間を満たした人が死亡したとき。ただし、いずれも保険料納付済期間、保険料免除期間、合算対象期間を合算した期間が25年以上ある人

プラスワン **短期要件と長期要件**

短期要件に該当する場合と長期要件に該当する場合の主な違いは次のとおりです。

遺族厚生年金の計算の基礎となる被保険者月数について	短期要件	300月未満は**300月**
	長期要件	実加入月で計算 300月の最低保証はなし
給付乗数について	短期要件	生年月日による読替えを行わない
	長期要件	生年月日による読替えを行う

受給できる遺族の範囲、年金額は次のとおりです。

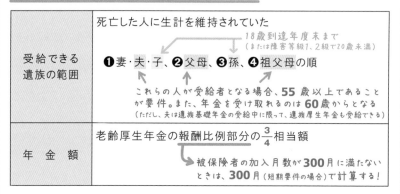

遺族厚生年金を受給できる遺族の範囲、年金額	
受給できる 遺族の範囲	死亡した人に生計を維持されていた 18歳到達年度末まで（または障害等級1、2級で20歳未満） ❶妻・夫・子、❷父母、❸孫、❹祖父母の順 これらの人が受給者となる場合、55歳以上であること が要件。また、年金を受け取れるのは60歳からとなる （ただし、夫は遺族基礎年金の受給中に限って、遺族厚生年金も受給できる）
年　金　額	老齢厚生年金の報酬比例部分の$\frac{3}{4}$相当額 被保険者の加入月数が300月に満たない ときは、300月（短期要件の場合）で計算する！

ポイント
☆ 夫の死亡時に30歳未満＆子のない妻の遺族厚生年金の支給期間は5年間

例題

遺族厚生年金を受給できる遺族は、厚生年金保険の被保険者の死亡当時、その人と
生計維持関係があった配偶者または子である。

▶✕ 遺族厚生年金を受給できる遺族は、厚生年金保険の被保険者の死亡当時、その人と生計維持
関係があった**配偶者、子、父母、孫、祖父母**である。

なお、一定の遺族には **中高齢寡婦加算** や **経過的寡婦加算** という遺族年金
の加算給付があります。

板書 **中高齢寡婦加算と経過的寡婦加算**

1 中高齢寡婦加算

夫の死亡当時、

40歳以上65歳未満の子のない妻

または

子があっても**40歳以上65歳未満**で**遺族基礎年金**を失権している妻

に対して、遺族厚生年金に612,000円（2024年度）が加算される

☆ 妻が**65歳**になると支給が打ち切られる！

2 経過的寡婦加算

中高齢寡婦加算の打ち切りにより、年金が減少する分を補うための制度（1956年4月1日以前生まれの妻に限る）

たとえば、会社員のAさんが死亡した場合は…
（死亡当時、妻は45歳、子は15歳）

```
妻45歳      48歳           65歳
                                      ─────▶
子15歳      18歳
```

遺族厚生年金		
遺族基礎年金 子のある妻	中高齢寡婦加算	経過的寡婦加算 老齢基礎年金

子が18歳になると、
遺族基礎年金が
打ち切られる

妻が65歳になると、
中高齢寡婦加算
が打ち切られる

ひとこと

中高齢寡婦加算について、長期要件に該当する場合には、死亡した人の厚生年金保険の加入期間が**20年（240月）**以上なければなりません。

5 併給調整

Ⅰ 併給調整とは

1人の人が複数の年金受給者となる場合には、いずれか1つの年金を選択しなければなりません。これを **併給調整** といいます。

ひとこと

1人の人が複数の年金を受け取ることは、過剰給付となるため、年金制度においては原則として「1人1年金」となっています。

ただし、老齢基礎年金と老齢厚生年金など、同種の基礎年金と報酬比例の年金(厚生年金)はともに受け取ることができます。

また、遺族厚生年金と老齢基礎年金の併給など、いくつか例外も認められています。

併給できる組合せ

	老齢基礎年金	障害基礎年金	遺族基礎年金
老齢厚生年金	●	▲	×
障害厚生年金	×	●	×
遺族厚生年金	▲	▲	●

●…同種の基礎年金と厚生年金のため、併給可能

▲…例外的に、65歳以上の場合、併給可能

×…併給不可

その他 65歳以上の場合、遺族厚生年金＆老齢厚生年金 の併給も可能

Ⅱ 遺族厚生年金と老齢厚生年金の併給調整

65歳以降の遺族厚生年金と老齢厚生年金の併給については、次のように調整されます。

| 併給調整後の遺族厚生年金額 | ＝ | アとイのうちいずれか多い額 | － | 本人の老齢厚生年金額 |

ア＝遺族厚生年金額

イ＝遺族厚生年金額 × $\frac{2}{3}$ ＋本人の老齢厚生年金額 × $\frac{1}{2}$

板書 遺族厚生年金と老齢厚生年金の併給調整

次のような場合、Aさんが65歳になったときに受け取れる年金の金額は…

- Aさん（妻、65歳未満）は、数年前に夫に先立たれ、現在、遺族厚生年金60万円を受け取っている。
- Aさんの老齢厚生年金は30万円である。
- Aさんの老齢基礎年金は65万円である。

① ベースとなる金額

ア：60万円

イ：60万円 × $\frac{2}{3}$ ＋ 30万円 × $\frac{1}{2}$ ＝ 55万円

ウ：ア ＞ イ → 60万円

② 併給調整後の遺族厚生年金額：60万円－30万円＝30万円

③ Aさんが受け取れる年金額：65万円＋30万円＋30万円＝125万円

妻（Aさん）自身の老齢厚生年金は全額支給される

Ⅲ 雇用保険との併給調整

　老齢給付と雇用保険給付の両方が受給できるようになった場合、以下のような併給調整があります。

雇用保険との併給調整	
特別支給の老齢厚生年金と雇用保険の基本手当	雇用保険の基本手当を受給している間は、特別支給の老齢厚生年金は**全額**支給停止
在職老齢年金と雇用保険の高年齢雇用継続給付	**在職老齢年金額**が標準報酬月額に応じて減額

SECTION 09 企業年金等

このSECTIONで学習すること

1 企業年金

・確定給付型

・確定拠出型（企業型、個人型）

・確定拠出年金のポイント

確定拠出年金の
ポイントを
おさえよう！

2 自営業者等のための年金制度

・付加年金

・国民年金基金

・小規模企業共済

・中小企業退職金
　共済制度（中退共）

各制度の概要と
掛金の
税法上の取扱いを
確認しておこう

企業年金

1 企業年金

　企業年金は、公的年金を補完することを目的として、企業が任意に設けている年金制度です。

　企業年金のタイプには、**確定給付型** と **確定拠出型** があります。

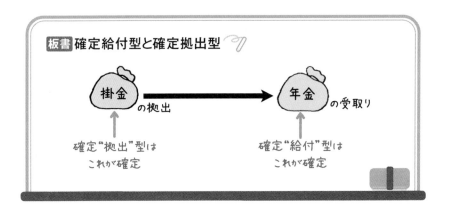

板書 確定給付型と確定拠出型

掛金 の拠出 → 年金 の受取り

確定"拠出"型は
これが確定

確定"給付"型は
これが確定

I 確定給付型

確定給付型 とは、将来支払われる年金の額があらかじめ決まっているタイプの年金制度をいいます。

確定給付型には、厚生年金基金 や 確定給付企業年金 があります。

1 厚生年金基金

厚生年金基金は、老齢厚生年金の給付の一部を国に代わって支給し、さらに企業が独自で上乗せして支給します。

従業員が負担した掛金は、税法上、社会保険料控除の対象となります。

2 確定給付企業年金

確定給付企業年金には、規約型 と 基金型 の2つの形態があります。

規約型と基金型	
規約型	労使合意の年金規約にもとづいて、企業が外部機関（信託会社、生命保険会社等）に年金資産の管理・運用、年金給付を任せる形態
基金型	母体企業とは別の法人格をもった基金を新たに設立して、その基金が年金資産の管理・運用、年金給付を行う形態

従業員が負担した掛金は、税法上、生命保険料控除の対象となります。

Ⅱ 確定拠出型

確定拠出型とは、一定の掛金を加入者が拠出・運用し、その運用結果によって、将来の年金額が決まるタイプの年金制度をいいます。確定拠出型には**確定拠出年金(企業型、個人型)**があります。

ひとこと

確定拠出年金は一般に「DC（Defined Contribution Plan）」といいます。

1 企業型

企業型の加入対象者は、確定拠出型年金導入企業の従業員で、**70**歳未満の厚生年金保険の被保険者です。ただし、企業が規約で一定の年齢未満と定めることもできます。

掛金の拠出限度額は以下のとおりで、掛金は原則として**事業主**が拠出します。なお、規約に定めれば事業主掛金の額を超えない範囲で個人からの拠出もできます(マッチング拠出)。ただし、この場合には個人型との併用はできません。

企業型の掛金の拠出限度額	
確定給付型の年金を実施していない場合	年額**660,000**円（月額55,000円）
確定給付型の年金を実施している場合	年額**330,000**円（月額27,500円）

ひとこと

掛金は企業型も個人型も、「月払い」のほか、「年払い」や「半年払い」などでまとめて拠出することもできます。

❷ 個人型（iDeCo）

個人型の加入対象者は**65**歳未満の❶自営業者等、❷厚生年金保険の被保険者（国民年金の第2号被保険者）、❸専業主婦等、❹国民年金の任意加入被保険者です。なお、60歳以上で加入できるのは国民年金の被保険者（任意加入被保険者や第2号被保険者）となります。

掛金は加入者が拠出し、掛金の拠出限度額は次のとおりです。

個人型（iDeCo）の掛金の拠出限度額

❶自営業者等 ❹国民年金の任意加入被保険者	年額**816,000**円（月額68,000円） ☆ 付加保険料や国民年金基金の掛金と合算した額
❷厚生年金保険の被保険者	◆企業型DCも確定給付型の年金も実施していない場合 年額**276,000**円（月額23,000円）
	◆企業型DCを実施している場合 年額**240,000**円（月額20,000円）※1
	◆確定給付型の年金を実施している場合 年額**144,000**円（月額12,000円）※2
	◆公務員等 年額**144,000**円（月額12,000円）
❸専業主婦等	年額**276,000**円（月額23,000円）

※1 「月額55,000円－各月の企業型DCの事業主掛金額」の範囲内とする
　　（ただし月額の上限は20,000円）

※2 「月額27,500円－各月の企業型DCの事業主掛金額」の範囲内とする
　　（ただし月額の上限は12,000円）

例題

国民年金の第3号被保険者は、確定拠出年金の加入者になることができない。

▶ ✕ 国民年金の第3号被保険者も個人型確定拠出年金の加入者になることができる。

ひとこと

2024年12月1日以降、確定給付型等の他制度と併用する場合の企業型、個人型（iDeCo）の掛金拠出限度額が改正されます。
企業型の拠出限度額は「月額55,000円－確定給付型等の掛金相当額」、個人型の拠出限度額は「月額55,000円－（各月の企業型の事業主掛金額＋確定給付型等の掛金相当額）」となります（ただし、月額の上限は2万円）。

板書 確定拠出年金のポイント 🖊

☆ 個人で運用・管理するため、転職や退職のさいに年金資産（すでに拠出し、運用している資産）を移管することができる（ポータビリティ）

☆ 通算の加入期間が **10** 年以上ある人は、60 歳以降、老齢給付金を受給できる。ただし、**75** 歳までに受給開始しなければならない

☆ 運用中に発生する収益については**非課税**

☆ 給付には老齢給付金のほか、障害給付金、死亡一時金、脱退一時金がある

例題

確定拠出年金の通算の加入期間が 5 年以上ある人は、60 歳以降、老齢給付金を受給できる。

▶ × 確定拠出年金の通算の加入期間が「5 年以上」ではなく「**10** 年以上」の人は、60 歳以降、老齢給付金を受給できる。

プラスワン 中小企業向けの確定拠出年金制度

中小企業（従業員数 300 人以下）向けの確定拠出年金制度として、次のものがあります。

簡易企業型年金 （簡易型 DC）	設立条件を一定程度パッケージ化することで、手続きを簡素化した中小企業向けのシンプルな企業年金制度
中小事業主掛金納付制度 （iDeCo＋）	iDeCo 加入の従業員掛金に追加して事業主が掛金を拠出できる制度

加入者自身が拠出した掛金は、税法上、**小規模企業共済等掛金**控除の対象となります。

ひとこと

老齢給付金を年金で受け取った場合には雑所得（公的年金等）、一時金で受け取った場合には退職所得とされます。

2 自営業者等のための年金制度

自営業者等のための年金制度には、付加年金、国民年金基金、小規模企業共済、中小企業退職金共済制度(中退共)があります。

自営業者等のための年金制度

付加年金	第1号被保険者(自営業者等)が国民年金に上乗せして受給するための年金制度 **ポイント** ☆ 毎月の国民年金保険料に月額400円を加算して支払うことによって、将来、国民年金(老齢基礎年金)に付加年金を加算した金額を受け取ることができる **付加年金の額＝200円×付加年金保険料を支払った月数** ☆ 繰上げ受給、繰下げ受給の場合は、老齢基礎年金とセットで繰上げ受給または繰下げ受給となり、老齢基礎年金と同じ割合で減額、増額がある
国民年金基金	第1号被保険者(自営業者等)が国民年金に上乗せして受給するための年金制度 **ポイント** ☆ 掛金の拠出限度額は、確定拠出年金の掛金と合算して月額68,000円 ☆ 掛金は全額が社会保険料控除の対象となる ☆ 付加年金と国民年金基金の両方には加入できない ☆ 国内に住所を有する60歳から65歳までの国民年金任意加入者も加入できる ☆ 任意脱退はできない ☆ 加入は口数制で、1口目は終身年金とし、2口目以降は終身年金または確定年金から選択 ☆ 給付には、老齢年金と遺族一時金の2種類がある
小規模企業共済	従業員が20人以下(一定の業種を除くサービス業等は5人以下)の個人事業主や会社の役員のための退職金制度 **ポイント** ☆ 掛金は月額1,000円～70,000円 ☆ 掛金の全額が小規模企業共済等掛金控除の対象となる

中小企業退職金共済制度（中退共）	国の援助による中小企業のための退職金制度

❶ 新たに加入する事業主に対して
　→掛金の $\frac{1}{2}$（上限1人につき5,000円）を加入後**4カ月目**から**1年間**助成

❷ 掛金を増額（月額18,000円以下）する事業主に対して
　→増額分の $\frac{1}{3}$ を増額月から**1年間**助成

ポイント

☆ 掛金は全額<u>事業主</u>が負担する

税法上の取扱い
会社の場合…全額<u>損金</u>に算入
個人事業主の場合…全額<u>経費</u>に計上

損金・経費
→費用のこと

☆ 加入者は原則として企業の従業員全員
☆ 役員、個人事業主は原則として加入できない
　→事業主の同居親族（配偶者など）も使用従属関係があれば加入できる！
☆ 3年以内に加入実績があれば、加入期間の通算が可能

例題

第1号被保険者は、付加年金と国民年金基金の両方に加入できる。

▶ × 付加年金と国民年金基金の**いずれか一方**しか加入することができない。

例題

小規模企業共済は、従業員が20人以下の個人事業主や会社の役員のための退職金制度で、掛金の全額が生命保険料控除の対象となる。

▶ × 小規模企業共済の掛金は、全額が**小規模企業共済等掛金控除**の対象となる。

例題

中小企業退職金共済制度の加入者は企業の従業員全員で、役員も含まれる。

▶ × 役員は中小企業退職金共済制度に加入できない。

SECTION

10

中小法人の資金計画

このSECTIONで学習すること

1 資金調達のプランニング

・概要

FPはいろんな分野を
広く知っておこう、
というお話

2 主な資金調達の方法

・直接金融
　→株式の発行、私募債の発行
・間接金融
　→証書貸付、手形貸付、当座貸越、
　　インパクトローン、ABL
・その他の資金調達方法
　→ファクタリング

直接金融と
間接金融の違いは、
お金の貸手と借手の間に
金融機関が入るかどうか

---

1 資金調達のプランニング

　FPの顧客の中には、個人事業主や中小法人の経営者もいます。そこで、FP は基本的な企業（個人商店や会社）の財務分析や資金調達の方法について知っておく必要があります。

　ここでは主に中小法人の資金調達についてみていきます。

2 主な資金調達の方法

資金調達の方法は、大きく **直接金融** と **間接金融** に分類することができます。

I 直接金融

直接金融 とは、資金の借手と貸手の間に金融機関等が介在しないタイプの資金調達方法をいいます。

ひとこと

企業が株式や社債を発行して、必要な資金を受け取る方法です。

直接金融による資金調達方法には次のようなものがあります。

直接金融による資金調達方法

資金調達方法	内　容	
株式の発行	企業が株式を発行して、これを投資家(株主)に買ってもらうことによって資金を調達する方法	
	株主割当増資	… 新株を引き受ける(買う)権利を既存の株主に割り当てる方法
	第三者割当増資	… 新株を引き受ける(買う)権利を既存の株主に限定しないで、特定の第三者(取引先など)に割り当てる方法
	公募増資	… 新株の発行にさいして、広く一般から株主を募集する方法
私募債の発行	50人未満の特定の投資家に対して債券(社債)を発行して、これを買ってもらうことによって資金を調達する方法	
	特定社債保証制度	… 中小企業が発行する社債(私募債)を指定の金融機関が引き受けるさいに、信用保証協会が保証する制度

Ⅱ 間接金融

間接金融とは、金融機関等(民間の金融機関や日本政策金融公庫、地方自治体)から資金を借り入れる方法(いわゆる融資)をいいます。

間接金融による資金調達方法には次のようなものがあります。

間接金融による資金調達方法

資金調達方法	内　容
証書貸付 (証書借入)	企業が金融機関から融資を受けるさいに、借用証書を用いて行う
手形貸付 (手形借入)	企業が金融機関から融資を受けるさいに、借用証書の代わりに手形を振り出して行う
当座貸越 (当座借越)	企業と金融機関であらかじめ契約を結ぶことによって、当座預金残高を超えて資金の引き出しや決済ができるという融資の方法
インパクトローン	資金の使い道に制限のない、外貨建ての融資
ABL (Asset Based Lending)	主に企業が売掛金等の債権や在庫など、流動性の高い資産を担保として金融機関から融資を受ける方法

例題

インパクトローンは、米ドル等の外貨によって資金を調達する方法であり、その資金使途は限定されていない。

▶○ インパクトローンは、外貨建ての資金調達方法で、その資金使途は限定されていない。

Ⅲ その他の資金調達方法

その他の資金調達方法には、**ファクタリング**(企業が所有する売掛債権を金融機関等が買い取り、その金融機関が債権の回収を代行する方法)などがあります。

ひとこと

金融機関が企業に融資するさい、その企業の財務状況を分析し、それに見合った融資額を決定します。企業の経営状態や財務状況の把握や分析の仕方はCH04 タックスプランニングで学習します。

SECTION 11 カード等

このSECTIONで学習すること

1 クレジットカード

・クレジットカードの支払方法
 →一括払い、分割払い、リボルビング払い
・カードローン、キャッシング

> クレジットカード
> の一括払いは手数料
> がかからない！

1 クレジットカード

I クレジットカード

クレジットカード は、利用者の信用にもとづいて、代金後払いで商品を購入したり、サービスを受けたりすることができるものです。

クレジットカードの支払方法には、次のようなものがあります。

クレジットカードの支払方法

一 括 払 い	1カ月分の利用額を一括して支払う方法
	ポイント　☆ 手数料はかからない 　　　　　☆ ボーナス時に一括して支払うボーナス一括払いという方法もある
分 割 払 い	代金を何回かに分けて支払う方法
	ポイント　☆ 手数料がかかる
リボルビング払 い	一定の利用限度額を設定し、毎月一定額を支払う方法
	ポイント　☆ 手数料がかかる

例題

クレジットカードの支払方法には、一括払い、分割払い、リボルビング払いがあるが、いずれも手数料がかかる。

▶ ✕ 一括払いは手数料がかからない。

プラスワン　リボルビング払いの手数料の支払方式

　リボルビング払い（毎月の支払金額が一定である支払方法）の手数料の支払方式には、**ウィズイン方式**と**ウィズアウト方式**があります。

ウィズイン方式	月々の一定の支払額の中に手数料を含めて請求される方式
ウィズアウト方式	月々の一定の元本返済額に手数料を上乗せして請求される方式

Ⅱ カードローン、キャッシング

　総量規制により、貸金業者からの借入れは、合計で年収の**3分の1以内**となっています。クレジットカードのキャッシングも総量規制の対象となりますが、住宅ローンや自動車ローン、銀行系のカードローンの残高は対象外となります。

例題

クレジットカードを使用したキャッシング（無担保借入）は、総量規制の対象となり、合計で年収の3分の2以内となっている。

▶ ✕「3分の2以内」ではなく、「**3分の1以内**」である。

CHAPTER 02

リスクマネジメント

SECTION

01

保険の基本

このSECTIONで学習すること

1 リスクマネジメントとは

・リスクマネジメントの流れ

> ここは軽く
> 目をとおすだけで
> OK

2 保険制度

・私的保険 ─ 生命保険（第一分野）
　　　　　 ─ 損害保険（第二分野）
　　　　　 └ 第三分野の保険

> 生命保険でも
> 損害保険でもない保険が
> 第三分野の保険！

3 保険の原則

・大数の法則
・収支相等の原則

> 3級でも出てきたけど、
> 両者の内容、
> おぼえている？

4 契約者等の保護

・保険契約者保護機構
・クーリングオフ制度
・ソルベンシー・マージン比率

> 自賠責保険、
> 地震保険の
> 補償割合は100％！

5 保険法と保険業法

・主なポイント

> 板書の内容だけ
> 確認しよう！

1 リスクマネジメントとは

Ⅰ リスクマネジメントとは

　日常生活には、事故や病気などのリスクがつきものです。**リスクマネジメント**とは、これらのリスクが生じたときに受けるダメージを回避・軽減するよう対策を立てることをいいます。

Ⅱ リスクマネジメントの流れ

　リスクマネジメントは、次のような手順で行います。

リスクマネジメントの流れ

❶**リスクの確認**…どんなリスクがあるのか？
　　　　↓
❷**リスクの測定**…そのリスクが、どのくらいの損失をもたらすか？
　　　　↓
❸**リスクの対処**…個々のリスクが発生したときの対処方法は？
　　　　↓
❹**リスク対処後の見直し**…今後に備えた見直し

2 保険制度

　保険には、国や地方公共団体が運営している**公的保険**（CHAPTER01で学習）と、民間の保険会社が運営している**私的保険**（CHAPTER02で学習）があります。

　私的保険は大きく、**生命保険**と**損害保険**に分かれます。なお、どちらにも属さない保険を**第三分野の保険**といいます。

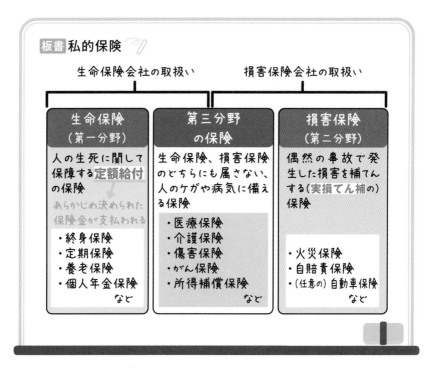

板書 私的保険

生命保険会社の取扱い　　損害保険会社の取扱い

生命保険 （第一分野）	第三分野 の保険	損害保険 （第二分野）
人の生死に関して保障する**定額給付**の保険 あらかじめ決められた保険金が支払われる	生命保険、損害保険のどちらにも属さない、人のケガや病気に備える保険	偶然の事故で発生した損害を補てんする（**実損てん補の**）保険
・終身保険 ・定期保険 ・養老保険 ・個人年金保険 　　　　など	・医療保険 ・介護保険 ・傷害保険 ・がん保険 ・所得補償保険 　　　　など	・火災保険 ・自賠責保険 ・（任意の）自動車保険 　　　　など

3　保険の原則

　保険制度は、**大数の法則**と**収支相等の原則**の2つの原則を基盤として成り立っています。

保険の原則

大数の法則	少数では何の法則も見いだせないことでも、大数でみると一定の法則があること
収支相等 の原則	保険契約者全体でみると、保険契約者が払い込む保険料（および運用収益）が、保険会社が支払う保険金（および経費）と等しくなるように保険料が算定されること

4 契約者等の保護

I 保険契約者保護機構

保険契約者保護機構は、保険会社が破綻した場合に契約者を保護するために設立された法人です。

国内で営業する生命保険会社、損害保険会社は、それぞれ生命保険契約者保護機構、損害保険契約者保護機構への加入が義務づけられていますが、**少額短期保険業者**や共済は加入対象外です。

保険契約者保護機構の保護内容

保険の種類		補償割合
生命保険		破綻時点の**責任準備金の90%**※
損害保険	自賠責保険	**100%**
	地震保険	
	自動車保険	**80%** 破綻後3カ月間は**100%**
	火災保険等	
	短期傷害保険	
	海外旅行傷害保険	
	年金払積立傷害保険	**90%**※
	その他の疾病・傷害保険	

※ 高予定利率契約（破綻時に過去5年間で常に予定利率が基準利率を超えていた契約）に該当する場合は、補償割合が90%から追加で引き下げられる。

$$補償割合＝90％－\frac{過去5年間における各年の〈予定利率－基準利率〉の合計}{2}$$

ポイント
☆ **少額短期保険業者**や共済は保険契約者保護機構の加入義務なし
☆ 銀行が販売する生命保険も保護機構の補償対象となる

【少額短期保険業者】

少額短期保険業者とは、保険金額が少額で、保険期間が**1年**（損害保険では**2年**）以内の商品のみ取り扱うことができる保険業者をいいます。

1人の被保険者から引き受ける保険金額の総額は原則として**1,000**万円以内です。

少額短期保険業者と締結する保険契約は、生命保険契約者保護機構または損害保険契約者保護機構による保護の対象となる。

▶ ✕ 少額短期保険業者と締結する保険契約は、保険契約者保護機構による保護の対象とならない。

銀行の窓口で加入した生命保険契約は、生命保険契約者保護機構による補償の対象外である。

▶ ✕ 銀行の窓口（代理店）で加入した生命保険契約も、生命保険契約者保護機構による補償の対象となる。

Ⅱ クーリングオフ制度

クーリングオフ制度とは、一度契約をしたあとでも一定の要件を満たせば消費者側から契約を取り消すことができる制度をいいます。

板書 クーリングオフ制度

手続き

契約の申込日 または **クーリングオフについて記載された書面を受け取った日** のいずれか

遅い日から8日以内に、申込みの撤回や解除を**書面**または**電磁的記録**で行う

→ 電子メールなど

クーリングオフができない場合

☆ 保険会社の営業所に（契約目的で）出向いて契約をした場合
☆ 保険期間が1年以内の契約の場合
☆ 契約にあたって医師の診査を受けた場合
☆ 加入義務のある保険契約の場合

→ 自賠責保険など

☆ 法人等が締結した契約の場合

Ⅲ ソルベンシー・マージン比率

ソルベンシー・マージン比率は、通常予測できないリスクが発生した場合に、

保険会社が対応できるかどうか(支払余力がどのくらいあるか)を判断する指標です。

　ソルベンシー・マージン比率は、数値が高いほど安全性が高く、**200**％以上が健全性の目安となります。また、**200**％を下回ると、金融庁から早期是正措置(経営の健全性を回復するための措置)が発動されます。

5 保険法と保険業法

I 保険法

保険法は保険契約に関するルールを定めた法律です。

保険法の主なポイントは次のとおりです。

板書 保険法の主なポイント

☆ 保険契約だけでなく、共済契約についても適用される
　▶共済組合(JA共済、こくみん共済coop、CO・OP共済)についても適用される

☆ 第一分野 **生命保険**契約、第二分野 **損害保険**契約のほか、第三分野 **傷害疾病保険**契約に関する規定が設けられている

第一分野	第二分野	第三分野
人の生死に関して保障する保険	偶然の事故で発生した損害をてん補する保険	生命保険、損害保険のどちらにも属さない、人のケガや病気に備える保険
・終身保険 ・個人年金保険　など	・火災保険 ・自動車保険　など	◆傷害疾病定額保険契約 ・医療保険 ・がん保険　など ◆傷害疾病損害保険契約 ・所得補償保険　など

☆ 保険契約者の保護のため、以下の規定 が設けられている

①契約締結時の告知に関する規定
②保険金の支払時期に関する規定

☆ 保険契約の終了（解除）に関する規定が定められている

重大事由 による解除

　保険契約に関し、一定の事由 が生じた場合、保険会社は保険契約を解除することができる

①保険契約者または保険金受取人が、保険金の受取りを目的 として、被保険者を殺害（または殺害しようと）した場合
②保険金受取人が、保険金の請求にあたって詐欺を行った（または詐欺を行おうとした）場合　など

☆ 原則として契約者に不利な内容は無効とする

☆ 時効（保険給付請求権は3年、保険料請求権は1年）を定めている

☆ 被保険者と保険契約者が異なる死亡保険契約は、原則として被保険者の同意がない場合、無効となる

Ⅱ 保険業法

　保険業法 は、保険会社の健全かつ適切な運営、公正な保険募集の確保により、保険契約者等の保護を図ることを目的とした法律です。

　保険業法は、保険会社や保険募集人など、保険業を行う者に対する規制を定めていますが、**共済**は適用除外とされています。

ひとこと

　共済は保険業法ではなく、各種協同組合法が適用されます。なお、保険法は共済にも適用されます。
　保険業法…共済には適用されない（各種協同組合法が適用されるから）
　保　険　法…共済にも適用される

板書 保険業法の主なポイント

☆ **共済**（制度共済）は適用除外

☆ 保険業を行う者は、**内閣総理大臣の登録**を受ける必要がある

☆ 保険契約の締結・保険募集に関して、保険契約者等に対し、 以下の行為 を行うことを禁止している

> ① 保険契約者等に対して、虚偽のことを告げ、または保険契約のうち、重要事項を告げない行為
> ② 保険契約者等に対して、不利益となる事実をいわずに、既存の保険契約を消滅させて、新たな保険契約の申込みをさせる等の行為
> ③ 保険契約者等に対して、保険料の割引など、特別な利益の提供をする行為
> ④ 保険契約者等に対して、資産運用の結果によって配当等の金額が変わる保険について、利益が生じることが確実であると誤解させるおそれのあることを告げる行為（断定的判断の提供の禁止） など

☆ 保険会社等は、顧客の意向を把握し、これに沿った保険商品を販売しなければならない（意向把握義務）

☆ 保険募集のさい、顧客が保険に加入するかどうかを判断するのに必要な情報の提供をしなければならない（情報提供義務）

例題

保険募集人は、顧客と保険契約を締結するさい、原則として、契約者または被保険者の要請に応じて、保険料の割引や割戻しを行わなければならない。

▶ × 保険募集人は顧客と保険契約を締結するさい、保険料の割引や割戻しなど特別な利益を提供する行為をしてはならない。

SECTION 02 | 生命保険の基本と商品

このSECTIONで学習すること

1 生命保険のしくみ
・生命保険の基本用語
・生命保険の種類

ここは軽くみておこう

2 保険料のしくみ
・保険料算定の基礎
・保険料の構成

純保険料と付加保険料の内容を確認!

3 配当金のしくみ
・剰余金と配当金
（死差益、利差益、費差益）
・配当金の支払いがある保険とない保険

死差益、利差益、費差益の各内容を確認して!

4 必要保障額の計算
・概要

生命保険でカバーすべき金額はいくらか?

5 生命保険商品①
  死亡保障タイプの保険
・定期保険
・終身保険
・定期保険特約付終身保険
・アカウント型保険
（利率変動型積立終身保険）

定期保険は頻出論点!

6 生命保険商品②
  生死混合タイプの保険
・養老保険
・定期保険特約付養老保険

養老保険は保険料が高い!

7 生命保険商品③
  生存保障タイプの保険
・こども保険
・個人年金保険
・変額個人年金保険

個人年金保険、変額個人年金保険は頻出論点!

8 生命保険商品④ 変額保険
・変額保険とは
・変額保険の種類（終身型、有期型）

死亡保険金には最低保証アリ、解約返戻金・満期保険金には最低保証ナシ

9 主な特約

・特定疾病保障保険特約、
　リビングニーズ特約　など

「リビングニーズ」ときたら
「余命6カ月以内」

10 かんぽ生命、共済の保険商品

・かんぽ生命の保険商品
・共済の保険商品

時間がなければ
ここは読み飛ばして
OK

11 その他の保険

・団体定期保険（Bグループ保険）
・総合福祉団体定期保険
・団体信用生命保険

余裕があれば軽く目を
とおしておいて

1 生命保険のしくみ

Ⅰ 生命保険の基本用語

はじめに、生命保険の基本用語をおさえておきましょう。

生命保険の基本用語

契　約　者	保険会社と契約を結ぶ人（契約上の権利と義務がある人）
被 保 険 者	保険の対象となっている人
受　取　人	保険金等の支払いを受ける人
保　険　料	契約者が保険会社に払い込む金額
保　険　金	被保険者が死亡、高度障害のとき、または満期まで生存した場合に、保険会社から受取人に支払われる金額
給　付　金	被保険者が入院や手術をしたさいに保険会社から支払われる金額
解約返戻金	保険契約を途中で解約した場合に、契約者に払い戻される金額
主　契　約	生命保険の基本となる部分
特　　　約	主契約に付加して契約するもの（単独では契約できない）

Ⅱ 生命保険の種類

生命保険には、**死亡保険**、**生存保険**、**生死混合保険** の3つの種類があります。

生命保険の種類

死 亡 保 険	被保険者が死亡または高度障害になった場合に保険金が支払われる保険
生 存 保 険	一定期間が終わるまで被保険者が生存している場合にのみ、保険金 が支払われる保険
生死混合保険	死亡保険と生存保険を組み合わせた保険

2 保険料のしくみ

Ⅰ 保険料算定の基礎

保険料は次の3つの **予定基礎率** にもとづいて算定されます。

保険料算定の基礎

予 定 死 亡 率	統計にもとづいて、性別・年齢ごとに算出した死亡率 ☆ 死亡に関して支払いが行われる保険の場合、予定死亡率が低ければ（死亡する人が少なければ）、保険会社が支払う保険金が減るので、保険料は下がる↓ ☆ 個人年金保険の場合、予定死亡率が低ければ（生存期間が長くなり、保険金支払期間が伸びるので）、保険料は上がる↑
予 定 利 率	保険会社があらかじめ見込んでいる運用利回り ☆ 予定利率が上がれば（運用がうまくいって収益が上がれば）、保険料は下がる↓
予定事業費率	保険会社が事業を運営するうえで必要な費用 ☆ 予定事業費率が低ければ（事業経費があまりかからなければ）、保険料は下がる↓

予定利率を低く設定する場合、一般に保険料は安くなる。

▶ ✕ 予定利率を低く設定する場合、運用収益が低いと予想されるので、一般に保険料は**高く**なる。

Ⅱ 保険料の構成

保険料は次の要素で構成されています。

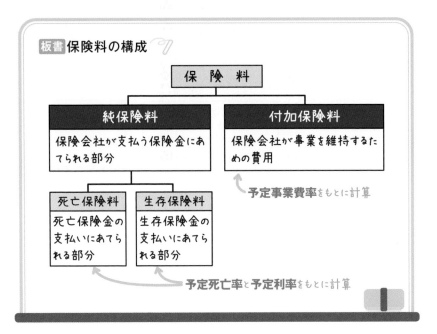

板書 保険料の構成

```
                    保　険　料
          ┌───────────────┴───────────────┐
      純保険料                          付加保険料
  保険会社が支払う保険金にあ        保険会社が事業を維持するた
  てられる部分                      めの費用
      ┌──────┴──────┐                 ↑
  死亡保険料    生存保険料        予定事業費率をもとに計算
  死亡保険金の  生存保険金の
  支払いにあてら 支払いにあてら
  れる部分      れる部分
                    ↑
          予定死亡率と予定利率をもとに計算
```

例題

保険料の内訳は、将来の保険金・給付金等の支払いの財源となる付加保険料と、保険会社が保険契約を維持・管理していくために必要な経費等の財源となる純保険料とに分けられる。

▶ ✕ 保険料は純保険料と付加保険料で構成されているが、将来の保険金・給付金等の支払いにあてられる部分は**純保険料**で、保険会社が事業を維持するための費用にあてられる部分は**付加保険料**である。

3 配当金のしくみ

I 剰余金と配当金

3つの予定基礎率をもとに算出された保険料と、実際にかかった費用とでは、差額が生じます。

通常、保険料（保険会社が受け取った金額）のほうが、実際にかかった費用よりも多くなります。この場合の差益を 剰余金 といいます。

剰余金が生じる原因には、次の3つがあります。

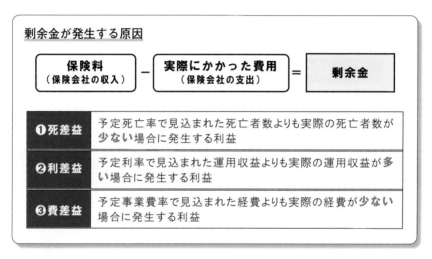

保険会社は剰余金を財源として、契約者に 配当金 を支払います。

II 配当金の支払いがある保険とない保険

配当金の支払いのある保険を 有配当保険 といい、配当金の支払いのない保険を 無配当保険 といいます。また、有配当保険のうち、利差益のみを配当金として支払う保険を 準有配当保険（利差配当付保険）といいます。

配当金の支払いがある保険とない保険

 一般的に、有配当保険のほうが無配当保険よりも、保険料が**高くなる**！

高	**有 配 当 保 険** （3利源配当型）	死差益、利差益、費差益の3つから配当金 が支払われる保険
保険料	**準 有 配 当 保 険** （利差配当付保険）	利差益のみから配当金が支払われる保険
低	**無 配 当 保 険**	配当金が支払われない保険

4 必要保障額の計算

　必要保障額とは、世帯主が死亡した場合に、遺族保障のために必要な金額のことで、死亡後の支出総額から総収入を差し引いて求めます。

板書 **必要保障額の計算**

※ 割合は仮定

支出総額	**末子独立までの 遺族生活費** 現在の生活費の70%※	**末子独立後の 配偶者生活費** 現在の生活費の50%※	**その他必要資金** ・葬儀費用 ・子供の教育費 ・住居費…（A） ・緊急予備費　など
総収入	**社会保障、企業保障** ・遺族年金 ・死亡退職金　など	**保有金融資産** ・預貯金 ・株式　など	**必要保障額** 生命保険等でカバー する必要がある金額

ポイント

☆ 住宅ローンを組んだときに、団体信用生命保険に加入した場合には、
　世帯主死亡後の住居費（A）は0円となる

　　▶残りの住宅ローンは団体信用生命保険の死亡保険金で支払われるから

☆ 必要保障額が最大になるのは末子が**誕生**したとき

5 生命保険商品① 死亡保障タイプの保険

死亡保障タイプの保険には、以下のようなものがあります。

I 定期保険

定期保険 は、一定の期間内に死亡した場合に、死亡保険金が支払われると
いうタイプの保険です。

保険料は基本的に**掛け捨て**型で、満期保険金はないため、ほかのタイプに
比べて保険料が**安く**なっています。

定期保険には、次のようなものがあります。

板書 定期保険

ポイント
☆ 保険料は掛け捨て型
☆ 満期保険金はない
}→ だから保険料が安い!

平準定期保険	逓減定期保険
保険金額が一定の定期保険	保険金額が一定期間ごとに減少する定期保険

☆ 保険料は一定

死亡保険金
契約　　　　満期

死亡保険金
契約　　　　満期

逓増定期保険	収入保障保険
保険金額が一定期間ごとに増加する定期保険	保険金が年金形式で（複数年に分けて）支払われる定期保険
☆ 保険料は一定	

例題

逓減定期保険は、保険期間の経過にともない所定の割合で保険料が逓減するが、保険金額は一定である。

▶ ✕ 逓減定期保険は、保険期間の経過にともなって**保険金額**が逓減する保険である。**保険料**は一定である。

【収入保障保険】

　収入保障保険は、保険金が年金形式で支払われますが、保険金受取人が希望した場合には、年金形式に代えて**一時金**で一括して受け取ることもできます。ただし、一時金で受け取る場合、年金形式で受け取る場合よりも受取総額は**少なく**なります。

　また、保険金の受取り方には、**確定年金タイプ**と**歳満了年金タイプ**があります。

収入保障保険の年金の受取り方

確定年金タイプ	保険期間中、被保険者がいつ死亡しても一定期間、年金が支払われる →被保険者が、保険加入直後に亡くなった場合でも、保険期間の満了直前に亡くなった場合でも、一定期間、年金が支払われる
歳満了年金タイプ	被保険者が死亡したときから、保険期間の終了時点まで年金が支払われる →保険期間満了の1年前に被保険者が死亡した場合は、1年分しか保険金が支払われない。ただし、最低保証を設けている場合もある

収入保障保険の死亡保険金を年金形式で受け取る場合の受取総額は、一時金で受け取る場合の受取額よりも多くなる。

▶ ○

Ⅱ 終身保険

終身保険 は、保障が一生涯続くタイプの保険です。

保険料の払込みが一生涯続くもの（**終身払込み**）と、一定期間で終了するもの（**有期払込み**）があります。他の条件が同じならば、1回あたりの保険料は終身払込みより有期払込みのほうが**高く**なります。

満期保険金はありませんが、解約時の解約返戻金が多く、貯蓄性の高い商品です。

ただし、一時払終身保険の場合、早期に解約すると解約返戻金が払込保険料を下回るため、注意が必要です。

【低解約返戻金型終身保険】

低解約返戻金型終身保険 は、通常の終身保険よりも保険料払込期間の解約返戻金が**低い**（一般的に通常の終身保険の70%程度である）代わりに、保険料が**割安**な終身保険です。なお、保険料払込期間終了後の解約返戻金は通常の終身保険と同程度となります。

Ⅲ 定期保険特約付終身保険

定期保険特約付終身保険 は、終身保険を主契約とし、これに定期保険特約を付けることによって、一定期間の死亡保障を厚くした保険です。

定期保険の期間を、終身保険（主契約）の保険料払込期間と同じ期間で設定した**全期型**と、定期保険の期間を、終身保険（主契約）の保険料払込期間よりも短く設定した**更新型**の2つのタイプがあります。

板書 定期保険特約付終身保険

| 全期型 | 更新型 |

全期型
- 定期保険特約
- 終身保険
- ↑契約 ↑払込満了 ↑死亡

定期保険の保険料
→契約時の保険料が
　全期間に適用される

更新型
- 定期保険特約 →更新→更新
- 終身保険
- ↑契約 ↑払込満了 ↑死亡

定期保険の保険料
→更新ごとに高くなる
　更新時の年齢で保険料
　が再計算されるから

ポイント
☆ 健康状態にかかわらず
　更新可能

　更新型の場合、保険会社が定める一定の年齢まで健康状態にかかわらず更新することができます（告知や診査は不要です）が、更新ごとに保険料は高くなります。

例題

定期保険特約付終身保険（更新型）では、定期保険特約を同額の保険金額で自動更新した場合、更新後の保険料は、通常、更新前と同額となる。

▶ ✕ 定期保険特約付終身保険（更新型）では、定期保険特約を同額の保険金額で自動更新した場合、更新後の保険料は、通常、更新前よりも高くなる。

Ⅳ アカウント型保険（利率変動型積立終身保険）

　アカウント型保険は、支払った保険料を、**積立**部分と**保障**部分に一定の範囲内で自由に設定できる保険です。

保険料払込期間が満了したあとは、積立金を終身保険や年金に移行することができます。

6　生命保険商品②　生死混合タイプの保険

　生死混合タイプの保険（死亡保険と生存保険を組み合わせた保険）には、以下のようなものがあります。

I　養老保険

　養老保険は、一定の期間内に死亡した場合には**死亡保険金**（高度障害状態となった場合には高度障害保険金）が支払われ、満期まで生存していた場合には死亡保険金と**同額**の**満期保険金**が支払われるというタイプの保険です。

　また、高度障害状態となって高度障害保険金が支払われると、契約は終了し、その後満期まで生存していても満期保険金は支払われません。

例題

養老保険では、保険金の支払事由に該当せずに保険期間満了となった場合、死亡・高度障害保険金と同額の満期保険金を受け取ることができる。

　　▶○

Ⅱ 定期保険特約付養老保険

定期保険特約付養老保険 は、主契約の養老保険に定期保険を特約として付けた保険です。

7　生命保険商品③　生存保障タイプの保険

生存保障タイプの保険には、以下のようなものがあります。

Ⅰ こども保険（学資保険）　　　　♪ Review CH01.SEC03 **1**

こども保険（学資保険） は、子供の進学に合わせて祝い金が支払われたり、満期に満期保険金が支払われる保険です。

原則として、親が契約者、子供が被保険者となります。

契約者（親）が死亡した場合は、それ以降の保険料は免除され、進学祝い金や満期保険金は当初の契約どおり支払われる点が、この保険の特徴です。

なお、被保険者である子が死亡した場合には、すでに支払った保険料相当額が死亡給付金として契約者に支払われます。

こども保険（学資保険）のポイント

契 約 者（ 親 ）が死亡した場合	・以後の保険料は免除される ・進学祝い金や満期保険金は当初の契約どおり支払われる
被保険者（子）が死亡した場合	・すでに支払った保険料相当額が死亡給付金として契約者に支払われる

ひとこと

中途解約した場合には、元本割れになる場合があるので注意が必要です。

Ⅱ 個人年金保険

個人年金保険 は、契約時に決めた一定の年齢に達すると、年金を受け取ることができるという保険です。

個人年金保険は、年金の受取り方によって、次のように分類されます。

板書 個人年金保険の受取り方による分類

⟷ 保険料払込期間
⟷ 年金受取期間

終身年金

生存している間、年金が受け取れるタイプ

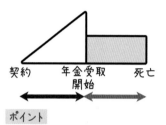

契約　年金受取　死亡
　　　開始

ポイント

☆ 保険料は一般的に男性より女性のほうが高い

保証期間付終身年金

保証期間中は生死に関係なく、保証期間後は生存している間、年金が受け取れるタイプ

保証期間

契約　年金受取　死亡
　　　開始

有期年金

生存している間の一定期間、年金を受け取れるタイプ

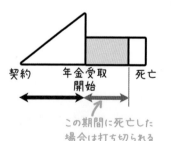

契約　年金受取　死亡
　　　開始

この期間に死亡した場合は打ち切られる

保証期間付有期年金

保証期間中は生死に関係なく、保証期間後は生存している間の一定期間、年金を受け取れるタイプ

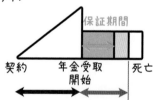

保証期間

契約　年金受取　死亡
　　　開始

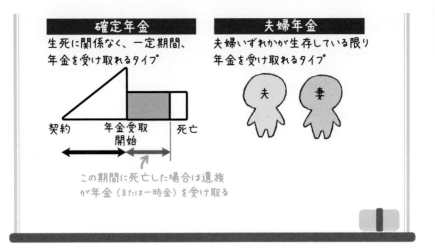

例題

終身年金では、他の契約条件が同一の場合、保険料は被保険者が男性のほうが女性よりも高くなる。

▶ × 一般的に女性のほうが長生きなので、終身年金において他の契約条件が同一の場合、保険料は被保険者が**女性**であるほうが高くなる。

例題

確定年金では、年金受取期間中に被保険者（＝年金受取人）が死亡した場合、相続人等が既払込保険料相当額の死亡給付金を受け取ることができる。

▶ × 確定年金では、年金受取期間中に被保険者が死亡した場合、相続人等は残りの期間の年金を受け取ることができる。

個人年金保険では、保険料払込期間中（◀▶の期間）に被保険者が死亡した場合には、**既払込保険料**相当額が死亡保険金として遺族に支払われます。

Ⅲ 変額個人年金保険

変額個人年金保険とは、保険会社が株式や債券等を運用し、その運用成果に応じて年金や解約返戻金の額が変動する個人年金保険をいいます。

年金支払開始前に死亡した場合には死亡給付金が支払われます。この場合の死亡給付金には、一般的に最低保証がありますが、解約返戻金には最低保証がありません。

また、変額個人年金保険には、保険料以外に次のような諸経費がかかります。

変額個人年金保険の諸費用

契約初期費用	契約時にかかる費用
保険契約関係費用	保険契約の締結・維持に必要な費用(積立金から控除)
資産運用関連費用	特別勘定の運用に関わる費用(積立金から控除)
解約控除	契約から一定期間以内に解約する場合にかかる費用

ひとこと

変額保険の内容については次の **8** を参照してください。

8 生命保険商品④ 変額保険

Ⅰ 変額保険とは

変額保険とは、保険会社が株式や債券等を運用し、その運用成果に応じて保険金や解約返戻金の額が変動する保険をいいます。

変額保険の資産は、定額保険(保険金や解約返戻金が一定の保険)の資産(**一般勘定**)とは別の口座(**特別**勘定)で運用されます。

Ⅱ 変額保険の種類

変額保険には、一生涯保障が続く**終身**型と、保険期間が一定の**有期**型があります。

いずれも、死亡保険金には最低保証(**基本保険金**といいます)がありますが、解約返戻金や満期保険金には、最低保証はありません。

板書 変額保険の種類とポイント

終身型の場合

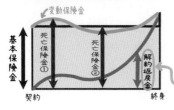

死亡保険金が基本保険金を下回った
場合（②の場合）には、基本保険金が
支払われる！

解約返戻金には最低保証が**ない**！

有期型の場合

| 満期保険金>基本保険金の場合 | 満期保険金<基本保険金の場合 |

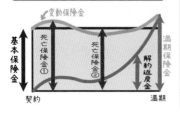 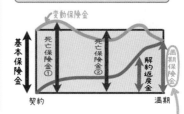

死亡保険金には最低保証が**ある**が、
満期保険金には最低保証が**ない**！

ポイント

☆ 死亡保険金には最低保証（**基本保険金**）がある

☆ 解約返戻金、満期保険金には最低保証はない

☆ 運用益に対する課税は、解約時または年金受取開始時まで繰り
延べられる

例題

変額保険（終身型）では、契約時に定めた保険金額（基本保険金）が保証されておらず、運用実績によっては、死亡保険金の額が基本保険金を下回ることがある。

▶ ✕ 変額保険では、**死亡保険金**については最低保証（基本保険金）がある。なお、**解約返戻金や満期保険金**には最低保証はない。

9　主な特約

　病気やケガをしたときの保障として、生命保険に特約を付加することができます。

　なお、特約は単独で契約することはできず、主契約に付加して契約します。したがって、主契約を解約すると、特約も解約されることになります。

　生命保険の主な特約には、次のようなものがあります。

主な特約

傷害・死亡	災害割増特約	不慮の事故で180日以内に死亡または高度障害になったとき等に、保険金が支払われる
	傷害特約	不慮の事故で180日以内に死亡または所定の身体障害状態になったとき等に、保険金または給付金が支払われる
入院	災害入院特約	不慮の事故で180日以内に入院したとき、給付金が支払われる
	疾病入院特約	病気で入院したとき、給付金が支払われる
通院	通院特約	病気やケガで入院し、退院後も治療のために通院をした場合に給付金が支払われる
その他	特定疾病保障保険特約（三大疾病保障保険特約）	**がん、急性心筋梗塞、脳卒中**により所定の状態になったとき、生存中に保険金が支払われる。また、保険金を受け取ることなく死亡した場合は、原因を問わず保険金が支払われる
	リビングニーズ特約	被保険者が余命**6カ月以内**と診断された場合、生存中に死亡保険金が（前倒しで）支払われる
	先進医療特約	**療養時**において、公的医療保険の対象となっていない先進的な医療技術のうち、厚生労働大臣の定める施設で、厚生労働大臣の定める先進医療を受けたとき、給付金が支払われる

10　かんぽ生命、共済の保険商品

Ⅰ　かんぽ生命の保険商品

　かんぽ生命で取り扱っている保険商品は、一般の保険会社と同様に定期保険や終身保険、養老保険などがありますが、加入限度額が設けられています。

ひとこと

「簡易保険」なので、保険金額が小口というのが特徴です。

かんぽ生命が取り扱う保険商品の特徴は次のとおりです。

かんぽ生命が取り扱う保険商品の特徴

◆加入限度額は原則として **1,000万円**。ただし、被保険者が満20歳以上55歳以下の場合には一定の条件（加入後4年以上経過している保険があるなど）のもとに累計で2,000万円が限度

◆加入時に医師の診査は不要

◆死亡保険金が支払われる場合において、加入後 **1年6カ月**を経過したあと、不慮の事故などで死亡したとき（その事故の日から180日以内に死亡した場合）には、保険金が **2倍**支払われる →倍額支払制度

Ⅱ 共済の保険商品

共済の保険商品には、こくみん共済coop（全労済）が取り扱う **こくみん共済**、JA（農協）が取り扱う **JA共済**、各都道府県単位で加入する **県民共済（都民共済、道民共済、府民共済）**、日本生活協同組合が取り扱う CO・OP共済などがあります。

11 その他の保険

Ⅰ 団体定期保険（Bグループ保険）

団体定期保険（Bグループ保険）とは、団体（企業）の代表者を保険契約者、一定数以上の役員・従業員を被保険者とする保険期間 **1年**の定期保険のうち、役員・従業員が任意で加入し、保険料を負担するものをいいます。

団体定期保険（Bグループ保険）は、従業員等が任意に加入する1年更新の保険であり、毎年、保険金額を所定の範囲内で見直すことができる。

▶ ○ 団体定期保険は、1年更新の定期保険なので、1年ごとに保険金額を見直すことができる。

Ⅱ 総合福祉団体定期保険

総合福祉団体定期保険とは、従業員等の遺族保障を目的とした、法人を保険契約者、役員・従業員を被保険者とする保険期間**1**年の定期保険をいいます。

「従業員等の遺族保障を目的とした定期保険」なので、従業員等の定年退職による退職金の準備としては適していません。

加入には被保険者（役員・従業員）の同意が必要です。

保険金の受取人は被保険者の遺族となりますが、被保険者の同意があれば法人とすることもできます。

また、保険金の受取人が被保険者の遺族、法人のいずれの場合であっても、保険料は**法人**が負担します。

【ヒューマンヴァリュー特約】

役員・従業員が死亡等した場合、法人は、その役員・従業員が生み出していた利益を喪失してしまいます。また、他の従業員等を雇用する費用が発生します。そのような事態に備えて、**ヒューマンヴァリュー特約**（役員・従業員が死亡等した場合に、法人に死亡保険金等が支払われる特約）があります。

Ⅲ 団体信用生命保険

団体信用生命保険とは、住宅ローンの支払期間中に契約者が死亡等した場合に、その時点の住宅ローンの残高と同額の保険金が支払われる保険をいいます。

住宅ローンの残高と同額の保険金が支払われるため、遺族は、その後の住宅ローンの支払いをすることなく、その住宅に住み続けることができます。

CHAPTER 02
リスクマネジメント

リスクマネジメント CH 02

SEC
03
生命保険契約

生命保険契約

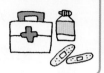

SECTION
03
生命保険契約

このSECTIONで学習すること

1 生命保険契約

- 告知義務
- 契約の責任開始日

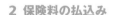

> 告知義務違反があった場合、保険会社は一方的に契約を解除できる！

2 保険料の払込み

- 猶予期間
- 契約の失効と復活
- 自動振替貸付制度

> 保険料の支払いがなくても、すぐに失効とはならない！

3 保険契約の見直し等

- 増額・減額
- 払済保険と延長保険
- 契約転換制度
- 契約者貸付制度

> 払済保険と延長保険の違いを確認！

1 生命保険契約

I 告知義務

　保険契約を申し込むとき、契約者または被保険者は、保険会社が契約を承諾するかどうかを判断するための材料となる重要事項(健康状態や過去の病歴など)について、保険会社が定めた質問に答えなければなりません。これを **告知義務** といいます。

　なお、無選択型保険(健康上の理由で保険に加入できなかった人でも、医師の診査な

し、告知なしで加入できる保険)の場合には、告知義務はありません。

ひとこと

ただし、無選択型保険の保険料は、告知が必要な通常の保険よりも割高になります。

板書 告知義務と告知義務違反

告知義務 …契約のさい、保険会社から求められた告知事項について、事実を答える義務

ポイント ☆ 無選択型保険の場合には告知義務はない!

→ただし、告知が必要な保険よりも保険料は **割高**になる

告知義務違反があった場合は…

☆ 保険会社は契約を一方的に**解除**することができる!

→そのさい、解約返戻金相当額は**支払われる**が、解除前に保険事故が発生していたとしても、保険金や給付金は**支払われない**

例題

無選択型終身保険に加入する場合でも、告知義務がある。

▶ × 無選択型保険の場合には、告知義務はない。

Ⅱ 契約の責任開始日

責任開始日とは、保険会社が契約上の責任(保険金等の支払い)を開始する日をいいます。

保険契約責任開始日は、(保険会社の承諾を前提として)①**申込み**、②**告知**、③**第1回保険料の払込み**がすべて完了した日となります。

なお、保険会社の承諾がこれよりあとになった場合は、「申込み」「告知」「第1回保険料の払込み」が完了した日にさかのぼって責任が開始されます。

2 保険料の払込み

Ⅰ 保険料の払込方法

保険料の払込方法には、一時払い、年払い、半年払い、月払いなどがあります。

Ⅱ 保険料を支払わなかった場合の猶予期間

保険料を払い込まなかった場合、すぐに契約が失効するわけではなく、一定の猶予期間が設けられています。

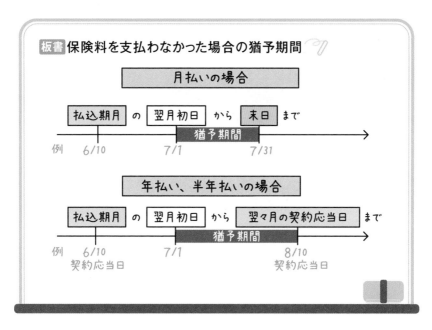

なお、猶予期間中に保険金等の支払事由が生じた場合には、未払込保険料を差し引いて保険金等が支払われます。

Ⅲ 契約の失効と復活

1 失効

猶予期間を過ぎても保険料を支払わなかった場合、保険契約は効力を失います。これを **失効** といいます。

2 復活

いったん失効した契約でも、一定期間内に所定の手続きを行うことにより、契約を元の状態に戻すことができます。これを **復活** といいます。

復活の場合、未払いの保険料を支払う必要があります。また、健康状態によっては復活できないこともあります。

なお、復活させた場合の保険料は、従来の(元の)保険料となります。

Ⅳ 自動振替貸付制度

自動振替貸付制度 とは、保険料の払込みがなかった場合に、保険会社が解約返戻金を限度として、自動的に保険料を立て替えてくれる制度をいいます。

ひとこと

「貸付け」なので、所定の利息が発生します。

例題

自動振替貸付制度は、自動的に解約返戻金を未払込保険料に充当するものであり、振り替えられた保険料（貸付金）に利息が付くことはない。

▶×「貸付け」なので、所定の利息が発生する。

---

3 保険契約の見直し等

保険の契約後、家族構成の変化や経済的事情によって契約を見直す必要が出てくる場合があります。

契約の見直しのさいに利用できる制度や方法等には、次のようなものがあ

ります。

I 増額・減額

現在の保険金額を増額(特約を付加)したり、減額することができます。特約を付加する場合、特約の保険料は付加時の年齢で計算されます。

II 払済保険と延長保険

1 払済保険

払済保険とは、保険料の払込みを中止して、その時点の解約返戻金をもとに、一時払いで元の契約と同じ種類の保険(または養老保険等)に変更することをいいます。

この場合、**保険期間**は元の契約と同じですが、保険金額は元の契約よりも**少なく**なります。また、**特約**部分は消滅します。

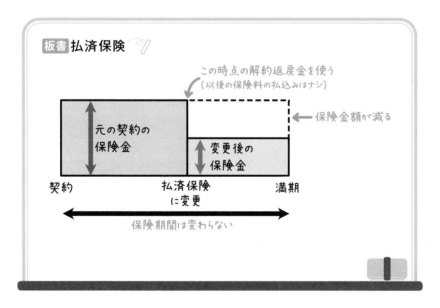

板書 払済保険

この時点の解約返戻金を使う
(以後の保険料の払込みはナシ)

元の契約の保険金

保険金額が減る

変更後の保険金

契約　　　払済保険に変更　　　満期

保険期間は変わらない

例題

払済保険の場合、保険期間は元の契約より短くなる。

▶ × 払済保険の場合、保険期間は元の契約と同じで、保険金額が元の契約よりも少なくなる。

2 延長保険

延長保険とは、保険料の払込みを中止して、その時点の解約返戻金をもとに、元の契約の**保険金額**を変えないで、一時払いの定期保険に変更することをいいます。

この場合、**保険金額**は元の契約と同じですが、保険期間は元の契約よりも**短く**なります。また、**特約**部分は消滅します。

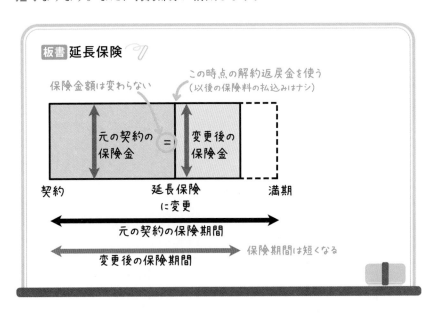

Ⅲ 契約転換制度

契約転換制度は、現在契約している保険の責任準備金や配当金を利用して、新しい保険に加入する方法です（元の契約は消滅します）。

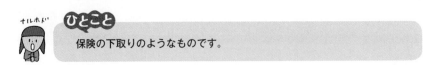

ナルホド
ひとこと

保険の下取りのようなものです。

転換のさいには、告知または医師による診査が必要です。また、保険料は転換時の年齢、保険料率により計算されます。

Ⅳ 契約者貸付制度

契約者貸付制度とは、**解約返戻金**のうち一定範囲内(一般的に8〜9割)で、保険会社から資金の貸付けを受けることができる制度をいいます。

「貸付け」なので、所定の利息が発生します。

SECTION 04 生命保険と税金

このSECTIONで学習すること

1 個人の生命保険と税金

・生命保険料を支払ったときの税金

> 生命保険料控除
> 個人年金保険料控除が受けられる
> 保険契約

・保険金等を受け取ったときの税金

> 死亡保険金の課税関係
> 満期保険金、解約返戻金の課税関係
> 個人年金保険の課税関係
> 非課税となる保険金や給付金

・相続税、贈与税、所得税の
　計算のポイント
・生命保険契約に
　関する権利の評価

> ここは頻出論点。
> しっかり確認を！

2 法人契約の生命保険と税金

・法人が支払った保険料の経理処理

> 支払保険料の経理処理
> 最高解約返戻率50％超、保険期間3年
> 以上の定期保険の保険料の処理
> 長期平準定期保険
> 1/2養老保険（ハーフタックスプラン）
> 個人年金保険

・法人が受け取った保険金等の
　経理処理

> 契約形態によって、
> 支払保険料の
> 処理が異なる！

---

1 個人の生命保険と税金

I 生命保険料を支払ったときの税金（生命保険料控除）

　1年間（1月1日から12月31日）に支払った生命保険料は、金額に応じて**生命保険料控除**として、その年の所得から控除することができます。ただし、**少額短期保険業者**と締結した保険契約の保険料は生命保険料控除の対象とはなりません。

生命保険料控除のポイント

◆その年に支払った分だけ生命保険料控除の対象となる

◆**少額短期保険業者**と締結した保険契約の保険料は生命保険料控除の対象とならない

◆自動振替貸付制度により払い込まれた金額についても生命保険料控除の対象となる

例題

終身保険の月払保険料のうち、2025年1月に払い込まれた2024年12月分の保険料は、2024年分の生命保険料控除の対象となる。

▶ × 2024年12月分の保険料でも、支払いが2025年1月の場合には、その保険料は2025年分の生命保険料控除の対象となる。

なお、配当金を受け取った場合には、その配当金の額を差し引いた金額が生命保険料控除の対象となります。

1 生命保険料控除額

2011年12月31日以前に締結した契約(旧契約)と2012年1月1日以降に締結した契約(新契約)では、控除額が異なります。

生命保険料控除額(最高額)

		一般の生命保険料控除	個人年金保険料控除	介護医療保険料控除	合 計
2011年以前の契約(旧契約)	所得税	最高 50,000円	最高 50,000円	—	最高 100,000円
	住民税	最高 35,000円	最高 35,000円	—	最高 70,000円
2012年以降の契約(新契約)	所得税	最高 40,000円	最高 40,000円	最高 40,000円	最高 120,000円
	住民税	最高 28,000円	最高 28,000円	最高 28,000円	最高 70,000円

ポイント ☆ 保険金等の受取人が契約者またはその配偶者、一定の親族でなければ、生命保険料控除は適用できない

一般の生命 保険料控除	生存・死亡に基因して保険金・給付金が支払われる部分に係る保険料
個人年金 保険料控除	個人年金保険料税制適格特約が付加された個人年金保険契約に係る保険料
介護医療 保険料控除	入院・通院等に基因して保険金等が支払われる保険契約に係る保険料

ポイント ☆ 新契約では、身体の傷害のみに基因して保険金が支払われる契約（災害割増特約、傷害特約、災害入院特約）に係る保険料は生命保険料控除の**対象外**

例題

2012年1月1日以後に締結した生命保険契約に付加された傷害特約の保険料は、一般の生命保険料控除の対象となる。

▶ × 2012年以降の契約では、災害割増特約や傷害特約など、身体の傷害のみに基因して保険金が支払われる契約に係る保険料は生命保険料控除の対象とならない。

なお、参考までに、具体的な控除額※を示すと次のとおりです。

※ 生命保険料控除額（計算式）

■2011年以前の契約（旧契約）■   式をおぼえる必要はなし！

	払込保険料		控　除　額
所得税		25,000円以下	全額
	25,000円超	50,000円以下	払込保険料 $\times \frac{1}{2} + 12,500$ 円
	50,000円超	100,000円以下	払込保険料 $\times \frac{1}{4} + 25,000$ 円
	100,000円超		**50,000**円
住民税		15,000円以下	全額
	15,000円超	40,000円以下	払込保険料 $\times \frac{1}{2} + 7,500$ 円
	40,000円超	70,000円以下	払込保険料 $\times \frac{1}{4} + 17,500$ 円
	70,000円超		**35,000**円

■ 2012年以後の契約（新契約）■

	払込保険料		控 除 額
所得税		20,000円以下	全額
	20,000円超	40,000円以下	払込保険料 $\times \frac{1}{2}$ + 10,000円
	40,000円超	80,000円以下	払込保険料 $\times \frac{1}{4}$ + 20,000円
	80,000円超		**40,000**円
住民税		12,000円以下	全額
	12,000円超	32,000円以下	払込保険料 $\times \frac{1}{2}$ + 6,000円
	32,000円超	56,000円以下	払込保険料 $\times \frac{1}{4}$ + 14,000円
	56,000円超		**28,000**円

【新契約と旧契約の両方に加入している場合の控除額の計算】

　新契約と旧契約の両方について、一般の生命保険料控除（または個人年金保険料控除）の適用を受ける場合、下記のいずれかを選択することができます。

> **新契約と旧契約の両方に加入している場合の控除額の計算**
> 下記のいずれかを選択する
> ❶旧契約についてのみ申告…上限は所得税 **5** 万円、住民税 3.5 万円
> ❷新契約についてのみ申告…上限は所得税 **4** 万円、住民税 2.8 万円
> ❸旧契約と新契約の両方について申告…上限は所得税 **4** 万円、住民税
> 　　　　　　　　　　　　　　　　　　　2.8 万円

【2011年以前の契約を2012年以降に更新等した場合】

　2011年12月31日以前に締結した生命保険契約でも、2012年1月1日以降に契約の更新や転換、特約の付加を行うと、それ以降は、契約全体について**新契約**の保険料控除が適用されます。

2 個人年金保険料控除が受けられる保険契約

　一定の要件を満たした個人年金保険(個人年金保険料税制適格特約が付加された個人年金保険)に加入している場合には、一般の生命保険料控除と別枠で、同額の控除が受けられます。

板書 個人年金保険料控除が受けられる保険契約の要件

下記の①〜④の要件をすべて満たさない場合には、
一般の生命保険料控除の対象となる!

① 年金受取人が**契約者**または**配偶者**のどちらかであること

② 年金受取人=被保険者 であること

③ 保険料の払込期間が**10年**以上あること→ 一時払いはダメ

④ 確定年金・有期年金の場合は、年金受給開始日の被保険者の
　年齢が**60歳**以上で、年金受取期間が**10年**以上であること

ポイント

☆ 一時払個人年金保険の保険料は一般の生命保険料控除の対象となる

　　③を満たさないから個人年金保険料控除の対象外

☆ 変額個人年金保険の保険料は一般の生命保険料控除の対象となる

例題

一時払個人年金保険の保険料は個人年金保険料控除の対象となる。

▶ ✕ 一時払個人年金保険の保険料は、**一般の生命保険料控除**の対象となる。

ひとこと

　個人年金保険料税制適格特約は、保険商品の規制がなければ、契約者の意思で中途付加することができます。

Ⅱ 保険金等を受け取ったときの税金

保険金等を受け取った場合、契約者、被保険者、受取人が誰かによって、課される税金(所得税、相続税、贈与税)が異なります。

1 死亡保険金の課税関係

死亡保険金の課税関係は次のとおりです。

板書 死亡保険金と税金

契約者	被保険者	受取人	税 金
A	A	B	**相続税**
Aさん（自身が被保険者）が亡くなって、ほかの人が死亡保険金を受け取る場合			
A	B	A	**所得税（一時所得）、住民税**
Aさんが保険料を支払っていた保険契約の保険金を自分（Aさん）が受け取る場合			
A	B	C	**贈与税** 「Aさんからもらった」というイメージ
Aさんが保険料を支払っていた保険契約（被保険者はAさんではない）の保険金をCさんが受け取る場合			

例題

契約者（＝保険料負担者）および保険金受取人が夫、被保険者が妻である終身保険において、妻が死亡して夫が受け取る死亡保険金は、相続税の課税対象となる。

▶ ✕ 夫が保険料を支払っていた保険契約の保険金を自分が受け取るので、**一時所得として所得税**の課税対象となる。

❷ 満期保険金、解約返戻金の課税関係

満期保険金、解約返戻金の課税関係は次のとおりです。

板書 満期保険金、解約返戻金と税金

契約者	被保険者	受取人	税　金
A	誰でも	A	**所得税**（一時所得）、**住民税**
Aさんが保険料を支払っていた保険契約の保険金を自分（Aさん）が受け取る場合			
A	誰でも	B	**贈与税**「Aさんからもらった」というイメージ
Aさんが保険料を支払っていた保険契約の保険金をBさんが受け取る場合			

【一時払養老保険等の満期保険金、解約返戻金】

　契約者＝受取人で、保険期間が **5年以下** の一時払養老保険等の満期保険金（または保険期間が5年超の一時払養老保険等を5年以内に解約した場合の解約返戻金）は、金融類似商品として利子所得と同様、**20.315**％（所得税 **15**％、復興特別所得税 0.315％、住民税 **5**％）の源泉分離課税となります。

　下記のすべての要件にあてはまる契約は、金融類似商品として取り扱われます。

金融類似商品として取り扱われる一時払養老保険等の要件

◆保険期間が **5年以下**（保険期間が5年超で、5年以内に解約した場合も含む）

◆保険料の払込方法が一時払い（またはそれに準じるもの）であること

◆普通死亡保険金が満期保険金と同額以下かつ災害死亡保険金等が満期保険金の5倍未満であること

ひとこと

ちなみに、一時払いの終身保険を5年以内に解約した場合には、金融類似商品としては扱われず、一時所得として総合課税の対象となります。そもそも終身保険には「満期」がないため、前記の要件を満たさないからです。

例題

一時払終身保険を保険期間の初日から4年10カ月で解約して契約者が受け取った解約返戻金は、一時所得として課税対象となる。

▶️ ◯ 一時払養老保険を5年以内に解約したときは一定要件のもと、その解約返戻金は金融類似商品として源泉分離課税の対象となるが、一時払いでも終身保険の場合には5年以内の解約であっても金融類似商品としての取扱いはなく、一時所得として総合課税の対象となる。

3 個人年金保険の課税関係

個人年金保険の課税関係は次のとおりです。

板書 個人年金保険と税金

年金受給開始前の税金

年金受給開始前に被保険者が死亡した場合の死亡給付金は、（一般の生命保険の）死亡保険金の場合と同様

　　契約者、被保険者、受取人が誰かによって、相続税、
　　所得税（一時所得）、贈与税のいずれかの課税対象となる

年金受給開始時の税金

契約者	被保険者	受取人	税　金
A	A	A （契約者＝受取人の場合）	毎年受け取る年金 →**所得税**（雑所得） 年金を一括で受け取った場合 →**所得税**（一時所得）
A	B	B （契約者≠受取人の場合）	Bが年金受給権を取得したとして **年金受給権**に対して **贈与税**がかかる 年金の支給を受ける権利

【年金受給開始後の税金】

　契約者(保険料負担者)、被保険者、年金受取人が同一人の個人年金保険契約で、年金支払保証期間内にその人が死亡し、遺族が残りの期間の年金を受け取ることになった場合、死亡した人から年金受給権を相続または遺贈により取得したものとみなされて**相続税**の課税対象となります。

例題

契約者と年金受取人が同一人である個人年金保険（保証期間付終身年金）において、保証期間中に年金受取人が死亡して遺族が取得した残りの保証期間の年金受給権は、一時所得として所得税の課税対象となる。

　▶✕ 契約者＝年金受取人である個人年金保険（保証期間付終身年金）で、保証期間中に年金受取人が死亡して遺族が取得した残りの保証期間の年金受給権は、相続税の課税対象となる。

4 非課税となる保険金や給付金

　保険金や給付金のうち、下記のものについては非課税となります。

非課税となる保険金や給付金

◆**入院**給付金　　◆**高度障害**保険金

◆**手術**給付金　　◆**特定疾病**保険金

◆**リビングニーズ特約**保険金（被保険者が受け取るもの）　など

ポイント

☆ 保険金等の受取人が本人（被保険者）の場合だけでなく、配偶者や直系血族が受取人の場合でも非課税となる

☆ ただし、「特定疾病保険金」「リビングニーズ特約保険金」の受取り後に被保険者が死亡し、受け取った保険金が現金等として残っている場合には相続税の課税対象となる ←この場合、生命保険金の非課税額の適用はない！

例題

契約者と被保険者が同一人である医療保険において、被保険者が疾病のため入院治療をしたことにより受け取る入院給付金は、一時所得として課税対象となる。

　▶✕ 被保険者が受け取る入院給付金は**非課税**である。

Ⅲ 相続税、贈与税、所得税(一時所得、雑所得)の計算のポイント

各税金の計算のポイントは、次のとおりです。

税金の計算のポイント

相続税	相続人が受け取った死亡保険金のうち、次の金額が非課税となる **非課税限度額＝500万円×法定相続人の数** ☆ 相続人以外の人が死亡保険金を受け取った場合には非課税の適用はない
贈与税	110万円の基礎控除がある └→110万円を超えた部分について課税される
所得税 (一時所得)	一時所得の課税対象となる金額は次のとおり **一時所得＝(保険金－払込保険料)－50万円** └→このうち $\frac{1}{2}$ がほかの所得と合算される　　特別控除額
所得税 (雑所得)	雑所得の課税対象となる金額は次のとおり **雑所得＝その年に受け取る年金額－必要経費** 必要経費 ＝ その年に受け取る年金額 × $\dfrac{払込保険料総額}{年金受取総額^{※}}$ ※ または見込額

ひとこと

各税金の計算については、CHAPTER04 タックスプランニング(所得税)または CHAPTER06 相続・事業承継(相続税、贈与税)で学習します。

Ⅳ 生命保険契約に関する権利の評価

契約者(たとえば夫)と被保険者(たとえば子)が異なる契約では、契約者(夫)が死亡した場合、新しく契約者となった人(たとえば妻)が契約の権利を引き継ぎます。

この場合、新しく契約者となった人(妻)が「生命保険契約に関する権利」を相続したものとして、その権利の評価額に対して相続税が課されます。

「生命保険契約に関する権利」の評価額は原則として、**解約返戻金**の額とな

ります。

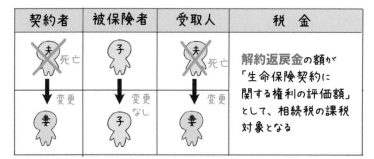

板書 生命保険契約に関する権利の評価

契約者	被保険者	受取人	税　金
夫 死亡 ↓ 変更 妻	子 ↓ 変更なし 子	夫 死亡 ↓ 変更 妻	解約返戻金の額が「生命保険契約に関する権利の評価額」として、相続税の課税対象となる

ひとこと

　ちなみに、契約者(たとえば夫)と被保険者(たとえば妻)が異なる契約で、契約者の変更(夫から妻への変更)があった場合、変更時においてはなんの課税関係も生じません(贈与税はかかりません)。
　課税関係が生じるのは、旧契約者が死亡したときや、新契約者(妻)が契約を解除し、解約返戻金を受け取ったときです。
　たとえば、上記の例で契約者の変更後、新契約者(妻)が契約を解除し、解約返戻金を受け取ったときには、保険料負担者(旧契約者である夫)から贈与があったものとし、贈与税が課税されます。

2 法人契約の生命保険と税金

　法人(会社)が契約者、従業員や役員が被保険者となる保険を**法人契約の保険**といいます。

I 法人が支払った保険料の経理処理

　法人が支払った保険料は、保険の種類および契約形態によって経理処理が

異なります。

板書 法人が支払った保険料の経理処理(基本的な考え方)

損金…経費のこと

保険の種類等	保険金の受取人	
	法人	被保険者または その遺族
定期保険※など 貯蓄性のない商品	原則として 損金算入	原則として 損金算入
養老保険、**終身**保険、 **年金**保険など 貯蓄性の高い商品	資産計上	損金算入
特　　約	特約の内容に応じる	

※ 最高解約返戻率が50%以下のもの(次ページ❶以外のもの)

例題

契約者(=保険料負担者)が法人、被保険者が役員、死亡保険金受取人が法人である終身保険の支払保険料は、その全額を損金に算入する。

▶ ✕ 終身保険の支払保険料は全額を**資産計上**する。

プラスワン 終身保険の保険料を支払ったときの処理(仕訳)

　「金財」の実技試験「生保顧客資産相談業務」では、生命保険に関する処理(仕訳)問題がよく出題されているので、「生保顧客資産相談業務」を受検する人は仕訳を確認しておきましょう。

　終身保険の保険料を支払ったときの仕訳を示すと、次のようになります。

例:終身保険の年間保険料が50万円(保険金の受取人は法人)の場合

借　　方		貸　　方	
保険料積立金［資産］	50万円	現金・預金	50万円

❶ 最高解約返戻率50%超、保険期間3年以上の定期保険の保険料の処理（2019年7月8日以後の契約分）

　法人が、「契約者＝法人、被保険者＝役員・従業員」とする保険期間が**3**年以上の定期保険（または第三分野保険）で、最高解約返戻率が**50**％超であるものの保険料を支払った場合は、当期分の支払保険料の額について、下記の区分に応じて処理します。

最高解約返戻率50％超、保険期間3年以上の定期保険の保険料の処理

❶資産計上期間の処理

最高解約返戻率	資産計上期間	資産計上期間の処理
50％超 70％以下	保険期間の当初**4**割相当期間	・支払保険料の**40**％を資産計上[※1] ・**60**％を損金算入[※2]
70％超 85％以下	保険期間の当初**4**割相当期間	・支払保険料の**60**％を資産計上[※1] ・**40**％を損金算入[※2]
85％超	原則として保険期間開始日から最高解約返戻率となる期間の終了日まで	保険期間開始日から**10**年間 ・「支払保険料×最高解約返戻率×**90**％」を資産計上[※1] ・残りは損金算入[※2] それ以降 ・「支払保険料×最高解約返戻率×**70**％」を資産計上[※1] ・残りは損金算入[※2]

※1 「前払保険料」で処理
※2 「定期保険料」で処理

❷取崩期間の処理

最高解約返戻率	取崩期間	取崩期間の処理
50%超 70%以下	保険期間の**7.5**割相当期間経過後から保険期間終了日まで	・資産計上期間で資産計上した金額を取崩期間で均等に取り崩して損金算入 ・取崩期間に支払った保険料は全額損金算入
70%超 85%以下		
85%超	解約返戻金相当額が最も高い金額となる期間経過後から保険期間終了日まで	

❸資産計上期間および取崩期間以外の期間は、支払保険料の全額を損金算入

ひとこと

2019年7月7日以前に契約した長期平準定期保険（下記**❷**）の保険料などは、ひきつづき従来の処理（通常の定期保険とは異なる処理）が適用されます。

❷ 長期平準定期保険

長期平準定期保険とは、一定の要件を満たした、期間の長い定期保険をいいます。

板書 長期平準定期保険の要件

☆ 保険期間満了時の年齢 が **70** 歳を超えている

　　かつ

☆ 契約時の年齢+保険期間×2 が **105** を超えている

2019年7月7日以前に契約した長期平準定期保険の保険料の経理処理は次のようになります。

長期平準定期保険の保険料の処理

期間の区分	支払保険料の処理
保険期間の前半 6割の期間	・支払保険料の$\frac{1}{2}$は**損金**算入※1 ・残りの$\frac{1}{2}$は**資産計上**※2
保険期間の後半 4割の期間	支払保険料の**全額**を**損金**算入※1し、前半で資産計上した金額を残りの期間で取り崩して損金算入する

※1 「定期保険料」で処理
※2 「前払保険料」で処理

プラスワン 長期平準定期保険の保険料を支払ったときの処理（仕訳）

長期平準定期保険の保険料を支払ったときの仕訳を示すと、次のようになります。

例：年間保険料が24万円、保険期間が30年の場合

①当初18年（保険期間の前半6割）

借 方		貸 方	
定期保険料　［損金］	12万円	現金・預金	24万円
前払保険料　［資産］	12万円		

②残りの12年（保険期間の後半4割）

借 方		貸 方	
定期保険料　［損金］	24万円	現金・預金	24万円
定期保険料　［損金］	18万円※	前払保険料　［資産］	18万円

※　前半18年間で毎年12万円ずつ資産計上されているので、資産計上されている金額は総額216万円（12万円×18年）です。これを後半12年間で取り崩すので、1年間の取崩額は18万円（216万円÷12年）となります。

3 1/2養老保険（ハーフタックスプラン）

「契約者＝法人、被保険者＝役員・従業員」とする養老保険のうち、一定の要件を満たしたものは、支払保険料の2分の1を経費（福利厚生費）とすることが認められます。これを **1/2養老保険（ハーフタックスプラン）** といいます。

支払保険料の2分の1を福利厚生費とするためには、普遍的加入が条件と

されています。

　普遍的加入とは、役員・従業員の全員が加入することをいいますが、年齢や勤続年数などの合理的な基準によって加入対象者を限定することもできます。

板書 1/2 養老保険（ハーフタックスプラン）

契約者	被保険者	満期保険金の受取人	死亡保険金の受取人	経理処理
法人	役員・従業員の**全員**	法人	役員・従業員の**遺族**	$\frac{1}{2}$ は**資産計上** 保険料積立金 $\frac{1}{2}$ は**損金**算入 福利厚生費

→という契約の養老保険

ひとこと

　役員・従業員が死亡しなかった場合は、（満期）保険金が法人に入るため、保険料に資産性があるといえます。
　一方、役員・従業員が死亡した場合には、（満期）保険金が法人に入らないため、保険金に資産性がありません。
　だから、支払保険料の半分は資産計上し、半分は損金算入する（＝ハーフタックスプラン）のです。

例題

契約者（＝保険料負担者）が法人、被保険者が役員・従業員の全員、満期保険金受取人が法人、死亡保険金受取人が役員・従業員の遺族である養老保険の支払保険料は、その全額を損金に算入できる。

▶× 契約者（＝保険料負担者）が法人、被保険者が役員・従業員の全員、満期保険金受取人が法人、死亡保険金受取人が役員・従業員の遺族である養老保険の支払保険料は、その**2分の1**を損金に算入することができる（残りは資産計上する）。

1/2 養老保険の保険料を支払ったときの仕訳を示すと、次のようになります。

例：1/2 養老保険の支払保険料が 100 万円の場合

借　　方		貸　　方	
保険料積立金［資産］	50 万円	現金・預金	100 万円
福利厚生費［損金］	50 万円		

4 個人年金保険

「契約者＝法人、被保険者＝役員・従業員」とする個人年金保険の保険料の
経理処理は次のようになります。

板書 個人年金保険

契約者	被保険者	死亡給付金の受取人	年金の受取人	経理処理
法人	役員・従業員	法人	法人	資産計上
		Ⓐの遺族	Ⓐ	給与
		Ⓐの遺族	法人	90%は資産計上 10%は損金算入

Ⅱ 法人が受け取った保険金等の経理処理

法人が保険金や給付金を受け取った場合は、全額、「雑収入」として**益金**
（収益のこと）に算入され、**法人税**の課税対象となります。

ひとこと

法人が契約者、役員・従業員を被保険者とする生命保険や医療保険から法人が受け取った入院給付金や手術給付金は、全額益金に算入します。
入院給付金や手術給付金は個人契約の場合には非課税となりますが、法人契約の場合には非課税とはなりません。

ただし、その保険料が資産計上されている場合には、保険金から資産計上

されている保険料を差し引くことができます。

プラスワン　法人が保険金を受け取ったときの処理（仕訳）

　たとえば、法人（契約者＝保険金受取人）が、終身保険（既払込保険料の総額は200万円）を解約して解約返戻金220万円を受け取った場合の仕訳は次のようになります。

借　　方		貸　　方	
現金・預金	220万円	保険料積立金［資産］ 雑　収　入［益金］	200万円^{※1} 20万円^{※2}

※1　保険料積立金として資産計上されている（借方に計上されている）既払込保険料を取り崩す。
※2　受け取った解約返戻金220万円と、取り崩した保険料積立金200万円の差額20万円は「雑収入」として益金に算入する。

プラスワン　法人が保険金を受け取らなかったときの処理（仕訳）

　資産計上されている支払保険料はあるものの、法人が死亡保険金を受け取っていないという場合があります。
　たとえば、1/2養老保険（ハーフタックスプラン）では、法人が保険料を支払ったときに、支払保険料の半分を「**保険料積立金**」として**資産**計上しますが、被保険者（役員・従業員）が死亡した場合、死亡保険金は法人ではなく、**被保険者の遺族**が受け取ります。この場合、会社は資産計上してある「**保険料積立金**」を取り崩すとともに、相手科目は「**雑損失**」として処理します。

　　例：1/2養老保険の保険料積立金が500万円あり、遺族に死亡保険金
　　　　2,000万円が支払われた場合

借　　方		貸　　方	
雑損失［損金］	500万円	保険料積立金［資産］	500万円

SECTION
05

損害保険の基本と商品

このSECTIONで学習すること

1 損害保険のしくみ

- ・損害保険の基本用語
- ・損害保険料のしくみ
- ・超過保険、全部保険、一部保険
- ・損害保険商品の分類

> 超過保険、全部保険、一部保険の意味を確認!

2 損害保険商品①　火災保険

- ・主な火災保険と補償の範囲
- ・保険金の支払額

> 保険金額が保険価額の
> 80%以上→実損てん補
> 80%未満→比例てん補

3 損害保険商品②　地震保険

- ・地震保険のポイント
- ・保険金額と保険料のポイント

> 地震保険は頻出論点!

4 損害保険商品③　自動車保険

- ・自賠責保険
- ・任意加入の自動車保険

> 自賠責保険を中心に、概要をおさえておこう

5 損害保険商品④　傷害保険

- ・普通傷害保険、家族傷害保険
- ・交通事故傷害保険、ファミリー交通事故傷害保険
- ・国内旅行傷害保険
- ・海外旅行傷害保険

> 細菌性食中毒が補償の対象となるかどうかをチェック!

6 損害保険商品⑤　賠償責任保険

- ・個人賠償責任保険
- ・PL保険
- ・施設所有管理者賠償責任保険
- ・請負業者賠償責任保険
- ・受託者賠償責任保険

> 各商品の概要をおさえておこう

7 損害保険商品⑥　その他の損害保険

- ・所得補償保険
- ・労働災害総合保険
- ・企業費用・利益保険
- ・機械保険
- ・建設工事保険

> ここは軽く目をとおしておけばOK

1 損害保険のしくみ

Ⅰ 損害保険の基本用語

はじめに、損害保険の基本用語をおさえておきましょう。

損害保険の基本用語

契　約　者	保険会社と契約を結ぶ人（契約上の権利と義務がある人）
被保険者	保険事故（保険の対象となる事故）が発生したときに、補償を受ける人、または保険の対象となる人
保険の対象	保険を掛ける対象
保険価額	保険事故が発生した場合に被るであろう損害の最高見積額
保険金額	契約時に決める契約金額（保険事故が発生したときに保険会社が支払う限度額となる）
保　険　金	保険事故が発生したときに、保険会社から被保険者に支払われる金額

Ⅱ 損害保険料のしくみ

損害保険も生命保険と同様、大数の法則と収支相等の原則で成り立っていますが、これに加えて次の2つの基本原則があります。

損害保険独自の基本原則

給付・反対給付均等の原則（レクシスの原則）	リスクの危険度に応じた保険料を負担しなければならないという原則
利得禁止の原則	実際の損害以上の保険金を受け取ってはならないという原則。そのため、損失額を限度に保険金が支払われる → 「実損払い」という

Ⅲ 超過保険、全部保険、一部保険

損害保険の掛け方（保険金額と保険価額の関係）には、次の3つの種類があります。

超過保険、全部保険、一部保険

超過保険	保険金額 が 保険価額 よりも**大きい**保険
	☆ 損害額は全額支払われる → **実損** てん補
全部保険	保険金額 と 保険価額 が同じ保険
	☆ 損害額は全額支払われる → **実損** てん補
一部保険	保険金額 が 保険価額 よりも**小さい**保険
	☆ 保険金額と保険価額の割合 により保険金が削減される 　　 → **比例** てん補

※ 超過保険の場合でも保険価額を超えて保険金が支払われることはない（利得禁止の原則）

Ⅳ 損害保険商品の分類

どのような損害を対象とするかによって損害保険商品を分類すると、次のようになります。

損害保険商品の分類

モ ノ 保 険	建物や自動車など具体的なモノに生じた損害を対象とする保険 例：火災保険、車両保険など
ヒ ト 保 険	ヒトのケガなどを対象とする保険 例：傷害保険など
賠 償 責 任 保 　 　 険	第三者に対する損害賠償責任を対象とする保険 例：対人・対物賠償保険、個人賠償責任保険など
そ の 他 の 保 　 　 険	上記以外の損害を対象とする保険 例：所得補償保険など

2 損害保険商品① 火災保険

I 火災保険とは

火災保険は、火災によって生じた建物や家財の損害を補償する保険です。

火災保険では、火災のほか、落雷、**風災**、**消防活動による水濡れ**などにより、保険の対象となっている建物や家財が被った損害が補償されます。

なお、**地震**、噴火、津波による損害については火災保険では補償されません。また、自宅に保管してあった現金が焼失した場合のその現金についても補償されません。

II 保険金の支払額

住宅を保険の対象とする火災保険では、契約時の保険金額が保険価額(時価)の**80**％以上であるかどうかによって支払額の算出方法が異なります。

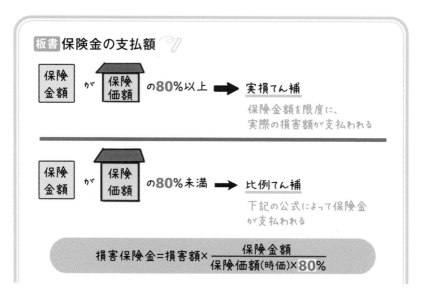

板書 保険金の支払額

保険金額 が 保険価額 の**80%以上** ➡ 実損てん補

保険金額を限度に、実際の損害額が支払われる

保険金額 が 保険価額 の**80%未満** ➡ 比例てん補

下記の公式によって保険金が支払われる

$$損害保険金 = 損害額 \times \frac{保険金額}{保険価額(時価) \times 80\%}$$

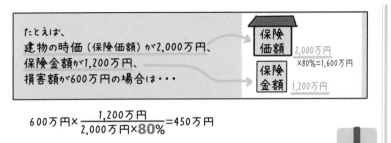

たとえば、
建物の時価（保険価額）が2,000万円、
保険金額が1,200万円、
損害額が600万円の場合は・・・

保険
価額 2,000万円
×80%=1,600万円
保険
金額 1,200万円

$$600万円 \times \frac{1,200万円}{2,000万円 \times 80\%} = 450万円$$

3 損害保険商品② 地震保険

火災保険では、地震、噴火、津波によって生じた損害については補償されないので、これらの損害に備えるためには地震保険に加入しなければなりません。

I 地震保険のポイント

地震保険のポイントは次のとおりです。

板書 **地震保険のポイント**

☆ **単独では加入できない**
　 一般的に地震保険は火災保険に付帯されている
　 地震保険に加入しない場合にはその旨の申出が必要
　 火災保険の保険期間の中途でも付帯することができる

☆ **住宅（居住用建物）と住宅内の家財が補償の対象となる**
　 ただし、1個または1組の価格が**30**万円を超える
　 貴金属や宝石などは補償の対象外

☆ **保険金額は火災保険（主契約）の30～50%の範囲で設定する。**ただし、上限あり → 建物**5,000**万円、家財**1,000**万円

☆ **保険期間は原則として1年。**ただし、火災保険（主契約）が**5年超**の場合は、**1年ごとの自動継続または5年ごとの自動継続が選択できる**

例題

地震保険の保険金額は、主契約である火災保険の保険金額の 30%から 50%の範囲内で設定し、その限度額は住宅建物が 3,000 万円、家財（生活用動産）が 500 万円である。

▶ ✕ 地震保険の保険金額は、主契約である火災保険の保険金額の **30%**から **50%**の範囲内で設定し、限度額は住宅建物が **5,000** 万円、家財（生活用動産）が **1,000** 万円である。

Ⅱ 保険金額と保険料のポイント

地震保険の保険金額と保険料についてポイントをまとめると、次のとおりです。

板書 保険金と保険料のポイント

保険金

☆ 損害の程度に応じて、保険金が支払われる

【参考】
全損の場合 ・・・保険金額の**100**%
大半損の場合・・・保険金額の**60**%
小半損の場合・・・保険金額の**30**%
一部損の場合・・・保険金額の**5**%

☆ 地震等が発生した日の翌日から数えて**10**日以上経過したあとに生じた損害については保険金は支払われない

保険料

☆ 地震保険料は、所在地（都道府県）と建物の構造（2区分）によって決まる
▶静岡や東京などは保険料率が高く、鳥取や鹿児島などは保険料率が低い

ただし、全国一律の「地震保険基準料率」にもとづいて算定されるため、**建物の構造、所在地、補償内容が同一ならば、保険会社が異なっても保険料は同一**になる

☆ 保険料の割引制度がある。ただし、**重複適用**はできない
▶①免震建築物割引、②耐震診断割引、③耐震等級割引、④建築年割引の4つ

地震保険の保険料には、建築年割引、耐震等級割引、免震建築物割引、耐震診断割引の4種類の割引制度があるが、これらは重複して適用を受けることができる。

▶✕ 地震保険の保険料の割引制度は重複して適用を受けることはできない。

4 損害保険商品③ 自動車保険

　自動車保険には、強制加入の自動車保険(自賠責保険)と、任意加入の自動車保険(民間の保険)があります。

Ⅰ 自賠責保険(自動車損害賠償責任保険)

　自賠責保険は、すべての自動車(原動機付自転車を含む)の所有者と運転者が、必ず加入しなければならない保険です。保険料は離島などを除き全国**一律**です。

　自賠責保険のポイントは次のとおりです。

板書 自賠責保険のポイント

補償対象

対人賠償事故のみ補償
↪ 死傷した相手側の運転者とその同乗者、あるいは歩行者など

☆ 加害者以外の損害を補償

保険金の限度額(死傷者1人あたり)

死亡…最高**3,000**万円

傷害…最高**120**万円

後遺障害…75万円〜**4,000**万円
　　　　(障害の程度によって決まる)

例題

自賠責保険の対象となる事故は対人賠償事故および対物賠償事故である。

▶ ✕ 自賠責保険では、対物賠償事故は補償されない。

II 任意加入の自動車保険

任意加入の自動車保険には次のようなものがあります。

任意加入の自動車保険

対人賠償保険	自動車事故で他人を死傷させ、法律上の損害賠償責任を負った場合に自賠責保険の支払額を超える部分の金額が支払われる
対物賠償保険	自動車事故で他人のもの(財物)に損害を与え、法律上の損害賠償責任を負った場合に保険金が支払われる
搭乗者傷害保険	被保険自動車に乗車中の人(運転者や同乗者)が死傷した場合などに保険金(定額)が支払われる
自損事故保険	運転者が自賠責保険では補償されない単独事故などを起こしたときに保険金(定額)が支払われる
無保険車傷害保険	自動車事故により乗車中の人(運転者や同乗者)が死亡したり、後遺障害を被った場合に、事故の相手方(加害者)が無保険であったり、十分な賠償ができないとき、保険金が支払われる
車両保険	自分の自動車が偶然の事故により損害を受けたときや盗難にあった場合に保険金が支払われる ポイント ☆ 地震、噴火、津波による損害は対象外
人身傷害補償保険	自動車事故により被保険者が死傷した場合に、過失の有無にかかわらず、実際の損害額が支払われる ポイント ☆ 示談を待たずに保険金が支払われる

ひとこと

ナルホド

対人賠償保険、対物賠償保険は、被害者を救済するための保険なので、免許失効中や飲酒運転などによって相手に被害・損害を与えた場合でも、保険金が支払われます。

5 損害保険商品④ 傷害保険

Ⅰ 傷害保険とは

傷害保険 は、日常生活におけるさまざまなケガ（急激かつ偶然な外来の事故により、身体に傷害を被った状態）に対して保険金が支払われます。

Ⅱ 保険料

保険料は、年齢や性別によって異なることはありませんが、**職業**によって**2**段階に分かれます（交通事故傷害等は除きます）。

男性だから女性よりもケガをしやすいというわけではないので、年齢や性別によって保険料が異なることはありませんが、危険な職業についている人のほうがケガをしやすいので、職業によって保険料が異なるのです。

Ⅲ 主な傷害保険

主な傷害保険には次のようなものがあります。

主な傷害保険

普通傷害保険	国内外を問わず、日常生活で起こる傷害を補償する保険
	ポイント ☆ 病気、**細菌性食中毒**、自殺、地震、噴火、津波を原因とする傷害は補償の対象外 ☆ 業務中の傷害でも補償の対象となる
家族傷害保険	補償内容は普通傷害保険と同じ（1つの契約で家族全員の傷害を補償） **■家族の範囲■** 本人、配偶者、生計を一にする同居親族、生計を一にする**別居**の**未婚の子**
	ポイント ☆ 家族の範囲は、傷害の原因となった事故発生時の続柄で判定 →保険期間中に被保険者本人に生まれた子を被保険者とするための手続き等は不要
交通事故傷害保険	国内外で起きた交通事故、乗り物（電車、車など）に搭乗中の事故等による傷害を補償する保険
	ポイント ☆ エスカレーターやエレベーターの事故でも補償の対象となる
ファミリー交通事故傷害保険	補償内容は交通事故傷害保険と同じ（1つの契約で家族全員の傷害を補償） **■家族の範囲■** 家族傷害保険と同じ
国内旅行傷害保険	国内旅行中の傷害を補償する保険
	ポイント ☆ **細菌性食中毒** も補償の対象 ☆ 地震などによる傷害は補償の対象外
海外旅行傷害保険	海外旅行中（家を出てから帰宅するまで）の傷害を補償する保険
	ポイント ☆ 細菌性食中毒、地震、噴火、津波による傷害も補償の対象となる

例題

家族傷害保険では、保険期間中に被保険者に子が生まれた場合、その子を被保険者に加えるためには、追加保険料を支払う必要がある。

▶ ✕ 家族傷害保険の家族の範囲は、傷害の原因となった事故発生時の続柄で判定するため、保険期間中に被保険者本人に生まれた子を被保険者とするための手続き等は不要である。

交通事故傷害保険では、海外旅行中の交通事故によるケガは補償の対象とならない。

▶× 交通事故傷害保険では、国内だけでなく、海外での交通事故による傷害も補償の対象となる。

国内旅行傷害保険では、国内旅行中の飲食による細菌性食中毒は補償の対象とならない。

▶× 国内旅行傷害保険では、細菌性食中毒も補償の対象となる。

プラスワン　ノンフリート等級制度

　　ノンフリート等級制度とは、事故歴に応じて保険料が割増し・割引きとなる制度をいい、所有・使用する自動車の契約台数が9台以下の契約に適用されます。

　　ノンフリート等級は、1〜20等級まであり、初めての契約の場合は6等級（または7等級）からスタートします。1年間無事故の場合には、次年度に1等級上がりますが、事故を起こすと3等級または1等級下がります。なお、等級に影響しない事故（ノーカウント事故）もあります。

3等級ダウン事故	他人を死傷させて対人賠償保険金が支払われた場合や、他人の自動車と衝突して対人賠償保険や対物賠償保険、車両保険が支払われた場合、建物や電柱に衝突して対物賠償保険が支払われた場合など、ほとんどの事故が3等級ダウン事故に該当する。
1等級ダウン事故	飛び石、盗難、イタズラ、洪水など、自動車の所有者や運転者が気をつけていても避けられないような事故で、車両保険のみを使った場合、1等級ダウン事故に該当する。
ノーカウント事故	◆事故があった場合でも、次年度の契約の等級に影響しない事故をいう。 ◆搭乗者傷害保険、人身傷害保険、ファミリーバイク特約など、一定の保険のみを使った場合、ノーカウント事故となる。

6 損害保険商品⑤ 賠償責任保険

Ⅰ 賠償責任保険とは

　賠償責任保険は、偶然の事故によって損害賠償責任を負ったときに補償される保険です。

Ⅱ 主な賠償責任保険

主な賠償責任保険には次のようなものがあります。

主な賠償責任保険

個人賠償責任保険	日常生活における事故によって、他人にケガをさせたり、他人のものを壊したことにより、損害賠償責任を負ったときに備える保険　個人を対象
	ポイント ☆ 1つの契約で家族全員（本人、配偶者、生計を一にする同居親族、別居の未婚の子）が補償対象となる ☆ 業務遂行中の賠償事故は 対象外 ☆ 借りた物に対して生じた賠償責任は 対象外
PL保険 （生産物賠償責任保険）	製造、販売した製品の欠陥によって、他人に損害を与え、損害賠償責任を負ったときに備える保険　企業を対象 例：ホテルの食事で食中毒を出した場合 　　扇風機から出火し、やけどを負わせた場合など
施設所有管理者賠償責任保険	施設の不備による事故または施設内外で業務遂行中に生じた事故によって生じた賠償責任に備える保険　企業を対象 例：店内に積んであった商品の山が崩れ、客にケガを負わせた場合など
請負業者賠償責任保険	土木工事、清掃作業等の請負業務を遂行することによって生じた賠償責任に備える保険　企業を対象 例：工事中、クレーン車が倒れ、民家の塀を壊してしまった場合など
受託者賠償責任保険	他人から預かった物を毀損、紛失等した場合の賠償責任に備える保険　主に企業を対象

例題

個人賠償責任保険では、被保険者が通学のため自転車を走行しているときに歩行者に衝突してケガを負わせたことについて、法律上の損害賠償責任を負った場合、補償の対象となる。

▶ ○ 自転車事故により、他人に損害を負わせ、損害賠償責任を負った場合は、個人賠償責任保険の補償対象となる。なお、原動機付自転車（原付バイク）による事故の場合には個人賠償責任保険の対象とはならない。

その他の損害保険には、次のようなものがあります。

その他の損害保険

所得補償保険	病気やケガによって、働くことができなくなった場合に保険金が支払われる保険　個人を対象
労働災害総合保険	労働災害について、労災保険の上乗せ給付や賠償責任を補償する保険　企業を対象
企業費用・利益保険	偶然の事故によって、企業活動が停止した場合の損失を補償する保険　企業を対象
機械保険	機械類が突発的な事故によって損害を受けた場合に補償される保険　企業を対象
	ポイント ☆　火災によって生じた損害については補償の対象外
建設工事保険	不測・突発的な事故により建築中の建物に損害が生じた場合に補償される保険　企業を対象

SECTION

06

損害保険と税金

このSECTIONで学習すること

1 個人の損害保険と税金

・地震保険料控除

・保険金等を受け取ったときの税金

> ここは基本中の基本なので、
> しっかり確認を！

2 法人契約の損害保険と税金

・法人が支払った損害保険料の経理処理

・法人が受け取った保険金等の経理処理

> 支払保険料は、原則、
> 損金算入(費用計上)だけど、
> 積立部分は資産計上！

1 個人の損害保険と税金

Ⅰ 地震保険料を支払ったときの税金(地震保険料控除)

　契約者本人または契約者と生計を一にする配偶者や親族が所有する住宅(居住用建物)を対象とする地震保険の保険料を支払ったときは、**地震保険料控除**として、その年の所得から控除することができます。ただし、**少額短期保険業者**と締結した保険契約の地震保険料は、地震保険料控除の対象となりません。

　控除額は次のとおりです。

地震保険料控除額

所得税	払込保険料の全額（最高**50,000円**）
住民税	払込保険料 × $\frac{1}{2}$（最高25,000円）

※　数年分の保険料を一括して支払った場合には、一括で支払った金額をその年数で割った金額が、その年の控除の対象となる
※　店舗併用住宅の場合、支払った保険料のうち、住宅部分のみが控除の対象となる。ただし、住宅部分が**90%**以上を占めるときは、保険料の**全額**が控除の対象となる

Ⅱ 保険金等を受け取ったときの税金

　損害保険の場合、保険金は損失補てんを目的としたもの（実損払い）のため、原則として**非課税**です。

　ただし、傷害保険や自動車保険における死亡保険金、積立型保険の満期返戻金や解約返戻金、年金として受け取る場合の給付金については、生命保険と同様の扱いとなります。

♫ Review SEC04 **1** Ⅱ

2 法人契約の損害保険と税金

Ⅰ 法人が支払った損害保険料の経理処理

　法人が支払った損害保険料は、原則として**損金算入**されます。ただし、満期返戻金付きの契約の場合は、積立部分に関する保険料は**資産計上**します。

例題

法人が支払った損害保険料は、掛け捨て型の場合も積立型の場合も、全額を損金に算入することができる。

▶ ✕ 支払保険料のうち、積立部分については資産計上する。

【個人事業主が支払った損害保険料の経理処理】

　個人事業主が支払った損害保険料は、全額を**必要経費**として処理することができます。

法人税における「損金算入」も所得税における「必要経費として処理」も、意味は「費用として処理」ということで同じです。税務上の呼び方が違うだけです。

ただし、店舗兼住宅の火災保険料のうち、住宅部分については必要経費とすることができません。また、事業主本人の傷害保険や所得補償保険等の保険料も必要経費とすることができません。

ひとこと

要するに、支払った保険料のうち「事業にかかる分だけ」必要経費とすることができ、「自分のために支払った分」は必要経費とすることができないということです。

Ⅱ 法人が受け取った保険金等の経理処理

法人が保険金等を受け取った場合は、原則として**益金**に算入され、**法人**税の課税対象となります。

ただし、その保険料が資産計上されている場合には、保険金から資産計上額を差し引くことができます。

また、火災や事故等により事業用の固定資産(建物や自動車など)に損害が生じたために受け取った保険金を、新固定資産の取得にあてた場合には、圧縮<ruby>記帳<rt>きちょう</rt></ruby> という制度を適用することができます。

ひとこと

圧縮記帳は、本来ならば当期に支払うはずの法人税を、次期以降に繰り延べて支払うことにより、一時(当期)に多額の税金がかからないようにするための制度です。ちょっと難しいので、「そんな制度があるんだな」くらいにおさえておいてください。

SECTION 07 第三分野の保険

このSECTIONで学習すること

1 第三分野の保険とは

・第三分野の保険とは

> 医療保険や介護保険が
> 第三分野の保険に該当!

2 医療保険

・医療保険のポイント

> 「1入院」の意味を
> おさえておこう!

3 がん保険

・主な給付内容
・がん保険のポイント

> がん入院給付金には
> 支払日数に制限がない!

4 生前給付型保険

・特定疾病保障保険(三大疾病保障保険)
・リビングニーズ特約

> 三大疾病保険金を
> 受け取らずに死亡した場合、
> 死亡原因にかかわらず、
> 死亡保険金を受け取れる!

1 第三分野の保険とは

　生命保険(第一分野の保険)、損害保険(第二分野の保険)のいずれのカテゴリーにも属さない種類の保険を **第三分野の保険** といいます。

　第三分野の保険は、病気、ケガ、介護などに備えるための保険です。

ひとこと

　医療保障は、生命保険の特約として付ける場合(SEC02 9 参照)と、医療保険として単体で契約する場合(次の 2)があります。

2 医療保険

医療保険 は、病気やケガによる入院、手術などに備える保険です。
医療保険の主なポイントは次のとおりです。

板書 医療保険のポイント

☆ **1入院について、支払日数の限度**（60日、120日など）**がある**

　　↳ 1回の入院のこと。退院日の翌日から**180**日以内に同じ病気で再入院
　　　した場合は、前回の入院とあわせて1回の入院と数える

☆ **終身型と更新型**（定期型）**がある**

　　　　↳ 申し出がないかぎり、健康状態にかかわらず自動更新されるが、
　　　　　更新時の年齢によって保険料が上がる

☆ **入院中でも請求可能**

☆ **正常分娩や美容整形に伴う手術等は、補償の対象外**

例題

医療保険では、退院後に入院給付金を受け取り、その退院日の翌日から180日を
超えた後に前回と同一の疾病により再入院した場合、1回の入院での支払日数は前
回の入院での支払日数と合算されない。

　▶ ○ 退院日の翌日から180日以内に同じ病気で再入院した場合には、前回の入院とあわせて1
　　　回の入院と数えるが、退院日の翌日から180日を超えた後に前回と同じ病気で再入院した
　　　場合には、前回の入院の支払日数と合算されない。

プラスワン 限定告知型医療保険

　　限定告知型医療保険とは、保険契約時の健康状態の告知について、告知する項目を限
定し、所定の告知項目に該当しなければ契約できる医療保険をいいます。
　　持病等があったり、健康診断で異常を指摘された等、健康上の理由で通常の医療保険
の契約ができない人でも加入しやすい保険です。
　　なお、保険料は通常の医療保険に比べて割高となります。

3 がん保険

がん保険は、補償の対象をがんに限定した保険です。

ひとこと

ちなみに、脳腫瘍、悪性リンパ腫、白血病もがんに属します。

がん保険の主な給付内容は次のとおりです。

主な給付内容

がん診断給付金	がんと診断されたときに支払われる給付金
がん入院給付金	がんで入院したときに支払われる給付金
	ポイント ☆ **入院初日**から**日数無制限**で支払われる
がん手術給付金	がんで所定の手術をしたときに支払われる給付金
	ポイント ☆ **手術の種類**に応じた給付金が支払われる
がん死亡保険金	がんを原因として死亡したときに支払われる保険金

がん保険のポイントは次のとおりです。

板書 がん保険のポイント

☆ 入院給付金の支払日数が無制限

☆ 一般的に加入後90日間（3カ月間）程度の免責期間が設けられている

　待機期間のこと
　この期間にがんの診断を
　受けた場合は契約は無効
　となる！

☆ 定期型と終身型がある

がん保険の入院給付金には、1回の入院での支払限度日数や保険期間を通じて累計した支払限度日数が定められている。

▶× がん保険の入院給付金は入院初日から**日数無制限**で支払われる。

がん保険では、180日間または6カ月間の免責期間が設けられており、その期間中に被保険者が、がんと診断確定された場合であっても、がん診断給付金は支払われない。

▶× がん保険では、**90日間または3カ月間**の免責期間が設けられており、その期間中に被保険者が、がんと診断確定された場合であっても、がん診断給付金は支払われない。

4 生前給付型保険

I 特定疾病保障保険（三大疾病保障保険）

特定疾病保障保険（三大疾病保障保険）は、3大疾病（**がん、急性心筋梗塞、脳卒中**）の診断があり、所定の状態になった場合に、生存中に死亡保険金と同額の保険金（特定疾病保険金）が支払われる保険です。

特定疾病保障保険（三大疾病保障保険）のポイントは次のとおりです。

板書 特定疾病保障保険（三大疾病保障保険）のポイント

☆ 三大疾病とは、**がん、急性心筋梗塞、脳卒中**をいう

☆ 特定疾病保険金を受け取った時点で契約が終了し、その後死亡しても死亡保険金は支払われない

☆ 特定疾病保険金を受け取ることなく死亡した場合にも、**死亡保険金**が支払われる

↳ この場合は死亡原因は問わない

特定疾病保障保険では、特定疾病保険金を受け取ることなく死亡した場合には、死亡原因が交通事故であったとしても死亡保険金が支払われる。

▶○ 特定疾病保障保険では、特定疾病保険金を受け取ることなく死亡した場合には、死亡原因にかかわらず死亡保険金が支払われる。

Ⅱ リビングニーズ特約

リビングニーズ特約 は、原因にかかわらず、余命 **6** カ月以内と診断された場合に、生存中に死亡保険金が(前倒しで)支払われる特約です。

リビングニーズ特約のポイントは次のとおりです。

板書 リビングニーズ特約のポイント

☆ 余命 **6** カ月以内と診断された場合に、生前に死亡保険金の全部または一部から希望の金額が支払われる（最高 **3,000** 万円）

☆ 支払額は死亡保険金額の範囲内で、請求保険金額から **6** カ月分の **保険料** と **利息** を差し引いた金額

☆ 特約保険料は不要

CHAPTER 03

金融資産運用

SECTION 01 金融・経済の基本

このSECTIONで学習すること

1 主な経済・景気の指標

- GDP ・経済成長率
- 景気動向指数
- 日銀短観
- マネーストック
- 物価指数
- 国際収支統計

各指標の概要を確認しておこう

2 金融市場と金利の変動

- 金融市場

(インターバンク市場、オープン市場)

- 景気の動向がマーケットに与える影響

景気・物価・為替相場・海外金利の変動と国内金利の関係をみておこう

3 金融政策と財政政策

- 金融政策

(公開市場操作、預金準備率操作)

- 財政政策

市場に出回るお金が増えれば金利は下がる！

1 主な経済・景気の指標

景気が良い(好況)か、悪い(不況)かを判断するための指標には、次のようなものがあります。

I 国内総生産(GDP)

1 GDPとは

GDPとは、国内の経済活動によって新たに生み出された財・サービスの付加価値の合計をいいます。

GDPは**内閣府**が年**4**回発表しています。

2 GDPと三面等価の原則

　GDPは生産面、分配面、支出面からみることができ、生産＝分配＝支出となります。これを **三面等価の原則** といいます。

3 支出面からみたGDP

　支出面からみたGDPの中身は次のとおりです。

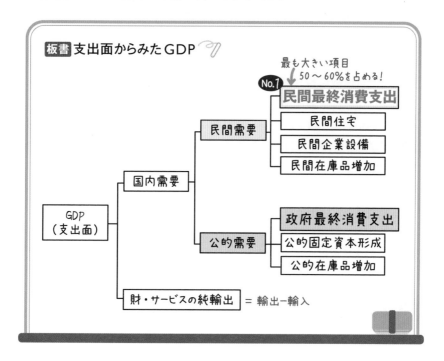

板書 支出面からみたGDP

最も大きい項目
50～60％を占める！

No.1 **民間最終消費支出**

GDP（支出面）
国内需要
民間需要
　民間最終消費支出
　民間住宅
　民間企業設備
　民間在庫品増加

公的需要
　政府最終消費支出
　公的固定資本形成
　公的在庫品増加

財・サービスの純輸出 ＝ 輸出－輸入

例題

支出面からみた国内総生産（GDP）を構成する需要項目のうち、最も高い割合を占めているのは、政府最終消費支出である。

▶ ✕ 支出面からみたGDPで最も高い割合を占めているのは **民間最終消費支出** である。

Ⅱ 経済成長率

　経済成長率 とは、一国の経済規模の1年間における成長率をいい、一般的にはGDP（実質GDP）の伸び率をいいます。

> 実質 GDP とは、名目 GDP（GDP を時価で評価したもの）から物価変動の影響を取り除いたものをいいます。

Ⅲ 景気動向指数

1 景気動向指数とは

景気動向指数とは、景気の状況を総合的にみるために複数の指標を統合した景気指標で、**内閣府**が**毎月**発表しています。

2 景気動向指数に採用されている指標

景気動向指数は景気に対して敏感に動く30の指標を統合して算出します。

景気動向指数に採用されている指標には、景気に対して先行して動く**先行指数**（先行系列に分類）、ほぼ一致して動く**一致指数**（一致系列に分類）、遅れて動く**遅行指数**（遅行系列に分類）の3本があります。

景気動向指数に採用されている経済指標

太文字の指標の分類だけおさえておこう！

	経済指標	
先行系列	❶最終需要財在庫率指数 ❷鉱工業生産財在庫率指数 ❸新規求人数（除学卒） ❹実質機械受注（製造業） ❺新設住宅着工床面積 ❻消費者態度指数	❼日経商品指数（42種） ❽マネーストック（M2） ❾東証株価指数（TOPIX） ❿投資環境指数（製造業） ⓫中小企業売上げ見通し DI
一致系列	❶生産指数（鉱工業） ❷鉱工業生産財出荷指数 ❸耐久消費財出荷指数 ❹労働投入量指数（調査産業計） ❺投資財出荷指数（除輸送機械）	❻商業販売額（小売業） ❼商業販売額（卸売業） ❽営業利益（全産業） ❾有効求人倍率（除学卒） ❿輸出数量指数
遅行系列	❶第３次産業活動指数 ❷常用雇用指数（調査産業計） ❸実質法人企業設備投資（全産業） ❹家計消費支出（全国勤労者世帯、名目） ❺法人税収入	❻完全失業率 ❼きまって支給する給与（製造業、名目） ❽消費者物価指数（生鮮食品を除く総合） ❾最終需要財在庫指数

ひとこと

> 新設住宅着工床面積…**先行系列**
> 有 効 求 人 倍 率…**一致系列**
> 完 全 失 業 率…**遅行系列**

となります。間違えやすいところなので注意してください。

❸ CIとDI

景気動向指数には、 CI(コンポジット・インデックス) と DI(ディフュージョン・インデックス) の2種類があります。

従来は **DI** が中心でしたが、現在は **CI** を中心に発表されています。

CIとDI	☆ 現在は CI が中心
CI （コンポジット・インデックス）	景気変動のテンポや大きさを把握するための指標
	ポイント ☆ 一致指数が上昇しているとき→景気の拡張局面 ☆ 一致指数が低下しているとき→景気の後退局面
DI （ディフュージョン・インデックス）	景気の各経済部門への波及度合いを表すための指標 （景気の転換点はヒストリカルDIを用いる）
	ポイント ☆ 一致指数が50%を上回っているとき→景気の拡張局面 ☆ 一致指数が50%を下回っているとき→景気の後退局面

Ⅳ 日銀短観

日銀短観（全国企業短期経済観測調査）とは、**日本銀行**が年**4**回（3月、6月、9月、12月）、資本金**2,000**万円以上の民間企業（金融機関を除く）から選出した企業に対して現状と3カ月後の景気動向に関する調査（アンケート）を行い、それを集計したものをいいます。

なお、調査結果は、原則として4月、7月、10月の初旬と12月中旬に公表されます。

調査項目はさまざまありますが、なかでも注目されるのが 業況判断DI です。

> (現状よりも3カ月後の)　　　　　(現状よりも3カ月後の)
> **業況判断DI ＝ 業況が「良い(であろう)」 ー 業況が「悪い(であろう)」**
> 　　　　　と答えた企業の割合　　　　と答えた企業の割合

例題

全国企業短期経済観測調査（日銀短観）は、金融部門から経済全体に供給される通貨量の残高を調査したものである。

▶ ✕ 日銀短観は、日本銀行が民間企業に対して行う、現状と3カ月後の景気動向に関する調査（アンケート）を集計したものである。

Ⅴ マネーストック

　マネーストック とは、個人や法人（金融機関以外）、地方公共団体などが保有する通貨の総量をいいます。なお、国や金融機関が保有する通貨は含みません。

　マネーストックは**日本銀行**が**毎月**発表しています。

Ⅵ 物価指数

　物価指数 とは、ある分野についての総合的な物価水準を指数によって表したものをいいます。

　物価指数には、**企業物価指数** と **消費者物価指数** があります。

企業物価指数と消費者物価指数

企　業 **物価指数**	企業間で取引される商品（サービスは除く）の価格変動を表す指数 ポイント ☆ **日本銀行**が**毎月**発表 　　　　☆ 原油価格や為替相場の変動を受けるため、消費者物価指数より変動が激しい
消　費　者 **物価指数**	・全国の一般消費者が購入する商品やサービスの価格変動を表す指数 ポイント ☆ **総務省**が**毎月**発表 　　　　☆ 消費税等も物価に含まれる

Ⅶ 国際収支統計

国際収支統計 は、外国と行った経済取引を記録・集計した統計で**国際通貨基金（IMF）**が策定した国際収支マニュアルに準拠して作成されます。

国際収支統計は、**財務省**と**日本銀行**が共同で発表しています。

2 金融市場と金利の変動

Ⅰ 金融市場

金融市場 とは、お金の貸し借りをしている場をいいます。

金融市場には、取引期間が1年未満の **短期金融市場** と、取引期間が1年以上の **長期金融市場** があります。

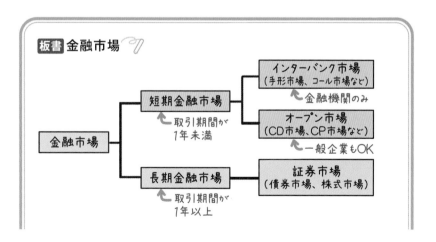

板書 金融市場

- 金融市場
  - 短期金融市場（取引期間が1年未満）
    - インターバンク市場（手形市場、コール市場など）← 金融機関のみ
    - オープン市場（CD市場、CP市場など）← 一般企業もOK
  - 長期金融市場（取引期間が1年以上）
    - 証券市場（債券市場、株式市場）

1 インターバンク市場

…金融機関（銀行、証券会社など）だけが参加できる市場

☆ 手形市場やコール市場などがある

☆ 日本の代表的な短期金利は、コール市場の「無担保コール翌日物レート」

　　　　┗→ 金融機関同士が「今日借りて、明日返す」といった
　　　　　　超短期の資金調達をするときの金利

2 オープン市場

…一般企業も参加できる市場

　　　　┗→ 譲渡性預金…他人に譲渡できるタイプの預金

☆ CD市場やCP市場などがある

　　　　　　┗→ コマーシャル・ペーパー
　　　　　　　　…企業が短期で資金調達するために発行する約束手形

Ⅱ 景気の動向がマーケットに与える影響

景気の動向と金利、物価、為替相場の関係は以下のとおりです。

1 景気と金利

景気が良くなると、消費意欲が増すので、企業はモノを作るために、原材料を調達したり、設備投資を積極的に行います。そのため資金需要が高まるので、金利は**上昇**します。

反対に景気が悪くなると、金利は**下落**します。

2 景気と物価

景気が良くなると、消費意欲が増し、モノが買われるので需給バランスをとるため、一般的に物価が**上昇**します（インフレになります）。

反対に景気が悪くなると、物価は**下落**します（デフレになります）。

インフレには、発生要因に着目した分類として**ディマンド・プル型**と**コスト・プッシュ型**があります。

ディマンド・プル型は、需要が大きく伸びることによって起こるインフレ（需要側に要因があるインフレ）をいいます。一方、コスト・プッシュ型は、原材料価格や賃金の上昇によって起こるインフレ（供給側に要因があるインフレ）をいいます。

3 景気と株価

景気が良くなると、企業の業績上昇に期待がかかるので、株価が**上昇**します。

反対に景気が悪くなると、株価は**下落**します。

4 景気と為替相場

日本の景気が良く、企業の業績が良いと、海外の投資家が日本企業の株式を買おうとして、外貨を円に換えるため、円の需要が高まります。そのため、為替相場は**円高**になります。

反対に景気が悪くなると、為替相場は**円安**になります。

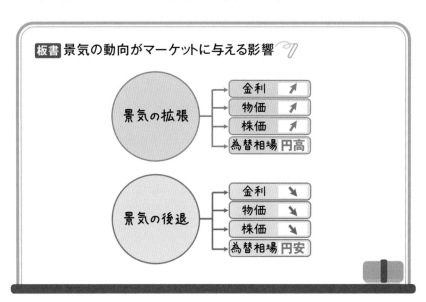

板書 景気の動向がマーケットに与える影響

景気の拡張 — 金利 ↗ / 物価 ↗ / 株価 ↗ / 為替相場 円高

景気の後退 — 金利 ↘ / 物価 ↘ / 株価 ↘ / 為替相場 円安

一般に、景気の拡張は、国内物価の下落要因となる。

▶× 景気の拡張は、国内物価の**上昇**要因となる。

プラスワン 金利や為替相場の変動要因

金利や為替相場が変動する要因と変動の仕方をみておきましょう。

■ 金利の変動要因

金利は資金の需給バランスによって変動します。

資金の需要が増え、供給のほうが少ないと、バランスをとるため金利は**上昇**します。反対に、資金の需要が減り、供給のほうが多いと、バランスをとるため金利は**下落**します。

要　因	金利の上昇・下落
景　気	景気の拡張→資金需要の増加→金利の上昇 ↗
	景気の後退→資金需要の減少→金利の下落 ↘
物　価	物価の上昇→資金需要の増加→金利の上昇 ↗
	物価の下落→資金需要の減少→金利の下落 ↘
為替相場	為替が円安→輸入品の価格が上昇→資金需要の増加→金利の上昇 ↗
	為替が円高→輸入品の価格が下落→資金需要の減少→金利の下落 ↘
通貨量	通貨量（市場に出回るお金）の増加→資金需要の減少→金利の下落 ↘
	通貨量（市場に出回るお金）の減少→資金需要の増加→金利の上昇 ↗

■ 為替相場の変動要因

為替相場の変動要因には、景気、金利、物価などがあります。

要　因	円高・円安
景　気	景気の拡大→円を買って外貨を売る動き→円の価値が上昇→**円高**
	景気の後退→円を売って外貨を買う動き→円の価値が下落→**円安**
国内金利	国内金利の上昇→円を買って外貨を売る動き→円の価値が上昇→**円高**
	国内金利の下落→円を売って外貨を買う動き→円の価値が下落→**円安**
物　価	物価の上昇→貨幣価値が下がる→（価値の低い）円を売って外貨を買う動き→**円安**
	物価の下落→貨幣価値が上がる→（価値の高い）円を買って外貨を売る動き→**円高**

3 金融政策と財政政策

Ⅰ 金融政策

金融政策とは、物価の安定などを目的として、日本銀行が行う政策をいいます。主な金融政策には次のようなものがあります。

1 公開市場操作

公開市場操作(オペレーション)とは、日本銀行が短期金融市場において、手形や国債などの売買を行い、金融市場の資金量を調整することをいいます。

公開市場操作には、売りオペレーション(売りオペ)と買いオペレーション(買いオペ)があります。

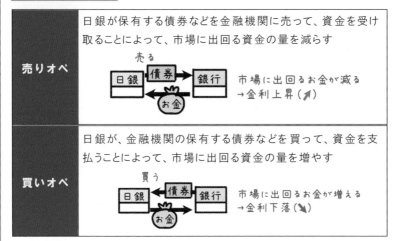

売りオペと買いオペ	
売りオペ	日銀が保有する債券などを金融機関に売って、資金を受け取ることによって、市場に出回る資金の量を減らす
買いオペ	日銀が、金融機関の保有する債券などを買って、資金を支払うことによって、市場に出回る資金の量を増やす

2 預金準備率操作

金融機関は、一定割合の預金を日本銀行に預けることが義務づけられています。この一定割合を預金準備率といいます。

預金準備率の引き上げまたは引き下げによって、金融市場の資金量を調整することを預金準備率操作(支払準備率操作、法定準備率操作)といいます。

Ⅱ 財政政策

財政政策とは、国や地方公共団体が行う政策をいい、財政政策には、たとえば不景気のときに行う公共投資や減税などがあります。

SECTION 02 セーフティネットと関連法規

このSECTIONで学習すること

1 預金保険制度

・概要
・預金保険制度の対象となる預金等
・保護の範囲
・名寄せ

> 決済用預金は全額が保護される

2 日本投資者保護基金

・概要

> 1人あたりの最大補償額は1,000万円

3 消費者契約法

・主なポイント

> 消費者契約法で保護されるのは、個人のみ。企業は保護されない!

4 金融サービス提供法

・主なポイント

> ほとんどの金融商品が対象となるが、商品先物取引やゴルフ会員権は対象外!

5 金融商品取引法

・主なポイント
・金融ADR制度

> 金融商品取引業者は契約締結前に、リスク等について書面を交付して説明しなければならない!

6 その他の法規等

・預金者保護法
・犯罪収益移転防止法
・個人情報保護法

> キャッシュカードを盗難されて、不正に預金を引き出されても、重大な過失がある場合は補償されない!

1 預金保険制度

Ⅰ セーフティネットとは

金融商品における **セーフティネット** (安全網)とは、顧客の資産を守るしくみのことをいい、代表的なものに **預金保険制度** があります。

Ⅱ 預金保険制度の概要

預金保険制度 は、金融機関が破綻した場合に預金者を保護する制度です。

日本国内に本店がある銀行、信用金庫、信用組合などの金融機関(ゆうちょ銀行も含む。政府系金融機関は除く)に預け入れた預金等は保護の対象となります。

>
> 上記の金融機関の海外支店や、外国銀行の日本支店に預け入れた預金は保護の対象外となります。一方、日本国内に本店があれば、外国銀行の子会社であっても保護の対象となります。

預金保険制度の運営は **預金保険機構** によって行われ、金融機関が破綻した場合の保険金等は、加盟金融機関が預金保険機構に納付した保険料によって賄われます。

Ⅲ 預金保険制度の対象となる預金等

預金保険制度の対象となる預金等は次のとおりです。

預金保険制度の対象となる預金等、ならない預金等

保護の対象となる預金等	保護の対象とならない預金等
○預貯金(右記の預貯金を除く) ○定期積金 ○**確定拠出年金**の運用に係る預金 ○円建ての**仕組預金** 　　　　　　　　　　　　　　　　など	×**外貨預金** ×譲渡性預金 　　　　　　　　　　　　　　　　など

ひとこと

　円建ての仕組預金（SEC03 **2** プラスワン で学習）も預金保険制度の対象となりますが、その利息については、通常の円定期預金の金利までは預金保険制度の対象となり、それを超える部分は対象外となります。

例題

国内銀行に預け入れられている外貨預金は、預金保険制度による保護の対象となる。

▶ ✕ 外貨預金は、預金保険制度の保護の対象とならない。

IV 保護の範囲

　決済用預金については、全額保護の対象となります。

　また、決済用預金以外の預金等については、1金融機関ごとに預金者1人あたり元本**1,000**万円までとその**利息**が保護されます。

預金保険制度の保護の範囲

◆**決済用預金**（当座預金、利息のつかない普通預金など）

　→**全額保護**

◆**決済用預金以外**（利息のつく普通預金、定期預金など）

　→1金融機関ごとに預金者1人あたり元本**1,000**万円までとその**利息**

決済用預金とは、以下の3つの要件を満たした預金をいう

❶無利息

❷要求払い ←預金者の要求にしたがって、いつでも引き出しができること

❸決済サービスに利用できる ←引き落とし等ができる口座であること

例題

国内銀行に預け入れられている決済用預金は、預入金額の多寡にかかわらず、その全額が預金保険制度による保護の対象となる。

▶ ◯ 決済用預金は、全額が預金保険制度の保護の対象となる。

ひとこと

前記範囲を超える金額については、全く支払われないということではなく、破綻した金融機関の財産の状況に応じて支払われることになります。

Ⅴ 名寄せ

預金者が破綻した金融機関に複数の口座を持っている場合、預金者ごとに預金額がまとめられます。これを **名寄せ** といいます。

名寄せの主なポイントは次のとおりです。

板書 名寄せの主なポイント

個人の場合

■原則■
　1個人を1預金者とする ← 夫婦や親子も別々の預金者となる

■例外■
　個人事業主の場合、事業用の預金等と事業用以外の預金等は、同一人の預金等となる

法人の場合
　1法人を1預金者とする

2 日本投資者保護基金

証券会社は、投資家から預かった金融資産(証券や現金など)を、証券会社の資産とは分けて管理することが義務づけられています(**分別管理等義務**)。そのため、証券会社が破綻した場合、投資家は証券会社に預けている金融資産を返してもらうことができます。

しかし、証券会社が分別管理を行っていなかった場合(違法行為があった場合)には、投資家が損失を被ってしまいます。

このような事態に備えて **日本投資者保護基金** が設立されており、証券会

社には日本投資者保護基金への加入が義務づけられています。

　証券会社の破綻等により投資家が損害を被った場合、日本投資者保護基金によって1人あたり最大**1,000**万円まで補償されます。

ひとこと

　銀行は証券会社ではないため、銀行で購入した投資信託は日本投資者保護基金による補償の**対象外**となります（ただし、投資信託の場合、販売会社がどこであっても（銀行でも、証券会社でも）、前記のように分別等管理されているため、銀行が破綻等した場合であっても、通常はその影響を受けません）。

日本投資者保護基金の補償の対象となるもの、ならないもの

補償の対象となるもの	補償の対象とならないもの
日本国内、海外で発行された ○ 有価証券（株式、債券、投資信託） ○ 先物・オプション取引の証拠金 　　　　　　　　　　　　　　など	× 外国為替証拠金（FX）取引 × 店頭デリバティブ取引 　　　　　　　　　　　　など

3　消費者契約法

消費者契約法は、消費者を保護するための法律です。

消費者契約法の主なポイントは次のとおりです。

板書 消費者契約法の主なポイント

適用範囲

すべての個人の契約が対象（保護されるのは**個人のみ**）

内　容

☆ 事業者の不適切な勧誘で、消費者が誤認・困惑して契約した場合、契約を**取り消す**ことができる

　→ 事業者が事実と違うことを告げて契約させた場合や、消費者が事業者に「帰ってくれ」と言ったのに、帰ってくれないからしかたなく契約した場合　など

☆ 取消権は、追認できるときから**1年**または契約の締結から**5年**経過すると消滅する

☆ 消費者に一方的に不利となる契約がある場合、その条項の全部または一部は**無効**となる

　→ 事業者の損害賠償責任を免除する条項など

例題

消費者契約法では、個人および法人を保護の対象としている。

▶ × 消費者契約法では、個人のみを保護の対象としている。

例題

消費者契約法では、事業者の不適切な行為によって、消費者が誤認や困惑をし、それによって消費者契約の申込みまたはその承諾の意思表示をした場合、消費者は損害賠償を請求することができるとされている。

▶ × 消費者契約法では、事業者の不適切な行為によって、消費者が誤認や困惑をし、それによって消費者契約の申込みまたはその承諾の意思表示をした場合、消費者は契約の申込みまたは承諾の意思表示を**取り消す**ことができるとされている。

4 金融サービス提供法

金融サービス提供法（金融サービスの提供及び利用環境の整備等に関する法律）は、金融サービスの提供について、顧客を保護するための法律です。

金融サービス提供法の主なポイントは次のとおりです。

板書 金融サービス提供法の主なポイント ✐

適用範囲

金融サービスの提供に関する契約（保護されるのは**個人**および**事業者**）
　　　　　　　　　　プロ（適格機関投資家）を除く ↰

対象となる金融商品	対象とならない金融商品
ほとんどすべての金融商品 → 預貯金、金銭信託、**投資信託**、 　有価証券、保険、商品ファンド、 　**デリバティブ**取引、 　**外国為替証拠金**（FX）取引、 　海外商品先物取引 など	**商品先物**取引（国内）、 ゴルフ会員権　など

内　容

☆ 金融商品販売業者は金融商品を販売するさい、**重要事項**について説明をする義務がある

> ・価格変動リスク
>   為替や株式相場など、市場の変動によって元本割れが生じる
>   おそれがあるときは、その旨およびその要因の説明が必要
> ・信用リスク
> ・権利を行使できる期間の制限や解約期間の制限　など

☆ 上記の説明は、顧客の知識、経験、財産の状況および金融商品の販売契約を締結する目的に照らして、顧客に理解されるために必要な方法、程度によるものでなければならない

☆ 金融商品販売業者は、金融商品の販売において、不確実な事項について断定的判断を提供したり、確実であると誤認させるおそれのあることを告げてはいけない（断定的判断の提供の禁止）

☆ 重要事項の説明がなく、顧客が損害を被ったときは、金融商品販売業者は**損害賠償**責任を負う
　↳ この場合、**元本欠損額**が損害額として推定される

5 金融商品取引法

I 金融商品取引法

金融商品取引法は、金融商品の取引について、投資家を保護するための法律です。金融商品取引法の主なポイントは次のとおりです。

板書 金融商品取引法の主なポイント

金融商品取引業者の区分

☆ 金融商品取引法では、金融商品取引業者を

① 第一種金融商品取引業
② 第二種金融商品取引業   の4つに区分している
③ 投資運用業
④ 投資助言・代理業

投資家の区分

☆ 投資の知識や経験などから、投資家を**特定**投資家（プロ）と **一般**投資家（アマチュア）に分けて規制している

適用範囲

☆ 国債、地方債、社債
☆ 株式
☆ 投資信託
☆ **デリバティブ**取引
　→先物取引、オプション取引、通貨・金利スワップ取引
☆ **外国為替証拠金（FX）取引** など

外国為替証拠金取引は、金融商品取引法の適用対象となる取引ではない。

▶ × 外国為替証拠金（FX）取引は、金融商品取引法の適用となる取引である。

また、金融商品取引法の主な規制（金融商品取引業者が守るべきルール）には次のようなものがあります。

金融商品取引業者が守るべきルール

適合性 の 原 則	顧客の知識、経験、財産の状況および契約を締結する目的に照らして不適切と認められる勧誘を行ってはならない
断定的判断 の提 供 の 禁 止	利益が生じることが確実であると誤認させるような断定的判断を提供してはならない →「この株（株価）は絶対上がります！」など言ってはダメ
広 告 等 の 規 制	金融商品取引業者が広告等をするときには、一定の表示を行わなければならず、誇大広告はしてはならない
契 約 締 結 前 の書 面 交 付 義 務	契約の概要や手数料、リスク等について、契約締結前交付書面（取引説明書）を交付して説明しなければならない
損失補てんの禁止	顧客に損失が生じた場合に、業者がその損失を補てんすること（補てんする約束をすること）は禁止されている

☆ 特定投資家に対しては一部のルール（適合性の原則や契約締結前の書面交付義務など）が除外される

Ⅱ 金融ADR制度（金融分野における裁判外紛争解決制度）

金融ADR制度とは、金融機関と利用者との間で生じたトラブルを、業界ごとに設置された指定紛争解決機関（金融ADR機関）において、裁判外の方法で解決を図る制度をいいます。

板書 金融ADR制度の主なポイント 🖇

指定紛争解決機関

…全国銀行協会、生命保険協会、日本損害保険協会、
保険オンブズマン、証券・金融商品あっせん相談センター
などが指定されている

ポイント

☆ 指定紛争解決機関に所属する弁護士など、<u>中立・公正な
専門家</u>が和解案を提示し、解決につとめる
  ↳ 紛争解決委員
☆ 利用手数料は原則として**無料**

---

6 その他の法規等

Ⅰ 預金者保護法

　預金者保護法（偽造カード等及び盗難カード等を用いて行われる不正な機械式預貯金払戻し等からの預貯金者の保護等に関する法律）は、預貯金者がきちんとキャッシュカードや暗証番号の管理を行っていれば、万一、キャッシュカードが偽造されたり、盗難されて預貯金を引き出されても、損害が補償されることを定めた法律です。

なお、補償割合は次のとおりです。

預金者保護法による補償割合

過失の程度	補償割合
重大な過失 ・他人に暗証番号を知らせた場合 ・他人にキャッシュカードを渡した場合 ・暗証番号をキャッシュカードに書いていた場合　など	偽造カード…補償されない（0%） 盗難カード…補償されない（0%）
その他の過失	偽造カード…**全額**補償される（100%） 盗難カード…**75%**が補償される（75%）
無過失	偽造カード…**全額**補償される（100%） 盗難カード…**全額**補償される（100%）

ポイント

☆ 補償対象期間は、金融機関に被害を通知した日から遡って**30日**まで

Ⅱ 犯罪収益移転防止法

犯罪収益移転防止法（犯罪による収益の移転防止に関する法律）は、以前の「本人確認法」と「組織犯罪処罰法」の一部をもとに、マネーロンダリング（犯罪による収益の移転）を防止することを目的とした法律です。

犯罪収益移転防止法によって、金融取引の場面における本人確認、記録の保存（**7**年間）等が義務づけられています。

板書 犯罪収益移転防止法のポイント

取引時の確認

☆ 金融機関には、**本人特定事項**、職業（個人）、事業内容（法人）、取引を行う目的などを確認することが義務付けられている

→個人…氏名、住所、生年月日
法人…法人の名称、本店または主たる事務所の所在地

取引時の確認が必要となる場合

☆ 口座開設、貸金庫などの取引を開始するとき

☆ 現金等による200万円を超える取引を行うとき

☆ 10万円を超える現金振込みを行うとき　など

例題

犯罪収益移転防止法では、金融機関等の特定事業者が顧客と特定業務に係る取引を行った場合、特定事業者は、原則として、直ちに当該取引に関する記録を作成し、当該取引の行われた日から5年間保存しなければならないとされている。

▶ ✕ 犯罪収益移転防止法の記録の保存期間は**7**年間である。

Ⅲ 個人情報保護法

　個人情報保護法は、個人情報を取り扱う事業者に対して、個人情報の取扱方法を定めた法律で、個人情報の有用性に配慮しつつ、個人の権利利益を保護することを目的としています。

　個人情報を取り扱う事業者はすべて**個人情報取扱事業者**に該当し、個人情報保護法の規制対象となります。

板書 個人情報保護法の主なポイント

個人情報

　…生存する個人に関する情報で、その情報に含まれる氏名、生年月日等により誰の情報であるかを識別することができるもの、および個人識別符号が含まれるもの

個人識別符号

　…① 身体の一部の特徴を電子計算機のために変換した符号
　　　→DNA、顔認証データ、指紋、声紋など

　　② サービスの利用等のさいに割り当てられたり、個人に発行されるカード等に記載された符号で、特定の対象者を識別できるもの
　　　→パスポート番号、基礎年金番号、免許証番号、マイナンバーなど

ポイント

☆ 個人情報を第三者に提供するさいは、原則として本人の同意が必要。ただし、<u>一定の場合は本人の同意は不要</u>

> 法令にもとづく場合や、国等に協力する場合など

☆ 個人情報データベース等を事業の用に供している者は、<u>会社の規模に関わらず、個人事業主や非営利組織であっても、個人情報取扱事業者として個人情報保護法上の義務を負う</u>

☆ 個人情報取扱事業者は、個人情報を書面で取得する場合には、契約締結前に利用目的を本人に明示する必要がある

例題

個人情報取扱事業者は、個人情報データベース等を事業の用に供している者のうち、5,000件超の個人データを取り扱う事業者に限られる。

▶ ✕ 会社の規模や取扱件数にかかわらず、一定の個人情報を扱う者は個人情報取扱事業者として個人情報保護法上の義務を負う。

プラスワン フィデューシャリー・デューティー

フィデューシャリー・デューティーとは、受託者が（委託者および受益者に）負うべき責任のことで、金融業界では、金融機関が投資家に対して負う責任を意味します。

フィデューシャリー・デューティーを遂行する上での軸となるものとして、2017年3月に金融庁より「顧客本位の業務運営に関する原則」が発表されました。これには、次の7つの原則が定められています。

❶顧客本位の業務運営に関する方針の策定・公表等	金融事業者は、顧客本位の業務運営を実現するための明確な方針を策定・公表し、取組状況を定期的に公表すべきである。また、より良い業務運営を実現するため、定期的に見直されるべきである。
❷顧客の最善の利益の追求	金融事業者は、高度の専門性と職業倫理を保持し、顧客に対して誠実・公正に業務を行い、顧客の最善の利益を図るべきである。
❸利益相反の適切な管理	金融事業者は、取引における顧客との利益相反の可能性について正確に把握し、利益相反の可能性がある場合には、当該利益相反を適切に管理すべきである。そのための具体的な対応方針をあらかじめ策定すべきである。
❹手数料等の明確化	金融事業者は、顧客が負担する手数料その他の費用の詳細を、顧客が理解できるよう情報提供すべきである。

❺重要な情報の分かりやすい提供	金融事業者は、上記❹に示された事項のほか、金融商品・サービスの販売・推奨等に係る重要な情報を顧客が理解できるよう分かりやすく提供すべきである。
❻顧客にふさわしいサービスの提供	金融事業者は、顧客の資産状況、取引経験、知識及び取引目的・ニーズを把握し、当該顧客にふさわしい金融商品の販売等を行うべきである。
❼従業員に対する適切な動機づけの枠組み等	金融事業者は、顧客の最善の利益を追求するための行動、顧客の公正な取り扱い、利益相反の適切な管理等を促進するような報酬・業績評価体系、従業員研修等、適切な動機づけの枠組みや適切なガバナンス体制を整備すべきである。

　本原則は、金融事業者がとるべき行動について、詳細に規定する**ルールベース・アプローチ**ではなく、金融事業者が各々の置かれた状況に応じて、実質において顧客本位の業務運営を実現することができるよう、**プリンシプルベース・アプローチ**（最低限の原則だけ示してあとは現場の判断に任せる方法）を採用しています。

　また、金融事業者が本原則を採択したうえで、自らの状況等に照らし、一部を実施しない場合には、その理由等を十分に説明することが求められます。

SECTION 03 貯蓄型金融商品

このSECTIONで学習すること

1 金利の基礎知識
・単利と複利
・利回り
・固定金利と変動金利
・利払型と満期一括払型

軽く内容を
確認しておこう

2 金融商品の種類
・銀行の金融商品
・ゆうちょ銀行の金融商品

全部おさえるのは
大変だから、赤字部分
だけおさえておこう

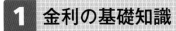

1 金利の基礎知識

I 金利と利息の計算

金利とは、お金の貸し借りにともなう資金の使用料のことをいいます。

利息の計算方法には**単利**と**複利**があります。

単利と複利

単利	預け入れた当初の元本についてのみ利息が付く計算方法 **元利合計＝元本×（１＋年利率×預入期間）**
複利	一定期間ごとに支払われる利息も元本に含め、これを新しい元本とみなして次の利息を計算する方法 **１年複利**…利息が1年に1度付くもの **元利合計＝元本×（１＋年利率）^{年数}** **半年複利**…利息が半年に1度付くもの **元利合計＝元本×（１＋$\frac{年利率}{2}$）$^{年数×2}$** **１カ月複利**…利息が1カ月に1度付くもの **元利合計＝元本×（１＋$\frac{年利率}{12}$）$^{年数×12}$**

板書 単利と複利

たとえば、100万円を年利率3%で3年間預けた場合は…

単利の場合

3年後の元利合計：100万円×(1+0.03×3)=109万円

1年複利の場合

3年後の元利合計：100万円×(1+0.03)^{3}=109.2727万円

　　　100万円×1.03×1.03×1.03=109.2727万円

半年複利の場合

3年後の元利合計：100万円×(1+$\frac{0.03}{2}$)$^{3×2}$=109.3443・・・万円

1カ月複利の場合

3年後の元利合計：100万円×(1+$\frac{0.03}{12}$)$^{3×12}$=109.4051・・・万円

Ⅱ 利回り

利回り（年平均利回り）とは、元本に対する1年あたりの収益の割合をいいます。具体的には、一定期間の収益合計を1年あたりに換算し、それを当初の元本で割って計算します。

$$利回り＝\frac{収益合計÷預入年数}{当初の元本}×100$$

板書 利回り（年平均利回り）

たとえば、100万円を預け入れ、1年目の利息が2万円、2年目の利息が2.04万円であった場合の利回りは…

$$利回り（年平均利回り）＝\frac{（2万円＋2.04万円）÷2年}{100万円}×100＝2.02\%$$

Ⅲ 固定金利と変動金利

金利には **固定金利** と **変動金利** があります。

固定金利と変動金利	
固定金利	預け入れた時から満期まで金利が変わらないもの
変動金利	市場金利の変化に応じて金利が変動するもの

Ⅳ 利払型と満期一括払型

利息の受取り方には **利払型** と **満期一括払型** があります。

利払型と満期一括払型

利 払 型	預入期間中、定期的に利息が支払われるもの
	ポイント ☆ 利息を受け取るたびに税金が差し引かれる
満 期 一括払型	満期時や解約時に利息が一括して支払われるもの
	ポイント ☆ 運用期間中の利息については税金は差し引かれ ずに複利で運用され、満期時や解約時に一括して 税金が差し引かれる

2 金融商品の種類

銀行とゆうちょ銀行の主な金融商品についてみていきましょう。

Ⅰ 銀行の金融商品

銀行の金融商品(主なもの)には次のようなものがあります。

	預入金額	預入期間	金利	その他
普通預金	1円以上 1円単位	制限なし	変動金利	―
貯蓄預金	1円以上 1円単位	制限なし	変動金利	給与等の**自動受取**口座や公共料金等の**自動引落**口座として利用することはできない

例題

貯蓄預金は、公共料金などの自動引落口座や、給与等の自動受取口座として利用することができる。

▶ ✕ 貯蓄預金は、公共料金などの自動引落口座や、給与等の自動受取口座として利用することはできない。

	預入金額	預入期間	金利	その他
スーパー定期	1円以上 1円単位	1カ月以上 10年以内が 一般的	固定金利	預入期間が3年未満は**単利**型のみ 個人利用の場合は、預入期間が3年以上は単利型と半年複利型の選択が可能
大口定期	**1,000**万円以上 1円単位	1カ月以上 10年以内が 一般的	固定金利	単利型のみ
期日指定定期	1円以上 1円単位	1年以上 3年以内が 一般的	固定金利	1年据え置けば、1カ月以上前に期日を指定することにより、解約可能
変動金利定期	1円以上 1円単位	1年以上 3年以内が 一般的	**変動**金利	適用金利は**半年**ごとに見直し 預入期間が3年未満は**単利**型のみ 個人利用の場合は、預入期間が3年以上は単利型と半年複利型の選択が可能

プラスワン　**仕組預金**

　仕組預金とは、顧客が預けた預金を金融機関がデリバティブ（金融派生商品）で運用することによって、通常の預金よりも高い金利が期待できる特約付きの定期預金をいいます。

　仕組預金は、通常の預金よりも高い金利が期待できますが、原則として、途中解約できない、商品によっては預入期間が決まっておらず、**金融機関が満期日の延長または短縮を決定する**という特徴があります。

プラスワン　**休眠預金等**

　2009年1月1日以降の取引から10年以上取引のない預金等を**休眠預金等**といい、休眠預金等活用法にもとづいて、民間公益活動に活用されます。

　なお、休眠預金等となったあとも、引き続き、取引のあった金融機関で引き出すことが可能です（一定の手続きが必要です）。

Ⅱ ゆうちょ銀行の金融商品

　ゆうちょ銀行の金融商品(主なもの)には、通常貯金や定期性貯金(定額貯金、定期貯金)があります。

　また、ゆうちょ銀行に預け入れられる貯金の預入限度額は通常貯金**1,300**万円、定期性貯金**1,300**万円の合計**2,600**万円となっています。

ゆうちょ銀行の預入限度額は、通常貯金と定期性貯金の合計で 1,300 万円である。

▶ ✕ ゆうちょ銀行の預入限度額は、通常貯金と定期性貯金のそれぞれで 1,300 万円、合計で **2,600** 万円である。

SECTION
04

債 券

このSECTIONで学習すること

1 債券の基本

· 債券の種類

  利付債と割引債

  新発債と既発債

  円建て債券と外貨建て債券

· 国債

  利付国債

  個人向け国債

個人向け国債は、どれが変動金利で、どれが固定金利かをおさえよう

2 債券の利回り

· 直接利回り

· 応募者利回り

· 最終利回り

· 所有期間利回り

公式はおさえておこう

3 債券のリスク

· 価格変動リスク

· 信用リスク(格付け)

· 流動性リスク

· カントリーリスク

格付けが高い(信用リスクが低い)債券は…利回りは低く、価格は高い

1 債券の基本

I 債券とは

債券とは、国や企業などが、投資家からお金を借りる(資金調達をする)さいに発行する借用証書のようなものです。

債券に関する用語の説明

用　語	意　味
償還期限	返済期限。満期ともいう
額　面	償還時（満期時）に返ってくる金額
発行価格	借入金額 ☆ 債券の発行価格は額面100円あたりの価格で表示される **パー発行** …額面（100円）と同じ金額（100円）で発行される場合 **アンダー・パー発行** …額面より低い金額（たとえば95円）で発行される場合 **オーバー・パー発行** …額面より高い金額（たとえば102円）で発行される場合
表面利率	額面金額に対する利率。クーポンレートともいう

　債券は満期（償還期限）まで所有していると、額面金額（債券に記載された金額）
で償還されます。また、債券は途中で **時価** で売却することもできます。

Ⅱ 債券の種類

債券をいくつかの側面で分類すると、次のような種類があります。

債券の種類

◆利払いの方法による分類

利付債	定期的に一定の利息が支払われる債券
割引債	利息の支払いがない代わりに、額面金額より低い価格で発行され、償還時に額面金額で償還される債券

◆新規発行かどうかによる分類

新発債	新たに発行される債券
既発債	すでに発行され、市場で取引されている債券

◆円貨か外貨かによる分類

円建て債券	払込み、利払い、償還が円貨で行われる債券
外貨建て債券	払込み、利払い、償還が外貨で行われる債券

Ⅲ 国債

国が発行する債券を国債といいます。

国債の主な特徴をまとめると、次のとおりです。

利付国債			
商　　　品	超長期国債	長期国債	中期国債	変動利付国債
償 還 期 間	20年、30年、40年	10年	2年、5年	15年
金　　　利	固定金利			変動金利
購 入 単 位	額面5万円			額面10万円
中 途 換 金	時価で売却が可能			

個人向け国債

商　　　品	個人向け国債		
	変動10年	固定5年	固定3年
償 還 期 間	10年	5年	3年
金　　　利	変動金利	固定金利	固定金利
適 用 利 率	基準金利 ×0.66	基準金利 −0.05%	基準金利 −0.03%
最低保証金利	**0.05**%		
利　払　い	6カ月ごと		
購 入 単 位	額面1万円		
中 途 換 金	1年経過後なら（額面1万円単位で）換金可能		
中途換金時の 調　整　額	直前**2**回分の利息相当額×（100%−20.315%） ↳税引前利息　　　　　　　　　↳源泉徴収税率		
発 行 頻 度	毎月		
そ の 他	☆　募集条件や中途換金時の換金額は取扱金融機関に かかわらず一律		

ひとこと

　上記の源泉徴収税率「20.315%」の内訳は、所得税15%、復興特別所得税0.315%、住民税5%です。

例題

個人向け国債は、基準金利がどれほど低下しても、0.03%（年率）の金利が下限とされている。

▶ ✕ 個人向け国債では **0.05**%が金利の下限として保証されている。

2 債券の利回り

債券の利回りとは、当初の投資額に対する利息および(1年あたりの)償還差損益の割合をいいます。

債券の利回りには、直接利回り、応募者利回り、最終利回り、所有期間利回りがあります。

板書 債券の利回り

1 直接利回り

…投資金額（購入価格）に対する毎年の利息収入の割合

$$直接利回り(\%) = \frac{表面利率}{購入価格} \times 100$$

たとえば、表面利率1%の債券を102円で購入した場合は…
（小数点以下第3位を四捨五入）

$$\frac{1}{102円} \times 100 ≒ 0.98\%$$

2 応募者利回り

…債券の発行時に購入し、償還まで所有した場合の利回り

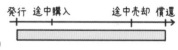

発行　途中購入　　　　途中売却　償還

$$応募者利回り(\%) = \frac{表面利率 + \dfrac{額面(100円) - 発行価格}{償還期限(年)}}{発行価格} \times 100$$

たとえば、表面利率1%、発行価格98円、償還期限5年の債券を購入した場合は…
（小数点以下第3位を四捨五入）

$$\frac{1 + \dfrac{100円 - 98円}{5年}}{98円} \times 100 ≒ 1.43\%$$

3 最終利回り

…すでに発行されている債券を
時価で購入し、償還まで所有
した場合の利回り

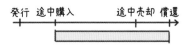

$$最終利回り(\%) = \frac{表面利率 + \dfrac{額面(100円) - 購入価格}{残存年数(年)}}{購入価格} \times 100$$

たとえば、表面利率1%、償還期限5年、発行価格98円の債券
を残存年数3年の時点で99円で購入した場合は…
（小数点以下第3位を四捨五入）

$$\frac{1 + \dfrac{100円 - 99円}{3年}}{99円} \times 100 ≒ 1.35\%$$

4 所有期間利回り

…新規発行の債券または既発
行の債券を購入し、償還前
に売却した場合の利回り

$$所有期間利回り(\%) = \frac{表面利率 + \dfrac{売却価格 - 購入価格}{所有期間(年)}}{購入価格} \times 100$$

たとえば、表面利率1%、償還期限5年、発行価格98円の債券
を発行時に購入し、4年後に103円で売却した場合は…
（小数点以下第3位を四捨五入）

$$\frac{1 + \dfrac{103円 - 98円}{4年}}{98円} \times 100 ≒ 2.30\%$$

3 債券のリスク

　債券のリスクには、**価格変動リスク**、**信用リスク**、**流動性リスク**、**カントリーリスク**などがあります。

I 価格変動リスク（金利変動リスク）

　価格変動リスク（金利変動リスク）とは、市場金利の変動にともなって、債券の価格が変動するリスクをいいます。

　市場金利が上昇すると、債券価格が**下落**し、利回りは**上昇**します。

　一方、市場金利が下落すると、債券価格が**上昇**し、利回りは**下落**します。

```
板書 市場金利と債券の価格・利回り

☆ 市場金利 ↗ ➡ 債券価格 ↘ ➡ 債券の利回り ↗
　金利が上がると、「（金利が低いときに買った）債券を売って、新しい債券
　（金利が高いときの債券）を買うほうが得」と判断され、債券が売られる。
　その結果、元の債券の債券価格は下落する。
　債券価格が下落した債券を購入した場合、最終利回りは上昇する。
　だから、債券価格が下落すると、利回りは上昇する!!

　　　　　　　　　　最終利回りの公式をみると、
　　　　　　　　　　分子が「100円－購入価格」だから・・・

☆ 市場金利 ↘ ➡ 債券価格 ↗ ➡ 債券の利回り ↘
　金利が下がると、「債券（金利が高いときの債券）を買うほうが得」と判
　断され、債券が買われる。
　その結果、債券価格は上昇し、利回りは下落する!!
```

例題

市場金利の上昇は債券価格の上昇要因となり、市場金利の低下は債券価格の下落要因となる。

　▶ ✕ 市場金利の上昇は債券価格の**下落**要因となり、市場金利の低下は債券価格の**上昇**要因となる。

　また、市場金利が変化した場合の債券価格の変動幅は、債券の残存期間と

211

表面利率が影響します。

板書 市場金利が変化した場合の債券価格の変動幅

残存期間と債券価格の変動幅

発行　購入　　　　償還

残存期間が長い債券ほど
変動幅は**大きい**

発行　　　購入　　償還

残存期間が短い債券ほど
変動幅は**小さい**

表面利率と債券価格の変動幅

低クーポン債
利率0.5%

表面利率が低い債券ほど
変動幅は**大きい**

高クーポン債
利率2%

表面利率が高い債券ほど
変動幅は**小さい**

Ⅱ 信用リスク

信用リスク（デフォルトリスク、債務不履行リスク）とは、債券の元本や利息の支払いが遅延したり、その一部または全部が支払われないリスクをいいます。

信用リスクの目安として 格付け があります。

ひとこと

主な格付機関には、ムーディーズやS＆P（スタンダード・アンド・プアーズ）などがあります。

同じ発行体の債券でも、格付機関によって格付けが異なることがあります。また、同じ発行体の債券でも、発行時期や利率により格付けが異なります（格上げや格下げがあります）。

格付けは「ＡＡＡ」や「Ｄ」といった記号で表され、格付けの高い（信用リスクが**低い**）債券ほど債券価格が**高く**、利回りが**低く**なります。また、格付け

の低い（信用リスクが高い）債券ほど債券価格が**低く**、利回りが**高く**なります。

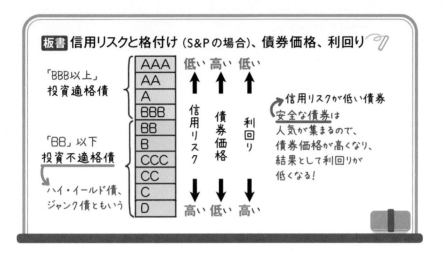

「BBB以上」投資適格債

AAA
AA
A
BBB

「BB」以下 投資不適格債
→ ハイ・イールド債、ジャンク債ともいう

BB
B
CCC
CC
C
D

低い 高い 低い
↑ ↑ ↑
信用リスク 債券価格 利回り
↓ ↓ ↓
高い 低い 高い

→ 信用リスクが低い債券
<u>安全な債券</u>は
人気が集まるので、
債券価格が高くなり、
結果として利回りが
低くなる！

例題

S&Pの格付けにおいて、BB格以上を投資適格債という。

▶ × BBB格（トリプルB）以上を投資適格債という。

Ⅲ 流動性リスク

　債券の取引量が少ない場合、債券を途中で売ろうと思ってもすぐに売れなかったり、希望する価格で売れないことがあります。このようなリスクを**流動性リスク**といいます。

例題

債券の取引高が少ないことなどのため、市場における取引ができなくなったり、通常よりも著しく不利な価格で取引せざるを得なくなるリスクを、信用リスクという。

▶ × 債券の取引高が少ないことなどのため、市場における取引ができなくなったり、通常よりも著しく不利な価格で取引せざるを得なくなるリスクを、流動性リスクという。

Ⅳ カントリーリスク

　カントリーリスクとは、その国の政治、経済などの情勢からみた国の信用

リスクのことをいいます。

債券のデュレーション

　　デュレーションとは、債券投資における元本の平均回収期間を表すものです。また、金利変動に対する債券価格の感応度を表す指標としても用いられます。

　　一般的に、他の条件が同じであれば、債券の表面利率が低いほど、また、債券の残存期間が長いほど、デュレーションは**長く**なります。

SECTION 05 株 式

このSECTIONで学習すること

1 株式の基本

・株式と株主の権利

・株式の単位

概要を把握して
おこう

2 株式の取引

・証券取引所

・注文方法 （指値注文と成行注文）

・売買のルール

・値幅制限

・立会外取引

・証券保管振替機構
（ほふり）

・決済

決済は
3営業日目に
行われる！

3 信用取引

・概要

・制度信用取引と一般信用取引

・信用取引の返済方法
（反対売買による差金
決済、現引き・現渡し）

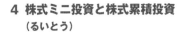
信用取引の
委託保証金は
約定価額の
約30%

4 株式ミニ投資と株式累積投資
（るいとう）

・概要

・ドル・コスト平均法

どちらも
指値注文や
成行注文は
できない

5 株式の指標

相場指標

・日経平均株価 （日経225）

・東証株価指数 （TOPIX）

・JPX日経インデックス400 （JPX日経400）

・売買高 （出来高）

株式投資に用いる指標

・PER

・PBR

・ROE

・配当利回り

・配当性向

各指標の意味と
計算式を確認して
おこう

1 株式の基本

I 株式と株主の権利

株式とは、株式会社が資金調達のために発行する証券をいいます。

株式を購入した人を 株主 といい、株主には次の権利があります。

株主の権利

権　利	意　味
議　決　権	会社の経営に参加する権利（経営参加権）
剰余金分配請求権	会社が獲得した利益（剰余金）の分配を受ける権利
残余財産分配請求権	会社が解散した場合、持株数に応じて残った財産の分配を受ける権利

II 株式の単位（単元株）

株式の取引単位のことを 単元株 といい、原則として株式の売買は単元株の整数倍で行われます。

2 株式の取引

I 証券取引所

株式は通常、証券取引所を通じて売買されます。

国内の証券取引所は東京や名古屋、福岡などにあります。

2022年4月4日以降、東京証券取引所の市場区分が変更され、プライム市場、スタンダード市場、グロース市場の3つの市場となりました。なお、これ以外にプロ投資家向けの TOKYO PRO Market があります。

ひとこと

　また、名古屋証券取引所の市場区分も変更され、プレミア市場、メイン市場、ネクスト市場の3つの市場となりました。

東京証券市場の3つの市場（一般投資家向け）のコンセプト

プライム市場	多くの機関投資家の投資対象になりうる規模の時価総額（流動性）を持ち、より高いガバナンス水準を備え、投資者との建設的な対話を中心に据えて持続的な成長と中長期的な企業価値の向上にコミットする企業向けの市場
スタンダード市場	公開された市場における投資対象として一定の時価総額（流動性）を持ち、上場企業としての基本的なガバナンス水準を備えつつ、持続的な成長と中長期的な企業価値の向上にコミットする企業向けの市場
グロース市場	高い成長可能性を実現するための事業計画およびその進捗の適時・適切な開示が行われ一定の市場評価が得られる一方、事業実績の観点から相対的にリスクが高い企業向けの市場

プラスワン プライム市場、スタンダード市場、グロース市場の新規上場基準

各市場の新規上場基準、上場維持基準は、流動性やガバナンスなどの側面から決められています。

各市場の新規上場基準（一部）は次のとおりです。

プライム市場	項　目	新規上場基準
	株主数	800人以上
	流通株式数	20,000単位以上
	流通株式時価総額	100億円以上
	売買代金	時価総額250億円以上

スタンダード市場	項　目	新規上場基準
	株主数	400人以上
	流通株式数	2,000単位以上
	流通株式時価総額	10億円以上

グロース市場	項　目	新規上場基準
	株主数	150人以上
	流通株式数	1,000単位以上
	流通株式時価総額	5億円以上

東京証券取引所は、プライム市場、スタンダード市場、グロース市場および
TOKYO PRO Market の 4 つの株式市場を開設している。

▶○ 東京証券取引所は、一般投資家向けのプライム市場、スタンダード市場、グロース市場と、
プロ投資家向けの TOKYO PRO Market の 4 つの株式市場を開設している。

Ⅱ 注文方法

上場株式(証券取引所に上場されている株式)の注文方法には、**指値注文**と**成行注文**があります。

指値注文と成行注文

指値注文	売買価格を指定して注文する方法 例:「A 社株式を@2,000 円で 100 株買う」
成行注文	売買価格を指定しないで注文する方法 例:「A 社株式をいくらでもいいから 100 株買う」

Ⅲ 売買のルール

証券取引所を通じて売買する場合、次のルールがあります。

売買のルール

成行注文優先の原則	**指値**注文より、**成行**注文のほうが優先される
価格優先の原則	同一銘柄について、複数の売り指値注文がある場合は最も**低**い価格が優先される。買い指値注文の場合は最も**高**い価格が優先される
時間優先の原則	同一銘柄について、同条件で複数の注文がある場合は、時間の**早**い注文が優先される

前記の3つのルールにもとづいて行われる取引(通常の取引)を**オークション**

方式といいます。

取引所における株式の売買注文は、価格優先および時間優先の原則に従って処理され、また、指値注文は成行注文よりも優先される。

▶ × 指値注文より成行注文のほうが優先される。

Ⅳ 値幅制限

値幅制限とは、株価が異常に急騰したり、暴落したりすることを防止するために、株価の1日の値幅を制限するものをいいます。この値幅の限界まで上昇することをストップ高、値幅の限界まで下落することをストップ安といいます。

日本国内の証券取引所では値幅制限がありますが、ニューヨーク証券取引所や香港証券取引所には値幅制限というルールはありません。

Ⅴ 立会外取引

立会外取引とは、証券取引所で行われる時間外取引のことをいいます（通常取引を行う時間帯を立会時間といいます）。

東京証券取引所の立会時間は、午前は9時から11時30分まで、午後は12時30分から15時までとなっています。なお、2024年11月以降は午後の立会終了時刻が15時30分までとなります。

Ⅵ 証券保管振替機構（ほふり）

上場株式の株券は電子化（ペーパーレス化）され、証券保管振替機構（ほふり）および証券会社に開設された口座で電子的に管理されています。

電子化以前は、株券を購入した株主は株主名簿の名義書換えをする必要がありましたが、電子化にともない、その必要がなくなりました。

Ⅶ 決済（受渡し）

株式の売買が成立した日（約定日）から、約定日を含めて**3営業日目**に決済（受渡し）が行われます。

板書 決済（受渡し）

たとえば、右のカレンダーで
① 2/4（月）に約定した場合には、
　2/**6**（水）が受渡日

② 2/8（金）に約定した場合には、
　2/**13**（水）が受渡日

2/9（土）、2/10（日）、2/11（月）
が土日祝日なので、次の2/12（火）
が2営業日目となる！

```
            2月
日  月  火  水  木  金  土
            1²      1  2⁹
3   4   5   6   7   8   9
10  11  12² 13  14  15  16
17  18  19  20  21  22  23
24  25  26  27  28
```

ひとこと

外国株式であっても、国内の証券取引所に上場して国内委託取引（普通取引）をした場合は、受渡日は国内株式と同様（売買の約定日を含めて3営業日目）となります。

3 信用取引

Ⅰ 信用取引とは

信用取引とは、証券会社に一定の**委託保証金**（担保）を差し入れ、株式の購入資金（または株式）を借り入れて株式の売買を行う方法をいいます。

ひとこと

要するに、自分を信用してもらって、自分の資金や有価証券などを担保に、証券会社からお金を借りて行う株式投資のことです。

委託保証金の額は**30**万円以上で、委託保証金率$\left(\dfrac{委託保証金}{取引金額の上限}\right)$は約定代金の**30**％以上でなければなりません。また、委託保証金は**現金**のほか、一定の**有価証券**（株式や公社債など）で代用することもできます。

ひとこと

上場株式等は代用できますが、非上場株式等は代用できません。

板書 委託保証金

たとえば、委託保証金率が30％で、500万円の買建てを行う場合の委託保証金は…

委託保証金：500万円×30％＝150万円

150万円しか持っていなくても、
500万円の株式を購入できる！

…ということ

だけど、リスクも高いので、信用取引
を行うには注意が必要

例題

金融商品取引法では、信用取引を行うさいの委託保証金の額は 20 万円以上であり、かつ、約定代金に対する委託保証金の割合は 20％以上でなければならないと規定されている。

▶ ✕ 委託保証金の額は **30** 万円以上で、かつ、委託保証金率は約定代金の **30**％以上でなければならない。

例題

信用取引では、委託保証金を差し入れる場合、一定の条件の下で現金の代わりに株式や公社債などの有価証券をもって代用することもできる。

▶ ○

なお、委託保証金が最低保証金維持率を保つために必要な額を下回る場合には、追加の保証金（追証）が必要となります。

Ⅱ 制度信用取引と一般信用取引

信用取引には **制度信用取引** と **一般信用取引** の2種類があります。

制度信用取引と一般信用取引	
制度信用取引	証券取引所の規則にもとづいて行われる信用取引
	ポイント ☆ 決済期限は最長 **6**カ月
一般信用取引	投資家と証券会社の合意にもとづいて行われる信用取引
	➡だから、決済期限を無期限にすることもできる

Ⅲ 信用取引の返済方法

信用取引は、証券会社から資金や株式を借りて取引を行うため、返済をする必要があります。

信用取引の返済方法には、**反対売買による差金決済** と **現物株を介した返済（現引き・現渡し）** があります。

信用取引の決済方法		
	反対売買による差金決済	現物株を介した返済
信用買いの場合	反対売買（売り）を行い、差金だけを決済 損益＝売却代金−買建て金額	**現引き** 株式を売却しないで、証券会社から借りたお金だけを返済することで、現物株を受け取る
信用売りの場合	反対売買（買い）を行い、差金だけを決済 損益＝売建て金額−買戻し金額	**現渡し** 信用売りをした株と同じ銘柄の現物株を渡し、売建て金額を受け取る

信用取引は、「売り」から取引することはできない。

▶ ✕ 信用取引は「売り」から取引することもできる。

4 株式ミニ投資と株式累積投資（るいとう）

Ⅰ 株式ミニ投資・株式累積投資（るいとう）とは

株式の売買は、基本的には単元株で行われますが、単元未満でも売買できる方法として、**株式ミニ投資**や**株式累積投資（るいとう）**があります。

株式ミニ投資と株式累積投資（るいとう）

株式ミニ投資	1単元の **10分の1**の単位で株式を売買する方法
	ポイント ☆ 取引単位が**1株**の銘柄には利用できない
	☆ 指値注文は出せない
株式累積投資（るいとう）	毎月一定額ずつ積立方式で株式を購入する方法 →こういう買い方を「ドル・コスト平均法」という
	ポイント ☆ 指値注文は出せない

Ⅱ ドル・コスト平均法

ドル・コスト平均法とは、株式等を定期的に一定額ずつ購入する方法をいいます。

板書 ドル・コスト平均法

たとえば、1回あたり2,000円でドル・コスト平均法によって以下のとおり株式を購入した場合、平均購入単価は…

	1回目	2回目	3回目	4回目
株価：	400円	500円	400円	1,000円

$$1回目の購入株式数：2,000円÷@400円=5株$$
$$2回目の購入株式数：2,000円÷@500円=4株$$
$$3回目の購入株式数：2,000円÷@400円=5株$$
$$4回目の購入株式数：2,000円÷@1,000円=2株$$

$$平均購入単価：\frac{2,000円×4回}{5株+4株+5株+2株}=@500円$$

　一定額ずつ購入するので、価格が高いときは**少し**の株数を、価格が低いときは**多く**の株数を買うことになります。したがって、長期的に行うと、平均単価が低くなる効果があるといわれています。

5 株式の指標

Ⅰ 相場指標

　株式市場の株価水準や動きをみるための指標として、次のようなものがあります。

相場指標

日経平均株価 （日経225）	東証**プライム**市場に上場されている銘柄のうち、代表的な**225**銘柄の修正平均株価
東証株価指数 （TOPIX）	東証（**全市場**）に上場する内国普通株式の全銘柄のうち、流通時価総額100億円以上の銘柄を対象に時価総額加重方式によって算出される株価指数 ☆ 移行期間(2022年4月～2025年1月末)においては、2022年4月1日時点のTOPIX構成銘柄とプライム市場の新規上場銘柄を対象とする。ただし、流通株式時価総額100億円未満の銘柄は組み入れられるウェイトが引き下げられ、最終的に除外される
JPX日経インデックス400 （JPX日経400）	東証全体から、資本の効率的活用や投資家を意識した経営など、一定の要件を満たした、投資家にとって魅力が高い会社400社(400銘柄)で構成される株価指数

売　買　高 （出　来　高）	証券取引所で売買契約が成立した株式の総数	
新市場別指数	東証プライム 市　場　指　数	東証の各市場に上場する内国普通株式の全銘柄を対象に時価総額加重方式によって算出される株価指数
	東証スタンダード市場指数	
	東証グロース 市　場　指　数	
ナ　ス　ダ　ッ　ク 総　合　指　数	米国のナスダック市場に上場している、全銘柄を対象として算出した株価指数	
Ｓ＆Ｐ５００種 株　価　指　数	米国のニューヨーク証券取引所やナスダック市場等に上場している銘柄のうち、代表的な500銘柄を対象として算出した指数	

例題

日経平均株価は、東京証券取引所プライム市場に上場している内国普通株式全銘柄を対象として算出される。

▶ ✕ 日経平均株価は、東証プライム市場に上場している内国普通株式のうち 225 銘柄を対象として算出される。

Ⅱ 株式投資に用いる指標

　株式投資を行うときの判断基準となる指標(個別銘柄の指標)には、次のようなものがあります。

板書 株式投資に用いる指標 🖋

1 PER(株価収益率) — Price Earnings Ratio

…株価が1株あたり当期純利益の何倍になっているかをみる指標
☆ PERが低い銘柄は割**安**、高い銘柄は割**高**といえる

$$PER(倍) = \frac{株価}{1株あたり当期純利益}$$

たとえば、株価が300円、当期純利益が20億円、発行済株式数が1億株の場合は…

$$1株あたり当期純利益 = \frac{20億円}{1億株} = 20円 \qquad PER = \frac{300円}{20円} = 15倍$$

2 PBR(株価純資産倍率) — Price Book-value Ratio

…株価が1株あたり純資産の何倍になっているかをみる指標
☆ PBRが低い(1倍に近い)銘柄は割**安**、高い銘柄は割**高**といえる
☆ PBRが1倍を下回ると株価は解散価値を下回っていることを示す

$$PBR(倍) = \frac{株価}{1株あたり純資産}$$

たとえば、株価が300円、純資産が100億円、発行済株式数が1億株の場合は…

$$1株あたり純資産 = \frac{100億円}{1億株} = 100円 \qquad PBR = \frac{300円}{100円} = 3倍$$

3 ROE（自己資本利益率） Return On Equity

…株主が出資したお金（自己資本＝純資産）を使って、どれだけの利益を上げたかをみる指標

$$ROE(\%) = \frac{当期純利益}{自己資本（純資産）} \times 100$$

たとえば、当期純利益が20億円、自己資本（純資産）が100億円の場合は…

$$ROE = \frac{20億円}{100億円} \times 100 = 20\%$$

4 配当利回り

…投資額（株価）に対する配当金の割合

$$配当利回り(\%) = \frac{1株あたり配当金}{株価} \times 100$$

たとえば、株価が300円、1株あたり配当金が6円の場合は…

$$配当利回り = \frac{6円}{300円} \times 100 = 2\%$$

5 配当性向

…当期純利益に対する配当金の割合

$$配当性向(\%) = \frac{配当金総額}{当期純利益} \times 100$$

☆ 稼いだ利益のうち、どれだけ株主に還元したかを表す

たとえば、当期純利益が20億円、年間配当金の総額が4億円の場合は…

$$配当性向 = \frac{4億円}{20億円} \times 100 = 20\%$$

例題

PER は、株価が1株あたり純資産の何倍であるかを示す指標である。

▶ ✕ PER は、株価が1株あたり**当期純利益**の何倍であるかを示す指標である。

配当利回りは、当期純利益に対する年間配当金の割合を示す指標である。

▶ × 配当利回りは、株価に対する配当金の割合を示す指標である。

配当性向（%）は、「配当金総額÷当期純利益×100」の算式により計算され、この値が高いほど株主への利益還元率が高いと考えられる。

▶ ○

プラスワン　その他の指標

その他、試験でたまに出題される指標には、次のようなものがあります。

自己資本比率	総資本に対する自己資本（純資産）の割合
	$自己資本比率（\%）=\dfrac{自己資本（純資産）}{総資本（総資産）}×100$
総資本回転率	総資本の運用効率をみる指標
	$総資本回転率（回）=\dfrac{売上高}{総資本（総資産）}$

SECTION 06 投資信託

このSECTIONで学習すること

1 投資信託の基本

・概要

・投資信託のしくみ

> 安全性が非常に高い
> 投資信託だとしても、
> 元本は保証されていない！

2 投資信託の分類

・投資信託の分類

　公社債投資信託と株式投資信託

　追加型と単位型

　オープンエンド型とクローズドエンド型

> 公社債投資信託には、
> 株式はいっさい組み入れられない。
> 株式投資信託には、公社債が
> 組み入れられることもある

3 投資信託のディスクロージャー

・目論見書

・運用報告書

・トータルリターン通知制度

> 目論見書と運用報告書は
> 委託者（運用会社）が作成する

4 投資信託の取引

・投資信託のコスト（購入時手数料、
　運用管理費用、監査報酬、売買委託手数料、
　信託財産留保額）

・基準価額

・投資信託の換金方法
　（解約請求、買取請求）

> 投資信託の
> コストについて、
> それぞれの内容を
> 確認しておこう

5 投資信託の運用手法

・パッシブ運用とアクティブ運用

・トップダウン・アプローチとボトム
　アップ・アプローチ

・グロース型と
　バリュー型

> それぞれの
> 違いを
> おさえよう！

6 投資信託の種類

・MRF

・上場している投資
　信託（ETF、J-REIT）

> ETFや
> J-REITの投資
> の仕方は株式の
> 場合と同じ

1 投資信託の基本

Ⅰ 投資信託とは

投資信託とは、多数の投資家から資金を集めて1つの基金とし、この基金を運用の専門家が株式や不動産などに分散投資して、そこで得た利益を投資家に分配するしくみの金融商品をいいます。

投資信託は、元本の保証はありません。

Ⅱ 投資信託のしくみ

投資信託には、**会社型**と**契約型**がありますが、日本の投資信託は、ほとんどが契約型のため、ここでは契約型投資信託のしくみについて説明します。

ひとこと

なお、J-REIT（不動産投資信託）などは会社型投資信託に分類されます。

契約型投資信託とは、運用会社（ファンドの委託者）と信託銀行等（ファンドの受託者）が信託契約を結ぶ形態の投資信託をいいます。

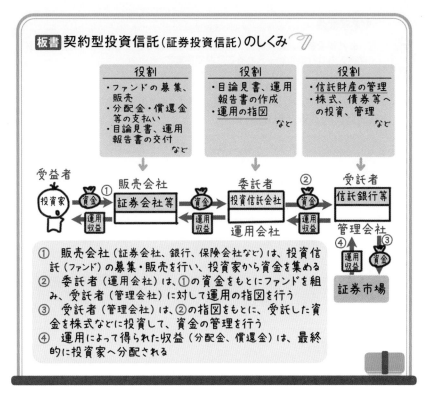

2 投資信託の分類

投資信託は、投資対象や購入時期、解約の可否などによっていくつかの種類に分けられます。

I 投資対象による分類

投資信託は投資対象によって、**公社債投資信託**と**株式投資信託**に分類できます。

公社債投資信託は、株式をいっさい組み入れることができない投資信託です。一方、株式投資信託は、株式を組み入れることもできる投資信託です。

> **ひとこと**
>
> 公社債投資信託には株式を組み入れることはできませんが、株式投資信託は株式も公社債も組み入れることができます。

公社債投資信託と株式投資信託

公社債投資信託	・株式はいっさい組み入れることができない →MRF（マネー・リザーブ・ファンド）など
株式投資信託	・株式を組み入れることができる →公社債が組み入れられることもある

Ⅱ 購入時期による分類

投資信託はいつでも購入できるかどうかによって、**追加型（オープン型）**と**単位型（ユニット型）**に分類できます。

追加型と単位型

追　加　型 （オープン型）	・いつでも（追加）購入できる投資信託 →追加購入できる
単　位　型 （ユニット型）	・最初の決められた期間しか購入できない投資信託 →追加購入できない

Ⅲ 解約の可否による分類

投資信託はいつでも解約できるかどうかによって、**オープンエンド型**と**クローズドエンド型**に分類できます。

オープンエンド型とクローズドエンド型

オープンエンド型	・いつでも解約できる投資信託
クローズドエンド型	・解約できない投資信託（換金するときは市場で売却する）

3 投資信託のディスクロージャー

I ディスクロージャーの書類

投資家に対して、投資判断に必要な情報を開示することを**ディスクロージャー**といいます。

投資信託の販売時には、**目論見書(投資信託説明書)** を交付しなければなりません。また、投資信託の販売後、一定期間ごとに**運用報告書**を交付しなければなりません。

❶ 目論見書(投資信託説明書)

目論見書とは、ファンドの目的、特色、投資の方針、投資のリスク、手続きや手数料などが記載されている、投資信託の説明書をいいます。

投資信託を販売するさいには、**委託者**が目論見書を作成し、販売会社を通じて投資家に交付しなければなりません。

❷ 運用報告書

運用報告書とは、運用実績や運用状況などが記載された報告書です。

委託者は決算の内容にもとづいて運用報告書を作成し、販売会社を通じて投資家に交付します。

> 目論見書も運用報告書も、委託者（投資信託会社）が作成し、販売会社（証券会社等）が交付します。

例題

> 投資信託の販売会社は、定期的に「運用報告書」を作成し、原則として、委託会社を通じて投資家に交付しなければならない。
>
> ▶ ✕ 運用報告書の作成は委託会社（委託者）が行い、交付は販売会社が行う。

Ⅱ トータルリターン通知制度

販売会社は投資家に対し、年1回以上トータルリターンを通知することが義務づけられています（**トータルリターン通知制度**）。

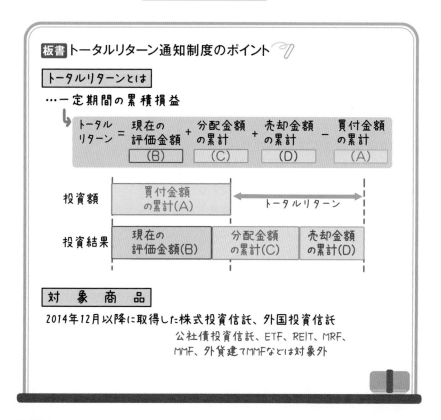

板書 トータルリターン通知制度のポイント

トータルリターンとは

…一定期間の累積損益

$$\text{トータルリターン} = \underset{(B)}{\text{現在の評価金額}} + \underset{(C)}{\text{分配金額の累計}} + \underset{(D)}{\text{売却金額の累計}} - \underset{(A)}{\text{買付金額の累計}}$$

投資額 | 買付金額の累計(A) | ←──── トータルリターン ────→

投資結果 | 現在の評価金額(B) | 分配金額の累計(C) | 売却金額の累計(D)

対 象 商 品

2014年12月以降に取得した株式投資信託、外国投資信託

公社債投資信託、ETF、REIT、MRF、MMF、外貨建てMMFなどは対象外

例題

投資信託の販売会社は、投資信託（対象外とすることが認められている投資信託を除く）を保有している投資家に対して、分配金の受取りや一部解約等を反映した総合的な損益状況を通知しなければならない。

▶○

4 投資信託の取引

Ⅰ 投資信託のコスト

投資信託の取引にかかるコストには、次のようなものがあります。

投資信託のコスト

■投資家が負担するコスト■

コスト	負担する時期	内　容
購入時手数料	投資信託の購入時	投資信託の購入時に販売会社に支払う手数料 ☆ 販売会社によって手数料は異なる ☆ 購入時手数料がない投資信託（ノーロード）もある
運用管理費用（信託報酬）	投資信託の保有時	販売会社、委託者（運用会社）、受託者（管理会社）のそれぞれの業務に対する手間賃 ☆ 一定額が日々信託財産から差し引かれ、それによる信託財産の減少分は基準価額に反映される
監査報酬	投資信託の保有時	決算ごとの監査法人等による監査に要する費用 ☆ 信託財産から差し引かれる（間接的に負担する）
売買委託手数料	株式等の売買時	投資信託内の株式等を売買するときにかかる費用 ☆ 信託財産から差し引かれる（間接的に負担する）
信託財産留保額	投資信託の換金時	中途換金時に徴収される費用（解約代金から差し引かれる） ☆ 信託財産留保額がない投資信託もある

■その他のコスト■

コスト	内　容
代行手数料	委託者が受け取る委託者報酬（信託報酬）から、販売会社に支払われる事務代行の手数料

Ⅱ 基準価額

基準価額とは、投資信託の純資産総額をその日の総口数で割った、1口あたりの資産価値をいいます。

投資信託の購入や換金は、基準価額をもとに行います。

Ⅲ 投資信託の換金方法

投資信託の換金方法には、**解約請求**と**買取請求**の2つがあります。

解約請求と買取請求

解約請求	投資家が委託者（運用会社）に、直接、解約を請求する方法
買取請求	投資家が販売会社に受益証券を買い取ってもらう（売却する）方法

5 投資信託の運用手法

Ⅰ パッシブ運用とアクティブ運用

投資信託の運用手法には、**パッシブ運用**や**アクティブ運用**があります。

パッシブ運用では、ベンチマーク（日経平均株価やTOPIXなど）に**連動**した運用成果を目標とします。

ひとこと

パッシブ運用はインデックス運用ともいいます。

一方、アクティブ運用では、ベンチマークを**上回る**運用成果を目標とします。そのため、銘柄の選定等に手間がかかるので、パッシブ運用に比べて運用管理費用（信託報酬）が**高く**なります。

パッシブ運用とアクティブ運用

パッシブ運用	・ベンチマークに連動した運用成果を目標とする運用スタイル
アクティブ運用	・ベンチマークを**上回る**運用成果を目標とする運用スタイル ポイント ☆ パッシブ運用に比べて運用管理費用（信託報酬）が高くなる

236

ベンチマークを上回る運用実績を上げることを目指す運用スタイルを、パッシブ運用という。

▶ **✕** ベンチマークを上回る運用実績を上げることを目指す運用スタイルを、**アクティブ運用**という。

ベンチマークの動きにできる限り連動することで、同等の運用収益率を得ることを目指すパッシブ運用は、アクティブ運用に比べて運用コストが高くなる傾向がある。

▶ **✕** パッシブ運用に比べて**アクティブ**運用のほうが運用コストが高くなる傾向がある。

　また、アクティブ運用における投資銘柄の選定方法には次のような手法があります。

Ⅱ トップダウン・アプローチとボトムアップ・アプローチ

　投資銘柄の絞り込み方には、**トップダウン・アプローチ**と**ボトムアップ・アプローチ**があります。

トップダウン・アプローチとボトムアップ・アプローチ

トップダウン・アプローチ	マクロ的な投資環境（経済、金利、為替など）を予測し、資産配分や投資する業種を決定したあと、個別の銘柄を選ぶという運用スタイル
ボトムアップ・アプローチ	個別銘柄の調査、分析から、投資対象を決定する運用スタイル

各銘柄の投資指標の分析や企業業績などのリサーチによって銘柄を選定し、その積上げによってポートフォリオを構築する手法は、ボトムアップ・アプローチと呼ばれる。

▶ ◯

Ⅲ グロース型とバリュー型

個別銘柄の選定方法には、将来的に**成長**が見込める銘柄に投資する**グロース型**や、企業の利益や資産などから判断して、**割安**だと思う銘柄に投資する**バリュー型**があります。

グロース型とバリュー型

グ ロ ー ス 型	将来的に**成長**が見込める銘柄に投資する運用スタイル
バ リ ュ ー 型	企業の利益や資産などから判断して、**割安**だと思う銘柄に投資する運用スタイル

> **プラスワン** マーケットニュートラル運用とロング・ショート運用
>
> **マーケットニュートラル運用**とは、買建て（ロング）と同額の売建て（ショート）を行う手法です。基本的に、相対的に**割安**な銘柄を買い建てる（ロング）と同時に、**同額**だけ**割高**な銘柄を売り建てる（ショート）ことにより、市場全体の変動による影響を抑えつつ利益を得る投資手法をいいます。
>
> なお、買建てと売建ての金額が異なる投資手法を**ロング・ショート運用**といいます。

6 投資信託の種類

Ⅰ MRF（マネー・リザーブ・ファンド）

MRF（マネー・リザーブ・ファンド）は、公社債投資信託の一種で、いつでもペナルティなしに解約することができる投資信託です。また、日々収益が計上され（**日々決済**型）、その収益は月末にまとめて再投資されます。

Ⅱ 上場している投資信託

証券市場に上場している投資信託には、**ETF（上場投資信託）**や**J-REIT（上場不動産投資信託）**などがあります。

上場している投資信託

ETF （上場投資信託）	指数連動型 ETF	日経平均株価やTOPIXなどの指数に連動するように運用されるETF（インデックスファンド）
	アクティブ 運用型ETF	連動対象となる指数が存在しないETF。 2023年9月より東京証券取引所に新規上場
J-REIT （上場不動産投資信託）	投資家から集めた資金を不動産に投資して、そこから得られた利益を投資家に分配する投資信託 ポイント　☆ J-REITは、**会社型**投資信託に分類される 　　　　　☆ クローズドエンド型（基本的に中途解約できない）	

例題

上場不動産投資信託（J-REIT）は、契約型投資信託に分類される。

▶ ✕ J-REIT は、**会社型**投資信託に分類される。

例題

J-REIT は、一般に、信託財産の解約ができるオープンエンド型の投資信託として設定されている。

▶ ✕ J-REIT は一般に中途解約ができないクローズドエンド型の投資信託である。

投資の仕方は上場株式と同様で、指値・成行注文や、信用取引も可能です。

例題

ETF を証券取引所の立会時間中に売買する場合、成行注文はできるが、指値注文はできない。

▶ ✕ 成行注文も指値注文もできる。

例題

証券取引所を通じて行う ETF の取引では、成行注文や指値注文はできるが、信用取引を行うことはできない。

▶ ✕ 信用取引も行うことができる。

また、分配金や譲渡益にかかる課税関係も上場株式と同様ですが、J-REIT

の分配金は配当控除の対象となりません。

ひとこと

上場株式等の課税関係については SEC10 で学習します。

プラスワン その他の投資信託

その他の投資信託には、次のようなものがあります。

1 ブル型とベア型

ブル型	相場が**上昇**したときに利益が出るように設計された投資信託 →牛（Bull）の角が上を向いていることから、「ブル型」とよばれる
ベア型	相場が**下落**したときに利益が出るように設計された投資信託 →熊（Bear）は上から下に手を振り下ろすことから、「ベア型」とよばれる

2 レバレッジ型とインバース型の ETF

レバレッジ型 （ブルタイプ）	ETF のうち、もとの指標の変動率に一定の**正の倍数**（2倍など）を掛けて計算した指標に連動するように運用される投資信託
インバース型 （ベアタイプ）	ETF のうち、もとの指標の変動率に一定の**負の倍数**（▲2倍など）を掛けて計算した指標に連動するように運用される投資信託

3 ファンド・オブ・ファンズ

ファンド・ オブ・ファンズ	集めた資金を投資信託に投資し、運用する投資信託

例題

レバレッジ型 ETF は、日経平均株価などの指標の日々の変動率に一定の負の倍数を乗じて算出される指数に連動した運用成果を目指して運用される ETF である。

▶ ✕ レバレッジ型 ETF は、日経平均株価などの指標の日々の変動率に一定の**正**の倍数を乗じて算出される指数に連動した運用成果を目指して運用される ETF である。

CHAPTER 03
金融資産運用

金融資産運用

CH
03

SEC
07
外貨建て金融商品

外貨建て金融商品の基本

SECTION 07 外貨建て金融商品

このSECTIONで学習すること

1 外貨建て金融商品の基本

・為替レート(TTS、TTB)

・為替リスク

TTSとTTBは
銀行側の立場に
立って考えて!

2 主な外貨建て金融商品

・外貨預金

・外国株式

・外国債券

・外国投資信託(外貨建てMMF)

・外国為替証拠金(FX)取引

軽く内容を
チェック
しておこう

1 外貨建て金融商品の基本

Ⅰ 外貨建て金融商品とは

外貨建て金融商品 とは、取引価格が外貨建て(米ドル、豪ドル、ユーロなど)で
表示されている金融商品をいいます。

Ⅱ 為替レート

為替レートには、円を外貨に換えるときの **TTS** (**T**elegraphic **T**ransfer **S**elling
Rate)と、外貨を円に換えるときの **TTB** (**T**elegraphic **T**ransfer **B**uying Rate)があ
ります。

為替レート

T T S （対顧客電 信売相場）	顧客が**円**から**外貨**に換えるときの為替相場 （金融機関が外貨を<u>売って</u>、円を受け取るときの為替相場） ↘Selling
T T M （仲　値）	基準となる為替相場 ☆ TTM=Telegraphic Transfer Middle Rate
T T B （対顧客電 信買相場）	顧客が**外貨**から**円**に換えるときの為替相場 （金融機関が外貨を<u>買って</u>、円を支払うときの為替相場） ↘Buying

例題

外貨預金の払戻し時において、預金者が外貨を円貨に換える場合に適用される為替レートは、預入金融機関が提示する対顧客電信売相場（TTS）である。

▶ ✕ 預金者が外貨を円貨に換える場合、金融機関からみると外貨を買う（Buy）ことになる。そのため、TT**B**が適用される。

Ⅲ 為替リスク

　外貨建て金融商品の取引には、為替レートの変動による影響（為替リスク）があります。

　為替レートの変動によって生じた利益を<u>為替差益</u>、為替レートの変動によって生じた損失を<u>為替差損</u>といいます。

ひとこと

　外貨建て商品については、円安になると為替差益が、円高になると為替差損が発生します。

2 主な外貨建て金融商品

　主な外貨建て金融商品には、次のようなものがあります。

外貨預金

内　　　容	外貨で行う預金。しくみは円預金と同様
ポ　イ　ン　ト	☆ 預金保険制度の保護の対象外 ☆ 外貨定期預金は原則として中途換金できない
課　税　関　係	☆ 利息は**利子**所得→**源泉分離課税** 　　　　税率は**20.315**％（所得税15％、復興特別所得税0.315％、住民税5％） ☆ 為替差益は**雑**所得として**総合課税**。ただし、預入時に為替予約を付した場合は**源泉分離課税**

外貨定期預金の預入時に為替予約を締結し、満期時に為替差益が生じた場合、当該為替差益は、雑所得として総合課税の対象となる。

▶✕ 為替差益は雑所得として総合課税の対象となる。ただし、預入時に為替予約を付したときは、源泉分離課税となる。

外国株式

内　　　容	外国の企業が発行している株式
ポ　イ　ン　ト	☆ 取引を行うにあたって、証券会社に**外国証券取引口座**を開設する必要がある
取　引　方　法	**外国取引** …証券会社が投資家の売買注文を取り次いで、外国の市場で売買する方法 **国内委託取引** …国内の証券取引所に上場されている外国株式を売買する方法 （受渡日は国内株式と同様に、売買の約定日を含めて3営業日目） **国内店頭取引** …証券会社が保有する外国株式を国内で売買する方法
課　税　関　係	国内株式と同様 ☆ 売却益は**譲渡**所得（申告分離課税） ☆ 配当金は**配当**所得（源泉徴収） 　→ 配当控除の適用はなし。外国税額控除の適用はあり

国外の証券取引所に上場している外国株式を、国内店頭取引により売買する場合には、外国証券取引口座を開設する必要がない。

▶✕ 外国株式の取引を行うには証券会社に外国証券取引口座を開設する必要がある。

外国債券	
内　　　容	発行者、発行場所、通貨のいずれかが外国である債券
ポ イ ン ト	☆取引を行うにあたって、証券会社に**外国証券取引口座**を開設する必要がある
外国債券の分類	**外貨建て外債** …払込み、利払い、償還のすべてが外貨建ての債券 ☆このうち外国の発行者が日本国内で発行するものを**ショーグン債**という **円建て外債** …払込み、利払い、償還のすべてが円建ての債券 ☆このうち外国の発行者が日本国内で発行するものを**サムライ債**という ☆発行者を問わず、ユーロ市場（日本以外の金融市場）で円建てで発行するものを**ユーロ円債**という　　自国市場以外の金融市場のこと 　　　　　　　　　　　　　　　　　　　　　通貨のユーロとは関係がない！ **二重通貨建て債券** …払込み、利払い、償還に複数の通貨が用いられる外国債券 ☆払込みと利払いが同じ通貨で、償還が異なる通貨のものを **デュアルカレンシー**債という 　　　➡「二重の通貨」という意味 ☆払込みと償還が同じ通貨で、利払いが異なる通貨のものを **リバース・デュアルカレンシー**債という 　　　➡「逆」という意味 以上をまとめると…

種　　類	払込み	利払い	償　還
外貨建て外債（ショーグン債）	外貨	外貨	外貨
円建て外債（サムライ債、ユーロ円債）	円	円	円
デュアルカレンシー債	円	円	外貨
リバース・デュアルカレンシー債	円	→外貨	→円

いったん外貨に変わって…　　円に戻る！

課税関係	☆国内債券と同様

→参照 SEC10 **2**

例題

日本国内において海外の発行体が発行する外国債券のうち、円建てで発行するものを「ショーグン債」といい、外貨建てで発行するものを「サムライ債」という。

▶ ✕ 日本国内において海外の発行体が発行する外国債券のうち、円建てで発行するものを**サムライ債**といい、外貨建てで発行するものを**ショーグン債**という。

外国投資信託

内　　容	ファンドの国籍が外国にあり、外国の法律にもとづいて設定される投資信託 ☆ 代表的なものに外貨建て MMF（外国籍の公社債投資信託）がある
外貨建て MMFの特徴	☆ 外貨建ての公社債や短期の金融商品などで運用されている 　→ 公社債投資信託なので、株式はいっさい組み入れていない！ ☆ 申込手数料は無料 ☆ いつでもペナルティ（信託財産留保額）なしで換金可能 　→ 国内のMMFは30日未満で換金するとペナルティがある ☆ 外貨預金と比べて、為替手数料が安い ☆ 外貨建て MMF だけの利用であれば、外国証券取引口座の口座管理料はかからない（口座の開設は必要） ☆ 売却益（為替差益）は譲渡所得として課税される

外国為替証拠金(FX)取引

内　　容	一定の証拠金を担保として、外国通貨の売買を行う取引
ポイント	☆ 少額の証拠金で、何倍もの外貨を売買することができる（倍率は法令により上限が定められている）ため、ハイリスク・ハイリターンの取引

SECTION 08 その他の商品

このSECTIONで学習すること

1 金融派生商品(デリバティブ)

・先物取引
・オプション取引
・スワップ取引

> それぞれの概要を
> 簡単におさえて
> おこう

2 金投資

・金
・金への投資方法

（金地金、金貨、純金積立）

> 余裕のある人は
> 軽く目をとおして
> おこう

1 金融派生商品(デリバティブ)

I デリバティブ取引とは

デリバティブ取引とは、株式や債券などの金融商品から派生して生まれた金融商品(**デリバティブ**)を扱う取引をいいます。

デリバティブ取引には、**先物取引**、**オプション取引**、**スワップ取引**などがあります。

II 先物取引

先物取引とは、将来の一定時点において、特定の商品を一定の価格で一定の数量だけ売買することを約束する取引をいいます。

ひとこと

たとえば、5月の時点で、8月に受渡しする商品の価格をあらかじめ決めてしまうという取引です。

先物取引のポイントは次のとおりです。

先物取引のポイント

◆証券取引所で取引される

◆商品の内容などが標準化されている

◆決済の期限（限月^{げんげつ}）までに、反対売買を行って、その差額を決済するという差金決済制度が中心である　→　買建てをしている場合には転売、売建てをしている場合には買戻し

プラスワン　先物取引の手法

どのような目的で先物取引を行うかによって、用いる手法が異なります。主な手法には、次のようなものがあります。

１ ヘッジ取引

ヘッジとは「回避」のことで、**ヘッジ取引**とは、現物取引の価格変動によるリスクを回避または軽減するための取引をいいます。

たとえば、保有している（現物の）株式の価格が将来下がると予想される場合、先物を売り建てておくことによって、実際に株式の価格が下がったとき、その損失は先物取引の利益によって相殺されます。

このように、将来の価格の**値下がり**によるリスクを回避するために行うヘッジ取引を**売りヘッジ**といいます。

反対に、将来、株式の購入を予定している場合に、購入時までの**値上がり**によるリスクを回避するために行うヘッジ取引（現時点で先物を買い建て、将来の価格が上がったら転売して利益を得る）を**買いヘッジ**といいます。

２ 裁定取引（アービトラージ取引）

裁定取引とは、現物と先物のように異なる市場間における同一商品の価格のズレを利用して利益を得ようとする取引をいいます。

ひとこと

割安なほうを買って、割高なほうを売るという2つの取引を行います。その後、割安なものが値上がりしたり、割高なものが値下がりしたら、それぞれ反対売買をして利益を確定します。

3 スペキュレーション取引

　スペキュレーション取引とは、短期的に利益を追求する投機的な単純売買取引で、将来の先物の価格を予想して先物の売買を行い、予想どおりの方向に変動したときに、反対売買を行って利益を確定する取引をいいます。

Ⅲ オプション取引

1 オプション取引とは

　オプション取引とは、将来の一定時点において、特定の商品を一定の価格（権利行使価格）で売買する権利を売買する取引をいいます。

　オプション取引のポイントは次のとおりです。

オプション取引のポイント

◆買う権利を**コール・オプション**、売る権利を**プット・オプション**という

◆取引形態には、金融商品取引所に上場されている上場オプションと、相対で取引される店頭オプションがある

◆権利行使がオプション満期日のみに限定されているタイプを**ヨーロピアンタイプ**、オプション取引の開始日から取引最終日までの間であれば、いつでも権利行使できるタイプを**アメリカンタイプ**という

　　↳ 日経オプションやTOPIXオプションは、いずれもヨーロピアンタイプ

◆オプションの買い手は、売り手にプレミアム（オプションの価値＝オプション料）を支払うことで、「買う権利」または「売る権利」を手に入れる

◆買い手の**損失**は支払ったプレミアムに限定される（利益は無限定）

◆オプションの売り手は、プレミアムを受け取る代わりに、買い手が権利を行使したらその取引に応じる**義務**が生じる

◆売り手の**利益**は受け取ったプレミアムに限定される（損失は無限定）

ひとこと

　ひとつひとつ丁寧に学習すると非常に難しいので、「いつでも権利行使できるのは**アメリカンタイプ**」「買い手の損失は限定される⇔売り手の利益は限定される」ということだけおさえておきましょう。

例題

オプション取引において、コール・オプションは「原資産を売る権利」である。

▶ ✕ オプション取引において、コール・オプションは「原資産を買う権利」であり、プット・オプションは「原資産を売る権利」である。

例題

プット・オプションの売り手の最大利益は無限定である。

▶ ✕ コール・オプション、プット・オプションにかかわらず、売り手の最大利益はプレミアム（オプション料）に限定される。

2 オプションプレミアムの変動要因

オプションプレミアムが変動する要因をまとめると、次のようになります。

オプションプレミアムの変動要因

変動要因		コール・オプションのプレミアムは…	プット・オプションのプレミアムは…
原資産価格が	上昇↑すると…	上昇↑する	下落↓する
原資産価格の時価からみて権利行使価格が	高い↑ほど…	下落↓する	上昇↑する
満期までの残存期間が	長い↑ほど…	上昇↑する	上昇↑する
ボラティリティ（価格変動の激しさ）が	大きい↑ほど…	上昇↑する	上昇↑する

ひとこと

「なぜ、そのような変動になるのか」を説明すると長くなる＆ちょっと難しいので、ここでは一覧表にまとめたもののみ記載しておきます。勉強が進んでいない方は、無視して先に進みましょう。そして、問題を解いたときに、戻って確認してみてください。

Ⅳ スワップ取引

スワップ取引とは、金利や通貨から生じるキャッシュフロー（お金の流れ）を交換する取引をいいます。

スワップ取引には、**通貨スワップ**（異なる通貨の債権・債務を交換する取引）や**金利スワップ**（変動金利と固定金利を交換する取引）があります。

例題

同一通貨間で一定期間、異なる種類の金利を交換する取引を金利スワップという。

▶○ 異なる種類の金利を交換する取引を金利スワップという。

---

2 金投資

Ⅰ 金

金は、国際的には**1トロイオンスあたりの米ドル価格**で表示されます。

Ⅱ 金への投資方法

金への投資方法（現物投資）には、**金地金**、**金貨**、**純金積立**などがあります。

金への投資方法

金 地 金	現物の金地金（金の延べ棒）を購入する
	税金　売却益は**譲渡所得**
金 貨	金貨（カナダのメイプルリーフやオーストラリアのカンガルーなど）を購入する
	税金　売却益は**譲渡所得**
純金積立	毎月一定額ずつ金を購入する（ドル・コスト平均法）
	税金　売却益は　**雑所得**（個人が営利目的でひんぱんに売却する場合）または**譲渡所得**（個人が年に数回売却する場合）

SECTION 09 ポートフォリオ理論

このSECTIONで学習すること

1 ポートフォリオ理論の基本

・ポートフォリオ運用と
　アセット・アロケーション
・リスク

ポートフォリオ運用と
アセット・アロケーション
の違いをおさえて！

2 ポートフォリオ理論で用いる指標

・投資収益率
・期待収益率
・分散・標準偏差

期待収益率は
計算できるように
しておこう

3 ポートフォリオの期待収益率とリスク

・ポートフォリオの期待収益率
・リスクの低減効果と相関係数
・システマティックリスクと非システマティックリスク
・シャープレシオ

シャープレシオの
数値が大きいほど、
投資効率がよい

1 ポートフォリオ理論の基本

I ポートフォリオとは

ポートフォリオとは、所有する資産の組合せのことをいいます。

II ポートフォリオ運用とアセット・アロケーション

ポートフォリオ運用とは、性格の異なる複数の銘柄(金融商品)に投資することによって、安定した運用を行うことをいいます。

また、投資資金を国内株式、国内債券、海外債券、不動産などの複数の異なる資産（アセット）に配分（アロケーション）して運用することを **アセット・アロケーション** といいます。

ひとこと

> ポートフォリオが個別銘柄の組合せを指すのに対して、アセット・アロケーションは資産クラス（国内株式、国内債券、海外債券、不動産など）の組合せを指します。

なお、株式、債券、投資信託などの価格が変動することによって、ポートフォリオやアセット・アロケーションの当初の割合が崩れたときに、元の割合に戻すようにメンテナンスすることを **リバランス** といいます。

例題

アセット・アロケーションとは、リスクとリターンを勘案しながら、投資資金を複数の資産クラス（株式、債券、不動産等）に配分して運用することである。

 ○

Ⅲ リスク

投資において **リスク** とは、不確実性のこと（利益や損失がどの程度発生するかが不確実なこと）をいいます。

プラスワン　リスクパリティ運用

> **リスクパリティ運用** とは、ポートフォリオ全体に占める各資産クラスのリスク量が均等になるように配分比率を調整する運用方法をいいます。特定の資産クラスのボラティリティ（変動性）が上昇した場合には、当該資産を売却することによって各資産クラスのリスク量が均等になるように調整します。

2 ポートフォリオ理論で用いる指標

ポートフォリオ理論で用いる指標（投資効率をみるための指標）には、**投資収益率**、**期待収益率**、**分散・標準偏差** があります。

Ⅰ 投資収益率

投資収益率は、投資額に対する投資収益の割合です。

$$投資収益率(\%) = \frac{投資収益}{投資額} \times 100$$

Ⅱ 期待収益率

期待収益率は、予想されるシナリオ(状況)とそのシナリオが発生するであろう確率を決めて、それぞれの予想投資収益率を加重平均したものです。

板書 期待収益率 🎵

たとえば、A社株式から得られる1年後の予想投資収益率と確率が以下のとおりであった場合の期待収益率は…

シナリオ	予想投資収益率	確率
好況	9%	20%
普通	3%	50%
不況	−5%	30%

期待収益率：9%×0.2 + 3%×0.5 + (▲5%×0.3) = 1.8%
　　　　　　好況時　　普通時　　不況時

Ⅲ 分散・標準偏差

データのばらつき具合(リスク)を測る指標に、**分散**や**標準偏差**があります。
分散および標準偏差は次の式によって求めます。

$$分散 = \left(\substack{ある状況における\\収益率} - 期待収益率 \right)^2 \times 確率 \ の合計$$

$$標準偏差 = \sqrt{分散}$$

　分散や標準偏差が大きい証券ほどリスクが**大き**く、小さい証券ほどリスクが**小さ**いとされます。

プラスワン 期待収益率と標準偏差の関係

　正規分布図（左右対称の釣り鐘状の図）を用いた場合、期待収益率（μ：ミュー）と標準偏差（σ：シグマ）の関係は次のようになります。

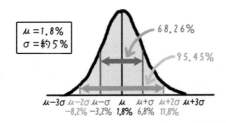

μ=1.8%
σ=約5%

68.26%

95.45%

$\mu-3\sigma$　$\mu-2\sigma$　$\mu-\sigma$　μ　$\mu+\sigma$　$\mu+2\sigma$　$\mu+3\sigma$
　　　　-8.2%　-3.2%　1.8%　6.8%　11.8%

　これは、理論上、収益率は68.26%（約3分の2）の確率で「期待収益率（μ）±標準偏差（σ）」の範囲内に収まり、95.45%の確率で「期待収益率（μ）±標準偏差（σ）の2倍」の範囲内に収まることを表しています。

---

3 ポートフォリオの期待収益率とリスク

Ⅰ ポートフォリオの期待収益率

　ポートフォリオの期待収益率は、個別証券の期待収益率を、ポートフォリオの構成比で加重平均したものに**等しく**なります。

板書 ポートフォリオの期待収益率

たとえば、ポートフォリオの構成比と期待収益率が以下のとおりであった場合のポートフォリオの期待収益率は…

	期待収益率	ポートフォリオの構成比
A証券	0.6%	50%
B証券	3.0%	30%
C証券	9.0%	20%

ポートフォリオの
期待収益率 ：$\underset{\text{A証券}}{0.6\% \times 0.5} + \underset{\text{B証券}}{3.0\% \times 0.3} + \underset{\text{C証券}}{9.0\% \times 0.2} = 3\%$

例題

ポートフォリオの期待収益率は、ポートフォリオに組み入れた各資産の期待収益率を組入比率で加重平均した値を下回る。

▶ ✕ ポートフォリオの期待収益率は、ポートフォリオに組み入れた各資産の期待収益率を組入比率で加重平均した値と等しくなる。

Ⅱ リスクの低減効果と相関係数

ポートフォリオのリスクを低減させるためには、できるだけ異なる値動きをする資産や銘柄を組み合わせる必要があります。

　原則として2つの資産を組み合わせたポートフォリオのリスクは、それぞれの資産のリスクを加重平均したものよりも低くなります（分散効果）。

　組み入れる資産や銘柄の値動きが同じ（相関関係がある）か、異なる（相関関係がない）かをみるとき、**相関係数**という係数を用います。

　相関係数とは、相関関係を**ー1**から**＋1**までの数値で表したもので、相関係数が**ー1**に近づくほど、リスク低減効果が期待できます。

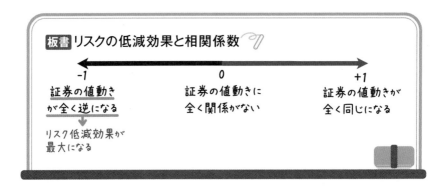

板書 リスクの低減効果と相関係数

```
-1 ────────────── 0 ────────────── +1
証券の値動き        証券の値動きに      証券の値動きが
が全く逆になる      全く関係がない      全く同じになる
  ↓
リスク低減効果が
最大になる
```

例題

異なる２資産からなるポートフォリオにおいて、２資産間の相関係数が－１となる場合、ポートフォリオのリスクの低減効果は得られない。

▶× 相関係数が－１となる場合、リスクの低減効果は**最大**である。

Ⅲ システマティックリスクと非システマティックリスク

　分散投資によってリスクを低減することができます（銘柄を増やすほどリスクを低減することができます）が、市場全体の変動が株価等の変動に影響をおよぼす場合には、分散投資の効果が働かなくなります。このような、市場全体の変動の影響を受けるリスク（分散投資によって除去できないリスク）を システマティックリスク といいます。

　一方、分散投資によって除去できるリスクを 非システマティックリスク といいます。

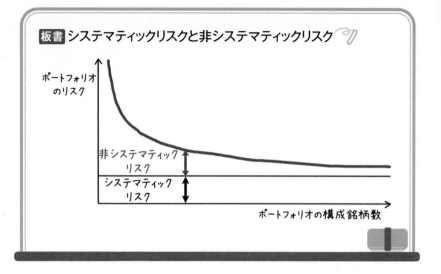

板書 システマティックリスクと非システマティックリスク

例題

株式のポートフォリオにおいて、組入れ銘柄数を増やすことにより、システマティックリスクを低減することができる。

▶ ✗ **システマティックリスク**は分散投資によって除去できないリスクである。分散投資によって除去できるリスクは非**システマティックリスク**である。

Ⅳ シャープレシオ（シャープの測度）

シャープレシオ（シャープの測度）は、投資の効率性（リスクに対するリターンの大きさ）を示す指標で、次の式によって求めます。

$$
シャープレシオ = \frac{ポートフォリオの収益率 - 無リスク資産の収益率}{ポートフォリオの標準偏差}
$$

ひとこと

ナルホド

　無リスク資産とは、預貯金のように元本が保証された資産のことをいいます。

257

板書 シャープレシオのポイント

☆ リスクの度合い（標準偏差）が異なるポートフォリオ間の比較をするとき
に用いられる
☆ 数値が大きいほど投資効率がよく、パフォーマンスがよかったことを示す

SECTION 10 金融商品と税金

このSECTIONで学習すること

1 預貯金と税金

・預貯金と税金

> 預貯金の利子は
> 利子所得として
> 20.315%が
> 源泉徴収される!

2 債券と税金

・債券と税金

> 利子、償還差益、
> 売却益の取扱いを
> おさえよう!

3 株式と税金

・上場株式等の配当金
・売却益にかかる税金
・特定口座と一般口座

> 税率は20.315%
> (㊟15%、㊷0.315%、
> ㊟5%)

4 投資信託と税金

・個別元本方式
・株式投資信託と税金
・公社債投資信託と税金

> 株式投資信託の
> 分配金のうち、
> 普通分配金→配当所得
> 元本払戻金→非課税

5 NISA

・概要
・つみたて投資枠と成長投資枠

> 2024年1月から
> 新しいNISA制度が
> スタート!

1　預貯金と税金

　預貯金の利子は、**利子**所得として課税され、原則として**20.315**%（所得税15%、復興特別所得税0.315%、住民税5%）の**源泉分離**課税となります。

2　債券と税金

　債券は、特定公社債等と一般公社債等に分けて課税されます。

特定公社債等と一般公社債等

特定公社債等	特定公社債	国債、地方債、外国国債、公募公社債、上場公社債など
	公募公社債投資信託など	
一般公社債等	私募公社債など	

　このうち、特定公社債等の課税関係は次のとおりです。

ひとこと

　一般公社債等の課税関係は重要性が低いので、ここでは特定公社債等の課税関係だけ記載します。

Ⅰ　特定公社債等の利子

　特定公社債等の利子は**利子**所得として**申告分離**課税となります。また、源泉徴収が行われているものは**申告不要**とすることができます。

特定公社債等の利子にかかる税率

◆20.315%（所得税15%、復興特別所得税0.315%、住民税5%）

申告分離課税を選択した場合、上場株式等の譲渡損失と損益通算すること

ができます。

ひとこと

損益通算とは、赤字（損失）と黒字（利益）を相殺することをいいます。詳しくは CH04 で学習します。

→参照 CH04. SEC03 **3** **Ⅲ** 株式等の譲渡損失の損益通算と繰越控除

Ⅱ 償還差益・売却益

特定公社債等の償還差益と売却益は、**譲渡**所得として**申告分離**課税となります。

特定公社債等の償還差益・売却益にかかる税率

◆**20.315**%（所得税 15%、復興特別所得税 0.315%、住民税 5%）

特定公社債等の譲渡所得は、上場株式等の譲渡損失と損益通算することが**できます**。

例題

特定公社債等の譲渡所得については、総合課税の対象とされている。

▶ ✕ 特定公社債等の譲渡所得は**申告分離**課税の対象である。

3 株式と税金

株式からの収入には、配当金と売却益（譲渡益）があります。

それぞれの課税方法は次のとおりです。

Ⅰ 上場株式等の配当金

株式の配当金は **配当所得** となり、原則として配当等を受け取るときに税金が源泉徴収されます。

配当所得は、**総合課税**の対象となりますが、**申告分離**課税を選択することもできます。また、**申告不要**とすることもできます。

上場株式等の配当金にかかる税率

◆税率は **20.315**%（所得税 **15**%、復興特別所得税 **0.315**%、住民税 **5**%）

総合課税を選択した場合、確定申告を行うことによって**配当控除**の適用を受けることができますが、上場株式等の譲渡損失と損益通算することは**できません**。

申告分離課税を選択した場合、上場株式等の譲渡損失と損益通算することは**できます**が、配当控除の適用を受けることは**できません**。

申告不要を選択した場合、上場株式等の譲渡損失と損益通算することも、配当控除の適用を受けることもできません。

上場株式等の配当所得と配当控除、損益通算

総合課税を選択 （原則）	○　配当控除の適用あり ×　上場株式等の譲渡損失と損益通算することはできない
申告分離課税を選択	×　配当控除の適用なし ○　上場株式等の譲渡損失と損益通算することができる
申告不要を選択	×　配当控除の適用なし ×　上場株式等の譲渡損失と損益通算することができない

例題

上場株式の配当金について総合課税を選択した場合、配当控除の適用を受けることはできない。

▶ × 上場株式の配当金について総合課税を選択した場合、配当控除の適用を受けることができる。

Ⅱ 売却益（譲渡益）

　株式を売却したさいに発生した売却益（譲渡益）は、**譲渡所得** として申告分離課税の対象となります。

　なお、源泉徴収ありの特定口座を選択した場合には、税金が源泉徴収され、確定申告を不要とすることができます。

上場株式等の売却益にかかる税率

◆税率は **20.315**%（所得税 **15**%、復興特別所得税 **0.315**%、住民税 **5**%）

　また、譲渡損失が生じた場合は、他の上場株式等の譲渡益や上場株式等の配当所得（申告分離課税を選択したもの）、特定公社債等の譲渡益や利子所得と損益通算することができますが、一般株式等の譲渡所得と損益通算することはできません。

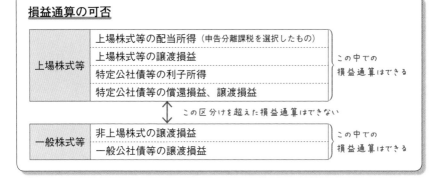

　なお、上場株式等の譲渡損失について、損益通算をしてもまだ損失が残る場合には、確定申告をすることにより、翌年以降 **3** 年間にわたって損失を繰り越すことができます。

Ⅲ 特定口座と一般口座

　特定口座 は、証券会社が投資家に代わって売買損益等の計算を行う口座で

す。

　特定口座には「源泉徴収あり」と「源泉徴収なし（簡易申告口座）」があり、「源泉徴収あり」の特定口座では、証券会社が税金を源泉徴収して納税するので、申告不要とすることができます。

特定口座と一般口座

特定口座	源泉徴収あり	・証券会社が１年間の売買損益の計算を行う ・税金は源泉徴収される（申告不要とすることができる）
	源泉徴収なし	・証券会社が１年間の売買損益の計算を行う ・税金は源泉徴収されない（投資家が確定申告を行って税金を納付する）
一般口座		・投資家が１年間の売買損益の計算を行う ・税金は源泉徴収されない（投資家が確定申告を行って税金を納付する）

　　証券会社の口座には、上記の口座のほか、NISA（**5**で学習）を利用するためのNISA口座があります。

4 投資信託と税金

I 個別元本方式

　個別元本とは、ファンドを保有する受益者（投資家）ごとの**平均取得価額**のことをいいます。この個別元本にもとづいて税金の計算を行う方法を**個別元本方式**といいます。

　個別元本方式における収益分配金は、**普通分配金**（値上がり分）と**元本払戻金**（**特別分配金**）に分かれます。

　このうち、普通分配金については所得税が課されますが、元本払戻金（特別分配金）については**非課税**となります。

264

板書 個別元本方式

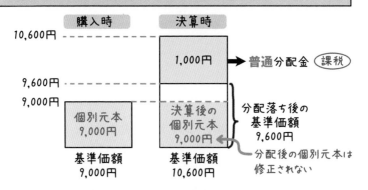

例1：分配落ち後の基準価額≧個別元本の場合

購入時の基準価額が9,000円、決算時に1,000円の分配があった（決算時の基準価額は10,600円）場合は…

- 10,600円 ─────── 1,000円 ⟶ 普通分配金 （課税）
- 9,600円 ──────
- 9,000円 ──── 個別元本 9,000円 / 決算後の個別元本 9,000円 ── 分配落ち後の基準価額 9,600円
- 分配後の個別元本は修正されない
- 基準価額 9,000円 ／ 基準価額 10,600円

例2：分配落ち後の基準価額＜個別元本の場合

購入時の基準価額が10,000円、決算時に1,000円の分配があった（決算時の基準価額は10,600円）場合は…

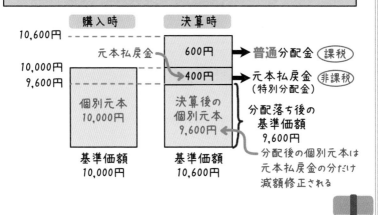

- 10,600円 ─────── 600円 ⟶ 普通分配金 （課税）
- 元本払戻金
- 10,000円 ── 400円 ⟶ 元本払戻金 （非課税）（特別分配金）
- 9,600円 ──
- 個別元本 10,000円 ／ 決算後の個別元本 9,600円 ── 分配落ち後の基準価額 9,600円
- 分配後の個別元本は元本払戻金の分だけ減額修正される
- 基準価額 10,000円 ／ 基準価額 10,600円

Ⅱ 株式投資信託と税金

❶ 収益分配金

収益分配金のうち、普通分配金については**配当**所得として源泉徴収されます。

株式投資信託の普通分配金にかかる税率

◆**20.315**%（所得税**15**%、復興特別所得税**0.315**%、住民税**5**%）

確定申告の必要はありませんが、確定申告をする（総合課税または申告分離課税を選択する）こともできます。

なお、総合課税を選択した場合には、**配当控除**を受けることができます。

ひとこと

ただし、外貨建て資産割合または非株式割合が 75%超の場合は配当控除を受けられません。

一方、収益分配金のうち、元本払戻金（特別分配金）については**非課税**となります。

株式投資信託の特別分配金と税金

◆特別分配金は**非課税**

---

❷ 解約差益、償還差益、売却益

投資信託の換金（解約、償還、売却）時の損益は、**譲渡**所得として申告分離課税の対象となります。

株式投資信託の解約差益、償還差益、売却益にかかる税率

◆**20.315**％（所得税**15**％、復興特別所得税**0.315**％、住民税**5**％）

3 換金時の譲渡所得金額の計算

投資信託の換金時における譲渡所得の金額は、次のようにして計算します。

板書 換金時の譲渡所得金額の計算 🖊

たとえば、下記のA投資信託を100万口購入し、1万口あたり
10,500円で換金した場合の譲渡所得の金額は…

【A投資信託】
購入時の基準価額：10,000円（1万口あたり）
購入時手数料：購入価額の3.3％（消費税込み）
信託財産留保額：解約価額の0.2％

購入代金＝購入価額＋購入手数料

① 購入価額：10,000円×100（万口）＝1,000,000円
② 購入時手数料：1,000,000円×3.3％＝33,000円
③ 購入代金：1,000,000円＋33,000円＝**1,033,000円**

換金代金＝解約価額－信託財産留保額

① 解約価額：10,500円×100（万口）＝1,050,000円
② 信託財産留保額：1,050,000円×0.2％＝2,100円
③ 換金代金：1,050,000円－2,100円＝**1,047,900円**

譲渡所得＝換金代金－購入代金

1,047,900円－1,033,000円＝14,900円

Ⅲ 公社債投資信託と税金

公社債投資信託の課税は、債券の課税と同様です。

🎧Review SEC10 **2** 債券と税金

NISA

NISAとは、株式や投資信託で得た利益が非課税になる、少額投資のための非課税制度をいいます。

ひとこと

株式や投資信託等を売買して儲けが出たり、配当等を受けたときには、利益に対して税金がかかりますが、NISAを利用すると、非課税になります。

なお、NISA口座で保有する上場株式の配当金を非課税扱いにするためには、配当金の受取方法として**株式数比例配分方式**を選択しなければなりません。

ひとこと

比例配分方式とは、保有している株式の数量に応じて、配当金を証券口座で受け取る方法をいいます。

2023年12月までは、一般NISA、つみたてNISA、ジュニアNISAの3種類がありましたが、2024年1月以降は、NISAが一本化され、その中で**つみたて投資枠**と**成長投資枠**に分かれます。

板書 NISAの内容

	つみたて投資枠	成長投資枠
投資可能期間	2024年1月からいつでも	
対象年齢	18歳以上	
非課税期間	無期限	
年間非課税投資枠	120万円	240万円
非課税枠上限（総額）	買付残高1,800万円（うち成長投資枠1,200万円）	
対象商品	長期の積立て・分散投資に適した投資信託	一定の上場株式、投資信託、ETF、J-REIT
両制度の併用	可能	
損失の取扱い	NISA口座内で生じた損失は、他の口座で生じた売買益や配当金と損益通算できない	

ポイント

☆ 同一年に利用できる非課税口座は1人1口座（1金融機関）
☆ 非課税枠を翌年に繰り越すことはできない

例題

2024年中にNISA口座の成長投資枠で購入することができる限度額（非課税枠）は年間100万円である。

▶ × 成長投資枠の非課税枠は年間240万円である。

NISA 口座内の上場株式の譲渡損失の金額は、確定申告をすることにより、特定口座内の上場株式の譲渡益の金額と損益を通算することができる。

▶ ✕ NISA 口座内の上場株式の譲渡損失の金額は、特定口座内や一般口座内の上場株式の譲渡益の金額と損益通算することはできない。

NISA 口座のつみたて投資枠と成長投資枠はいずれか一方しか利用できない。

▶ ✕ つみたて投資枠と成長投資枠は併用することができる。

プラスワン 2023 年 12 月以前の NISA 制度

2023 年 12 月以前の NISA 口座には、一般 NISA、つみたて NISA、ジュニア NISA の 3 種類がありました。

	一般 NISA	つみたて NISA	ジュニア NISA
対象年齢	18 歳以上		18 歳未満
非課税期間	5 年間	20 年間	5 年間
年間非課税投資枠	120 万円	40 万円	80 万円
両制度の併用	不可		―

索 引

タ 行

ナ 行

ハ行

マ行

ヤ行

ラ 行

ワ 行

memo

memo

memo

memo

memo

第 2 部

目 contents 次

CHAPTER 04

タックス
プランニング

SECTION
01 | 所得税の基本

このSECTIONで学習すること

1 税金の分類
・国税と地方税
・直接税と間接税
・申告納税方式と
　賦課課税方式

所得税は国税で
直接税で、
申告納税方式！

2 所得税の基本
・納税義務者と課税対象の範囲
・所得税の計算の流れ
・総合課税と分離課税
・所得税が非課税と
　なるもの

非居住者でも
国内源泉所得に
ついては納税義務
がある

---

1 税金の分類

　税金は、性質や納付方法などによっていくつかに分類することができます。

Ⅰ 国税と地方税

　誰が課税するのかといった面から、税金は **国税**（国が課税）と **地方税**（地方公共団体が課税）に分かれます。

Ⅱ 直接税と間接税

　直接税 とは、税金を負担する人が直接自分で納める税金をいいます。**間接税** とは税金を負担する人と納める人が異なる税金をいいます。

国税と地方税、直接税と間接税

		直 接 税	間 接 税	
国	税	所得税、法人税、相続税、贈与税　　　　　　　など	消費税、印紙税、酒税、登録免許税　　　　　　など	
地 方 税		住民税、事業税、固定資産税、不動産取得税　　　　など	地方消費税　　　　　　など	

例題

税金には、国税と地方税があり、法人税や事業税は国税に該当する。

▶× 法人税は国税に該当するが、事業税は地方税に該当する。

Ⅲ 申告納税方式と賦課課税方式

　税金の納付方法には、納税者が自分で税額を計算して申告する**申告納税方式**と、課税する側である国や地方公共団体が税額を計算して納税者に通知する**賦課課税方式**があります。

申告納税方式と賦課課税方式

申 告 納 税 方 式	納税者が自分で税額を計算して申告する方式 →所得税、法人税、相続税など
賦 課 課 税 方 式	国や地方公共団体が税額を計算して、納税者に通知する方式 →（個人）住民税、固定資産税など

例題

所得税は、納税者の申告にもとづき、課税庁が所得や納付すべき税額を決定する賦課課税方式を採用している。

▶× 所得税は、納税者が自分で税額を計算して申告・納付する**申告納税方式**を採用している。

2 所得税の基本

Ⅰ 所得税とは

個人が1年間（1月1日から12月31日までの1年間）に得た収入から、これを得るためにかかった必要経費を差し引いた金額を **所得** といい、この所得に対してかかる税金を **所得税** といいます。

> **例題**
>
> 所得税の計算期間は、毎年4月1日から翌年3月31日までの期間である。
>
> ▶✕ 所得税の計算期間は、毎年 **1**月**1**日から**12**月**31**日までの1年間である。

Ⅱ 納税義務者と課税対象の範囲

所得税の納税義務者と課税対象の範囲は次のとおりです。

所得税の納税義務者と課税対象の範囲

納税義務者		課税対象の範囲
居住者[※1]	非永住者[※2]以外	**すべての所得**
	非永住者	国外源泉所得以外の所得および国外源泉所得で、国内において支払われ、または国外から送金されたもの
非居住者		国内源泉所得のみ

※1　居　住　者：国内に住所を有し、または現在まで引き続き1年以上、国内に居所を有する個人

※2　非永住者：居住者のうち、日本国籍がなく、かつ過去10年間のうち国内に住所または居所を有する期間が5年以下の個人

Ⅲ 所得税の計算の流れ

所得税の税額は、次の流れで計算します。

板書 **所得税の計算の流れ** 🖋

Step1 **所得を10種類に分け、それぞれの所得金額を計算**

①利子所得　②配当所得　③不動産所得
④事業所得　⑤給与所得　⑥退職所得
⑦山林所得　⑧譲渡所得　⑨一時所得　⑩雑所得

Step2 **各所得金額を合算して、課税標準を計算**

☆ 損益通算、損失の繰越控除を行う

Step3 **課税標準から所得控除を差し引いて**
課税所得金額を計算

①基礎控除　②配偶者控除　③配偶者特別控除　④扶養控除
⑤障害者控除　⑥寡婦控除　⑦ひとり親控除　⑧勤労学生控除
⑨社会保険料控除　⑩生命保険料控除　⑪地震保険料控除
⑫小規模企業共済等掛金控除　⑬医療費控除　⑭雑損控除
⑮寄附金控除

Step4 ① **課税所得金額に税率を掛けて所得税額を計算**

② **所得税額から税額控除を差し引いて申告納税額を計算**

住宅ローン控除、配当控除など

Ⅳ 総合課税と分離課税

各所得金額（ Step1 で計算した金額）は、原則として合算されて課税（**総合課税**）されますが、一部の所得についてはほかの所得と分離して課税（**分離課税**）されます。

総合課税と分離課税

総 合 課 税	利子所得※、配当所得※、不動産所得、事業所得、給与所得、譲渡所得（土地・建物・株式等以外）、一時所得※、雑所得※
分 離 課 税	退職所得、山林所得、譲渡所得（土地・建物・株式等）

※　源泉分離課税とされているもの等を除く

なお、分離課税には、所得を得た人が自分で税額を申告するタイプの分離課税(**申告分離課税**)と、所得から税額が天引きされて課税関係が終了するタイプの分離課税(**源泉分離課税**)があります。

例題

不動産所得は分離課税の対象となる。

▶× 不動産所得は総合課税の対象となる。

例題

退職所得は分離課税の対象となる。

▶○ 退職所得は分離課税の対象となる。

V 所得税が非課税となるもの

次のものには、所得税は課されません。

> **所得税が非課税となるもの**
>
> ❶社会保険の給付金(雇用保険、健康保険などの保険給付、障害年金、遺族年金など)
>
> ❷通勤手当(月**15**万円まで)
>
> ❸生活用動産(宝石、書画、骨とう品などは**30**万円以下のもの)の譲渡による所得
>
> ❹損害または生命保険契約の保険金で**身体の傷害**に起因して支払われるもの
>
> ❺損害保険契約の保険金で資産の損害に起因して支払われるもの　など

例題

勤務していた会社を自己都合により退職したことで受け取った雇用保険の基本手当は所得税の非課税所得となる。

▶○ 雇用保険の基本手当は所得税の非課税所得となる。

SECTION 02 各所得の計算

このSECTIONで学習すること

ここ→ **Step1** 所得を10種類に分け、それぞれの所得金額を計算

Step2 各所得金額を合算して、課税標準を計算
☆ 損益通算、損失の繰越控除を行う

Step3 課税標準から所得控除を差し引いて課税所得金額を計算

Step4 ① 課税所得金額に税率を掛けて所得税額を計算

　　↓

② 所得税額から税額控除を差し引いて申告納税額を計算

㊚…青色申告できる所得

1 利子所得
・預貯金の利子などは源泉分離課税
・税率は **20.315%**（㊙ 15%、㊸ 0.315%、㊹ 5%）

2 配当所得
・上場株式等…**20.315%**（㊙ 15%、㊸ 0.315%、㊹ 5%）の源泉徴収

3 不動産所得…㊚
・不動産所得＝総収入金額－必要経費
　　　　　　（－青色申告特別控除額）

4 事業所得…㊚
・事業所得＝総収入金額－必要経費
　　　　　　（－青色申告特別控除額）

5 給与所得
・年末調整が行われることによって、一部の人を除いて確定申告は不要

6 退職所得
・退職所得
　＝（収入金額－退職所得控除額）× $\frac{1}{2}$

7 山林所得…青

・山林所得＝総収入金額−必要経費
　　　　　−特別控除額
　　　　　（−青色申告特別控除額）

8 譲渡所得

・総合短期譲渡所得
・総合長期譲渡所得
・分離短期譲渡所得
・分離長期譲渡所得
・株式等に係る譲渡所得等

9 一時所得

・一時所得＝総収入金額−支出金額
　　　　　−特別控除額
・課税方法は総合課税。ただし、所得
　金額の $\frac{1}{2}$ だけを合算

10 雑所得

・雑所得＝公的年金等の雑所得
　　　　＋公的年金等以外の雑所得

1 利子所得

利子所得 とは、預貯金や公社債の利子などによる所得をいいます。

<u>利子所得</u>

◆預貯金の利子

◆公社債の利子

　　　・特定公社債等の利子
　　　・一般公社債等の利子　→CH03. SEC10 2 参照

◆公社債投資信託の収益分配金　など

所得の計算

利子所得＝収入金額

課税方法

原則：総合課税…一部の外国債券等の利子　など

例外：源泉分離課税…預貯金の利子、一般公社債等の利子　など

　　　申告分離課税…特定公社債等の利子、公募公社債投資信託の収益分

　　　<u>配金</u>など ➔ 申告分離課税または申告不要を選択
　　　　　　　　　　できる

※　源泉徴収される税率は **20.315**％（所得税15％、復興特別所得税0.315％、住民税5％）

2　配当所得

配当所得とは、株式配当金や投資信託（公社債投資信託を除く）の収益分配金などによる所得をいいます。

所得の計算

> **配当所得＝収入金額－株式等を取得するための負債利子**

課税方法

◆支払いを受けるときに以下の金額が源泉徴収される

上 場 株 式 等	**20.315**％（所得税15％、復興特別所得税0.315％、住民税5％）
上場株式等以外	20.42％（所得税20％、復興特別所得税0.42％、住民税なし）

◆上場株式等の課税方法

❶総合課税(原則) ⟶ 総合課税の所得として確定申告
　　　　　　　　　　　○配当控除の適用あり
　　　　　　　　　　　×上場株式等の譲渡損失との損益通算はできない

❷申告分離課税 ⟶ 分離課税の所得として確定申告
　　　　　　　　　　　×配当控除の適用なし
　　　　　　　　　　　○上場株式等の譲渡損失との損益通算ができる

❸申告不要 ⟶ 源泉徴収だけで課税関係を終了することができる
　　　　　　　　　　　×配当控除の適用なし
　　　　　　　　　　　×上場株式等の譲渡損失との損益通算はできない

※　NISA口座の配当は、一定の場合は非課税

◆上場株式等以外(非上場株式等)の課税方法

総合課税(原則)

☆ 配当金の受取時に所得税が源泉徴収されているが、この源泉徴収税額は確定申告により精算される

少額配当 の場合には、申告不要とすることができる

1銘柄について1回の配当金額が、次の式で計算した金額以下であるもの

$$10万円 \times \frac{配当金の計算期間の月数}{12カ月}$$

例題

申告分離課税を選択した上場株式等の配当所得については、配当控除の対象となる。

▶ × 申告分離課税を選択した場合、配当控除の適用はない。

3 不動産所得

不動産所得 とは、不動産の貸付けによる所得をいい、土地の賃貸料、マンションやアパートの家賃収入などがあります。

不動産所得に該当するもの、しないもの

不動産所得に該当するもの	不動産所得に該当しないもの
○アパートなどの賃貸収入 （食事を供さない場合） ○駐車場の貸付けで保管責任を負わないもの（月極駐車場）	×下宿など、食事を供する場合 　→事業所得または雑所得 ×駐車場の貸付けで保管責任を負うもの（時間貸駐車場） 　→事業所得または雑所得 ×従業員宿舎の家賃収入 　→事業所得

ひとこと

なお、試験で『事業的規模（貸家なら5棟以上、アパート等なら10室以上）の貸付けの場合、「不動産所得」ではなく、「事業所得」に分類される』といった○×問題がよく出題されます。「事業的規模」であっても、不動産の貸付けによる所得であれば「不動産所得」に分類されますので、注意してください。

例題

その賃貸が事業的規模で行われているアパート経営の賃貸収入に係る所得は、事業所得となり、総合課税の対象とされる。

▶× 事業的規模であったとしても、不動産の貸付けによる所得は、不動産所得に該当する。不動産所得は総合課税の対象となる。

ひとこと

また、賃貸していた家屋や土地などの不動産を売却したことによる所得は「不動産所得」ではなく「譲渡所得（8で学習）」になることにも注意してください。

不動産所得＝**総収入金額**－**必要経費**（－青色申告特別控除額）

総収入金額に算入すべきものの例	必要経費の例
◆家賃収入、地代収入、礼金、更新料、一定の場合の権利金 ◆敷金や保証金のうち、返還を要しないもの　など	◆固定資産税、都市計画税、不動産取得税 ◆修繕費、損害保険料、減価償却費 ◆青色事業専従者に対する給与 ◆土地の取得に要した借入金の支払利子 （業務開始後）→ただし、損益通算の対象外 ◆別生計の親族に対する給与 ◆賃貸不動産に係る（賃貸開始後の）借入金の利子　など

課税方法

総合課税

4 事業所得

事業所得とは、農業、漁業、製造業、卸売業、小売業、サービス業その他の事業から生じる所得をいいます。

所得の計算

事業所得＝**総収入金額**－**必要経費**（－青色申告特別控除額）

総収入金額のポイント	必要経費の例
◆総収入金額は、実際の現金収入額ではなく、その年に確定した金額（未収額も含む）である	◆収入金額に対する売上原価 ◆給与（青色事業専従者に対する給与を含む）、減価償却費、広告宣伝費、水道光熱費　など

総合課税

例題

事業所得の金額は、「事業所得に係る総収入金額－必要経費」の算式により計算される。

▶○

Ⅰ 必要経費のポイント

必要経費に算入できる金額は、個人事業主が支払った金額のうち**事業に使用した分**だけとなります。

ひとこと

たとえば、自宅兼店舗の建物(自宅割合40%、店舗割合60%)の火災保険料10,000円を支払った場合、必要経費として算入できる金額は6,000円(10,000円×60%)となります。

また、債務は確定しているものの、その年にまだ支払いをしていない金額については、その金額をその年の必要経費に**含めます**。

例題

事業所得の金額の計算上、交際費は事業の遂行上必要なものであっても、必要経費に算入されない。

▶✕ 事業の遂行に必要な交際費は必要経費に算入できる。

Ⅱ 必要経費の計算① 売上原価の計算

売上原価 とは、当期に売り上げた商品の原価(購入原価)のことをいいます。

❶ 売上原価の計算式

売上原価は次の計算式で求めます。

売上原価＝年初棚卸高＋当年仕入高－年末棚卸高

② 商品の評価方法

商品の評価方法には、**先入先出法**、**総平均法**、**移動平均法**、**最終仕入原価法** などがあり、選定した方法によって売上原価を計算します。

なお、評価方法を選定しなかった場合には、**最終仕入原価法**を選定したとされます(法定評価方法)。

ひとこと

ここは難しいので、「税法上、評価方法を選定しなかった場合には、最終仕入原価法で評価する」ということだけおさえておいてください。

Ⅲ 必要経費の計算② 減価償却費の計算

① 減価償却とは

建物や備品、車両などの固定資産(長期にわたって事業で使用する資産)は、使用しているうちにその価値が年々減少していきます。

その価値の減少分を見積って費用計上する手続きを **減価償却** といいます。

ひとこと

土地は時間の経過や使用にともなって価値が減少するものではないので、減価償却の対象となりません。

② 減価償却の方法

減価償却の方法には、**定額法** や **定率法** があり、選定した方法によって減価償却費を計算します。

減価償却の方法

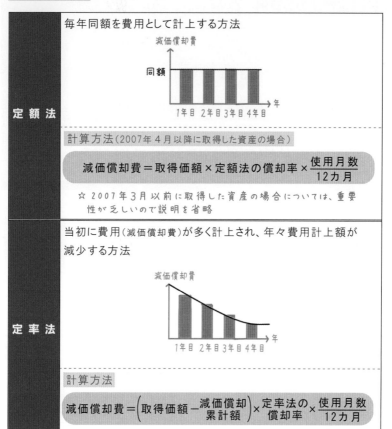

定額法

毎年同額を費用として計上する方法

計算方法（2007年4月以降に取得した資産の場合）

$$減価償却費＝取得価額×定額法の償却率×\frac{使用月数}{12カ月}$$

☆ 2007年3月以前に取得した資産の場合については、重要性が乏しいので説明を省略

定率法

当初に費用（減価償却費）が多く計上され、年々費用計上額が減少する方法

計算方法

$$減価償却費＝\left(取得価額－\frac{減価償却}{累計額}\right)×\frac{定率法の}{償却率}×\frac{使用月数}{12カ月}$$

板書 定額法の計算例

たとえば、次のような場合は…
・取得価額：60,000,000円
・使用開始年月：2024年3月（2024年分）
・耐用年数：47年
・耐用年数が47年の場合の定額法の償却率：0.022

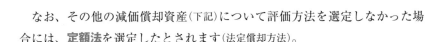

3月から12月まで

減価償却費＝60,000,000円×0.022× $\dfrac{10カ月}{12カ月}$ ＝1,100,000円

なお、その他の減価償却資産(下記)について評価方法を選定しなかった場合には、**定額法**を選定したとされます(法定償却方法)。

選定できる償却方法

◆建物…**定額**法

◆2016年4月1日以後に取得する建物付属設備・構築物(いずれも鉱業用を除く)…定額法

◆その他の減価償却資産…**定額**法または**定率**法(法定償却方法は**定額**法)

償却方法を選定しなかった場合

プラスワン 少額減価償却資産の必要経費算入

使用期間が**1年未満**のものや、取得価額が**10万円未満**のもの（貸付けの用に供するものを除く）については減価償却を行わず、取得価額（購入金額）を全額、その年の必要経費とすることができます。

また、中小企業者（従業員数が1,000人以下の個人）である**青色申告者**は、取得価額が**30万円未満**のもの（貸付けの用に供するものを除く）については、取得価額の年間合計額が**300万円**に達するまで、取得価額を全額その年の必要経費とすることができます。

　取得価額が10万円以上20万円未満のもの（貸付けの用に供するものを除く）については、一括して3年間で均等に償却することができます。

　たとえば取得価額が15万円の備品の場合には、3年間にわたって5万円（15万円÷3年）ずつ償却（経費に計上）することができます。

　個人事業主が支払った税金の取扱いは次のようになります。

所得税、個人住民税	→ 必要経費に算入することが**できない**
個人事業税、固定資産税	→ 必要経費に算入することが**できる** 　（ただし、事業に供した部分に限る）

　また、個人事業主やその親族を被保険者とする生命保険の保険料については必要経費に算入することが**できません**。

5　給与所得

Ⅰ 給与所得の計算と課税方法

　給与所得とは、会社員やアルバイト、パートタイマーなどが、会社から受け取る給料や賞与などの所得をいいます。

　給与所得のうち、次のものは所得税がかかりません（非課税）。

非課税となるもの

◆通勤手当（非課税の限度額は月**15万円**）

◆出張旅費　　など

給与所得＝収入金額－給与所得控除額※

※　給与所得控除額	
給与の収入金額	給与所得控除額
162.5万円以下	**55万円**
162.5万円超　180　万円以下	収入金額×40％－　10万円
180　万円超　360　万円以下	収入金額×30％＋　　8万円
360　万円超　660　万円以下	収入金額×20％＋　44万円
660　万円超　850　万円以下	収入金額×10％＋110万円
850　万円超	**195万円**（上限）

課 税 方 法

総合課税で基本的には確定申告が必要

↓　　しかし

毎月の給与支給時に税金が源泉徴収され、年末調整を行うことで確定申告が不要となる

↓　　ただし

・年収が**2,000**万円超の人
・給与所得・退職所得以外の所得が**20**万円超ある人　　は確定申告が必要
・複数の会社から給与を受けている人

など

プラスワン 給与所得者の特定支出控除

給与所得者が特定支出をした場合（給与等の支払者が証明したものに限る）で、その年の特定支出の合計額が給与所得控除額の2分の1を超えるときは、確定申告によってその超える金額を控除することができます。
特定支出の範囲は次のとおりです。

◆通勤のための支出	◆職務上の研修のための支出
◆転勤のための転居支出	◆資格取得費
◆通常必要な出張旅費	◆職務上の旅費
◆単身赴任者の帰宅旅費（ガソリン代、高速代含む）　など	

Ⅱ 所得金額調整控除（子育て・介護世帯）

　以下の要件に該当する場合には、総所得金額を計算する段階で、給与所得の金額から一定額を所得金額調整控除額として控除することができます。

所得金額調整控除が適用される要件

◆その年の給与収入が **850** 万円超

　　かつ

◆次のいずれかに該当すること

❶本人が**特別障害者**であること

❷**23** 歳未満の扶養親族を有すること

❸特別障害者である同一生計配偶者または扶養親族を有すること

所得金額調整控除額

> **所得金額調整控除額＝（給与等の収入金額－850 万円）×10 ％**
> 最高 **1,000** 万円

プラスワン　給与収入と年金等の受給がある場合の所得金額調整控除

　給与所得控除後の給与等の金額および公的年金等に係る雑所得（**10**で学習）の金額があり、かつ、これらの合計額が **10** 万円超の場合には、総所得金額を計算する段階で、給与所得の金額から一定額を所得金額調整控除額として控除することができます。

所得金額調整控除額

$$所得金額調整控除額＝\frac{給与所得控除後の}{給与等の金額}（上限10万円）＋\frac{公的年金等に係る}{雑所得の金額}（上限10万円）－10 万円$$

6　退職所得

Ⅰ 退職所得の計算と課税方法

　退職所得とは、退職によって勤務先から一時に受け取る退職金など（確定拠出年金や中小企業退職金共済等）の所得をいいます。

定年退職時に退職手当として一時金を受け取ったことによる所得は、退職所得である。

▶○

所得の計算

$$退職所得＝（収入金額－退職所得控除額^{※}）×\frac{1}{2}$$

※ 退職所得控除額

勤続年数	退職所得控除額
20年以下	**40万円**×勤続年数（最低80万円）
20年超	**800万円＋70万円**×（勤続年数－**20年**） 40万円×20年

☆ 勤続年数で1年未満の端数が生じる場合は1年に切り上げます。

板書 退職所得の計算例

たとえば、勤続年数が35年6カ月、退職金が2,500万円である人の退職所得は・・・

① 35年6カ月→**36年**で計算

② 退職所得控除額：**800万円＋70万円**×（36年－**20年**）＝1,920万円

③ 退職所得：（2,500万円－1,920万円）×$\frac{1}{2}$＝290万円

ひとこと

　上記の計算が基本となり、勤続年数が5年以下の場合には後述（Ⅱ・Ⅲ）の規定の適用があります。

退職金の額が 2,000 万円で、勤続年数が 25 年 4 カ月の場合、退職所得の金額は 780 万円である。

▶× 退職所得控除額：800 万円＋ 70 万円×（26 年− 20 年）＝1,220 万円

退職所得：（2,000 万円− 1,220 万円）×$\frac{1}{2}$＝ 390 万円

課税方法

分離課税

❶「退職所得の受給に関する申告書」を提出した場合

退職金等の支払いが行われるときに適正な税額が源泉徴収されるため、確定申告の必要はない（住民税も特別徴収される）

❷「退職所得の受給に関する申告書」を提出しなかった場合

収入金額（退職金の額）に対して一律**20.42**％（所得税20％、復興特別所得税0.42％）の源泉徴収が行われるため、確定申告を行い、適正な税額との差額を精算（住民税は❶と同額の特別徴収がされる）

退職一時金を受け取った退職者が、「退職所得の受給に関する申告書」を提出している場合、退職一時金の支給額の 20.42％が源泉徴収される。

▶× 退職一時金を受け取った退職者が、「退職所得の受給に関する申告書」を提出している場合は、退職一時金の支給時に適正な税額が源泉徴収される。

Ⅱ 特定役員退職手当等に係る退職所得

役員等として勤務した期間の勤続年数が**5 年**以下の人が、その役員等勤続年数に対応する退職手当等として支払いを受けるもの（**特定役員退職手当等**）については、退職所得の計算上、2分の1を掛けないで算出します。

所得の計算（特定役員退職手当等）

$\times\frac{1}{2}$しない

$$退職所得＝（収入金額－退職所得控除額）\times \cancel{\frac{1}{2}}$$

Ⅲ 短期退職手当等に係る退職所得

　役員等以外の者として勤務した期間の勤続年数が**5年以下**（1年未満の端数は1年に切上げ）の人が、その短期勤続年数に対応する退職手当等として支払いを受けるもの（短期退職手当等）については、「収入金額－退職所得控除額」が**300万円**を超えた場合に、その超過額については、退職所得の計算上、2分の1を掛けないで算出します。

 ひとこと

　「収入金額－退職所得控除額」が300万円以下の場合と、300万円超の場合の退職所得の計算式は次のようになります。

所得の計算（短期退職手当等）

❶「収入金額－退職所得控除額」≦300万円の場合←通常の計算

$$\text{退職所得}＝（\text{収入金額}－\text{退職所得控除額}）× \frac{1}{2}$$

❷「収入金額－退職所得控除額」＞300万円の場合

$$\text{退職所得}＝\underline{150万円}＋\{\text{収入金額}－（300万円＋\text{退職所得控除額}）\}$$

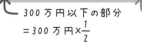

300万円以下の部分
＝300万円× $\frac{1}{2}$

300万円超の部分は
× $\frac{1}{2}$ しない

 ひとこと

　勤続年数については、いずれも1年未満の端数が生じる場合には1年に切り上げて計算します。

板書 **短期退職手当等に係る退職所得の計算例** 🖊

> たとえば、従業員としての勤続年数が4年3カ月、退職金が600万円で
> ある人の退職所得は…

① 4年3カ月→**5年**で計算→短期退職所得等に該当する
② 退職所得控除額：40万円×5年＝200万円
③ 収入金額−退職所得控除額：
　　600万円−200万円＝400万円＞300万円→❷で計算する
④ 退職所得：**150**万円＋{600万円−（300万円＋200万円）}＝250万円

7 山林所得

山林所得とは、山林(所有期間が5年を超えるもの)を伐採して売却したり、立木のままで売却することによって生じる所得をいいます。

所得の計算

山林所得＝総収入金額−必要経費−特別控除額（−青色申告特別控除額）
　　　　　　　　　　　　　　　　　　└→ 最高**50**万円

課税方法

分離課税

8 譲渡所得

譲渡所得とは、土地、建物、株式等、ゴルフ会員権、金地金(金の延べ棒)、書画、骨とうなどの資産を譲渡(売却)することによって生じる所得をいいます。

なお、資産の譲渡による所得のうち、以下の所得については非課税となります。

非課税となるもの

◆**生活用動産**(家具、通勤用の自動車、衣服など)の譲渡による所得

→ただし! 貴金属や宝石、書画、骨とうなどで、1個(または1組)の価額が**30万円**を超えるものの譲渡による所得は課税される!

◆**国または地方公共団体に対して財産を寄附した場合**等の所得

譲渡所得は譲渡した資産および所有期間によって、計算方法や課税方法が異なります。

板書 譲渡所得の計算方法と課税方法 ✐

1 土地、建物、株式等以外の資産の譲渡　ゴルフ会員権 書画 骨とう　総合課税

短期か長期か

所有期間が5年以内 → 総合短期譲渡所得

所得の計算

総収入金額−(取得費+譲渡費用)−特別控除額

短期と長期を合計して最高**50万円** ↩

短期か長期か

所有期間が5年超 → 総合長期譲渡所得

所得の計算

総収入金額−(取得費+譲渡費用)−特別控除額

短期と長期を合計して最高**50万円** ↩

2 土地、建物の譲渡　土地 建物　分離課税

短期か長期か

譲渡した年の1月1日時点の所有期間が5年以内 → 分離短期譲渡所得

所得の計算

総収入金額−(取得費+譲渡費用)−特別控除額

短期か長期か

譲渡した年の1月1日時点の所有期間が5年超 → 分離長期譲渡所得

所得の計算

総収入金額−(取得費+譲渡費用)−特別控除額

3 株式等の譲渡等　株式 公社債　分離課税

短期、長期の区分はなし → { 上場株式等に係る譲渡所得等

一般株式等に係る譲渡所得等

所得の計算

総収入金額−(取得費+譲渡費用+負債の利子)

借入金によって購入した株式を譲渡した場合、その借入金に係る利子を総収入金額から控除することができる

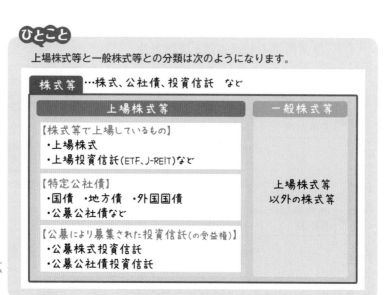

ひとこと

上場株式等と一般株式等との分類は次のようになります。

株式等…株式、公社債、投資信託　など

上場株式等	一般株式等
【株式等で上場しているもの】 ・上場株式 ・上場投資信託(ETF、J-REIT)など 【特定公社債】 ・国債　・地方債　・外国国債 ・公募公社債など 【公募により募集された投資信託(の受益権)】 ・公募株式投資信託 ・公募公社債投資信託	上場株式等 以外の株式等

課税方法

◆総合短期譲渡所得と総合長期譲渡所得は **総合** 課税
　☆ 総合長期譲渡所得は所得金額の **2** 分の **1** だけをほかの所得と合算する
◆土地・建物・株式等の譲渡所得は **分離** 課税

Ⅰ 特別控除額

　総合課税の譲渡所得(土地・建物・株式等以外の譲渡所得)については、短期と長期を合計して最高 **50** 万円の特別控除が認められています。

　なお、同じ年に総合短期譲渡所得と総合長期譲渡所得の両方がある場合には、さきに総合**短期**譲渡所得から控除します。

Ⅱ 取得費と譲渡費用

　譲渡所得を計算するさいの取得費と譲渡費用について、ポイントをまとめると次のようになります。

取得費と譲渡費用

取 得 費	取得費＝購入代価＋資産を取得するためにかかった付随費用 → 購入時の仲介手数料、登録免許税、印紙税など ポイント ☆ 取得費が不明な場合や収入金額(売却価額)の5%に満たない場合には、収入金額の**5%**を取得費とすることができる → 概算取得費
譲渡費用	譲渡費用＝資産を譲渡するために直接かかった費用 → 譲渡時の仲介手数料、印紙税、取壊費用など

9 一時所得

 一時所得 とは、利子所得、配当所得、不動産所得、事業所得、給与所得、退職所得、山林所得、譲渡所得以外の所得のうち、一時的なものをいいます。

　主な一時所得には次のようなものがあります。

一時所得の例

◆懸賞、福引、クイズの賞金

◆生命保険の満期保険金や損害保険の満期返戻金

◆一定の立退料

◆ふるさと納税の返礼品　など

　☆ 宝くじの当選金やノーベル賞の賞金などは非課税！

　☆ 心身に加えられた損害または突発的な事故により資産に加えられた損害について取得した保険金や損害賠償金は非課税

所得の計算

一時所得＝総収入金額－支出金額－特別控除額

→ 最高**50**万円

一時所得の金額は、「一時所得に係る総収入金額－その収入を得るために支出した
金額の合計額」の算式により計算される。

▶ ✕ 一時所得の金額は、「**一時所得に係る総収入金額－支出金額－特別控除額**」で計算する。なお、
特別控除額の限度は **50万円**である。

課税方法

総合課税

☆ ただし、所得金額の**2**分の**1**だけをほかの所得と合算する

10 雑所得

雑所得とは、前記**1**～**9**のどの所得にもあてはまらない所得をいいます。
雑所得には次のようなものがあります。

雑所得の例

公的年金等の雑所得	公的年金等以外の雑所得
◆国民年金、厚生年金などの公的年金 ◆国民年金基金、厚生年金基金、確定拠出年金などの年金	◆生命保険などの個人年金保険 ◆講演料や作家以外の原稿料 ◆FXや暗号資産取引で得た所得 　　　　　　　　　　　　　　など

☆ 公的遺族年金や公的障害年金は非課税

所得の計算

雑所得＝公的年金等の雑所得＋公的年金等以外の雑所得

収入金額－公的年金等控除額※

総収入金額－必要経費

※ 公的年金等控除額

受給者の年齢	公的年金等の収入金額(年額)	公的年金等に係る雑所得以外の所得に係る合計所得金額		
		1,000万円以下	1,000万円超 2,000万円以下	2,000万円超
65歳未満	130万円未満	**60万円**	50万円	40万円
	130万円以上 410万円未満	年金額×25% +275,000円	年金額×25% +175,000円	年金額×25% +75,000円
	410万円以上 770万円未満	年金額×15% +685,000円	年金額×15% +585,000円	年金額×15% +485,000円
	770万円以上 1,000万円未満	年金額×5% +1,455,000円	年金額×5% +1,355,000円	年金額×5% +1,255,000円
	1,000万円以上	**1,955,000円**	1,855,000円	1,755,000円
65歳以上	330万円未満	**110万円**	100万円	90万円
	330万円以上 410万円未満	年金額×25% +275,000円	年金額×25% +175,000円	年金額×25% +75,000円
	410万円以上 770万円未満	年金額×15% +685,000円	年金額×15% +585,000円	年金額×15% +485,000円
	770万円以上 1,000万円未満	年金額×5% +1,455,000円	年金額×5% +1,355,000円	年金額×5% +1,255,000円
	1,000万円以上	**1,955,000円**	1,855,000円	1,755,000円

例題

公的年金等に係る雑所得の金額は、その年中の公的年金等の収入金額から公的年金等控除額を控除した額である。

▶ ○

課 税 方 法

総合課税

SECTION
03

課税標準の計算

このSECTIONで学習すること

Step1 所得を10種類に分け、それぞれの所得金額を計算

ここ→ **Step2** **各所得金額を合算して、課税標準を計算**
☆ 損益通算、損失の繰越控除を行う

Step3 課税標準から所得控除を差し引いて課税所得金額を計算

Step4 ① 課税所得金額に税率を掛けて所得税額を計算

↓

② 所得税額から税額控除を差し引いて申告納税額を計算

1 課税標準の計算の流れ

・課税標準の計算の流れ

> 総所得金額は
> どのように計算する？

2 損益通算

・損益通算できる損失

・損益通算の流れ

> ㋐、㋝、㊂、㋣は
> 損益通算できるが、
> 例外もある！

3 損失の繰越控除

・純損失の繰越控除…ⓐ

・雑損失の繰越控除…ⓑ

・株式等の譲渡損失の損益通算と繰越控除

> ⓐは青色申告者のみ適用できる
> ⓑは白色申告者も適用できる

1 課税標準の計算の流れ

課税標準とは、税金の課税対象となる所得の合計額をいいます。

SECTION02で計算した10種類の各所得を、一定のものを除き、合算します。課税標準の計算の流れは次のとおりです。

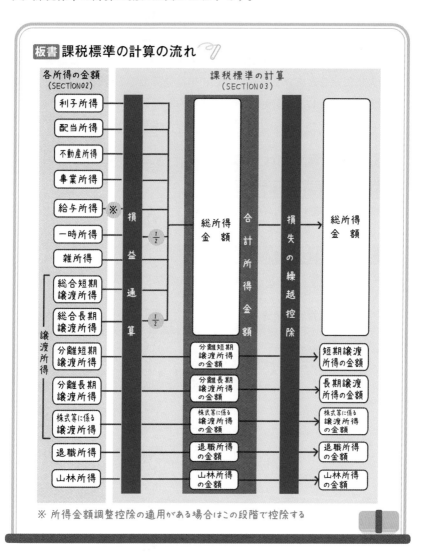

板書 課税標準の計算の流れ

※ 所得金額調整控除の適用がある場合はこの段階で控除する

2 損益通算

I 損益通算とは

損益通算とは、損失(赤字)と利益(黒字)を相殺することをいいます。なお、損益通算できる損失(赤字)とできない損失(赤字)があります。

II 損益通算できる損失

損益通算できる損失は、**不動産**所得、**事業**所得、**山林**所得、**譲渡**所得で生じた損失に限定されています。ただし、損益通算できる所得の損失でも、以下の損失は例外として損益通算ができません。

板書 損益通算できないもの

不動産所得の損益通算の例外

☆ 土地を取得するための借入金の**利子**
　↳建物の場合はOK

譲渡所得の損益通算の例外

☆ 生活に通常必要でない資産の譲渡によって生じた損失
　　↳別荘、クルーザー、宝石(30万円超)、**ゴルフ会員権**など

☆ 土地、建物等の譲渡損失
　　ただし、一定の居住用財産の譲渡損失は要件を満たせば損益通算OK

☆ 株式等の譲渡損失
　　ただし、損益通算ができるものもある

→参照 **3 III** 株式等の譲渡損失の損益通算と繰越控除

たとえば、所得等の条件が以下のとおりであった場合の損益通算後の総所得金額は…

事業所得　　　3,000千円

不動産所得　▲1,000千円（必要経費のうち、100千円は土地の取得に要した借入金の利子相当額である）

雑所得　　　　300千円

→ 3,000千円+（▲1,000千円+100千円）+300千円=2,400千円

 借入金の利息を足す

 ひとこと

　上記の例では、事業所得も不動産所得も雑所得も総合課税の対象なので、これらの所得を合算して総所得金額を求めます。このうち、事業所得と不動産所得がマイナスのときは損益通算することができます（マイナスの金額を合計することができます）が、雑所得は損益通算の対象とならないので、もし、雑所得がマイナスの場合には雑所得はなかったものとして（0円で）計算します。

例題

一時所得の金額の計算上生じた損失の金額は、給与所得の金額と損益通算することができる。

▶× 一時所得の損失は、他の所得と損益通算できない。

例題

自己資金により購入したアパートを賃貸して家賃を受け取ったことによる不動産所得の金額の計算上生じた損失の金額は、他の所得の金額と損益通算することができない。

▶× 不動産所得の損失は、他の所得と損益通算できる。

例題

別荘を譲渡したことによる譲渡所得の金額の計算上生じた損失の金額は、他の各種所得の金額と損益通算することができる。

▶× 別荘、ゴルフ会員権、宝石など、生活に通常必要でない資産の譲渡によって生じた損失は、損益通算できない。

Ⅲ 損益通算の流れ

損益通算の流れは次のようになります。

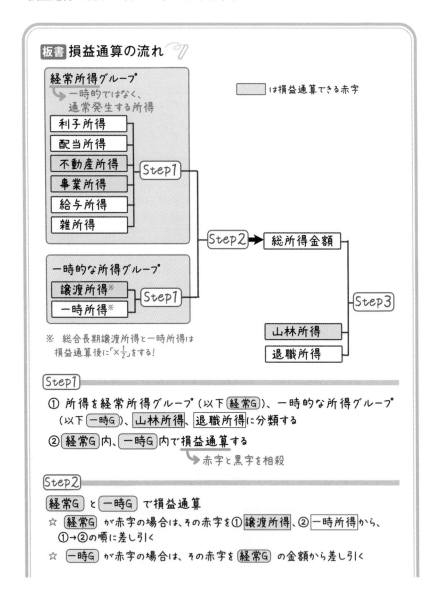

板書 **損益通算の流れ**

経常所得グループ
↪ 一時的ではなく、通常発生する所得

は損益通算できる赤字

| 利子所得 |
| 配当所得 |
| 不動産所得 |
| 事業所得 |
| 給与所得 |
| 雑所得 |

Step1

一時的な所得グループ
| 譲渡所得※ |
| 一時所得※ |
Step1

Step2 → 総所得金額

Step3

| 山林所得 |
| 退職所得 |

※ 総合長期譲渡所得と一時所得は損益通算後に「×$\frac{1}{2}$」をする!

Step1

① 所得を経常所得グループ（以下 経常G ）、一時的な所得グループ（以下 一時G ）、山林所得 、退職所得 に分類する

② 経常G 内、 一時G 内で損益通算する
↪ 赤字と黒字を相殺

Step2

経常G と 一時G で損益通算

☆ 経常G が赤字の場合は、その赤字を① 譲渡所得 、② 一時所得 から、①→②の順に差し引く

☆ 一時G が赤字の場合は、その赤字を 経常G の金額から差し引く

Step3

Step2 の損益通算を行ってもまだ残っている損失または 山林所得 の損失は以下のようにして損益通算を行う

☆ 総所得金額 が赤字の場合は、その赤字を① 山林所得 、② 退職所得 の金額から①→②の順に差し引く

☆ 山林所得 が赤字の場合は、その赤字を① 経常G 、② 譲渡所得 、③ 一時所得 、④ 退職所得 の金額から①→②→③→④の順に差し引く

3 損失の繰越控除

Ⅰ 純損失の繰越控除

損益通算をしても控除しきれなかった損失額を**純損失**といいます。青色申告者の場合（一定の要件を満たした場合）、純損失を原則として翌年以降**3**年間にわたって繰り越し、各年の黒字の所得から控除することができます。

Ⅱ 雑損失の繰越控除

災害や盗難等によって損失が生じた場合、その損失は所得から控除することができます。これを雑損控除といいます。　→参照 SEC04 **1** **ⅩⅣ** 雑損控除

雑損控除をしても控除しきれなかった金額（**雑損失**）は、原則として翌年以降**3**年間にわたって繰り越すことができます。

ひとこと

雑損失の繰越控除は、白色申告の場合でも適用できます。

例題

雑損失の繰越控除は、青色申告者に限り、適用を受けることができる。

▶× 雑損失の繰越控除は白色申告者でも適用を受けることができる。

特定非常災害による損失にかかる純損失や雑損失の繰越期間は、損失の程度等に応じて例外的に5年となります。

Ⅲ 株式等の譲渡損失の損益通算と繰越控除

株式等の譲渡損失の損益通算と繰越控除の関係は次のようになります。

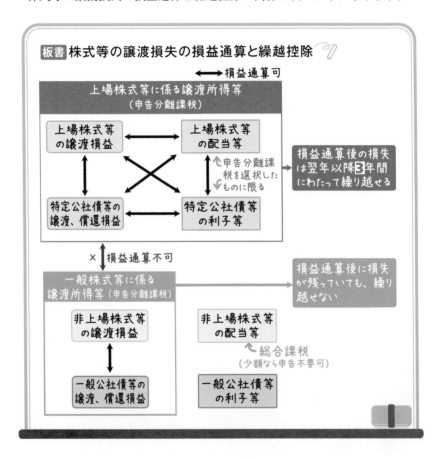

板書 株式等の譲渡損失の損益通算と繰越控除

損益通算可

上場株式等に係る譲渡所得等
（申告分離課税）

| 上場株式等の譲渡損益 | 上場株式等の配当等 |

申告分離課税を選択したものに限る

特定公社債等の譲渡、償還損益 ── 特定公社債等の利子等

損益通算後の損失は翌年以降3年間にわたって繰り越せる

× 損益通算不可

一般株式等に係る譲渡所得等（申告分離課税）

非上場株式等の譲渡損益

非上場株式等の配当等

総合課税
（少額なら申告不要可）

一般公社債等の譲渡、償還損益

一般公社債等の利子等

損益通算後に損失が残っていても、繰り越せない

例題

上場株式の譲渡損失の金額は、総合課税を選択した上場株式の配当所得の金額と損益通算することができる。

▶ ✕ 上場株式等の譲渡損失は、申告分離課税を選択した上場株式等の配当所得と損益通算することができるが、総合課税を選択した上場株式等の配当所得とは損益通算することはできない。

SECTION

04

所得控除

このSECTIONで学習すること

Step1 所得を10種類に分け、それぞれの所得金額を計算

Step2 各所得金額を合算して、課税標準を計算
☆ 損益通算、損失の繰越控除を行う

ここ→ **Step3** **課税標準から所得控除を差し引いて課税所得金額を計算**

Step4 ① 課税所得金額に税率を掛けて所得税額を計算

② 所得税額から税額控除を差し引いて申告納税額を計算

---

1 各所得控除のポイント ← 人的控除

・基礎控除	・配偶者控除	・配偶者特別控除	・扶養控除
・障害者控除	・寡婦控除	・ひとり親控除	・勤労学生控除

・社会保険料控除 ・生命保険料控除 ・地震保険料控除

・小規模企業共済等掛金控除 ・医療費控除

・雑損控除 ・寄附金控除

> 基礎控除、配偶者控除、
> 扶養控除、
> 医療費控除は頻出！

---

1 各所得控除のポイント

所得控除とは、税金を計算するときに、所得から控除することができるもの(課税されないもの)をいい、以下の所得控除があります。

　なお、基礎控除、配偶者控除、配偶者特別控除、扶養控除、障害者控除、寡婦控除、ひとり親控除、勤労学生控除を**人的控除**（個人的な事情を考慮した控除）といいます。

　人的控除の年齢要件についてはその年の**12月31日**時点の現況で判定します。

Ⅰ 基礎控除

　基礎控除は納税者本人の合計所得金額が**2,500万円以下**であれば、条件なく適用することができます。ただし、控除額は納税者本人の合計所得金額に応じて異なります。

控除額	合計所得金額		控除額
		2,400万円以下	48万円
	2,400万円超	2,450万円以下	32万円
	2,450万円超	2,500万円以下	16万円
	2,500万円超		適用なし

Ⅱ 配偶者控除

　配偶者控除は、**控除対象配偶者**（要件は下記）がいる場合に適用することができます。ただし、納税者本人の合計所得金額が**1,000万円**を超える場合には、配偶者控除を適用することはできません。

控除対象配偶者の要件

❶民法に規定する配偶者であること──→ 内縁関係はダメ!

❷納税者本人と生計を一にしていること

❸配偶者の合計所得金額が**48万円以下**であること

　　　　↳ 年収（給与収入）でいうと 103 万円以下

❹青色事業専従者や白色事業専従者で**ない**こと

例題

　配偶者の合計所得金額が 48 万円以下である場合、納税者の合計所得金額の多寡にかかわらず、その納税者は配偶者控除の適用を受けることができる。

　▶× 納税者の合計所得金額が **1,000** 万円を超える場合は、配偶者控除の適用を受けることはできない。

例題

内縁関係にあると認められる者は、配偶者控除の対象となる。

▶× 内縁関係にある配偶者は、配偶者控除の対象とならない。

例題

青色申告者である納税者が、生計を一にする配偶者に支払った青色事業専従者給与
が年間 100 万円である場合、納税者は配偶者控除の適用を受けることができる。

▶× 配偶者が青色事業専従者である場合には、支払った給与の額にかかわらず、配偶者控除の適
用を受けることはできない。

控除額	納税者本人の 合計所得金額	控 除 額	
		控除対象配偶者	老人控除対象配偶者
	900万円以下	**38万円**	**48万円**
	900万円超　950万円以下	26万円	32万円
	950万円超1,000万円以下	13万円	16万円

ひとこと

老人控除対象配偶者とは、**70** 歳以上の控除対象配偶者をいいます。

例題

老人控除対象配偶者とは、控除対象配偶者のうち、その年の 12 月 31 日現在の年
齢が 65 歳以上の者をいう。

▶× 老人控除対象配偶者とは、その年の 12 月 31 日現在の年齢が **70** 歳以上の者をいう。

Ⅲ 配偶者特別控除

　配偶者特別控除は、Ⅱの配偶者控除の対象にならない場合で、配偶者が以
下の要件を満たす場合に適用することができます。ただし、納税者本人の合
計所得金額が**1,000**万円を超える場合には、配偶者特別控除を適用すること
はできません。

配偶者特別控除が適用される配偶者の要件

❶民法に規定する配偶者であること ─→ 内縁関係はダメ！

❷納税者本人と生計を一にしていること

❸配偶者の合計所得金額が**48万円超133万円以下**であること

❹青色事業専従者や白色事業専従者で**ない**こと

控除額 最高**38万円**（合計所得金額により1万〜38万円）

		納税者本人の合計所得金額		
		900万円以下	900万円超 950万円以下	950万円超 1,000万円以下
控除額	配偶者の合計所得金額			
	48万円超 95万円以下	**38万円**	26万円	13万円
	95万円超 100万円以下	36万円	24万円	12万円
	100万円超 105万円以下	31万円	21万円	11万円
	105万円超 110万円以下	26万円	18万円	9万円
	110万円超 115万円以下	21万円	14万円	7万円
	115万円超 120万円以下	16万円	11万円	6万円
	120万円超 125万円以下	11万円	8万円	4万円
	125万円超 130万円以下	6万円	4万円	2万円
	130万円超 133万円以下	3万円	2万円	1万円

例題

配偶者特別控除の控除額は、控除を受ける納税者の合計所得金額および配偶者の合計所得金額に応じて異なる。

▶ ○

Ⅳ 扶養控除

　扶養控除は、控除対象扶養親族（要件は下記）がいる場合に適用することがで

きます。

控除対象扶養親族の要件

❶ 納税者本人と生計を一にする配偶者以外の親族（国外に居住する者で一定の者を除く）であること

❷ その親族の<u>合計所得金額</u>が**48万円以下**であること

　　　　↳ 年収（給与収入）でいうと103万円以下

❸ 青色事業専従者や白色事業専従者で**ないこと**

控除額	**（一般の）控除対象扶養親族：38万円** ↳ 扶養親族で16歳以上の人 **特定扶養親族：63万円** ↳ 扶養親族で19歳以上23歳未満の人 **老人扶養親族：同居老親等…58万円、それ以外…48万円** ↳ 扶養親族で70歳以上の人

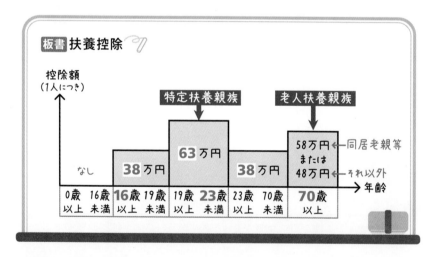

板書 扶養控除

控除額（1人につき）

	特定扶養親族		老人扶養親族

- なし：0歳以上 16歳未満
- 38万円：16歳以上 19歳未満
- 63万円：19歳以上 23歳未満（特定扶養親族）
- 38万円：23歳以上 70歳未満
- 58万円または48万円：70歳以上（老人扶養親族）
  - 58万円 ← 同居老親等
  - 48万円 ← それ以外

年齢

例題

控除対象扶養親族のうち、その年の12月31日現在の年齢が18歳の者は、特定扶養親族に該当する。

▶ × 特定扶養親族は、**19**歳以上**23**歳未満の控除対象扶養親族をいう。

V 障害者控除

障害者控除は、納税者本人が障害者である場合のほか、同一生計配偶者や扶養親族が障害者である場合に適用することができます。

控除額	一般障害者：**27万円** 特別障害者：**40万円**（同居特別障害者以外） 同居特別障害者：**75万円**

VI 寡婦控除

寡婦控除は、納税者本人が寡婦である場合に適用することができます。なお、寡婦（下記「ひとり親」を除く）の要件は次のとおりです。

寡婦の要件

◆合計所得金額が**500万円以下**

　　　かつ

◆次のいずれかに該当すること

　❶夫と死別後再婚していない者

　❷夫と離婚後、再婚しておらず、扶養親族を有する者

控除額	27万円

VII ひとり親控除

ひとり親控除は、納税者本人がひとり親である場合に適用することができます。なお、ひとり親の要件は次のとおりです。

ひとり親の要件

◆合計所得金額が**500万円以下**

　　　かつ

◆次のすべてに該当すること

　❶現在婚姻していない者で一定の者

　❷総所得金額等の合計額が48万円以下の子があること

| 控除額 | 35万円 |

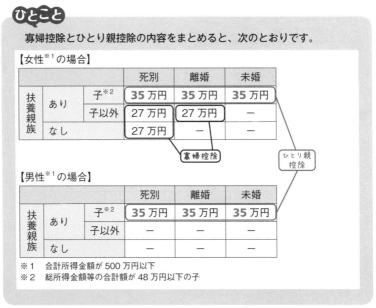

ひとこと

寡婦控除とひとり親控除の内容をまとめると、次のとおりです。

【女性[※1]の場合】

扶養親族			死別	離婚	未婚
	あり	子[※2]	**35万円**	**35万円**	**35万円**
		子以外	27万円	27万円	―
	なし		27万円	―	―

寡婦控除

ひとり親控除

【男性[※1]の場合】

扶養親族			死別	離婚	未婚
	あり	子[※2]	**35万円**	**35万円**	**35万円**
		子以外	―	―	―
	なし		―	―	―

※1　合計所得金額が500万円以下
※2　総所得金額等の合計額が48万円以下の子

Ⅷ 勤労学生控除

　勤労学生控除は、納税者本人が勤労学生（一定の学生であり、合計所得金額が75万円以下である人）である場合に適用することができます。

| 控除額 | 27万円 |

Ⅸ 社会保険料控除

　社会保険料控除は、納税者本人または生計を一にする配偶者その他の親族に係る社会保険料（国民健康保険、健康保険、国民年金、厚生年金保険、介護保険などの保険料や国民年金基金、厚生年金基金の掛金など）を支払った場合に適用することができます。

プラスワン 公的年金受給者の公的年金から控除されている介護保険料

社会保険料控除は、生計を一にする配偶者その他親族に係る社会保険料を納税者本人が支払った場合にも適用することができますが、同一生計親族であっても、公的年金受給者の公的年金から控除されている介護保険料については、その受給者の所得から控除すべきものであるため、納税者本人の社会保険料控除とすることはできません。

たとえば、夫（納税者）が扶養している妻（配偶者）の公的年金から介護保険料が控除されている場合、妻の介護保険料を納税者である夫の社会保険料控除とすることはできません。

控除額 全額

例題

納税者が生計を一にする配偶者の負担すべき国民年金保険料を支払った場合、その支払った金額は納税者の社会保険料控除の対象とならない。

▶ × 納税者が生計を一にする配偶者その他の親族に係る社会保険料を支払った場合には、支払った社会保険料の全額を納税者の社会保険料控除として控除することができる。

X 生命保険料控除

生命保険料控除は、生命保険料を支払った場合に適用することができます。一般の生命保険料、個人年金保険料、介護医療保険料（2012年1月1日以降新設）に区分し、各控除額を計算します。

			一般の生命保険料控除	個人年金保険料控除	介護医療保険料控除	合　計
控除額	2011年以前の契約	所得税	最高**50,000円**	最高**50,000円**	－	最高**100,000円**
		住民税	最高 35,000円	最高 35,000円	－	最高 70,000円
	2012年以降の契約	所得税	最高**40,000円**	最高**40,000円**	最高**40,000円**	最高**120,000円**
		住民税	最高 28,000円	最高 28,000円	最高 28,000円	最高 70,000円

XI 地震保険料控除

地震保険料控除は、居住用家屋や生活用動産を保険の目的とする地震保険料を支払った場合に適用することができます。

控除額 地震保険料の 全額（最高5万円）

XII 小規模企業共済等掛金控除

小規模企業共済等掛金控除は、小規模企業共済の掛金や**確定拠出年金**の掛金を支払った場合に適用することができます。

控除額 全額

XIII 医療費控除

医療費控除は、納税者本人または生計を一にする配偶者その他の親族の医療費を支払った場合に適用することができます。ただし、年末時点で未払いの医療費がある場合には、その金額はその年分の医療費控除の対象となりません。

控除額[1] 支出した医療費の額－保険金等の額[2]－**10万円**[3]

※1　控除額の上限は**200万円**
※2　健康保険や生命保険などからの給付金
※3　総所得金額等が200万円未満の場合は 総所得金額等×5%

板書 医療費控除

たとえば、会社員のAさん（給与所得466万円）が当年中に次の医療費を支払った場合の医療費控除額は…

医療を受けた人	内　容	支払金額
長女	虫垂炎の手術・入院費	180,000円※
本人	虫歯の治療費	60,000円
妻	風邪薬（市販品）の購入費	2,000円

※　生命保険契約における医療特約により入院給付金50,000円を受け取っている

→医療費控除額：(180,000円－50,000円)+60,000円+2,000円－100,000円
　　　　　　　　=92,000円

なお、医療費の中には医療費控除の対象とならないものがあります。

医療費控除の対象となるもの、ならないもの

医療費控除の対象となるもの	医療費控除の対象とならないもの
○ 医師または歯科医師による診療費、治療費（出産費用も含む） ○ 先進医療の技術料 ↖ 公的医療保険（健康保険など）の適用対象外だけど、医療費控除の対象となる	× 美容整形の費用
○ 人間ドックや健康診断で**重大な疾病**がみつかり、**治療を行った**場合の人間ドック、健康診断の費用	× 人間ドックや健康診断の費用 （左記以外）
○ 治療または療養に必要な薬代 →風邪薬の購入費は○	× 病気予防、健康増進などのための医薬品代や健康食品代 →インフルエンザの予防接種やビタミン剤などは×
○ 治療のためのマッサージ代、はり師、きゅう師による施術代	× 疲れを癒すためのマッサージ代
○ 入院費	× 自己都合の差額ベッド代 × 入院にさいして必要となる寝巻きや洗面具などの身の回り品の購入費用
○ 通院や入院のための交通費	× 通院のための自家用車のガソリン代、駐車場代 × 電車やバスで通院できるにもかかわらず、タクシーで通院した場合のタクシー代
○ 診療や療養を受けるための医療用器具の購入費 →松葉杖などの購入費は○	× 近視や乱視のためのメガネ代やコンタクトレンズ代

例題

人間ドックにより重大な疾病が発見され、かつ、引き続きその疾病の治療をした場合でも人間ドックの費用は、医療費控除の対象にならない。

▶ × 人間ドックの費用は医療費控除の対象とならないが、人間ドックにより重大な疾病がみつかり、引き続きその疾病の治療をした場合の人間ドックの費用は医療費控除の対象となる。

【セルフメディケーション税制（医療費控除の特例）】

　健康の維持増進および疾病の予防を目的とした一定の取組みを行う個人が、2017年1月1日から2026年12月31日までの間に、本人または生計を一にする配偶者その他の親族にかかる一定のスイッチOTC医薬品等の購入費を支払った場合で、その年中に支払った金額が**12,000**円を超えるときは、その超える部分の金額（上限**88,000**円）について、総所得金額等から控除することができます。

> 控除額※　**支出した額－12,000円**
> ※　控除額の上限は**88,000円**

ひとこと

ナルホド゛

　OTCとは、Over The Counter（カウンター越し）の略称で、ドラッグストア等で販売されている薬をOTC薬といいます。
　また、スイッチOTC薬とは、もともとは医師の判断でしか使用することができなかった医薬品が、OTC薬として販売が許可されたものをいいます。

板書 セルフメディケーション税制のポイント

「健康の維持増進および疾病の予防を目的とした一定の取組み」とは？

→ ①特定健康診査、②予防接種、③定期健康診断、④健康診査、⑤がん検診　をいう

ポイント

☆ この特例を受ける場合には、現在の医療費控除を受けることはできない（選択適用）

☆ 納税者本人は「一定の取組」が要件となるが、同一生計親族には、この要件はない

ⅩⅣ 雑損控除

雑損控除は、納税者本人または生計を一にする配偶者その他の親族が保有する住宅、家財、現金等（生活に通常必要でないものは対象外）について、災害や盗難または横領によって損失が生じた場合に適用することができます。

例題

納税者が保有する生活に通常必要な資産について、災害、盗難または横領による損失が生じた場合、一定の金額の雑損控除の適用を受けることができる。

▶〇

控除額	次のうち、多い金額 ❶損失額－課税標準の合計×10% ❷災害関連支出額（火災の後片付け費用など）－5万円

ひとこと

この計算式は重要性が低いのでおぼえる必要はありません。

ⅩⅤ 寄附金控除

寄附金控除は**特定寄附金**（国や地方公共団体への寄附金、一定の公益法人などへの寄附金）を支出した場合に適用することができます。

控除額	支出寄附金※－2,000円

※　その年の総所得金額等の40%相当額が上限

ひとこと

ⅩⅢ医療費控除、ⅩⅣ雑損控除、ⅩⅤ寄附金控除は、確定申告をして控除を受ける必要があります（年末調整ではこれらの控除を受けることはできません。なお、ふるさと納税でワンストップ特例制度を利用した場合は、確定申告をしなくても寄附金控除を受けることができます）。

【ふるさと納税】

　ふるさと納税は、任意の自治体に寄附すると、控除上限額内の**2,000**円を超える部分について所得税と住民税から控除を受けることができる制度です。

　また、ふるさと納税の対象となる基準として、返礼品の返礼割合が**3**割以下であること、返礼品を地場産品とすることなどの条件が付されています。

　なお、年間の寄附先が**5**自治体までなら、確定申告をしなくても、寄附金控除が受けられる ワンストップ特例制度 があります。

板書 ワンストップ特例制度と確定申告の違い

	ワンストップ特例制度	確定申告
寄附先の数	1年間で寄附先は5自治体まで	寄附先の数に限りはない
申請方法	寄附のつど、**各自治体に**申請書を提出	確定申告において、**税務署**に寄附金受領証明書を確定申告書とともに提出
税金の控除	住民税から全額税額控除	所得税からの所得控除と住民税からの税額控除

SECTION 05 税額の計算と税額控除

このSECTIONで学習すること

Step1 所得を10種類に分け、それぞれの所得金額を計算

Step2 各所得金額を合算して、課税標準を計算
☆ 損益通算、損失の繰越控除を行う

Step3 課税標準から所得控除を差し引いて課税所得金額を計算

ここ➡ **Step4** ① 課税所得金額に税率を掛けて**所得税額**を計算

⬇

② 所得税額から**税額控除**を差し引いて申告納税額を計算
➡ 住宅ローン控除、配当控除など

---

1 税額の計算
・算出税額の計算
・所得税の速算表

> 譲渡所得の税率を
> おさえておこう

2 税額控除
・配当控除
・住宅借入金等特別控除(住宅ローン控除)
・外国税額控除

> 住宅ローン控除の
> 適用を受けるには、
> 初年度に
> 確定申告が必要

3 復興特別所得税
・概要

> 税率は
> 「所得税額×2.1%」

4 定額減税
・所得制限
・特別控除の額
・減税の実施方法

> 今年1年だけ
> (2024年分のみ)
> の減税

1 税額の計算

Step3 で課税所得金額を計算したあと、税率を用いて所得税額を計算します。

I 算出税額の計算

所得の種類に応じて、以下の計算式によって所得税額(算出税額)を計算します。

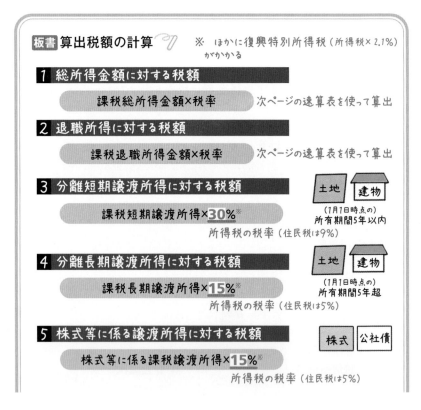

板書 **算出税額の計算** ※ ほかに復興特別所得税(所得税×2.1%)がかかる

1 総所得金額に対する税額

課税総所得金額×税率　次ページの速算表を使って算出

2 退職所得に対する税額

課税退職所得金額×税率　次ページの速算表を使って算出

3 分離短期譲渡所得に対する税額

課税短期譲渡所得×**30%**※

土地　建物
(1月1日時点の)所有期間5年以内

所得税の税率(住民税は9%)

4 分離長期譲渡所得に対する税額

課税長期譲渡所得×**15%**※

土地　建物
(1月1日時点の)所有期間5年超

所得税の税率(住民税は5%)

5 株式等に係る譲渡所得に対する税額

株式等に係る課税譲渡所得×**15%**※

株式　公社債

所得税の税率(住民税は5%)

6 山林所得に対する税額

課税山林所得÷5×税率×5

いわゆる5分5乗方式 → 所得÷5をして低い税率で計算したあと、5倍して税金を計算する方法

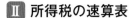

Ⅱ 所得税の速算表

　総所得金額、退職所得、山林所得に対する税額を計算するときには、次の速算表※を用います。

※ 所得税の速算表

課税所得金額…(A)		税　額
	195万円以下	(A)× 5%
195万円超	330万円以下	(A)×10%－　97,500円
330万円超	695万円以下	(A)×20%－　427,500円
695万円超	900万円以下	(A)×23%－　636,000円
900万円超	1,800万円以下	(A)×33%－1,536,000円
1,800万円超	4,000万円以下	(A)×40%－2,796,000円
4,000万円超		(A)×45%－4,796,000円

ひとこと

　所得税では超過累進課税(課税対象の金額を数段階に区分して、上の段階に進むにつれ、高い税率によって計算されるしくみ)が適用されています。

ひとこと

　2025年分以降、「極めて高い所得」については追加の課税がされる予定です。
　なお、「極めて高い所得」とは、その年分の基準所得金額から3億3,000万円を控除した金額に22.5%の税率を掛けた金額が、その年分の基準所得税額を超える場合をいい、その超える金額に相当する所得税が課されます。

1で計算した所得税額から税額控除額を差し引いて、申告納税額を計算します。

税額控除には、**配当控除**、**住宅借入金等特別控除**（住宅ローン控除）、**外国税額控除**などがあります。

I 配当控除

1 配当控除とは

配当所得について総合課税を選択した場合には、確定申告を行うことにより、配当控除を受けることができます。

ひとこと

配当所得の課税方法については、SECTION02 を参照してください。

なお、次のものは配当控除を受けることができません。

配当控除の対象外

◆上場株式等の配当所得のうち、**申告分離**課税を選択したもの

◆申告不要制度を選択したもの

◆NISA口座による受取配当金

◆外国法人からの配当

◆上場不動産投資信託（J-REIT）の分配金　など

---

2 控除額

配当控除の控除額は配当所得の金額の**10**％ですが、課税総所得金額が1,000万円を超えている場合には、その超過部分の金額に対して**5**％となります。

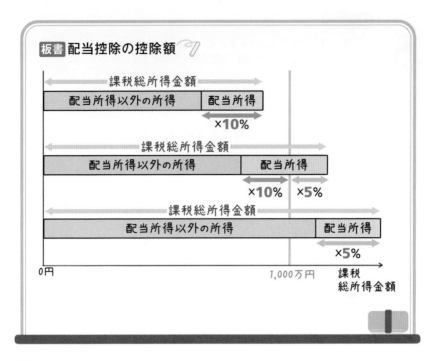

板書 配当控除の控除額

課税総所得金額
配当所得以外の所得 | 配当所得
×10%

課税総所得金額
配当所得以外の所得 | 配当所得
×10% ×5%

課税総所得金額
配当所得以外の所得 | 配当所得
×5%

0円　　　　　　　　　　　　　　　　1,000万円　課税総所得金額

Ⅱ 住宅借入金等特別控除（住宅ローン控除）

❶ 住宅借入金等特別控除とは

住宅ローンを利用して住宅を取得したり、増改築した場合には、住宅ローンの年末残高に一定の率を掛けた金額について税額控除を受けることができます。この制度が **住宅借入金等特別控除（住宅ローン控除）** です。

❷ 控除対象借入限度額、控除率、控除期間

住宅ローン控除の控除対象借入限度額、控除率、控除期間は以下のとおりです。

なお、❶40歳未満で配偶者を有する人、❷40歳以上で40歳未満の配偶者を有する人、❸19歳未満の扶養親族を有する人のいずれかに該当する人を **子育て特例対象個人** といい、子育て特例対象個人が認定住宅等の新築等をして居住した場合には、控除限度額が上乗せとなります。

ひとこと

子育て特例対象個人とは、要するに、❶❷夫婦のいずれかが40歳未満の人か、❸19歳未満の扶養親族を有する人のことです。

板書 住宅ローン控除の控除対象借入限度額、控除率、控除期間

1 新築等の場合（居住年は2024年）

	住宅ローンの年末残高限度額	控除率	控除期間
認定住宅	**4,500万円** 子育て特例対象個人は**5,000万円**	**0.7%**	**13年**
ZEH水準 省エネ住宅※1	3,500万円 子育て特例対象個人は4,500万円		
省エネ基準 適合住宅※2	3,000万円 子育て特例対象個人は4,000万円		
一般住宅	0円 2023年までに建築確認を受けた住宅 などは2,000万円		10年

※1 特定エネルギー消費性能向上住宅
※2 エネルギー消費性能向上住宅

2 中古住宅の場合（居住年は2024年）

	住宅ローンの年末残高限度額	控除率	控除期間
認定住宅	**3,000万円**	**0.7%**	**10年**
ZEH水準 省エネ住宅			
省エネ基準 適合住宅			
一般住宅	2,000万円		

③ 住宅ローン控除の適用要件

住宅ローン控除の主な適用要件は次のとおりです。

板書 住宅ローン控除の主な適用要件

主な適用要件

適用対象者

☆ 住宅を取得した日から **6カ月以内** に居住を開始し、適用を受ける各年の年末まで引き続き居住していること

☆ 控除を受ける年の合計所得金額が **2,000万円以下** であること。ただし、床面積が **40㎡以上50㎡未満** の場合は **1,000万円以下** の者に限る

住宅

☆ 床面積が **50㎡以上** （合計所得金額が1,000万円以下の場合は **40㎡以上**）であること

☆ 床面積の **2分の1以上** が **居住** の用に供されていること

借入金

☆ 返済期間が **10年以上** の住宅ローンであること
→繰上げ返済によって、住宅ローン返済期間が（ローン返済開始から）10年未満となった場合には適用を受けることができなくなる

例題

住宅ローン控除の適用を受けようとする者のその年分の合計所得金額は、3,000万円以下でなければならない。

▶ ✕ 住宅ローン控除の適用を受けようとする者のその年分の合計所得金額は、**2,000万円以下** でなければならない。

例題

住宅ローン控除の対象となる借入金は、契約による償還期間が 20 年以上のものに限られる。

▶ ✕ 住宅ローン控除の対象となる借入金は、償還期間（返済期間）が **10 年以上** のものに限られる。

なお、住宅ローン控除の適用を受ける場合、**確定申告**をする必要があります。ただし、給与所得者の場合は、初年度に確定申告をすれば、2年目以降は年末調整で適用を受けることができます（確定申告は不要です）。

例題

住宅ローン控除は、納税者が給与所得者である場合、所定の書類を勤務先に提出することにより、住宅を取得し、居住の用に供した年分から年末調整により適用を受けることができる。

▶ ✕ 給与所得者が住宅ローン控除の適用を受ける場合、最初の年分については確定申告をしなければならない。2年目以降は確定申告は不要で、年末調整で適用を受けることができる。

住宅ローン控除のその他のポイントは次のとおりです。

その他のポイント

◆店舗併用住宅でも、住宅部分については要件を満たせば適用を受けることができる

◆住宅取得年から転勤等により、適用住宅に居住できなくなった場合でも、再入居後は適用を受けることができる

◆災害等により、居住できなくなった場合でも、一定の場合には適用を受けることができる

◆居住年とその前2年の合計3年間で、居住用財産の譲渡所得の特例（居住用財産を譲渡した場合の3,000万円の特別控除、軽減税率の特例など）を受けている場合には、住宅ローン控除の適用を受けることができない

◆その年の所得税額から住宅ローン控除額を控除しきれない場合には、一定額を限度に翌年度の住民税から控除することができる

例題

住宅ローン控除の適用を受けていた者が、転勤等のやむを得ない事由により転居し、取得した住宅を居住の用に供しなくなった場合、翌年以降に再び当該住宅を居住の用に供すれば、原則として再入居した年以降の控除期間内については住宅ローン控除の適用を受けることができる。

▶ ○

Ⅲ 外国税額控除

外国で生じた所得について、その国で所得税に相当する税金を課された場合には、一定の外国所得税を所得税から控除することができます。

ひとこと

外国と日本で二重に課税されることを避けるための制度です。

3 復興特別所得税

復興特別所得税 は、東日本大震災の復興財源を確保するため、2013年から2037年までの**25**年間にわたって課されます。

復興特別所得税の概要は次のとおりです。

板書 復興特別所得税の概要

納税義務者

☆ 2013年から2037年までの各年分の所得税を納める義務のある人

復興特別所得税額の計算

復興特別所得税額＝基準所得税額×**2.1**%

↳ すべての所得に対する所得税額
（非永住者以外の居住者の場合）
↳ ほとんどの人はこれ

源泉徴収の場合

☆ 合計税率（所得税率×**1.021**）を用いて源泉所得税額＆源泉復興
特別所得税額を計算する

→ たとえば、源泉所得税率が15%の場合なら・・・
合計税率＝15%×1.021＝15.315% となる！

↳ 所得税：15%
＆復興特別所得税
：0.315%（15%×2.1%）

---

4 定額減税

物価上昇に対して賃金上昇が追いついていない現状において、国民の負担を軽減する目的で、一時的な措置として2024年分の所得税および2024年度分の個人住民税の減税が行われます。

Ⅰ 特別控除の額

減税額(特別控除の額)は所得税につき1人**3**万円で、2024年分の所得税額から控除されます。

> **ひとこと**
>
>
>
> 住民税の減税額は1人**1**万円で、2024年度分の所得割の額から控除されます。

板書 定額減税

所得制限

☆ 2024年分の合計所得金額が**1,805**万円以下であること
　　　　　↳ 給与所得だと収入金額が
　　　　　　2,000万円以下

特別控除の額（所得税）

☆ 本人：3万円
☆ 同一生計配偶者、扶養親族：1人につき3万円

Ⅱ 減税の実施方法

減税の実施方法は、次のようになります。

❶ 給与所得者

給与所得者(会社員等)の場合、2024年6月1日以降に支給される給与や賞与の源泉徴収税額から特別控除の額を控除します。

6月に控除しきれなかった分は7月以降に控除します。

❷ 事業所得者等

事業所得者等(個人事業主等)の場合、2024年分の所得税に係る第1期分予定納付額から特別控除の額を控除します。

2024年分の第1期分予定納税の納期は2024年7月1日から9月30日までです。第1期分予定納付額から控除しきれなかった分は第2期分から控除します。

なお、予定納税を行わない事業所得者等は、確定申告書を提出することにより、定額減税の適用を受けることができます。

3 公的年金受給者

　公的年金受給者の場合、2024年6月1日以降に支給される公的年金等の源泉徴収税額から特別控除の額を控除します。

　6月に控除しきれなかった分は8月以降に控除します。

SECTION 06　所得税の申告と納付

このSECTIONで学習すること

1 確定申告

- 申告期間…2/16 ～ 3/15
- 給与所得者で確定申告が必要な場合
- 延納
- 更正の請求

給与所得者でも
高給取りや医療費控除の
適用を受ける場合には
確定申告が必要！

2 源泉徴収

- 源泉徴収とは
- 年末調整とは
- 給与所得の源泉徴収票の見方

会社員の人は
自分の源泉徴収票
をみてみよう！

3 青色申告

- 青色申告の要件
- 青色申告の主な特典
- 承認または却下、とりやめ

青色申告特別控除

青色事業専従者給与の必要経費の算入

純損失の繰越控除、繰戻還付

棚卸資産の低価法による評価

青色申告
特別控除額は
いくら？

1　確定申告

I　確定申告とは

確定申告とは、納税者が自分で所得税額を計算して申告、納付することをいいます。

　所得税の確定申告期間は、翌年の **2 月 16 日**から **3 月 15 日**までの間です。

1月1日から12月31日までに生じた所得から所得税額を計算し、その翌年の2月16日から3月15日までの間に申告します。

　ただし、年の中途で死亡した人の場合は、その相続人が、相続の開始があったことを知った日の翌日から**4**カ月以内に申告、納付しなければなりません（準確定申告）。

Ⅱ 給与所得者で確定申告が必要な場合

　給与所得者は、一般的に年末調整で所得税の精算が行われるため、確定申告をする必要はありませんが、次の場合には、確定申告が必要となります。

給与所得者で確定申告が必要な人

◆その年の給与等の金額が**2,000**万円を超える場合

　　こっちは収入金額（年収）

　　　　　　　　　こっちは所得金額

◆給与所得、退職所得以外の所得金額が**20**万円を超える場合

◆2カ所以上から給与を受け取っている場合

◆住宅借入金等特別控除（住宅ローン控除）の適用を受ける場合

　→初年度のみ確定申告が必要

◆雑損控除、医療費控除、寄附金控除の適用を受ける場合

　　ただし！ふるさと納税の場合で、寄附先が5自治体以内であれば、確定申告は不要（ワンストップ特例制度）

◆同族会社の役員等で、その同族会社からの給与のほかに、貸付金の利子、資産の賃貸料などを受け取っている場合

◆配当控除の適用を受ける場合

プラスワン　その他試験で出題されるポイント

上記のほか、試験で出題されやすい下記の点をおさえておきましょう。

1 年金受給者

年金受給者で、公的年金等の収入金額が **400** 万円以下、かつ、その公的年金等の全部が源泉徴収の対象となる場合で、公的年金等に係る雑所得以外の所得が 20 万円以下であるときは、確定申告は不要になります。

2 退職所得がある人

退職金の支払いを受け、その支払いを受ける時までに「退職所得の受給に関する申告書」を提出した場合、退職金から適正な税額が源泉徴収されるので、確定申告は不要になります。

Review　SEC02 **6**

Ⅲ 延納

納付すべき税額を 1 回で納付できない場合には、**半分**以上の額を納付期限までに納付することによって、残りの額については **5** 月 **31** 日まで納付期限を延長することができます。

ひとこと

ナルホド

ただし、この場合には利子税を支払う必要があります。

Ⅳ 更正の請求

確定申告をしたあと、所得税を過大に納付していたことが判明した場合には、申告期限から **5** 年以内に限り、更正の請求 をすることができます。

2 源泉徴収

Ⅰ 源泉徴収とは

源泉徴収 とは、給与等を支払う人（会社等）が、支払いをするさいに一定の方法で所得税を計算して、その金額を給与等からあらかじめ差し引くことをいいます。

Ⅱ 年末調整とは

年末調整 とは、給与所得から源泉徴収された所得税の精算を、年末において、会社等が本人（会社員等）に代わって行うことをいいます。

Ⅲ 給与所得の源泉徴収票の見方

給与等を支払う人（会社等）は、支払いを受ける人（会社員等）に対して、その1年間に支払った税金が記載されている書類（**源泉徴収票**）を発行します。

給与所得の源泉徴収票の見方は次ページのとおりです（定額減税は考慮外としています）。

【参考】給与所得控除額	
給与の収入金額	給与所得控除額
162.5万円以下	55万円
162.5万円超　180　万円以下	収入金額×40%－　10万円
180　万円超　360　万円以下	収入金額×30%＋　　8万円
360　万円超　660　万円以下	収入金額×20%＋　44万円
660　万円超　850　万円以下	収入金額×10%＋110万円
850　万円超	195万円（上限）

【参考】所得税の速算表	（ほかに復興特別所得税がかかる）
課税所得金額…(A)	税　　額
195万円以下	(A)×　5%
195万円超　　330万円以下	(A)×10%－　　97,500円
330万円超　　695万円以下	(A)×20%－　427,500円
695万円超　　900万円以下	(A)×23%－　636,000円
900万円超　1,800万円以下	(A)×33%－1,536,000円
1,800万円超　4,000万円以下	(A)×40%－2,796,000円
4,000万円超	(A)×45%－4,796,000円

令和×年分　給与所得の源泉徴収票

支払を受ける者	住所又は居所	東京都練馬区 ×××

（受給者番号）

（役職名）

氏名　（フリガナ）　ヤマダ　イチロウ　　山田　一郎

種別	支払金額	給与所得控除後の金額（調整控除後）	所得控除の額の合計額	源泉徴収税額
給料・賞与	内 ❶ 8 000 000 円	❷ 6 100 000 円	❸ 2 531 600 円	内 ❹ 292 100 円

(源泉)控除対象配偶者の有無等		配偶者(特別)控除の額	控除対象扶養親族の数（配偶者を除く。）				16歳未満扶養親族の数	障害者の数（本人を除く。）		非居住者である親族の数
有	従有	老人	特　定	老人	その他			特　別	その他	
❸ ○		❸ 380 000 円	❸ 1 人 従人	内人 従人	人 従人	人	内人	人	人	人

社会保険料等の金額	生命保険料の控除額	地震保険料の控除額	住宅借入金等特別控除の額
内 ❹ 921 600 円	❺ 100 000 円	❻ 20 000 円	千　円

(摘要)

基礎控除の額が48万円のときは記載なし

生命保険料の金額の内訳	新生命保険料の金額 円	旧生命保険料の金額 110,000 円	介護医療保険料の金額 円	新個人年金保険料の金額 円	旧個人年金保険料の金額 130,000 円

住宅借入金等特別控除の額の内訳	住宅借入金等特別控除適用数	居住開始年月日（1回目） 年 月 日	住宅借入金等特別控除区分（1回目）	住宅借入金等年末残高（1回目） 円
	住宅借入金等特別控除可能額 円	居住開始年月日（2回目） 年 月 日	住宅借入金等特別控除区分（2回目）	住宅借入金等年末残高（2回目） 円

(源泉・特別)控除対象配偶者	（フリガナ）ヤマダ ジュンコ 氏名 山田 純子	区分	配偶者の合計所得 0	国民年金保険料等の金額 円 基礎控除の額 Ⓐ 円	旧長期損害保険料の金額 円 所得金額調整控除額 円

控除対象扶養親族	1	（フリガナ）ヤマダ アツシ 氏名 山田 敦	区分		16歳未満の扶養親族	1	（フリガナ）氏名	区分
	2	（フリガナ）氏名	区分			2	（フリガナ）氏名	区分
	3	（フリガナ）氏名	区分			3	（フリガナ）氏名	区分
	4	（フリガナ）氏名	区分			4	（フリガナ）氏名	区分

未成年者	外国人	死亡退職	災害者	乙欄	本人が障害者		寡婦	ひとり親	勤労学生	中途就・退職					受給者生年月日			
					特別	その他				就職	退職	年	月	日	元号	年	月	日
															昭和	43	12	25

支払者	住所(居所)又は所在他	東京都千代田区 ×××
	氏名又は名称	○○商事株式会社　（電話）

❶1年間の給与等

❷給与所得の金額

給与所得控除額：8,000,000円×10％＋1,100,000円＝1,900,000円

給与所得：8,000,000円－1,900,000円＝6,100,000円

❸所得控除額　🎧Review　SEC04

480,000円＋380,000円＋630,000円＋921,600円
　　Ⓐ基礎控除　　Ⓑ配偶者(特別)控除　Ⓒ特定扶養控除　Ⓓ社会保険料控除
　　　　　「基礎控除の額」が空欄のときは「48万円」
＋100,000円＋20,000円＝2,531,600円
　Ⓔ生命保険料控除　Ⓕ地震保険料控除

課税所得金額

6,100,000円－2,531,600円＝3,568,400円→3,568,000円

☆ 千円未満は切捨て

所 得 税 額 → 定額減税は考慮外としています

算出税額：3,568,000円×20％－427,500円＝286,100円
復興特別所得税額：286,100円×2.1％＝6,008.1円→6,008円

☆ 円未満は切捨て

合計：286,100円＋6,008円＝292,108円→292,100円
…❹源泉徴収税額　　　　　　　☆ 百円未満は切捨て

3 青色申告

Ⅰ 青色申告とは

青色申告 とは、複式簿記にもとづいて取引を帳簿に記録し、その記録をもとに所得税を計算して申告することをいいます。

なお、青色申告以外の申告を **白色申告** といいます。

Ⅱ 青色申告の要件

青色申告の要件は次のとおりです。

青色申告の要件

◆**不動産**所得、**事業**所得、**山林**所得がある人

┗━➤「不・鼻・山（富士山）は青い」でおぼえよう

◆「青色申告承認申請書」を税務署に提出していること

◆一定の帳簿書類を備えて、取引を適正に記録し、保存（保存期間は**7**年間）していること

例題

不動産所得、事業所得または雑所得を生ずべき業務を行う者は、納税地の所轄税務署長の承認を受けて、青色申告書を提出することができる。

▶ × 青色申告ができるのは、**不動産所得**、**事業所得**、**山林所得**がある人である。

例題

青色申告者は、総勘定元帳その他一定の帳簿を事業を廃止するまで、住所地もしくは居所地または事業所等に保存しなければならない。

▶ × 帳簿の保存期間は**7**年間である。

Ⅲ 承認または却下、とりやめ

1 承認または却下

青色申告をする場合には、青色申告をしようとする年の**3**月**15**日まで（1月16日以降に開業する人は開業日から**2**カ月以内）に「青色申告承認申請書」を税務署に提出する必要があります。

青色申告の承認申請を受けて、税務署長は承認または却下の通知をします。

なお、12月31日まで（11月1日から12月31日までに開業した人は翌年2月15日まで）に通知がない場合には、青色申告が承認されたものとみなされます。

2 青色申告のとりやめ

青色申告をとりやめようとするときには、とりやめようとする年の翌年3月15日までに「青色申告の取りやめ届出書」を税務署に提出する必要があります。

Ⅳ 青色申告の主な特典

青色申告をすることによって、税法上、次のような特典があります。

板書 青色申告の主な特典

1 青色申告特別控除

青色申告によって、所得金額から55万円（電子申告等要件を満たした場合は65万円）または10万円を控除することができる！

所得金額が減る→ 税金が減る ^^

55(65)万円控除　貸家なら5棟以上、アパート等なら10室以上

…事業的規模の不動産所得または事業所得がある人が、正規の簿記の原則にもとづいて作成された貸借対照表と損益計算書を添付し、法定申告期限内に申告書を提出した場合

法定申告期限を過ぎた場合には、10万円控除となる

10万円控除

…上記以外の場合

2 青色事業専従者給与の必要経費の算入

青色申告者が青色事業専従者（青色申告者と生計を一にする親族で事業に専従している人）に支払った給与のうち適正な金額は、**必要経費に算入できる**！

通常は家族に支払った給与は必要経費に算入できない

↳ 必要経費が増える→税金が減る (^_^)

手続き

「青色事業専従者給与に関する届出書」の提出が必要

給与の要件

「青色事業専従者給与に関する届出書」に記載した金額の範囲内の給与であること（対価として不相当な金額は除く）

3 純損失の繰越控除、繰戻還付

☆ 青色申告者は純損失（＝赤字）が生じた場合に、その純損失を翌年以降**3年間**にわたって、各年の所得から control することができる！ (^_^)

☆ 前年も青色申告をしているならば、損失額を前年の所得から控除して、前年分の所得税の**還付**を受けることができる！ (^_^)

4 棚卸資産の低価法による評価

青色申告者は棚卸資産について、**低価**法（原価と時価のいずれか低いほうで評価する方法）を**適用**することができる

↳ 原則は原価法→低価法によると売上原価（必要経費）が増える
→税金が減る (^_^)

例題

青色申告者は、取引の内容を正規の簿記の原則に従って記録し、かつ、それにもとづき作成された貸借対照表や損益計算書などを添付した確定申告書を申告期限内に提出しなければ、青色申告特別控除の適用を受けることはできない。

▶ ✕ 正規の簿記の原則にしたがって記録し、それにもとづいて作成された貸借対照表や損益計算書などを添付した確定申告書を申告期限内に提出しなかったときは **10万円**の控除となる。なお、申告期限内に提出した場合には **55万円**（または **65万円**）の控除となる。

ひとこと

ナルホド

青色申告の対象となる事業を廃業した場合は、廃業年分の所得税については青色申告の各種特典を適用することができますが、翌年以降は適用することができません。

SECTION
07

個人住民税、個人事業税

このSECTIONで学習すること

1 個人住民税
- 概要
- 均等割と所得割
- 所得控除
- 申告と納付

所得割の税率は
10%！

2 個人事業税
- 概要
- 申告と納付

事業主控除額は
290万円！

---

1 個人住民税

I 個人住民税とは

個人住民税 には、都道府県が課税する **道府県民税**（東京都は **都民税**）と、市町村が課税する **市町村民税**（東京都は **特別区民税**）があります。

II 個人住民税の構成

住民税には、**均等割**や**所得割**があります。

個人住民税の構成

均等割	個人住民税額のうち、所得の大小にかかわらず一定額が課税される部分 →道府県民税は一律 **1,000円**※、市町村民税は一律 **3,000円**※
所得割	個人住民税額のうち、所得に比例して課税される部分 →（所得金額－所得控除額）× **10**％ 　　　　　　　　　　　　　　　　　　↳道府県民税 4%＋市町村民税 6%

※ 標準税率（条例により、これと異なる金額を定めることができる）。なお、上記以外に森林環境税（国税）が課される。森林環境税の賦課・徴収は市町村が行う

ひとこと

所得税は累進課税（所得が多いほど、高い税率が適用されるしくみ）ですが、住民税（所得割）は、**比例税率**（所得にかかわらず一律 10%）です。

Ⅲ 所得控除

　個人住民税には、所得税と同様の所得控除がありますが、所得税と比べて控除額が少なくなっています。

所得控除（所得税と異なるもので主なもの）

	個人住民税	所得税
基 礎 控 除	**43万円** （合計所得金額が2,400万円超の場合は減額される）	原則 48 万円 （合計所得金額が2,400万円超の場合は減額される）
配偶者控除	最高**33万円** （70歳以上は 最高38万円）	最高 38 万円 （70歳以上は 最高48万円）
配偶者特別控除	最高 **33 万円**	最高 38 万円
扶 養 控 除	**33 万円** 特定扶養親族 **45 万円** 老人扶養親族 38 万円 同居老親等 45 万円	38 万円 特定扶養親族 63 万円 老人扶養親族 48 万円 同居老親等 58 万円

Ⅳ 定額減税

2024年度分の所得割の額から、1人**1**万円が特別控除として控除されます。

プラスワン 減税の実施方法

個人住民税における定額減税の実施方法は、次のようになります。

1 給与所得者

特別控除の額を控除したあとの個人住民税を7月から翌年5月までの11カ月分で均分して毎月徴収します。なお、2024年6月の給与支給時には特別徴収を行いません。

2 事業所得者等

2024年度分の個人住民税に係る第1期分の納付額から特別控除の額を控除します。

3 公的年金受給者

2024年10月1日以降に支給される公的年金等の特別徴収税額から特別控除の額を控除します。

Ⅴ 個人住民税の申告と納付

個人住民税は、**1月1日現在**の住所地等で、**前年の所得金額**をもとに課税されます。

例題

2024年分の個人住民税の納付先は、2024年1月2日以降の住所地にかかわらず、原則として、2024年1月1日に住所地であった市区町村および都道府県となる。

▶ ○ 2024年分の個人住民税の納付先は、2024年1月1日に住所地であった市区町村および都道府県である。

課税方法は、**賦課課税方式**（地方公共団体が税額を算出して納税者に通知し、その通知にもとづいて納税者が納付する方法）で、納付方法には、**普通徴収**と**特別徴収**があります。

普通徴収と特別徴収	
普通徴収	年税額を**4回**（6月、8月、10月、翌年1月）に分けて納付する方法
特別徴収	年税額を**12回**※（6月から翌年5月）に分けて、給料から天引きされる形で納付する方法 ※　定額減税（前記**Ⅳ**）の影響で、2024年は7月から翌年5月までの11回となる。

例題

個人住民税は、納税者が自分で税額を計算し、申告・納付しなければならない。

▶ ✕ 個人住民税は、地方公共団体が税額を算出し、納税者に通知するため、納税者は自分で税額を計算する必要はない（賦課課税方式）。

2　個人事業税

Ⅰ　個人事業税とは

　個人事業税は、都道府県が課税する地方税で、**事業所得**（一定の事業を除く）または事業的規模の**不動産**所得がある個人に課されます。

Ⅱ　税額の計算

　個人事業税の税額は、次の計算式によって求めます。

個人事業税＝（事業の所得の金額－290万円）×税率

事業所得＋不動産所得　　　事業主控除額　　業種によって3～5%
（事業的規模）

ひとこと

個人事業税には青色申告特別控除はありません。

Ⅲ 個人事業税の申告と納付

❶ 申告

　事業の所得が**290**万円（事業主控除額）を超える人は、翌年3月15日までに申告が必要です。ただし、所得税の確定申告や住民税の申告をしているときには、事業税の申告は不要です。

❷ 納付

　個人事業税は、原則として8月と11月の2回に分けて、各都道府県税事務所から送付される納税通知書によって納付します（賦課課税方式）。

SECTION

08 | 法人税等

このSECTIONで学習すること

1 法人税の基本

・納税義務者と範囲

・会計上の利益

・税法上の利益

・所得金額の計算の仕方

税法上の収益を
益金、費用を
損金という

2 益金

・受取配当等の
益金不算入

ここは簡単に
みておいて!

3 損金

・交際費

・租税公課

・減価償却費

・役員給与

・青色欠損金の繰越控除

損金算入
できるものと
できないものを
おさえて!

4 法人と役員の取引

・概要

役員に便宜を
図った取引をした
場合は、一定額が給与と
して扱われる!

5 税額の計算

・法人税の税率

法人税率は原則
23.2%だけど
中小法人には特例
がある

6 法人税の申告と納付

・青色申告

・申告と納付

（確定申告、中間申告）

・納税地

確定申告、
中間申告ともに
原則は2カ月以内!

7 決算書

・損益計算書

・貸借対照表

・キャッシュ・
フロー計算書

・財務分析

概要を軽く
おさえておこう

8 法人住民税と法人事業税

・法人住民税

・法人事業税

個人事業税には
事業主控除額があるが、
法人事業税にはない!

1 法人税の基本

Ⅰ 法人税とは

法人税 とは、法人(会社)の各事業年度の所得に対して課される税金をいいます。

Ⅱ 納税義務者と範囲

法人のうち、**内国法人** (国内に本店または主たる事務所を有する法人)は、原則として日本国内で稼いだ所得(国内源泉所得)についても、海外で稼いだ所得(国外源泉所得)についても納税義務を負います。

また、内国法人以外の法人を **外国法人** といい、外国法人は、日本国内で稼いだ所得(国内源泉所得)のみ納税義務を負います。

Ⅲ 会計上の利益

会社は、出資者である株主や債権者である銀行等、会社を取り巻く利害関係者に対して、経営成績や財政状態を開示するため、日々の取引を帳簿に記録します。これを **企業会計** といいます。

企業会計では、収益から費用を差し引いて各事業年度の利益(儲け)を計算します。

> **会計上の利益＝収益－費用**

Ⅳ 税法上の利益

法人税額は、法人の所得金額に税率を掛けて算出します。

法人の所得金額(税法上の利益)は、**益金**(税法上の収益)から **損金**(税法上の費用)を差し引いた金額です。

> **所得金額(税法上の利益)＝益金－損金**

Ⅴ 所得金額の計算の仕方

収益と益金、費用と損金は、それぞれ範囲が少し違うため、会計上の利益と所得金額は一致しません。そこで、「会計上の利益→所得金額」とするための調整を行います(申告調整)。

ひとこと

「収益−費用」で会計上の利益を計算したあと、今度は益金と損金を集計して「益金−損金」で所得金額を計算するとなると二度手間です。そこで、会計上の利益をもとに、必要な調整をして所得金額を計算するのです。

申告調整には、**益金算入**、**損金不算入**、**益金不算入**、**損金算入** の4つがあります。

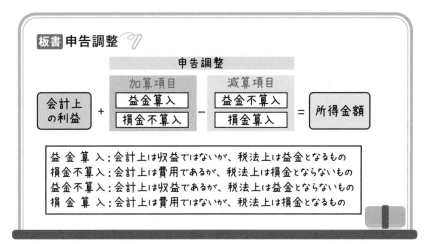

板書 申告調整

申告調整

加算項目	減算項目

会計上
の利益 + 益金算入 − 益金不算入 = 所得金額
　　　　　損金不算入　　損金算入

益 金 算 入：会計上は収益ではないが、税法上は益金となるもの
損金不算入：会計上は費用であるが、税法上は損金とならないもの
益金不算入：会計上は収益であるが、税法上は益金とならないもの
損 金 算 入：会計上は費用ではないが、税法上は損金となるもの

2 益 金

I 受取配当等の益金不算入

株式の配当金を受け取った場合、会計上は収益で計上しますが、税法上は一定の額について益金不算入となります。

ひとこと

　配当金の金額は税引後の利益をもとに計算します。つまり、配当金の金額は、法人税が課されたあとの金額なのです。それにもかかわらず、配当金を受け取った側にも課税してしまったら、二重に税金がかかることになります。このような二重課税を排除するため、配当金を受け取った側では、益金不算入(=非課税)となるようにしているのです。

3 損 金

I 交際費

交際費とは、法人が得意先や仕入先など、事業に関係する者に対して、接待や贈答等をした場合の支出をいいます。

交際費に該当するものと該当しないものの例をあげると、次のようになります。

交際費に該当するもの、該当しないもの

交際費に該当するもの	交際費に該当しないもの
○接待等の飲食代[※]（※）	×カレンダー、手帳、うちわなどの作成費用→広告宣伝費に該当
○接待等のタクシー代	×専ら従業員の慰安のために行われる運動会、演芸会、旅行等のために通常要する費用
○取引先に対するお歳暮、お中元の代金	→福利厚生費に該当
○取引先へのお祝い金、香典　　　　　　　　　　　など	×会議における弁当代や茶菓子代
	→会議費に該当　　　　　　　　など

※ ただし、1人あたり **10,000** 円以下（2024年3月31日以前に支出したものは5,000円以下）の一定の飲食代は交際費から除外される（資本金の大小にかかわらず、全額が損金に算入できる）

例題

2024年4月以降、得意先への接待のために支出した飲食費が参加者1人あたり1万円以下である場合、交際費等に該当しない。

　▶ ○ 接待のために支出した飲食費が参加者1人あたり **10,000** 円以下の場合には交際費から除外される。

　会計上は交際費は全額費用として計上しますが、税法上は原則として損金不算入となります。ただし、次の金額までは損金に算入することができます。

交際費の損金算入限度額

資　本　金	損金算入限度額
1億円以下の法人 ⒶまたはⒷの選択	Ⓐ年間交際費支出額のうち**800万円以下の全額** Ⓑ年間交際費支出額のうち**飲食支出額×50%**
1億円超100億円以下の法人	年間交際費支出額のうち飲食支出額×50%

ひとこと

資本金等が100億円超の法人は交際費を損金に算入することはできません。

期末資本金の額等が1億円以下の一定の中小法人が支出した交際費等のうち、年1,000万円以下の金額は、損金の額に算入することができる。

▶ ✕ 資本金の額が1億円以下の法人では、「年1,000万円以下」ではなく、「年800万円以下」の金額は損金の額に算入することができる。

Ⅱ 租税公課

法人が納付した税金や罰金などについては、損金に算入できるものと、損金に算入できないものがあります。

損金算入の租税公課と損金不算入の租税公課

損 金 算 入	損 金 不 算 入
○法人**事業**税　○固定資産税 ○印紙税　　　○登録免許税 ○都市計画税　○不動産取得税 　　　　　　　　　　　　など	✕ **法人**税　✕ 法人**住民**税 ✕ **罰科金**　✕ **印紙税の過怠税** 　　　　　　　　　　　　など

制裁的な意味のあるこれらについて
損金算入(=税金が減る)を認めてし
まったら制裁の意味がない。だから
損金不算入

法人が納付した法人住民税の本税は、法人税の各事業年度の所得の金額の計算上、損金の額に算入することができる。

▶ ✕ 法人住民税は損金の額に算入されない。

Ⅲ 減価償却費

減価償却費として損金に算入できる金額は、法人が選定した償却方法によって損金経理した金額(のうち償却限度額に達するまでの金額)となります。

❶ 選定できる償却方法

選定できる 償却 方法は、所得税法と同様、**定額法** または **定率法** です。

❷ 法定償却方法

償却 方法を選定しなかった場合の法定償却方法は、**定率法** です。

ただし、建物および2016年4月1日以後に取得する建物付属設備・構築物（鉱業用を除く）については定額法でしか償却することができません（償却方法は選定できません）。

ひとこと

法人税と所得税の償却方法の相違をまとめると次のとおりです。

	法 人 税	所 得 税
建　　　物	定額法のみ	
建物付属設備・構築物※	定額法のみ	
その他の減価償却資産	定額法または定率法 （法定償却方法は**定率法**）	定額法または定率法 （法定償却方法は**定額法**）

※　2016年4月1日以後に取得するもので、鉱業用を除く

❸ 少額の減価償却資産の取扱い

少額の減価償却資産の取扱いについては、所得税と同様です。

少額の減価償却資産の取扱い　🎵Review SEC02 ❹ Ⅲ プラスワン

少額減価償却資産	使用期間が1年未満のものや、取得価額が **10万円** 未満のもの（貸付けの用に供するものを除く）については減価償却を行わず、取得価額を、全額、損金算入できる
中小企業者等の少額減価償却資産の特例	資本金1億円以下の中小企業者等で青色申告をしている法人※は、取得価額が **30万円未満**（1事業年度で合計300万円が限度）のもの（貸付けの用に供するものを除く）については、取得価額を、全額、損金算入できる
一括償却資産	取得価額が **10万円** 以上 **20万円** 未満のもの（貸付けの用に供するものを除く）については、一括して **3年間** で均等償却できる

※　常時使用する従業員の数が500人を超える法人を除く

Ⅳ 役員給与

役員に対する給与は、❶**定期同額給与**、❷**事前確定届出給与**、❸**業績連動給与**のいずれかに該当し、その金額が適正であれば**損金に算入**できます。

定期同額給与、事前確定届出給与、業績連動給与

❶定期同額給与	1月以下の一定期間ごとに一定額が支給される給与
	☆ 適正部分→損金**算入**　不適正部分→損金**不算入**
❷事前確定届出給与	所定の時期に確定額を支給することをあらかじめ所轄税務署長に届け出ている給与
	☆ 適正部分→損金**算入**　不適正部分→損金**不算入**
	☆ 事前に届け出ている額と異なる額を支給した場合には、原則として**全額**が損金**不算入**となる
❸業績連動給与	業績連動型で支給額の算定方法が客観的である給与
	☆ 適正部分→損金**算入**　不適正部分→損金**不算入**

上記以外は**全額**、損金**不算入**

なお、従業員に対する給与は、**全額**損金算入できます。

ひとこと

　ちなみに、役員に対する退職金については、不相当に高額な部分を除いて損金算入できます。

Ⅴ 青色欠損金の繰越控除

青色申告書を提出した法人は、その事業年度に生じた欠損金を翌年以降10年間、繰り越すことができます。

4 法人と役員の取引

法人が役員に対して、法人所有の資産を贈与した場合等、経済的利益の供与をした場合には、その経済的利益についても給与として取り扱います。

法人と役員の取引に係る税務処理(主なもの)は次のとおりです。

板書 法人と役員の取引にかかる税務処理

1 法人から役員へ

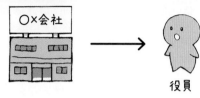

役員

	取引	法人の処理
金銭の貸付け	無利息や低金利での貸付け 法人が役員に100万円を無利息で貸し付けた(通常の利率は0.9%)	☆ 通常の利息との差額を益金(受取利息)に算入する ☆ 通常の利息との差額が**給与**となる 受取利息&給与: 100万円×0.9%−0円=9,000円
資産の譲渡	時価よりも低い価額で譲渡 法人が役員に時価100万円の資産を10万円で譲渡した	時価と譲渡価額との差額が**給与**となる 給与:100万円−10万円=90万円
	時価よりも高い価額で譲渡 法人が役員に時価20万円の資産を100万円で譲渡した	時価と譲渡価額との差額が法人の**受贈益**となる 受贈益:100万円−20万円=80万円
住宅の貸付け	家賃相当額(法人税法上の計算で求める一定額)よりも低い家賃で貸した 法人が役員に家賃相当額10万円の社宅を3万円で貸した	家賃相当額と実際に徴収した家賃との差額が**給与**となる 給与:10万円−3万円=7万円

2 役員から法人へ

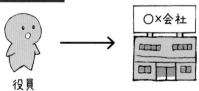

役員

	取引	法人の処理
金銭の貸付け	無利息による貸付け	課税関係は生じない
	低金利による貸付け	支払利息は損金算入
	高金利による貸付け	適正部分は支払利息(損金算入)、高利部分は給与となる
資産の譲渡	時価より低い価額で譲渡 役員が法人に時価100万円の資産を10万円で譲渡した	時価と譲渡価額(購入価額)との差額は受贈益となる 受贈益:100万円ー10万円=90万円 ☆役員側では譲渡価額が時価の2分の1以上であれば譲渡価額が譲渡収入となり、譲渡価額が時価の2分の1未満であれば時価が譲渡収入となる
	時価より高い価額で譲渡 役員が法人に時価20万円の資産を100万円で譲渡した	時価と譲渡価額(購入価額)との差額は給与となる 給与:100万円ー20万円=80万円

例題

会社が役員に無利息で金銭の貸付けを行った場合、原則として、その会社の所得の金額の計算上、適正な利率により計算した利息相当額が益金の額に算入される。

▶○ 会社が役員に無利息で金銭の貸付けをした場合、適正な利率で計算した利息相当額(通常の利息)が「受取利息」として益金に算入される。

例題

役員が会社に無利息で金銭の貸付けを行った場合、原則として、通常収受すべき利息に相当する金額が、その役員の雑所得の収入金額に算入される。

▶✕ 役員が会社に無利息で金銭の貸付けをした場合は、課税関係は生じない。

5 税額の計算

法人税は法人の所得金額(税務調整をしたあとの所得)に法人税率を掛けて計算します。法人税の税率は**23.2**％（**比例税率**）ですが、中小法人には特例があります。

ひとこと

比例税率とは、所得金額にかかわらず、一定の比率を適用する税率のことをいいます。

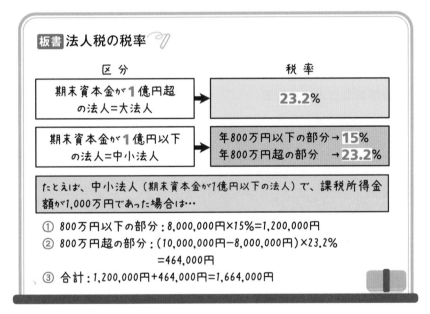

板書 法人税の税率

区 分	税 率
期末資本金が**1億円超**の法人＝大法人	**23.2**%
期末資本金が**1億円以下**の法人＝中小法人	年800万円以下の部分→**15**% 年800万円超の部分 →**23.2**%

たとえば、中小法人（期末資本金が1億円以下の法人）で、課税所得金額が1,000万円であった場合は…

① 800万円以下の部分：8,000,000円×15%=1,200,000円
② 800万円超の部分：(10,000,000円−8,000,000円)×23.2%
　　　　　　　　　　　=464,000円
③ 合計：1,200,000円+464,000円=1,664,000円

例題

期末資本金の額が1億円以下の一定の中小法人に対する法人税は、事業年度の所得の金額が年1,000万円以下の部分と年1,000万円超の部分で乗じる税率が異なる。

▶×資本金の額が1億円以下の中小法人に対する法人税は、所得の金額が年**800**万円以下の部分と年**800**万円超の部分で乗じる税率が異なる。

ひとこと

なお、法人税額の 10.3% が地方法人税（国税）として課税されます。

6 法人税の申告と納付

Ⅰ 青色申告

　青色申告の特典を受ける場合には、一定期限までに「青色申告承認申請書」を所轄税務署長に提出し、承認を受けなければなりません。

青色申告承認申請書の提出期限

■**原則**■

　青色申告の承認を受けようとする事業年度開始の日の前日

■**新規設立法人の場合**■

　設立の日から**3**カ月後
　　　　　　　　　　　　　いずれか早い日の前日
　最初の事業年度終了の日

例題

新たに設立された株式会社が、設立第1期から青色申告を行う場合は、設立の日から4カ月以内に、「青色申告承認申請書」を納税地の所轄税務署長に提出し、その承認を受けなければならない。

　▶✕ 新規設立法人が青色申告を行う場合は、「設立の日から3カ月後」または「最初の事業年度終了の日」のいずれか早い日の前日までに「青色申告承認申請書」を納税地の所轄税務署長に提出し、その承認を受けなければならない。

青色申告の特典には次のようなものがあります。

青色申告の特典

◆青色欠損金の繰越控除

…青色申告書を提出した法人は、その事業年度に生じた欠損金を翌年以降 **10**年間、繰り越すことができる制度

◆青色欠損金の繰戻還付

…利益が生じて法人税を支払った翌期に欠損金が生じた場合、その欠損金を前期に繰り戻して法人税を還付できる制度

☆ 繰り戻しできる期間は前1年間のみ
☆ 資本金1億円以下の中小企業のみが適用できる

◆特別償却・特別控除 など

Ⅱ 申告と納付

法人税の申告には、**確定申告** と **中間申告** があります。

確定申告と中間申告

確定申告	法人は、原則として各事業年度終了の日の翌日から**2**カ月以内に法人税の申告および納付をしなければならない（株主総会開催の特例を受ける場合は3カ月以内。一定の場合には6カ月以内） 例：3月31日が決算日の法人の場合、確定申告の申告・納付期限は5月31日
中間申告	◆事業年度が**6**カ月を超える法人で、前期の法人税額（年額）が**20**万円を超えた法人は、上半期（前事業年度終了の日以後6カ月）分について、中間申告をしなければならない ◆中間申告・納付の期限は、上半期終了の日の翌日から**2**カ月以内 例：3月31日が決算日の法人の場合、4月1日から9月30日までの分について、11月30日までに中間申告・納付を行う

法人税の確定申告書は、原則として、各事業年度終了の日の翌日から 3 カ月以内に、納税地の所轄税務署長に提出しなければならない。

▶ × 法人税の確定申告書の提出期限は各事業年度終了の日の翌日から「3 カ月以内」ではなく、「2 カ月以内」である。

Ⅲ 納税地

　法人税の納税地は、内国法人については、その法人の本店または主たる事務所の所在地となります。また、外国法人で国内に事務所等を有する法人については、その事務所等の所在地となります。

7 決算書

　法人（企業）が作成する決算書には、次のものがあります。

Ⅰ 損益計算書

　損益計算書は一定期間における企業の経営成績（儲けの状況）を表す書類です。損益計算書では、収益から費用を差し引いて利益を計算しますが、利益は下記のように5段階に分けて計算します。

損益計算書の構成

損益計算書

売　上　高	××
売　上　原　価	− ××
売 上 総 利 益	××
販売費及び一般管理費	− ××
営　業　利　益	××
営 業 外 収 益	＋ ××
営 業 外 費 用	− ××
経　常　利　益	××
特　別　利　益	＋ ××
特　別　損　失	− ××
税引前当期純利益	××
法人税, 住民税及び事業税	− ××
当　期　純　利　益	××

← 売上高から売上原価を差し引いて計算する利益。粗利益ともいう

← 会社の本業から生じた利益
売上総利益−販売費及び一般管理費

← 会社の経常的な活動から生じた利益
営業利益+営業外収益−営業外費用

← 法人税等を差し引く前の会社全体の利益

← 最終的な会社の利益

例題

損益計算書の経常利益の額は、営業利益の額から販売費及び一般管理費の額を減算した額である。

▶ ✕ 損益計算書の経常利益は、営業利益に営業外収益・営業外費用を加算・減算した額である。

Ⅱ 貸借対照表

貸借対照表は、一定時点(決算日)における企業の財政状態を表す書類です。貸借対照表には、**資産**、**負債**、**純資産**の残高が記載され、資産と負債の差額が純資産となります。

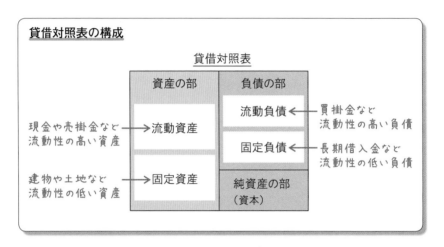

貸借対照表の構成

貸借対照表

資産の部	負債の部
→流動資産	流動負債 ← 買掛金など 流動性の高い負債
	固定負債 ← 長期借入金など 流動性の低い負債
→固定資産	純資産の部 (資本)

現金や売掛金など 流動性の高い資産 →流動資産

建物や土地など 流動性の低い資産 →固定資産

ひとこと

「資産＝負債＋純資産」となります。

ひとこと

貸借対照表の右側 (貸方) は資金をどのように調達したか (調達源泉) を示し、左側 (借方) はその用途 (運用形態) を示します。

例題

貸借対照表の資産の部の合計額は、負債の部の合計額と一致する。

▶ ✕ 貸借対照表の資産の部の額は、負債の部の額と純資産の部の額を合算した金額と一致する。

Ⅲ キャッシュ・フロー計算書

キャッシュ・フロー計算書は、一定期間(1年間)におけるキャッシュ（現金等)の流れ(収入と支出)を表す書類です。

キャッシュ・フロー計算書は、**営業活動によるキャッシュ・フロー**、**投資活動によるキャッシュ・フロー**、**財務活動によるキャッシュ・フロー**の3区分によって構成されています。

キャッシュ・フロー計算書の構成

キャッシュ・フロー計算書

Ⅰ 営業活動によるキャッシュ・フロー
└ 商品の仕入れ、売上げなど

Ⅱ 投資活動によるキャッシュ・フロー
└ 設備投資、有価証券の売買など

Ⅲ 財務活動によるキャッシュ・フロー
└ 銀行からの借入れなど

現金及び現金同等物の増減額
現金及び現金同等物の期首残高
現金及び現金同等物の期末残高

Ⅳ 財務分析

財務諸表を使って、会社の安全性や収益性などの財務分析をすることができます。

主な財務分析の指標は次のとおりです。

主な財務分析の指標

流　動　比　率	会社の短期的な支払能力を表す指標 $$流動比率(\%)＝\frac{流動資産}{流動負債}×100$$
当　座　比　率	会社の(さらに)短期的な支払能力を表す指標 $$当座比率(\%)＝\frac{当座資産}{流動負債}×100$$
固　定　比　率	会社の長期的な安全性を表す指標 $$固定比率(\%)＝\frac{固定資産}{自己資本(純資産)}×100$$
自己資本比率	返済不要の自己資本(純資産)の、資本全体(負債＋純資産＝総資産)に占める割合 $$自己資本比率(\%)＝\frac{自己資本(純資産)}{負債＋自己資本(純資産)}×100$$
ROE (自己資本利益率)	自己資本(純資産)を用いてどのくらい利益を上げたかを見る指標 $$ROE(\%)＝\frac{当期純利益}{自己資本(純資産)}×100$$

例題

流動比率（％）は、「流動負債÷流動資産×100」の算式で計算される。

▶× 流動比率は、「流動資産÷流動負債×100」で計算される。

例題

自己資本比率（％）は、「自己資本÷当期純利益×100」の算式で計算される。

▶× 自己資本比率は、総資産（負債＋純資産）に対する自己資本（純資産）の割合である。したがって、自己資本比率は、「自己資本÷総資産×100」で計算される。

8 法人住民税と法人事業税

Ⅰ 法人住民税

法人住民税は、法人に対する道府県民税と市町村民税で、**均等割**と**法人税割**で構成されています。

法人住民税の構成

道府県民税	均　等　割	資本金等の額に応じて課税
	法　人　税　割	法人税額に税率を掛けて計算 →標準税率は1.0%
市町村民税	均　等　割	資本金等の額および従業員数に応じて課税
	法　人　税　割	法人税額に税率を掛けて計算 →標準税率は6.0%

ひとこと

標準税率とは、地方自治体が課税する場合に通常用いるべき税率で、必要があればその他の税率を用いることができるというものです。

Ⅱ 法人事業税

法人事業税は、法人の事業に対して課税される税金で、法人の所得金額に税率を掛けて計算します。

なお、資本金が**1**億円超の法人に対しては、所得金額以外の要素も考慮した**外形標準課税**が適用されます。

ひとこと

個人事業税とは異なり、法人事業税には事業主控除額（290万円）はありません。

消費税

このSECTIONで学習すること

1 消費税の基本
・消費税とは
・課税対象と非課税取引
・消費税の税率

土地の譲渡、貸付けは非課税取引！

2 納税義務者
・納税義務の判定
・基準期間
・新規開業等の場合
・課税事業者の選択

原則として前々年の課税売上高が1,000万円超かどうかで判定！

3 税額の計算
・原則課税
・簡易課税制度

基準期間の課税売上高が5,000万円以下なら、簡易課税制度を適用できる！

4 消費税の申告と納付
・個人の場合
・法人の場合

個人…1/1～3/31
法人…事業年度終了の日の翌日から2カ月以内

1 消費税の基本

I 消費税とは

消費税とは、モノやサービスの消費に対して課される税金をいいます。なお、消費税は**間接**税に分類されます。

Ⅱ 課税対象と非課税取引

消費税の課税対象となる取引と課税対象とならない取引(非課税取引)をまとめると、次のとおりです。

板書 課税対象と非課税取引 ✍

課税対象…以下の4つの要件を満たした取引

① **国内**の取引であること
② 事業者が**事業**として行う取引であること
③ 対価を得て行う取引であること
④ 資産の**譲渡・貸付け、役務**の提供であること
　→サービスのこと

☆ これらの要件を満たさない取引は、不課税取引という!
　→配当金、寄附金、祝い金、保険金など

非課税取引…上記の課税対象のうち、消費税を課すのが好ましくない取引等

【例】☆ **土地**の譲渡、貸付け (1カ月未満の貸付け等を除く)
　→土地は使っても価値がなくならない → 「消費」という概念がない

☆ **株式**等の譲渡
　→資本の移転→「消費」ではない

☆ 商品券、郵便切手、印紙などの譲渡

☆ 利子を対価とする金銭の貸付け

☆ 行政手数料

☆ **住宅**の貸付け (1カ月未満の貸付けを除く) など
　→<ひっかけ注意!>
　①「居住用建物」の貸付けは非課税取引であるが、「事務所用建物」の貸付けは課税取引である!
　②居住用建物の「貸付け」は非課税取引であるが、居住用建物の「譲渡」は課税取引である!

例題

居住の用に供する家屋の1カ月以上の貸付けは消費税の非課税取引である。

▶ ○ 住宅の貸付け (1カ月未満の貸付けを除く) は消費税の非課税取引である。

Ⅲ 消費税の税率

消費税の税率は**10**％です。ただし、一定の食料品や新聞などは軽減税率（**8**％）となります。なお、外食やケータリング等は、軽減税率の対象品目には含まれません。

消費税率		
	標準税率	軽減税率
消費税（国税）	**7.8**%	6.24%
地方消費税（地方税）	**2.2**%	1.76%
合　　　計	**10.0**%	**8.0**%

2　納税義務者

消費税の課税対象となる取引を行っている事業者（個人事業者、法人）は、消費税の納税義務者となります。ただし、一定の場合には納税義務が免除されます。

Ⅰ 納税義務の判定

基準期間における課税売上高が**1,000**万円以下である事業者（適格請求書発行事業者を除く）は、消費税の納税義務が免除されます（**免税事業者**となります）。

なお、基準期間における課税売上高が1,000万円以下であっても、**特定**期間（個人の場合は前年の1月1日から**6**月**30**日、法人の場合は前事業年度の前半**6**カ月間）の課税売上高が1,000万円超、かつ、**給与**等支払額が1,000万円超の場合は、納税義務は免除されません。

> **例題**
>
> 消費税の課税期間に係る基準期間における課税売上高が 5,000 万円以下の事業者（適格請求書発行事業者を除く）は、その課税期間においては消費税の免税事業者となる。
>
> ▶ × 基準期間における課税売上高が「5,000 万円以下」ではなく、「**1,000 万円以下**」の事業者（適格請求書発行事業者を除く）は免税事業者となる。

Ⅱ 基準期間

基準期間とは、納税義務の判定をするさいに用いる期間をいいます。個人の場合にはその年の**前々年**、法人の場合にはその事業年度の**前々事業年度**が基準期間となります。

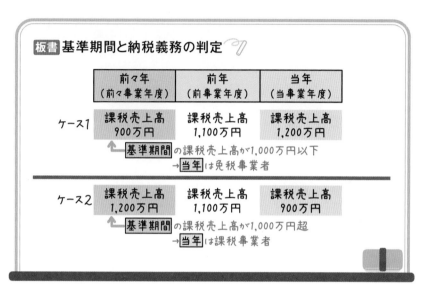

板書 基準期間と納税義務の判定

前々年 (前々事業年度)	前年 (前事業年度)	当年 (当事業年度)
ケース1 課税売上高 900万円	課税売上高 1,100万円	課税売上高 1,200万円

基準期間の課税売上高が1,000万円以下
→当年は免税事業者

前々年	前年	当年
ケース2 課税売上高 1,200万円	課税売上高 1,100万円	課税売上高 900万円

基準期間の課税売上高が1,000万円超
→当年は課税事業者

Ⅲ 新規開業等の場合

新規に事業を開始した場合、当初**2年間**(**2事業年度**)は基準期間がないため、免税事業者となります。

ただし、資本金の額が**1,000**万円以上の法人は、この期間については(基準期間がなくても)免税事業者とはなりません。

また、新規に事業を開業し、第1事業年度に基準期間がなく、免税事業者となる場合でも、第2事業年度の特定期間の判定で1,000万円を超える場合には課税事業者となります。

 ひとこと

事業開始年度の翌々事業年度からは、基準期間の課税売上高に応じて課税または免税の判定をします。

Ⅳ 課税事業者の選択

　免税事業者が課税事業者になることを選択するときは、適用を受けようとする課税期間の初日の前日まで(適用を受けようとする課税期間が事業を開始した日の属する課税期間である場合には、その課税期間中)に「消費税課税事業者選択届出書」を提出する必要があります。

　なお、課税事業者を選択した場合には、最低**2**年間は継続して適用しなければなりません。

3　税額の計算

Ⅰ 原則課税

　原則課税(課税売上割合が95%以上かつ、課税売上高5億円以下の場合)では、次の計算式で消費税を計算します。

> **納付税額**
> **(または還付税額)** = **課税売上げに係る消費税額** − **課税仕入れに係る消費税額**

Ⅱ 簡易課税制度

　基準期間における課税売上高が**5,000**万円以下の場合、原則課税に代えて簡易課税制度を選択することができます。

　簡易課税制度では、業種ごとに定められたみなし仕入率を用いて、課税仕入れに係る消費税額を計算することができます。

> **納付税額** = **課税売上げに係る消費税額** − **課税仕入れに係る消費税額**
>
> ↑
>
> **課税売上げに係る消費税額×みなし仕入率**※

※　みなし仕入率

第1種	第2種	第3種	第4種	第5種		第6種
卸売業	小売業	製造業 建設業 農業等※	飲食店業等	金融業 保険業	運輸通信業 サービス業	不動産業
90%	80%	70%	60%	50%		40%

※　農林水産業のうち消費税の軽減税率が適用される飲食料品の譲渡については第２種事業

なお、簡易課税制度を適用する場合には、適用を受けようとする課税期間の初日の前日まで（適用を受けようとする課税期間が事業を開始した日の属する課税期間である場合には、その課税期間中）に「消費税簡易課税制度選択届出書」を提出する必要があります。

また、簡易課税制度を選択した場合には、最低**2**年間は継続して適用しなければなりません。

プラスワン　**インボイス制度**（適格請求書等保存方式）

1 インボイス制度とは

インボイス制度とは、一定の項目が記載された適格請求書（インボイス）を受け取った場合のみ、仕入税額控除の適用を受けることができるという制度をいいます。

なお、仕入税額控除とは、消費税を算出するさい、課税売上げに係る消費税額から課税仕入れに係る消費税額を差し引くことをいいます。

インボイスは、売手が買手に正確な税率や消費税額を伝えるためのもので、登録番号や消費税額など、一定の事項が記載されていなければなりません。

ひとこと

一定の事項が記載されていれば、請求書の形式はどのようなものでもかまいません。

売手は、買手（課税事業者に限る）からインボイスの交付を求められたら発行しなければなりません。

インボイスを発行できるのは、税務署長の登録を受けた適格請求書発行事業者です。そして、課税事業者でなければ登録を受けることができません。

登録を受けるかどうかは事業者の任意ですが、いったん登録を受けると基準期間の課税売上高が 1,000 万円以下であったとしても消費税を納付しなければなりません。

2 支援措置等

　適格請求書発行事業者となる中小企業の税負担や事務負担を軽減するため、次のような支援措置等があります。

◆免税事業者から適格請求書発行事業者になった場合（一定の要件を満たす場合）、売上税額の **2** 割を納税額とすることができる

◆基準期間の課税売上高が **1** 億円以下または特定期間（前年度の上半期。個人の場合は前年の **1** 月から **6** 月）の課税売上高が 5,000 万円以下の場合、**1 万**円未満の課税仕入れについて、帳簿の保存のみで（インボイスの保存がなくても）仕入税額控除を適用することができる

◆免税事業者から課税仕入れを行った場合（一定の要件を満たす場合）、一定割合（2023年 10 月 1 日から 2026 年 9 月 30 日までは 80%、2026 年 10 月 1 日から 2029 年 9 月 30 日までは 50%）は仕入税額控除を適用することができる

◆課税事業者選択届出書を提出していなくても、適格請求書発行事業者の登録開始日から課税事業者となることができる

4　消費税の申告と納付

消費税額の確定申告期限は、次のとおりです。

消費税の確定申告期限

個人の場合	課税期間の翌年**1**月**1**日から**3**月**31**日まで
法人の場合	課税期間（事業年度）終了の日の翌日から**2**カ月以内※

※　法人税の申告期限の延長の特例を受ける法人については、申告期限を1カ月延長する特例の適用が認められる

例題

消費税の課税事業者である個人は、原則として、消費税の確定申告書をその年の翌年 3 月 15 日までに納税地の所轄税務署長に提出しなければならない。

　▶ ✕ 消費税の申告期限は、個人の場合、その年の翌年 3 月 **31** 日までである。

CHAPTER **05**

不動産

SECTION
01

不動産の基本

このSECTIONで学習すること

1 土地の価格

・公示価格
・基準地標準価格
・固定資産税評価額
・相続税評価額
（路線価）

基準日と評価割合を
確認！

2 鑑定評価の方法

・取引事例比較法
・原価法
・収益還元法

それぞれの概要を
おさえておこう

1 土地の価格

　土地の価格には、売主と買主の合意で決まる **実勢価格**（**時価**）のほか、**公示価格**、**基準地標準価格**、**固定資産税評価額**、**相続税評価額**（**路線価**）といった4つの公的な価格があります。

土地の価格（公的な価格）

	公示価格	基準地標準価格	固定資産税評価額	相続税評価額（路線価）
内　容	一般の土地取引価格の指標となる価格	一般の土地取引価格の指標となる価格（公示価格の補足）	固定資産税、不動産取得税などの計算の基礎となる価格	**相続税や贈与税**の計算の基礎となる価格
基　準　日	1月1日（毎年）	**7月1日**（毎年）	1月1日（**3年に1度**評価替え）	1月1日（毎年）
公　表　日	**3月下旬**	**9月下旬**	3月または4月	**7月1日**
決定機関	**国土交通省**	**都道府県**	**市町村**	**国税庁**
評価割合※	100%	100%	**70%**	**80%**

※ 公示価格を100%とした場合の評価割合

例題

基準地標準価格の価格判定の基準日は、毎年1月1日である。

▶ ✕ 基準地標準価格の基準日は、毎年**7**月1日である。

例題

評価替えの基準年度における宅地の固定資産税評価額は、前年の地価公示法による公示価格等の80%を目途として評定されている。

▶ ✕ 固定資産税評価額の評価割合は公示価格の**70**%である。

2 鑑定評価の方法

個々の不動産を鑑定し、評価する方法には、次の3つがあります。

鑑定評価の方法

取引事例 比較法	似たような取引事例を参考にして、それに時点修正、事情補正を加えて価格を求める方法
原価法	再調達原価を求め、それに**減価修正**を加えて価格を求める方法 いま買ったらいくらで買えるか
収益 還元法	対象不動産が将来生み出すであろう純収益（収益−費用）と最終的な売却価格から現在の価格を求める方法 直接還元法…対象不動産が生み出す単年度の純収益を一定率で割り戻して価格を求める方法 DCF法 …対象不動産の保有期間中、対象不動産が生み出す（複数年の）純収益と復帰価格（最終的な正味売却価格）を現在価値に割り引いて価格を求める方法

※ 鑑定評価の手法の適用にあたっては、地域分析および個別分析により把握した対象不動産に係る市場の特性等を適切に反映した**複数**の手法を適用すべきとされている

例題

収益還元法のうちDCF法は、連続する複数の期間に発生する純収益および復帰価格を、その発生時期に応じて現在価値に割り引き、それぞれを合計して対象不動産の価格を求める手法である。

▶○

SECTION 02 不動産の調査

このSECTIONで学習すること

1 不動産登記

・不動産登記の種類
・登記簿の構成
・不動産登記の効力
・仮登記

> 登記には
> ・対抗力がある
> ・公信力はない！

2 登記の申請と 登記事項証明書の交付

・登記申請の方法
・登記事項証明書の交付

> 手数料を払えば、誰でもみることができる！

3 登記簿以外の調査

・地図(14条地図)
・公図
・地積測量図
・建物図面

> 地図…正確
> 公図…あまり正確ではない

1 不動産登記

　不動産登記とは、不動産の内容(所在地、面積、構造など)を**法務局**(登記所)の不動産登記記録(登記簿)に記載し、公示することをいいます。

登記は一筆（いっぴつ）の土地または一個の建物ごとに行います。

例題

不動産の登記記録は、当該不動産の所在地である市区町村の役所や役場に備えられている。

▶ × 不動産の登記記録は、**法務局**に備えられている。

I 不動産登記の種類

不動産の登記には、**表題登記**、**所有権保存登記**、**所有権移転登記**、**抵当権設定登記**などがあります。

不動産登記の種類

種　類		内　　容
表　示　に 関する登記	表題登記	建物の新築など、新たに不動産が生じたときに登記簿を作成するために最初にされる登記
権　利　に 関する登記	所　有　権 保存登記	建物を新築したり、新築マンションを購入したときなどに必要な、所有権を最初に登録するための登記
	所　有　権 移転登記	不動産を売買したり、不動産の相続があったときなど、所有権が移転したときに行われる登記
	抵　当　権 設定登記	抵当権を設定したときに行われる登記

II 登記簿の構成

登記簿は**表題部**（表示に関する登記）と**権利部**（権利に関する登記）から構成されています。さらに、権利部は**甲区**と**乙区**に区分されます。

板書 不動産登記簿の構成 ✐

表題部（表示に関する登記）

…不動産の所在地、面積、構造などが記載される

ポイント

☆ 表題部に記載されている所在地や家屋番号は、実際の住居表示等と一致しているとは限らない

☆ 建物を新築した場合には、**1カ月以内**に**表題**登記をしなければならない ➡ 義務

権利部（権利に関する登記）

┌ 甲区 …**所有権**に関する事項が記載される

　　➡ **所有権の保存、所有権の移転、差押え、仮処分等**

└ 乙区 …**所有権以外の権利**に関する事項が記載される

　　➡ **抵当権、先取特権、賃借権等**

ポイント

☆ 権利に関する登記は必ずしなければならないものではない ➡ 任意
ただし！ 相続等によって不動産の所有権を取得した相続人は**3年以内**に相続登記を申請しなければならない ➡ **相続登記**は義務

☆ 登記記録に借地権の設定がなくても、実際には借地権が設定されているということもある

例題

不動産の抵当権設定登記をした場合、当該不動産の登記記録の権利部甲区に、債権額や抵当権者の氏名または名称などが記載される。

▶ ✕ 抵当権に関する事項は、**権利部乙区**に記載される。

例題

不動産の売買契約を締結した当事者は、当該契約締結後1年以内に、表題登記をすることが義務付けられている。

▶ ✕ 建物を新築した場合には**1カ月**以内に**表題登記**をしなければならない。

Ⅲ 不動産登記の効力

　不動産登記をしておくと、第三者に対して「自分がその不動産の権利者である」ということを主張できます。これを**対抗力**といいます。

　なお、次の場合には、登記がなくても（借地権や借家権を）第三者に対抗することができます。

登記がなくても第三者に対抗できる場合

◆借地上に借地権者が、自己を所有者として**登記**した**建物**を所有していれば、借地権の登記がなくても第三者に対抗できる

◆建物の賃借人が**建物の引渡し**を受けていれば、借家権の登記がなくても第三者に対抗できる　　具体的には、鍵の引渡しなど

　また、登記には**公信力**がないため、偽の登記記録を信頼して取引した人が必ずしも法的に保護されるわけではありません。

ひとこと

　登記事項は必ずしも真実の内容であるというわけではないので、登記には公信力がありません。

例題

不動産の登記記録の権利関係が真実であると信じて取引した者は、その登記記録の権利関係が真実と異なっていた場合、当然に法的な保護を受けることができる。

▶ ✕ 登記には公信力がないため、真実と異なる登記記録を信頼して取引した者が必ずしも法的な保護を受けられるというわけではない。

Ⅳ 仮登記

　不動産の本登記をするための要件がととのわなかった場合、将来の本登記のために **仮登記** をして登記の順位を保全することができます。

　ただし、仮登記には対抗力はありません。

2 登記の申請と登記事項証明書の交付

Ⅰ 登記申請の方法

登記の申請は、❶（インターネット等を利用した）**オンライン申請**または❷**書面**（磁気ディスク等を含む）**を登記所に提出する方法**のいずれかによって行います。

Ⅱ 登記事項証明書の交付

登記事項証明書は、原則として、手数料を支払えば**誰でも**交付を請求することができます。なお、登記事項証明書の交付申請は郵送やオンラインでもできますが、受領は郵送または登記所窓口で行わなければなりません。

例題

不動産の登記事項証明書の交付を請求することができるのは、当該不動産に利害関係を有する者に限られる。

▶ × 不動産の登記事項証明書は、誰でも交付の請求をすることができる。

登記事項証明書の一部（例）

全部事項証明書（建物）

⋮
（一部省略）

表　題　部	（専有部分の建物の表示）			不動産番号	×××××××××××××
家屋番号	××三丁目２０番７の７０７			余白	
建物の名称	７０７			余白	
① 種　類	② 構　造	③ 床面積㎡		原因及びその日付［登記の日付］	
居宅	鉄筋コンクリート造１階建	７階部分　７２｜４５		平成２４年○月○○日新築［平成２４年○月○○日］	
表　題　部	（敷地権の表示）				
① 土地の符号	② 敷地権の種類	③ 敷地権の割合		原因及びその日付［登記の日付］	
1	所有権	６５４７５分の９８５		平成２４年○月○○日敷地権［平成２４年○月○○日］	
所　有　者	△△区××三丁目７番２号　株式会社ＬＸ不動産				

◀ 下線は抹消事項を表す

権　利　部（甲区）	（所有権に関する事項）		
順位番号	登記の目的	受付年月日・受付番号	権利者その他の事項
1	所有権保存	平成２４年○月○○日第○○○○○号	原因　平成２４年○月○○日売買所有者　△△区××一丁目４番１－１０１関根健二

登記所において不動産の内容を確認できる書類(登記簿以外)には、次のようなものがあります。

登記簿以外の調査

地 図 (14条地図)	土地の境界や建物の位置が正確に記載されている図面	
	ポイント	☆ 精度が高い ☆ すべての土地について登記所に備え付けられているわけではない
公 図	地図に準ずる図面	
	ポイント	☆ 精度が低い ☆ 土地の位置関係等を確認する資料としては有用である
地積測量図	土地の形状や面積を示した図面	
	ポイント	☆ すべての土地について登記所に備え付けられているわけではない
建 物 図 面	建物の形状や位置を示した図面	

例題

公図（旧土地台帳附属地図）は、登記所に備え付けられており、対象とする土地の位置関係を確認する資料として有用である。

 ○

SECTION 03 不動産の取引

このSECTIONで学習すること

1 不動産の売買契約に関する ポイント

- 手付金
- 危険負担
- 担保責任
- 債務不履行
- 物権変動と登記
- 共有
- 住宅の品質確保の促進等に関する 法律
- クーリングオフ
- 壁芯面積と 内法面積
- 公簿取引と 実測取引

> 手付金、危険負担、 クーリングオフは しっかり確認を！

2 宅地建物取引業法

- 宅地建物取引業、宅地建物取引業者、 宅地建物取引士
- 媒介契約
  - 一般媒介契約
  - 専任媒介契約
  - 専属専任媒介契約
- 宅地建物取引業者の報酬限度額
- 広告の開始時期、契約締結の時期の 制限
- 重要事項の説明
- 手付金の額の 制限

> 一般＜専任＜専属専任 の順に制約が 厳しくなる！

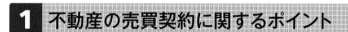

1 不動産の売買契約に関するポイント

I 手付金

　手付金とは、契約を結ぶさいに買主が売主に渡すお金のことをいい、通常は**解約手付**とされます。

板書 解約手付のポイント

買主　売主
手付金

いったん結んだ契約を買主側から解除する場合は、買主は（さきに渡した）手付金を放棄する

売主側から解除したい場合は、売主は買主に手付金の**2倍**の金額を現実に提供する

☆　ただし、**相手方**が履行に着手した（買主が売買代金を支払ったり、売主が建築に着手した）あとは、解除できない！

例題

買主が売主に解約手付を交付した場合、買主が代金を支払った後であっても、売主は、自らが契約の履行に着手するまでは、受領した手付の倍額を買主に現実に提供して契約を解除することができる。

▶ ✕ 相手方が履行に着手したあとは手付による契約の解除はできない。本問では買主が履行に着手しているので、売主は手付による契約の解除をすることはできない。

Ⅱ 危険負担

　売買契約の締結後、建物の引渡し前に、その建物が第三者による火災や地震など、売主・買主の双方の責めに帰することができない事由によって滅失してしまった場合、買主の代金支払義務は存続しますが、買主は代金支払いの履行を拒むことができます（履行拒絶権）。これを **危険負担** といいます。

Ⅲ 担保責任

　売買契約の締結後、売主が、種類・品質・数量について契約の内容に適合しない不動産を買主に引き渡した場合や、買主に移転した権利が契約の内容に適合しない場合で、一定の要件を満たしたときは、買主は売主に対して、❶**履行の追完請求**、❷**代金減額請求**、❸**損害賠償請求**、❹**契約の解除**をすることができます。これらの（売主が負う）❶から❹の責任を **売主の担保責**

任 といいます。

ひとこと

この「担保責任」は「契約不適合責任」ということもあります。
なお、追完請求とは、修補、代替物の引渡しなどを請求することをいいます。

板書 危険負担と担保責任

危 険 負 担

地震で建物が壊れた！

買主　売主

履行拒絶権

└→ 買主は代金の支払債務の履行を拒むことができる

担 保 責 任

壁の裏の見えないところに
シロアリが発生していた！

買主　売主

売主の責任
↓
買主は追完請求、代金減額請求、
損害賠償請求、契約解除ができる

① 売主が 種類 または 品質 について、契約の内容に適合しない目的物
を買主に引き渡した場合の担保責任を負うときは、買主は**不適合を知っ
たときから 1 年以内**に、その旨を売主に通知しないと、この不適合を
理由に担保責任を追及することができなくなる

　　　└→ 通知をした場合でも、別途、 消滅時効 の適用がある

　　　　　　　　　　　　　　　　　原則として
　　　　　　　　　　　　　　　　　　↓

　　　　┌─────────────────────────┐
　　　　│ ・買主が権利を行使できることを知ったと　│
　　　　│　きから **5** 年　　　　　　　　　　　　│
　　　　│ ・権利を行使できるときから **10** 年　　│
　　　　└─────────────────────────┘

→ただし、売主が引渡しのときに、その不適合を知っていたり、または重
大な過失によって知らなかったとき[※]は、上記の通知期間の制限はない！

② 民法上、特約によって売主の 担保責任を免除 したり、上記の 通知期間を短縮 することができるが、売主が知りながら買主に告げなかったときの責任は免れることはできない

宅建業法上、売主が宅建業者（プロ）で、買主が宅建業者以外（アマ）の場合には、上記①の 担保責任の免除 や 通知期間の短縮 の特約を結ぶことは原則としてできない

ただし、通知期間の短縮 については、売主が、特約で 引渡し のときから 2 年以上の期間を定めた場合（※の場合を除く）には、特約を結ぶことはできる

例題

売主が種類または品質に関して契約の内容に適合しないことを知りながら、売買契約の目的物を買主に引き渡した場合、買主は、その不適合を知った時から 1 年以内にその旨を売主に通知しなければ、その不適合を理由として契約の解除をすることができない。

▶ ✕ 売主が不適合を知っていた場合には、通知期間の制限はない。

Ⅳ 債務不履行

1 債務とは

　不動産の売買契約において、**債務** とは、❶買主の代金を支払う債務（代金支払債務）、❷売主の不動産を引き渡す債務（不動産引渡債務）、❸権利の移転についての対抗要件（登記など）を備えさせる義務をいいます。

2 債務不履行

　債務不履行（さいむふりこう）とは、債務者が債務の（本旨に従った）履行をしないことをいいます。

　債務不履行には、履行遅滞、履行不能、不完全履行 があります。

債務不履行

履 行 遅 滞	債務を履行できるにもかかわらず、決められた時期に履行しないこと
履 行 不 能	契約時には履行が可能であったものが、不可能となること
不完全履行	一応、履行はしたが、不完全であった場合

　債務不履行が生じた場合、債権者は債務者に対して**損害賠償の請求**ができます。

　また、原則として、相当の期間を定めて履行の**催告**を行い、期間内に履行がないときは、**契約の解除**ができます。なお、履行不能の場合には、催告なしに**直ちに**契約の解除ができます。

ひとこと

　たとえば、引渡し予定の建物が火災によって燃えてなくなってしまった（履行不能）という場合には、待っていても仕方ないので、このような場合（履行不能の場合）には催告なしに契約の解除ができるのです。

例題

債務の履行遅滞が生じた場合も履行不能が生じた場合も、債権者は、履行の催告をすることなく直ちに契約を解除することができる。

▶ ✕ 履行遅滞が生じた場合には、相当の期間を定めて履行の催告をしたあと、期間内に履行がないときでなければ、原則として契約を解除することはできない。

ひとこと

　損害賠償の請求をするには、（原則として）「債務者の責めに帰すべき事由」が必要です。また、契約の解除をするには、「債権者の責めに帰すべき事由によるものではないこと」が必要です。

Ⅴ 物権変動と登記

不動産に関する物権(物を直接的・排他的に支配する権利)の変動(所有権の移転や抵当権の設定など)は、原則として、登記がなければ第三者に対抗(主張)することはできません。なお、同一の不動産について二重に売買契約が締結されたときは、譲受人のうち、<u>先に**登記**をしたほうがその不動産の所有権を取得します</u>。

ひとこと

先に登記した人の勝ち！…となります。

例題

同一の不動産について二重に売買契約が締結された場合、譲受人相互間においては、登記の先後にかかわらず、原則として、売買契約を先に締結した者が当該不動産の所有権を取得する。

▶ **✕** 二重譲渡の場合、**先に登記**をしたほうがその不動産の所有権を取得する(売買契約の先後ではない)。

Ⅵ 共有

1 共有とは
共有とは、1つの物を2人以上で共同して所有することをいいます。

2 持分とは
持分とは、各共有者の、共有物に対する所有権割合をいいます。各共有者は自己の持分を自由に処分することができます。

3 共有物の使用
共有者は、共有物の全体を、持分に応じて使用することができます。ただし、別段の合意がある場合を除き、自己の持分を超えて共有物を使用する場合は、他の共有者に対し、その使用の対価を支払わなければなりません。

❹ 共有物の管理等

　共有物の保存行為（共有物の修繕など）は、共有者が単独で行うことができますが、管理行為や変更行為・処分行為は単独で行うことはできません。

板書 共有物の管理等 🖊

保存行為

☆ 各共有者が**単独**で行うことができる

■保存行為の例■
・共有物の修繕
・共有物の不法占拠者に「出ていけ」という明渡し請求や
　損害賠償請求をすること
　↳ ただし！ 自己の持分割合を超えて損害賠償請求することはできない

管理行為・変更行為①（軽微な変更）

↑ 外観や構造、機能や用途の著しい変更
をともなわない共有物の変更行為

☆ 各共有者の価格にもとづいて、その**過半数**の同意があれば行うことができる
　　　　　　　　　　　　↑ 持分価格の

■管理行為・変更行為①（軽微な変更）の例■
・共有物の賃貸借契約の解除
・共有物の管理者の選任・解任

変更行為②（重大な変更）・処分行為

☆ 共有者**全員**の同意がなければ行うことができない

■変更行為②（重大な変更）・処分行為の例■
・共有物の建替え
・共有物全体の売却
・共有物全体に抵当権を設定すること

例題

共有となっている建物の全体を第三者に譲渡するときは、原則として他の共有者全員の同意を得なければならない。

▶○ 共有物の**全体**を処分（売却や譲渡等）するときは共有者**全員**の同意が必要である。

Ⅶ 住宅の品質確保の促進等に関する法律

住宅の品質確保の促進等に関する法律では、新築住宅の構造耐力上主要な部分等(柱など)については、売主に対して、建物の引渡し時から最低**10**年間の瑕疵担保責任を義務づけています。

ひとこと

　この法律では、瑕疵とは、種類・品質に関して契約の内容に適合しない状態をいいます。

Ⅷ クーリングオフ

　宅地建物取引業者が自ら売主となる契約において、喫茶店や自宅(訪問販売の場合)など、一定の場所で契約をした場合、(宅地建物取引業者ではない)買主は一定期間、申込みの撤回等をすることができます。この制度を**クーリングオフ**といいます。

　クーリングオフのポイントは次のとおりです。

板書 クーリングオフのポイント

☆ クーリングオフは**書面**で行う
☆ クーリングオフができる期間は、業者が書面で申込みの撤回等ができることを告げた日から**8**日以内

クーリングオフができない場合

・宅地や建物の引渡しを受け、かつ、代金を全額支払った場合
・事務所等で契約の締結等をした場合
　┗→ 契約するつもりで行ったわけだから、申込みの撤回等はできない!

Ⅸ 壁芯面積と内法面積

壁芯面積とは、壁の中心線から測定した面積のことをいいます。また**内法面積**とは、壁の内側の面積のことをいいます。

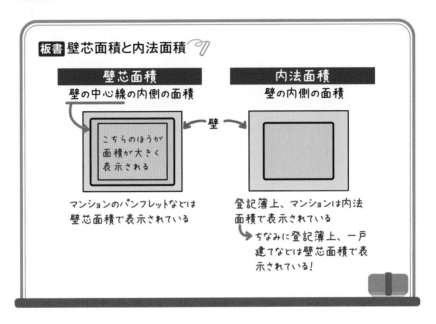

板書 壁芯面積と内法面積

壁芯面積
壁の中心線の内側の面積

こちらのほうが面積が大きく表示される

壁

マンションのパンフレットなどは壁芯面積で表示されている

内法面積
壁の内側の面積

登記簿上、マンションは内法面積で表示されている

→ ちなみに登記簿上、一戸建てなどは壁芯面積で表示されている！

Ⅹ 公簿取引と実測取引

公簿取引とは、登記簿上の面積にもとづいた取引をいいます。また**実測取引**とは、実際に測定した面積にもとづいた取引をいいます。

公簿取引で契約した場合、後日実測した面積と異なっていても、売買代金の増減精算は行いません。

一方、実測取引で契約した場合、後日実測し、その面積と異なっていた場合、売買代金の増減精算が行われます。

ひとこと

公簿取引は、登記簿上の面積が正しいものとして取引をするので、たとえ実測面積と異なっていても、売買代金が変わることはありません。
一方、実測取引は、実測面積が正しいものとして取引をするので、実測した面積と異なっていたら、その差異分の代金が精算されます。

2 宅地建物取引業法

Ⅰ 宅地建物取引業、宅地建物取引業者、宅地建物取引士

宅地建物取引業、宅地建物取引業者、宅地建物取引士 の内容をまとめると、次のとおりです。なお、宅地建物取引業を行うには、都道府県知事または国土交通大臣から 免許 を受けなければなりません。

宅地建物取引業、宅地建物取引業者、宅地建物取引士	
宅地建物取引業	以下の取引を業として行うこと 宅地、建物の { 売買、交換（**自ら行う**） 　　　　　　　 売買、交換、貸借の **媒介** 　　　　　　　 売買、交換、貸借の **代理** 自分のアパートを他人に貸す行為（自ら行う貸借）は、宅地建物取引業ではない
宅地建物取引業者	**都道府県知事**（1つの都道府県のみに事務所を設置する場合）または **国土交通大臣**（複数の都道府県に事務所を設置する場合）から免許を受けて宅地建物取引業を行う者
宅地建物取引士	宅地建物取引業を行う事務所には、従業員**5人**に対し、1人以上の専任の宅地建物取引士を置くことが義務づけられている ■**宅地建物取引士の独占業務**■ ◆**重要事項の説明** ◆重要事項説明書への記名 ◆契約書への記名

Ⅱ 媒介契約

不動産業者に土地や建物の売買や賃貸の媒介(仲介)を依頼する場合は、媒介契約を結びます。

媒介契約には、一般媒介契約、専任媒介契約、専属専任媒介契約 の3つがあります。それぞれの内容は次のとおりです。

媒介契約

		一般 媒介契約	専任 媒介契約	専属専任 媒介契約
依頼主側	同時に複数の 業者に依頼	○	×	×
	自己発見取引 (自分で取引相手を探す)	○	○	×
業者側	依頼主への 報告義務	なし	2週間に 1回以上	1週間に 1回以上
	指定流通機構への 物件登録義務	なし	7日以内 (休業日を除く)	5日以内 (休業日を除く)
契約の有効期間		なし	3カ月以内	3カ月以内

なお、専任媒介契約・専属専任媒介契約における契約の有効期間は最長で3カ月と定められていて、契約でこれよりも長い期間を定めた場合には、3カ月に短縮されます。

例題

専属専任媒介契約では、依頼者が自ら発見した相手方と売買契約を締結することができる。

▶× 専属専任媒介契約では、依頼者が自ら発見した相手方と売買契約を締結することはできない。

Ⅲ 宅地建物取引業者の報酬限度額

宅地建物取引業者が受け取る報酬は、取引金額に応じて限度額※が設けられています。

※ 宅地建物取引業者の報酬限度額(売買、交換の媒介の場合)

取引金額	報酬の限度額 (消費税抜き)
200万円以下	取引金額×5%
200万円超 400万円以下	取引金額×4% +2万円
400万円超	取引金額×3% +6万円

なお、貸借の媒介の場合には、依頼者の双方(貸主、借主)から宅地建物取引

業者が受け取れる報酬の合計限度額は、**1**カ月分の賃料（プラス消費税相当額）となります。

　依頼者の合意があっても限度額を超える報酬を受け取ることはできません。

例題

宅地建物取引業者が、建物の貸借の媒介を行う場合に、貸主・借主の双方から受け取ることのできる報酬の合計額の上限は、賃料の2カ月分に相当する額である。

　▶ ✕ 貸借の媒介において、依頼者の双方から受け取ることのできる報酬の合計額の上限は賃料（家賃）の**1**カ月分である。

Ⅳ 広告の開始時期、契約締結の時期の制限

　宅地建物取引業者は、未完成物件について、都市計画法の **開発許可**（宅地の造成工事の場合）や建築基準法の **建築確認**（建物の建築工事の場合）を受ける前は、その物件にかかる広告をすることはできません。

　また、開発許可や建築確認を受ける前は、売買契約を行うこともできません。

Ⅴ 重要事項の説明

　宅地建物取引業者は、**契約が成立するまで**（契約の締結前）に、お客さん（宅地建物取引業者を除く）に対して、一定の重要事項を書面を交付して説明しなければなりません。なお、この説明は、**宅地建物取引士**が行わなければなりません。

　一定の要件を満たせば上記の説明をテレビ会議等の IT を活用して行うこと（IT重説）ができます。なお、相手方の承諾を得て、重要事項説明書を電磁的方法によって提供することもできます。

例題

宅地建物取引業者は、宅地または建物の売買契約を締結したときは、買主（宅地建物取引業者ではない）に、遅滞なく、宅地建物取引業法第35条に規定する重要事項を記載した書面の交付等をして説明をしなければならないが、この説明は宅地建物取引士がする必要はない。

> ▶ ✕ 重要事項の説明は、**宅地建物取引士**が「売買契約を締結したとき」ではなく、「売買契約の**締結前**」に、書面の交付等をして行わなければならない。

Ⅵ 手付金の額の制限

　宅建業法では、宅地建物取引業者が自ら売主となる売買契約（相手方が宅地建物取引業者である場合を除く）においては、手付の額は代金の**20**％を超えることができないとしています。

SECTION 04 不動産に関する法令

このSECTIONで学習すること

1 借地借家法
・普通借地権と定期借地権
・普通借家権と定期借家権
・造作買取請求権
・家賃の増減額請求権

「普通」と「定期」
の違いをおさえて

2 区分所有法
・区分所有権
・共用部分の共有、持分
・敷地利用権
・管理組合
・規約

集会の決議で必要な
賛成数（過半数、
3/4以上、4/5以上）は
しっかりおさえておこう

3 都市計画法
・都市計画区域

　市街化区域
　市街化調整区域
　非線引区域

・開発許可制度

市街化調整区域は、
規模にかかわらず
原則として開発許可が
必要！

4 建築基準法
・用途制限
・接道義務とセットバック
・建蔽率　　・容積率
・セットバックが
　ある場合の建蔽率
　と容積率の計算
・高さ制限（斜線制限、
　日影規制）
・低層住居専用地域等内
　の制限（絶対高さの制限）

防火地域と準
防火地域にま
たがって建物
を建築する場
合、厳しいほう
の規制が適
用される

5 国土利用計画法
・届出制と
　許可制

出題実績が乏しい
から、時間がなければ
読み飛ばしてOK

6 農地法
・第3条、第4条、
　第5条の内容

ここは軽くみて
おけばOK

7 土地区画整理法

・減歩　　・換地　　・仮換地　　・保留地

板書の内容を
軽くチェックしておこう

1 借地借家法

借地借家法 は、土地や建物の賃貸借契約に関するルールを定めた法律です。

ひとこと

借地借家法は事業用の不動産についても適用されます。

Ⅰ 借地権

借地権 とは、建物の所有を目的として他人から土地を借りる権利をいいます。なお、借地権がある人（土地の借主）を 借地権者 、借地権を設定された人（地主）を 借地権設定者 といいます。

借地権には、普通借地権 と 定期借地権 があります。

1 普通借地権

借地権（普通借地権）の存続期間は **30** 年以上でなければなりません。

借地権の存続期間終了後、借主が更新を請求したときは、建物がある場合に限り、契約を更新したものとみなします（請求更新）。また、借主が存続期間終了後も土地の使用を継続するときは、建物がある場合に限り、契約を更新したものとみなします（法定更新）。

普通借地権の当初の存続期間が満了する場合において、借地権者が借地権設定者に
契約の更新を請求したときは、借地上に建物が存在しなくても、従前の契約と同一
条件で契約を更新したものとみなされる。

▶ **×** 契約の更新（請求更新）は建物が存在することが要件となっている。

なお、貸主(地主)が遅滞なく、正当事由をもって更新を拒んだ場合には、更
新は行われません。

また、借地権の存続期間が**満了**した場合で、借地契約の更新がないときは、
借地権者は地主に対して、建物を**時価**で買い取ることを請求できます（**建物買
取請求権**）。

普通借地権

契約の存続期間	**30**年以上	30年以上で定めた場合→その期間 30年未満で定めた場合→**30**年　　となる 期間を定めなかった場合→**30**年
更　　　　新	最初の更新は20年以上、2回目以降は10年以上	
利　用　目　的 （建物の種類）	制限なし	
契　約　方　法	制限なし ←書面によらなくてもOK	

普通借地権の存続期間は50年とされているが、当事者が契約でこれより長い期間
を定めたときは、その期間とする。

▶ **×** 普通借地権の存続期間は**30**年とされており、これより長い期間を定めたときは、その期間
となる。

2 定期借地権

定期借地権には、**一般定期借地権**、**事業用定期借地権**、**建物譲渡特約付
借地権**があります。

定期借地権の場合、**契約の更新ができず**、契約期間が終了したら借主は必

ず土地を返さなければなりません。

定期借地権

	定期借地権			
	一　般 定期借地権	事　業　用 定期借地権		建物譲渡 特約付借地権
契　約　の 存　続　期　間	**50年以上**	**30年以上 50年未満**※2	**10年以上** 30年未満	**30年以上**
利　用　目　的 （建物の種類）	制限なし	事業用建物のみ （居住用建物は×）		制限なし
契　約　方　法	特約は **書面**または **電磁的記録** によって行 わなければ ならない※1	**公正証書**に限る		制限なし
契　約　期　間 終　　了　　時	原則として 更地で返す	原則として 更地で返す		建物付きで 返す

※1　存続期間を50年以上として借地権（一般定期借地権）を定める場合には、次の 特約 を定めることができる。この特約は書面または電磁的記録によって行わなければならない

※2　存続期間が30年以上50年未満の事業用定期借地権を設定する場合は、次の 特約 を定めることができる

> 特約
> ❶ 契約の更新がないこと
> ❷ 建物の再築による存続期間の延長がないこと
> ❸ 建物の買取請求権がないこと

Ⅱ 借家権

借家権 とは、他人から建物を借りる権利をいいます。

借家権には、**普通借家権** と **定期借家権** があります。

1 普通借家権

借家権（普通借家権）の存続期間は原則**1年以上**で、存続期間が1年未満の場合、**期間の定めのない契約** とみなされます。

期間の定めがある契約の場合には、期間満了の**1年前**から**6カ月前**までの

間に相手方に対し、「更新しない」旨の通知をしなかったときは、従前の契約と同一の条件(期間については、定めがないものとされる)で契約を更新したものとみなされます。ただし、この通知を貸主からするときには正当事由が**必要**です(借主からするときには正当事由は**不要**です)。

また、期間の定めのない契約の場合には、当事者はいつでも解約の申入れを行うことができます。ただし、貸主が行うときには正当事由が**必要**です(借主が行うときには正当事由は**不要**です)。

借主から解約を申し入れるときは、解約の申入日から**3**カ月経過後に賃貸借契約は終了します。

一方、貸主から解約を申し入れるときは、解約の申入日から**6**カ月経過後に賃貸借契約は終了します。

2 定期借家権

定期借家権は、契約期間が終了したら、契約が更新されずに終了します。

定期借家権の場合、貸主は借主に対して事前に定期借家権である旨の説明を書面(電磁的方法によって提供することも可)でしなければなりません。

借家権の内容をまとめると、次のようになります。

普通借家権と定期借家権

	普通借家権	定期借家権
契約の存続期間	**1年以上** 1年未満の契約期間の場合、「期間の定めのない契約」とみなされる	契約で定めた期間 1年未満もOK！
更　新	貸主は正当事由がなければ更新の拒絶はできない	契約は更新されずに終了 貸主の正当事由は不要
契約方法	制限なし	**書面**（電磁的記録による方法も可）
そ の 他	期間の定めのない契約の場合、貸主は正当事由をもって6カ月前に通知すれば解約が可能	◆契約期間が**1年**以上の場合、貸主は期間終了の**1年**から**6カ**月前の間に借主に対して契約が終了する旨の通知が必要 ◆中途解約は原則不可。ただし、床面積が**200㎡**未満の居住用建物の場合は、やむを得ない事情（転勤等）があるときには借主からの中途解約が可能

例題

定期借家契約は、公正証書によって締結しなければならない。

▶ ✕ 定期借家契約は書面等によって行えばよく、公正証書に限られない。

3 造作買取請求権

借主は貸主の同意を得て、畳や建具など（造作）を取り付けることができます。そして、契約終了時に、借主は貸主に**時価**でその造作の買取りを請求することができます。これを **造作買取請求権** といいます。

ただし、貸主は、買取りをしない旨の特約を付けることにより、造作買取請求権を排除することができます。

4 家賃の増減額請求権

借家の家賃が、近隣の建物の家賃と比較して不相当となった場合等は、当事者(貸主、借主のいずれも)は、将来に向かって家賃の増額または減額を請求することができます。

なお、一定の期間、家賃を**増額**しない旨の特約がある場合には、その期間については増額請求をすることはできません。

> 「一定の期間、家賃を減額しない」旨の特約は、普通借家契約では無効です(借主が不利となるため)。なお、定期借家契約では減額しない旨の特約も有効となります。

2 区分所有法

区分所有法(「建物の区分所有等に関する法律」)は、集合住宅(分譲マンションなど)で生活するさいの最低限のルールを定めた法律です。

I 区分所有権

マンションには、購入者(区分所有者)が専用で使える**専有部分**(各部屋)と、ほかの購入者と共同で使う**共用部分**(エレベーター、エントランス、集会室など)があります。

このうち専有部分の所有権を**区分所有権**といいます。

なお、共用部分には、**法定共用部分**と**規約共用部分**があります。

専有部分と共用部分

専有部分	区分所有権の対象となる建物の部分 例:マンションの一室(305号室など)		
	ポイント ☆ 区分所有権は、登記によって第三者に対抗することができる		
共用部分	専有部分以外の部分で、区分所有者が共同で使う部分		
	法定 共用部分	マンションの構造上、当然に共用で使うこととされる部分 例:エントランス、エレベーター、階段、廊下など	
		ポイント ☆ 法定共用部分は、共用部分である旨の<u>登記がなくて</u> <u>も当然に</u>、第三者に対抗することができる 　↳法律上、当然に共用部分となる部分なので、 　　そもそも登記できない	
	規約 共用部分	本来は専有部分となる部分だが、規約により共用部 分とされた部分や付属建物部分 例:集会室、倉庫など	
		ポイント ☆ 規約共用部分は、その旨の登記をしなければ第三者 に対抗できない	

Ⅱ 共用部分の共有、持分

共用部分は、原則として区分所有者が全員で共有します。また、持分割合は、原則として**専有**部分の**床面積**の割合で決まりますが、規約で別段の定めをすることができます。

例題

共用部分に対する区分所有者の共有持分は、規約に別段の定めがない限り、各共有者の専有部分の床面積の割合による。

 ○

Ⅲ 敷地利用権

マンション(専有部分)の土地を利用する権利を **敷地利用権** といいます。

区分所有権と敷地利用権は、原則として分離して処分することはできません。ただし、規約で別段の定めをすることができます。

Ⅳ 管理組合

管理組合 は、マンションの管理をするための団体のことをいいます。マンションを購入すると、区分所有者はなんら手続きを経ることなく管理組合の構成員となります。

ひとこと

管理組合は区分所有者の全員で構成され、任意に脱退することはできません。

Ⅴ 規約

規約 とは、マンションに関するルールのことをいいます。

規約の変更やマンションに関する事項の決定は、集会を開いて決議します。

集会は、年に**1**回以上開催されなければなりません。また、集会の招集通知は、少なくとも会日の**1**週間前に、会議の目的である事項を示して、各区分所有者に発しなければなりません。

例題

集会の招集の通知は、原則として、開催日の少なくとも1カ月前までに、会議の目的たる事項を示して各区分所有者に発しなければならない。

▶ ✕ 集会の招集通知は、原則として、開催日の**1**週間前に発しなければならない。

集会の決議では、区分所有者(人の数)と議決権(専有部分の持分割合)によって決議します。決議要件は次のとおりです。

板書 集会の決議要件

決議内容	必要な賛成数
一般的事項 （管理者の選任・解任、共用部分の 管理に関する事項など）	区分所有者と議決権の 各**過半数**※1
規約の設定・変更・廃止、 共用部分の重大な変更など	区分所有者と議決権の 各$\frac{3}{4}$以上
建替え	区分所有者と議決権の 各$\frac{4}{5}$以上※2

※1 規約で別段の定めができる
※2 規約で別段の定めはできない

例題

規約を変更するためには、区分所有者および議決権の過半数の多数による集会の決議が必要となる。

▶ × 規約の変更は、区分所有者および議決権の各**4**分の**3**以上の賛成で決議することができる。

3 都市計画法

都市計画法は、計画的な街づくりを行うための法律です。

Ⅰ 都市計画区域

計画的に街づくりを行う必要がある地域を**都市計画区域**といい、都市計画区域は**市街化区域**、**市街化調整区域**（市街化区域と市街化調整区域をあわせて**線引区域**といいます）、それ以外（**非線引区域**）に分けられます。

ひとこと

都市計画区域外でも、土地利用を整序することなくそのまま放置すれば、将来の街づくりに支障が出るおそれがある区域について、土地利用を規制するために、都道府県が指定した区域を**準都市計画区域**といいます。

なお、市街化区域には、**用途地域**（建物の用途等を制限した区域。住居系、商業系、工業系があります）が定められています。

　また**市街化調整**区域には原則として用途地域を定めません。

　各区域の内容は、次のとおりです。

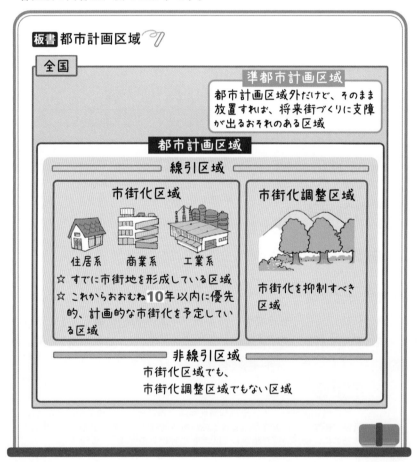

例題

市街化調整区域は、すでに市街地を形成している区域およびおおむね10年以内に優先的かつ計画的に市街化を図るべき区域とされている。

▶ × 市街化調整区域は市街化を抑制すべき区域をいう。本問は**市街化区域**の説明である。

Ⅱ 開発許可制度

❶ 開発許可

　一定の開発行為(建築物の建築、特定工作物の建設のために土地の区画形質を変更すること)を行う場合には、原則として**都道府県知事**の許可が必要です。

例題

土地の区画形質の変更が、建築物の建築や特定工作物の建設の用に供することを目的としていない場合、開発行為に該当しない。

▶ ○ 開発行為とは、建築物の建築、特定工作物の建設のために土地の区画形質を変更することをいう。したがって、建築物の建築や特定工作物の建設の用に供することを目的としない土地の区画形質の変更は開発行為に該当しない。

許可を必要とする規模は次のとおりです。

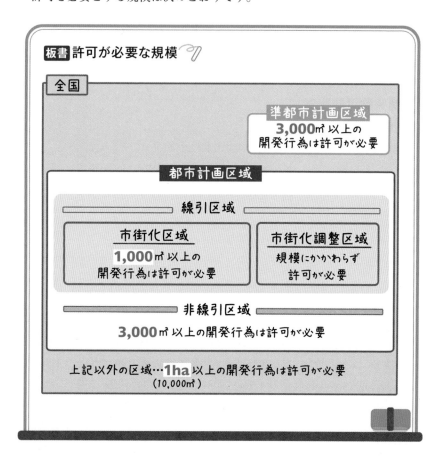

板書 許可が必要な規模

全国

準都市計画区域
3,000㎡以上の
開発行為は許可が必要

都市計画区域

線引区域

市街化区域
1,000㎡以上の
開発行為は許可が必要

市街化調整区域
規模にかかわらず
許可が必要

非線引区域
3,000㎡以上の開発行為は許可が必要

上記以外の区域…**1ha**以上の開発行為は許可が必要
（10,000㎡）

❷ 許可が不要な場合

❶の規模未満の開発行為の場合には許可は不要です。そのほか、以下の開発行為についても許可は不要です。

許可が不要な場合

◆の規模未満の開発行為

◆**市街化区域以外**の区域に**農林漁業**関係の建築物やこれらの業務に従事する者の居住用建築物を建築するために行う開発行為

◆図書館など公益上必要な建築物を建築するための開発行為

◆都市計画事業など、一定の事業の施行として行う開発行為

例題

市街化調整区域内において、図書館を建築する目的で行う開発行為は、都道府県知事等の許可が不要である。

▶ ○

❸ 建築行為の制限

開発許可を受けた開発区域内では、工事完了の公告前と公告後において、次のような建築の制限があります。

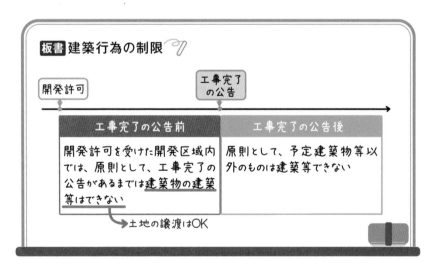

4 建築基準法

建築基準法は、建物を建てるときの基本的なルールを定めた法律です。

I 用途制限

都市計画法では、用途地域を住居系、商業系、工業系に区分し、全部で13種類に分けています。

建築基準法では、この用途地域に応じて建築できる建物と、建築できない建物を具体的に定めています（これを**用途制限**※といいます）。

※　用途制限の主なもの	住居系								商業系		工業系		
	第一種低層住居専用地域	第二種低層住居専用地域	田園住居地域	第一種中高層住居専用地域	第二種中高層住居専用地域	第一種住居地域	第二種住居地域	準住居地域	近隣商業地域	商業地域	準工業地域	工業地域	工業専用地域
診療所、公衆浴場、保育所、神社、教会、派出所	●	●	●	●	●	●	●	●	●	●	●	●	●
住宅、図書館、老人ホーム	●	●	●	●	●	●	●	●	●	●	●	●	×
幼稚園、小・中学校、高校	●	●	●	●	●	●	●	●	●	●	●	×	×
大学、病院	×	×	×	●	●	●	●	●	●	●	●	×	×

●…建築できる　×…原則建築できない

なお、1つの敷地が2つの用途地域にまたがる場合には、<u>面積の大きいほうの用途地域</u>の制限を受けます。

II 道路に関する制限

建築基準法では、交通の安全や防火等のため、建物に接する道路についても制限を課しています。

1 建築基準法上の道路

建築基準法では、道路を次のように定義しています。

建築基準法上の道路

◆幅員（道幅）が**4**m以上の道路
◆幅員（道幅）が**4**m未満の道路で、建築基準法が施行されたとき、すでに存在し、特定行政庁の指定を受けている道路**→2項道路**という

2 接道義務とセットバック

建物の敷地は、原則として、幅員**4**m以上の道路に**2**m以上接していなければなりません。これを接道義務といいます。

例題

建築物の敷地は、原則として、幅員 2m 以上の道路に 4m 以上接していなければならない。

▶× 建築物の敷地は、原則として、幅員**4**m以上の道路に**2**m以上接していなければならない。

また、幅員が**4**m未満の道路である2項道路の場合には、原則として、道路の中心線から**2**m下がった線が、その道路の境界線とみなされます（なお、道路の向こう側が川や崖などの場合は、道路の向こう側から4m下がった線が境界線とみなされます）。これをセットバックといいます。

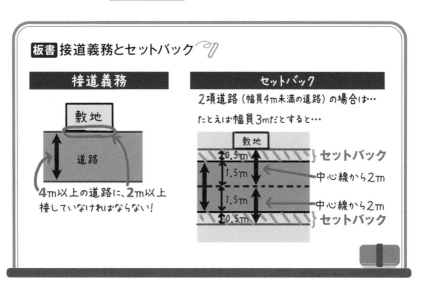

板書 接道義務とセットバック

接道義務

敷地

道路

4m以上の道路に、2m以上接していなければならない！

セットバック

2項道路（幅員4m未満の道路）の場合は…

たとえば幅員3mだとすると…

敷地

0.5m → セットバック
1.5m ← 中心線から2m
1.5m ← 中心線から2m
0.5m → セットバック

Ⅲ 建蔽率

1 建蔽率とは

建蔽率（けんぺいりつ）とは、敷地面積に対する建築面積の割合をいいます。

$$建蔽率 = \frac{建築面積}{敷地面積}$$

したがって、建築面積は次のように計算します。

$$建築面積＝敷地面積×建蔽率$$

建蔽率の最高限度は、用途地域ごとに決められています。

なお、建蔽率の異なる地域にまたがって建物の敷地がある場合には、建蔽率は**加重平均**で計算します。

板書 建蔽率

地域Aと地域Bにまたがって建物を建てたい場合…

地域A	地域B
建蔽率：60%	建蔽率：50%
敷地面積：200㎡	敷地面積：300㎡

■建蔽率の計算■

$$60\% × \frac{200㎡}{500㎡} + 50\% × \frac{300㎡}{500㎡} = 54\%$$

■最大建築面積■

$$500㎡ × 54\% = 270㎡$$

この敷地に建てられる建物の最大面積は270㎡となる
なお、用途地域ごとに最大建築面積を計算し、それらを合計してもOK
→最大建築面積：200㎡×60%＋300㎡×50%＝270㎡

---

2 建蔽率の緩和

次のいずれかに該当する場合には、建蔽率が緩和されます。

板書 建蔽率の緩和

①防火地域・準防火地域内の緩和

ⓐ建蔽率の最高限度が**80**％とされている
地域**外**で、かつ**防火地域内**にある
耐火建築物等

ⓑ準防火地域内にある建築物で、
耐火建築物等 または **準耐火建築物等**

ⓐⓑどちらか
を満たせば
プラス**10**％

②角地等の緩和
　特定行政庁が指定する**角地** ── プラス**10**％

→したがって、①と②の両方を満たす場合には、プラス**20**％となる

例題

防火地域内に耐火建築物を建築する場合は、容積率について緩和措置の適用を受け
ることができる。

▶ ✕ 緩和されるのは建蔽率である。

❸ 建蔽率の制限がないもの

次に該当する場合には、建蔽率の制限がありません。したがって、建蔽率
100％で建物を建てることができます。

板書 建蔽率の制限がないもの

☆ 建蔽率が80%とされている地域内で、
　防火地域内にある耐火建築物等

耐火建築物等

防火地域

建蔽率
80%

☆ 派出所、公衆便所など
☆ 公園、道路、川などの内にある建築物で安全上、防火上、衛生上
　支障がないと認められたもの

❹ 防火地域と準防火地域

　建物が密集している地域では、火災の類焼が発生しやすくなります。そのため、このような地域を 防火地域 または 準防火地域 に指定し、建物の構造に一定の制限(防火地域で3階以上の建物を建てる場合には、耐火構造にしなければならない等)を設けています。

ひとこと

特になにも指定されていない地域を 無指定地域 といいます。
規制が厳しい順番に並べると、防火 地域→準防火 地域→無指定 地域 となります。

　2つ以上の地域にまたがって建物を建てる場合には、**最も厳しい地域**の規制が適用されます。

ひとこと

防火地域と準防火地域にまたがっている場合は、防火地域 の規制が敷地全体に適用されます。また、準防火地域と無指定地域にまたがっている場合は、準防火地域 の規制が適用されます。

プラスワン 防火・準防火地域における建築物の構造の制限

🔳 防火地域における建築物の構造の制限（原則）

❶地階を含む階数が **3** 以上の建築物または 延べ面積が **100**㎡超の建築物	→ **耐火**建築物等
❷上記以外	→ **耐火**建築物等または**準耐火**建築物等

🔳 準防火地域における建築物の構造の制限（主なもの）

❶地階を除く階数が **4** 以上の建築物または 延べ面積が **1,500**㎡超の建築物	→ **耐火**建築物等
❷地階を除く階数が **3** 以下で、延べ面積が **500**㎡超 **1,500**㎡以下の建築物	→ **耐火**建築物等または**準耐火**建築物等

Ⅳ 容積率

🔳 容積率とは

容積率 とは、敷地面積に対する延べ面積(各階の床面積の合計)の割合をいいます。

$$容積率 = \frac{延べ面積}{敷地面積}$$

したがって、延べ面積は次のように計算します。

$$延べ面積＝敷地面積×容積率$$

容積率の最高限度は、用途地域ごとに決められています。

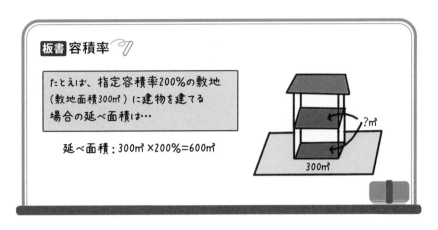

なお、容積率の異なる地域にまたがって建物の敷地がある場合には、容積率は**加重平均**で計算します。

2 前面道路の幅員による容積率の制限

前面道路の幅員が**12m未満**の場合には、容積率に制限があります。

なお、2つ以上の道路に面している場合には、幅の**広い**ほうの道路が前面道路となります。

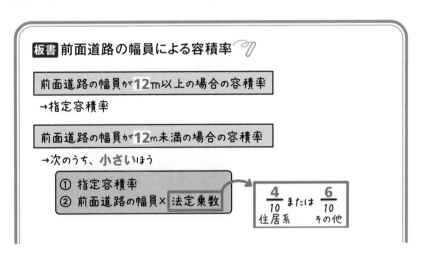

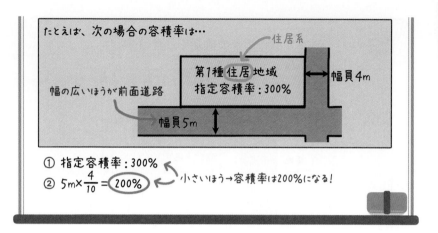

建築物の敷地が接する前面道路の幅員が 12m 未満である場合、当該建築物の容積率の上限は、都市計画の定めにかかわらず、前面道路の幅員に一定の数値を乗じたものになる。

▶ ✕ 前面道路の幅員が 12m 未満の場合、建築物の容積率の上限は❶指定容積率と❷前面道路の幅員に一定の数値（法定乗数）を掛けたもののうち、**小さいほう**となる。

V セットバックがある場合の建蔽率と容積率の計算

セットバックがある場合、セットバック部分の面積は敷地面積から除いて計算します。

板書 セットバックがある場合の建蔽率と容積率

たとえば、次の場合の建築面積の上限と延べ床面積の上限は…

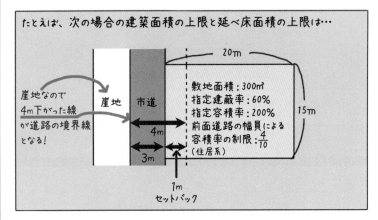

崖地なので
4m下がった線
が道路の境界線
となる!

崖地　市道

20m

敷地面積：300㎡
指定建蔽率：60%
指定容積率：200%
前面道路の幅員による
容積率の制限：$\frac{4}{10}$
（住居系）

15m

4m

3m

1m
セットバック

セットバック分の面積：1m×15m=15㎡
セットバック分を除いた敷地面積：300㎡−15㎡＝285㎡

建蔽率の計算

建築面積の上限：285㎡×60%=171㎡

容積率の計算

① 指定容積率：200%　　　　　小さいほう→容積率は160%
② （3m+1m）× $\frac{4}{10}$ ＝ 160%
③ 延べ面積の上限：285㎡×160%=456㎡

例題

建築基準法第42条第2項により道路境界線とみなされる線と道路との間の敷地部分（セットバック部分）は、建築物を建築することができないが、建蔽率、容積率を算定するさいの敷地面積に算入することができる。

▶ ✕ セットバック部分は建蔽率、容積率を算定するさい、敷地面積から除いて計算する。

Ⅵ 高さ制限（斜線制限、日影規制）

❶ 斜線制限

斜線制限とは、建物の高さの制限の一つで、建物の高さは道路の境界線等から上方斜めに引いた線の内側におさまらなければならないというものです。

斜線制限には、**道路斜線制限**、**隣地斜線制限**、**北側斜線制限**の3つがあります。

板書 斜線制限

道路斜線制限

…道路および道路上空の空間を確保するための制限
　すべての区域で適用される！

隣地斜線制限

…<u>高い建物間の空間を確保するための制限</u>
　┗だから、低層住居地域（第一種・第二種低層住居専用地域）、
　　田園住居地域には適用なし！

北側斜線制限

…<u>住宅地における日当たりを確保するための制限</u>
　┗だから、住宅地（第一種・第二種低層住居専用地域、田園住居地域、
　　第一種・第二種中高層住居専用地域※）のみ適用あり
　　　　　　　　　※　日影規制の適用を受けるものを除く

例題

北側斜線制限（北側高さ制限）は、商業地域内の建築物について適用される。

▶✕ 北側斜線制限は、第一種・第二種低層住居専用地域、田園住居地域、第一種・第二種中高層住居専用地域に適用される。商業地域には適用されない。

❷ 日影規制

日影規制とは、建物の高さの制限の一つで、北側（隣地の南側）の敷地の日当たりを確保するための制限です。

日影規制は、**商業地域、工業地域、工業専用**地域には適用がありません。

なお、日影規制の対象区域外にある建物でも、高さが**10**mを超え、冬至日において、対象区域内に日影を生じさせるものには、日影規制が適用されます。

例題

日影規制（日影による中高層の建築物の高さの制限）は、原則として、工業専用地域、工業地域、準工業地域および商業地域を除く用途地域における建築物に適用される。

▶ **✕** 日影規制は、**商業地域、工業地域、工業専用**地域以外の地域に適用される。準工業地域には適用される。

Ⅶ 低層住居専用地域等内の制限（絶対高さの制限）

第一種・第二種低層住居専用地域内および田園住居地域内では、原則として、建物の高さは、**10**mまたは**12**mのうち、都市計画で定めた高さを超えることはできません。

ひとこと

第一種・第二種低層住居専用地域、田園住居地域内では、よりよい住環境が求められるので、このような特別な規制があるのです。

---

5 国土利用計画法

国土利用計画法は、総合的、計画的に国土を利用するための法律です。

一定面積以上の土地取引を行う場合には、事後または事前に**届け出**が必要です。また、**規制区域**（土地の投機的取引が相当範囲にわたり集中して行われ、地価が急激に上昇しているまたは上昇する恐れのある区域）で土地取引を行う場合には、**都道府県知事の許可**が必要です。

プラスワン　届出制と許可制

届け出（許可）が必要な面積は以下のとおりです。

	事後届出制	事前届出制		許可制
	一定面積以上の取引	注視区域[※1]	監視区域[※2]	規制区域[※3]
届 け 出 が 必要な面積	◆市街化区域 …2,000㎡以上 ◆市街化区域以外の都市計画区域 …5,000㎡以上 ◆都市計画区域外… 1 ha 以上	都道府県知事 が定める面積 以上		面積に関係な く、必ず許可 が必要
届出人	買主	買主と売主		

※1　注視区域
　　　…地価が相当な程度を超えて上昇し、またはその恐れがあり、適正な土地利用の
　　　確保に支障を生ずる恐れがある区域を、都道府県知事は注視区域として指定す
　　　ることができる
※2　監視区域
　　　…地価が急激に上昇し、またはその恐れがあり、適正な土地利用の確保が困難と
　　　なる恐れがある区域を、都道府県知事は監視区域として指定することができる
※3　規制区域
　　　…土地の投機的取引が相当範囲で集中的に行われ、またはその恐れがある区域で、
　　　地価が急激に上昇しまたはその恐れがあるとき、都道府県知事はその区域を規
　　　制区域に指定しなければならない

6 農地法

農地法は、農地や採草放牧地の売買や転用等を規制して、農地および耕作
者を守るための法律です。

ここでは、農地法第3条、第4条、第5条の内容を簡単にまとめておきます。

農地法第3条、第4条、第5条の内容

　[第3条]…権利移動

◆農地または採草放牧地をそのままの状態で売買したり、賃借権を設定する場合には、原則として**農業委員会**の許可が必要

　[第4条]…転用

◆農地を農地以外のものに転用する場合には、**都道府県知事**（または指定市町村長）の許可が必要

◆**市街化区域**内の農地の場合は、あらかじめ**農業委員会**に届け出をすれば、都道府県知事（または指定市町村長）の許可は不要（市街化区域内の特例）

　[第5条]…転用目的の権利の移動

◆農地を農地以外のものに転用するため、または採草放牧地を農地でない採草放牧地以外のものに転用するため、権利を移動（売買等）する場合には、**都道府県知事**（または指定市町村長）の許可が必要

◆**市街化区域**内の農地・採草放牧地の場合は第4条と同じ（市街化区域内の特例）

---

7 土地区画整理法

　土地区画整理法は、土地を整備して良好な環境をつくるための法律です。

　土地区画整理事業とは、都市計画区域内の土地の所有者から一定割合の土地を提供（減歩（げんぶ）といいます）してもらったり、従来使用していた宅地を別の場所に移動（換地（かんち）といいます）してもらって、公共施設（道路や公園など）の整備等を行うことをいいます。

　「土地区画整理事業」に関する用語を簡単に説明すると、次のとおりです。

板書 減歩、換地、仮換地、保留地 🖉

減　　歩
…公共施設の整備等の目的で、土地の所有者から土地の一部を提供
してもらうこと

換地（換地処分）
…従来使用していた宅地を別の場所に移動してもらうこと

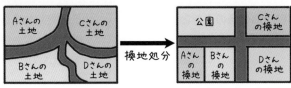

不公平が生じる場合には、
精算金が交付される

仮　換　地
…換地処分の前に、仮の換地として指定される土地
☆ 仮換地が指定されると、従前の土地は <u>使用できなくなる</u>（所有権は従
前の土地にある）　　　　　　　　　　↳ …が、売買はできる

保　留　地
…換地として定めずに、<u>売却目的で施行者が確保している土地</u>
↳ 売却代金は区画整理事業の費用にあてられる

ひとこと

施行者（土地区画整理事業を施行する者）となれるのは、個人、土地区画整理組合、
土地区画整理会社、都道府県・市町村、国土交通大臣などです。

SECTION 05 不動産の税金

このSECTIONで学習すること

1 不動産の税金の全体像
・概要

> まずは概要を
> おさえよう

2 不動産を取得したときの 税金① 不動産取得税
・基本的な内容
・免税点
・課税標準の特例

> 本則の税率は
> 4%だけど、
> いまは3%！

3 不動産を取得したときの 税金② 登録免許税
・基本的な内容
・登録免許税の 税率

> 細かい税率は
> おぼえる必要なし！

4 不動産を取得したときの 税金③ 消費税
・概要

> 土地の譲渡、貸付け
> （貸付期間1カ月未満を
> 除く）は非課税取引！

5 不動産を取得したときの 税金④ 印紙税
・概要

> 印紙が貼られて
> いなくても、
> 契約自体は有効！

6 不動産を保有しているときの 税金① 固定資産税
・基本的な内容
・課税標準の特例 と税額軽減特例

> 標準税率は
> 1.4%

7 不動産を保有しているときの 税金② 都市計画税
・基本的な内容
・課税標準の特例

> 税率は市町村で
> 決められるけど、0.3%
> （制限税率）を超える
> ことはできない！

8 不動産を譲渡したときの 税金① 譲渡所得
・概要

> 短期譲渡所得と
> 長期譲渡所得に対する
> 税率を確認しておこう

9 不動産を譲渡したときの税金② 居住用財産の譲渡の特例

・居住用財産の 3,000 万円の特別控除
・居住用財産の軽減税率の特例
・特定居住用財産の買換えの特例

板書の
ポイントを
おさえておこう

10 不動産を譲渡したときの税金③ 空き家の譲渡の特例

・空き家にかかる譲渡所得の特別控除

2016 年 4/1
から 2027 年 12/31
までに譲渡した場合に
適用できる！

1 不動産の税金の全体像

不動産に係る税金には、次の 4 種類があります。

不動産に係る税金

不動産を取得したときの税金

◆不動産取得税… **2**　◆登録免許税… **3**　◆消費税… **4**　◆印紙税… **5**

不動産を保有しているときの税金

◆固定資産税… **6**　◆都市計画税… **7**

不動産を譲渡したときの税金

◆所得税（譲渡所得）… **8**　◆住民税

不動産を賃貸しているときの税金

◆所得税（不動産所得）　　◆住民税

---

2 不動産を取得したときの税金① 不動産取得税

不動産を取得した場合(購入したときや増改築したとき、贈与されたとき)、**不動産取得税**がかかります。

なお、**相続**や法人の合併によって不動産を取得した場合には、不動産取得税はかかりません。

例題

不動産取得税は、贈与により不動産を取得した場合には課されない。

▶ ✕ 不動産取得税は、相続や法人の合併によって不動産を取得した場合には課されないが、贈与によって取得した場合には課される。

Ⅰ 不動産取得税の基本的な内容

不動産取得税の基本的な内容は次のとおりです。

不動産取得税の基本的な内容

課税主体 誰が税金を課すの?	不動産がある都道府県(地方税)
納税義務者 誰が税金を払うの?	不動産の取得者
課税標準 何に対して税金がかかるの?	固定資産税評価額
税額の計算	**不動産取得税＝課税標準×3%** 本則は**4%**であるが、2027年3月31日までに土地や住宅を取得した場合には**3%**(特例)が適用される 住宅以外の建物を取得した場合は4%(本則)が適用される

Ⅱ 免税点

課税標準額が以下の場合には、不動産取得税はかかりません。

免税点

土　地		10 万円未満
家　屋	新築・増改築	1 戸につき 23 万円未満
	新築・増改築以外（売買など）	1 戸につき 12 万円未満

Ⅲ 課税標準の特例

一定の不動産については、課税標準について次の特例があります。

板書 **課税標準の特例**

住宅の課税標準の特例 | 一定の住宅（建物）の場合、課税標準額から一定額を控除することができる

新築住宅の場合

不動産取得税＝（課税標準−1,200万円※）×3%

※　認定長期優良住宅に該当する場合は1,300万円（2026年3月31日までの特例）

要件 | 床面積：50㎡（一戸建以外の賃貸住宅の場合は40㎡）以上240㎡以下
その他：賃貸住宅でも適用可能

中古住宅の場合

不動産取得税＝（課税標準−控除額）×3%

↳ 新築した時期によって異なる

要件 | 床面積：50㎡以上240㎡以下
その他：賃貸住宅は適用不可
一定の耐震基準に適合すること

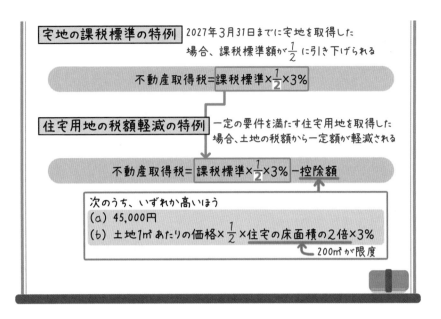

3 不動産を取得したときの税金② 登録免許税

登録免許税 は、不動産の登記をするときにかかる税金です。

Ⅰ 登録免許税の基本的な内容

登録免許税の基本的な内容は次のとおりです。

登録免許税の基本的な内容

課 税 主 体	国（国税）
納 税 義 務 者	不動産の登記を受ける人
課 税 標 準	固定資産税評価額（抵当権設定登記は債権金額）
税 額 の 計 算	登録免許税＝課税標準×税率
登録免許税がかからない登記	◆表題登記 登記記録の表題部を作成するための登記 ◆滅失登記　など

例題

建物を新築して表示に関する登記を申請する場合は、登録免許税は課されない。

▶ ○ 表題登記や滅失登記には登録免許税は課されない。

II 登録免許税の税率

登録免許税の税率は次のとおりです。

登録免許税の税率　　　　　税率はおぼえなくても大丈夫

登記の内容		本則	特例	住宅用家屋の軽減税率
所有権保存登記		0.4%	—	0.15%[※2]
所有権移転登記	売買	2 %	1.5%(土地)[※1]	0.3 %[※2、3]
	相続	0.4%	0%(土地の相続登記)[※4]	—
	贈与等	2 %	—	—
抵当権設定登記		0.4%	—	0.1 %[※5]

※1　2026年3月31日までの土地の売買に係る登録免許税は1.5%に軽減される
※2　2027年3月31日までの間に、一定の要件を満たす住宅用家屋を取得した場合の税率。自己居住用の住宅用家屋のみ適用できる
　　　➡賃貸用家屋は適用できない!
※3　個人が宅建業者から一定の増改築等が行われた一定の住宅用家屋を取得する場合は0.1%
※4　個人が相続により土地の所有権を取得した場合で、当該個人が所有権移転登記を受ける前に死亡したときは、2018年4月1日から2025年3月31日までの間、当該個人の所有権移転登記に係る登録免許税は免除される
※5　2027年3月31日までに、一定の住宅用家屋を取得等し、その住宅用家屋に抵当権が設定される場合の税率

4 不動産を取得したときの税金③ 消費税

消費税は、商品の販売やサービスの提供に対して課される税金です。

不動産の取引で、消費税がかかるもの(課税取引)と消費税がかからないもの(非課税取引)をまとめると、次のとおりです。

消費税の課税取引と非課税取引

課 税 取 引	非課税取引
◆建物の譲渡	◆**土地**の譲渡・貸付け※
◆建物の貸付け（居住用を除く）	◆居住用賃貸物件の貸付け※ など
◆不動産の仲介手数料　など	※ 1カ月未満の貸付けは課税取引となる

5　不動産を取得したときの税金④　**印紙税**

　印紙税は、一定の文書を作成した場合に課される税金(国税)で、原則として、契約書等に印紙を貼り、消印することによって納税します。

プラスワン　印紙税の課税対象と非課税

　　不動産売買の契約書のほか、不動産売買契約書に先立って作成される**仮契約書**、不動産売買に係る契約内容を補充する**念書**や**覚書**についても印紙税の課税対象となります。
　　なお、記載された金額が**5万円未満の領収書**、営業に関しない領収書（個人が自宅を売却したさいの売買代金が記載された領収書など）については非課税となります。

　印紙税の税率は、文書に記載された金額(記載金額)に応じて異なります。また、記載金額がない場合でも一律**200円**の印紙税がかかります。

印紙税の税率

記載金額のある契約書	記載金額に応じて異なる
記載金額のない契約書	**200円**

　印紙が貼られていなかったり、消印がない場合には、**過怠税**(印紙が貼られていなかった場合には、納付しなかった印紙税の額とその2倍に相当する額の合計〈つまり本来納付すべき金額の3倍〉、印紙は貼られているが消印がない場合には印紙の額面金額)が課せられますが、このような場合でも<u>契約自体は有効</u>です。

印紙税の課税文書に貼付されている印紙が消印されていない場合は、一定の過怠税が課され、契約は無効となる。

▶ ✕ 課税文書に印紙が貼付されているものの消印がない場合には、印紙の**額面金額**の過怠税が課されるが、契約自体は**有効**である。

6 不動産を保有しているときの税金① 固定資産税

不動産を保有している間は、毎年、固定資産税がかかります。

Ⅰ 固定資産税の基本的な内容

固定資産税の基本的な内容は次のとおりです。

固定資産税の基本的な内容

課 税 主 体	不動産がある市町村（地方税）
納税義務者	毎年**1月1日**に固定資産課税台帳に所有者として登録されている人
課 税 標 準	固定資産税評価額
税 額 の 計 算	**固定資産税＝課税標準× 1.4%** ↑ 標準税率 （税率は市町村で決めることができる）

土地および家屋の固定資産税の標準税率は1.4%とされているが、各市町村は条例によってこれと異なる税率を定めることができる。

 ○

Ⅱ 課税標準の特例と税額軽減特例

　住宅用地については、課税標準の特例があります。また、新築住宅については、税額の軽減特例があります。

板書 固定資産税の課税標準の特例と税額軽減特例

住宅用地の課税標準の特例　　固定資産税＝課税標準×1.4%
　　　　　　　　　　　　　　　　　　　　この部分の調整

小規模住宅用地（200㎡以下の部分）　　**一般住宅用地（200㎡超の部分）**
　　課税標準×$\frac{1}{6}$　　　　　　　　　　　　課税標準×$\frac{1}{3}$

新築住宅の税額軽減特例

　住宅を新築した場合で、一定の条件を満たしたときは、新築後5年間または3年間、120㎡までの部分について税額が$\frac{1}{2}$に軽減される

　　　　　固定資産税＝課税標準×1.4%
　　　　　　　　　　これが半分になる

耐火構造または準耐火構造の中高層住宅の場合は5年間、それ以外は3年間

例題

固定資産税における小規模住宅用地（住宅用地で住宅1戸当たり200㎡以下の部分）の課税標準については、課税標準となるべき価格の2分の1の額とする特例がある。

▶✕ 固定資産税の課税標準について、住宅用地で200㎡以下の部分については、課税標準となるべき価格の6分の1の額とする特例がある。

プラスワン タワーマンションの特例

　居住用超高層建築物（いわゆるタワーマンション。高さが **60** mを超える建物のうち、複数の階に住戸が所在しているもの）に対する固定資産税については、当該タワーマンション全体に係る固定資産税額を各区分所有者にあん分するさいに用いる各区分所有者の専有部分の床面積を、一定の補正率（**階層別専有床面積補正率**）によって補正します。

　なお、階層別専有床面積補正率は、タワーマンションの1階を100とし、階が1つ増すごとに、$\frac{10}{39}$を加えた数値となります。

$$階層別専有床面積補正率(\%) = 100 + \frac{10}{39} \times (階 - 1)$$

$$各住戸の固定資産税 = 一棟全体の固定資産税 \times \frac{各住戸の専有床面積 \times 階層別専有床面積補正率}{(補正後の)専有面積合計}$$

7 不動産を保有しているときの税金② 都市計画税

　都市計画税は、都市計画事業等の費用にあてるため、市街化区域内の土地および家屋の所有者に対して、市町村が課税する目的税です。

I 都市計画税の基本的な内容

　都市計画税の基本的な内容は次のとおりです。

都市計画税の基本的な内容

課 税 主 体	不動産がある市町村（地方税）
納税義務者	**市街化**区域にある土地、家屋の所有者（毎年1月1日に固定資産課税台帳に所有者として登録されている人）
課 税 標 準	固定資産税評価額
税 額 の 計 算	**都市計画税＝課税標準×税率** 制限税率**0.3%**の範囲内で市町村が決めることができる

都市計画税は、都市計画区域のうち、原則として市街化調整区域内に所在する土地
または家屋の所有者に対して課される。

▶ ✕ 都市計画税は、**市街化区域**にある土地、家屋の所有者に対して課される。

Ⅱ 課税標準の特例

住宅用地については、課税標準の特例があります。

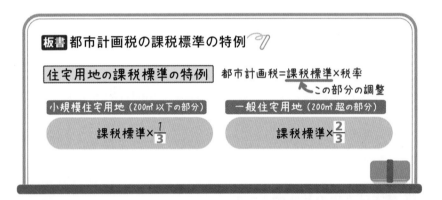

板書 都市計画税の課税標準の特例

住宅用地の課税標準の特例 | 都市計画税＝課税標準×税率
この部分の調整

小規模住宅用地（200㎡以下の部分）
課税標準×$\frac{1}{3}$

一般住宅用地（200㎡超の部分）
課税標準×$\frac{2}{3}$

8 不動産を譲渡したときの税金① 譲渡所得

土地や建物を譲渡（売却）して収入を得たときは、**譲渡所得**として所得税が
かかります。この場合の譲渡所得は**分離課税**となります。

板書 譲渡所得（原則） 🖊 　　　🎧 Review CH04. SEC02 **8**

譲渡所得＝収入金額−（取得費＋譲渡費用）

【取得費の例】
購入代金、取得時の仲介手数料、
登録免許税、不動産取得税、設備費、
改良費 など

【譲渡費用の例】
譲渡時の仲介手数料、
印紙税、取壊費用 など

☆ 取得費が不明な場合や取得費が
「収入金額×5%」を下回る場合、
収入金額の**5%**を取得費とすることができる
概算取得費↵

☆ 相続や贈与によって取得した場合、被
相続人や贈与者の取得費を引き継ぐ
取得時期も引き継ぐ！↵

税率

☆ **短期譲渡所得**の場合…**39%**※1（所得税**30%**、住民税**9%**）
↳ 譲渡した年の1月1日時点の所有期間が**5年以下**

☆ **長期譲渡所得**の場合…**20%**※2（所得税**15%**、住民税**5%**）
↳ 譲渡した年の1月1日時点の所有期間が**5年超**

※1　別途、復興特別所得税0.63%が加算される
※2　別途、復興特別所得税0.315%が加算される

例題

建物の譲渡にあたって、建物の取得時にかかった登録免許税は譲渡所得の金額の計算上、収入金額から控除することができる。

▶○ 建物の取得時にかかった登録免許税は、譲渡所得の計算上、取得費として収入金額から控除することができる。

例題

譲渡所得のうち、土地を譲渡した日の属する年の1月1日における所有期間が10年以下のものについては短期譲渡所得に区分される。

▶× 短期譲渡所得は、土地を譲渡した日の属する年の1月1日における所有期間が**5年以下**の譲渡所得をいう。

相続により取得した土地を譲渡した場合、譲渡所得の計算上、その土地の所有期間は、被相続人が取得した日を引き継いで計算する。

▶○ 相続により取得した土地を譲渡した場合、その土地の所有期間は、被相続人が取得した日から計算する（被相続人の取得日を引き継ぐ）。

ひとこと

譲渡費用は、固定資産を譲渡するときにかかる費用です。ですから、固定資産の保有中にかかる固定資産税や都市計画税などは譲渡費用には該当しません。たまに試験で出題されるので覚えておきましょう。

9 不動産を譲渡したときの税金② 居住用財産の譲渡の特例

居住用財産（自宅やその土地）を譲渡した場合で、一定の要件を満たしたときは、以下の特例の適用を受けることができます。なお、譲渡先が配偶者や直系血族等の場合には特例の適用を受けることはできません。

Ⅰ 居住用財産の3,000万円の特別控除

居住用財産を譲渡して譲渡益が生じた場合、譲渡所得の金額から最高3,000万円を控除することができます。

この特例の主な内容は次のとおりです。

板書 居住用財産の3,000万円の特別控除

> **課税譲渡所得＝譲渡益－3,000万円（特別控除）**

ポイント

☆ 譲渡した居住用財産の所有期間が<u>短期でも長期でも利用できる</u>

☆ 控除後の課税譲渡所得が0円となる場合でも確定申告が必要

☆ 住宅を共有している場合、それぞれがこの特例の適用を受けることができる

☆ 「居住用財産の軽減税率の特例」と重複して適用できる

主な適用要件

☆ 居住用財産の譲渡であること

☆ 配偶者、父母、子などへの譲渡でないこと

☆ 居住しなくなった日から**3**年経過後の12月31日までに譲渡していること

☆ 前年、前々年にこの特例を受けていないこと

　➡ この特例は**3**年に1回しか受けられない

例題

3,000万円特別控除と軽減税率の特例は、同一の居住用財産の譲渡について、重複して適用を受けることができない。

▶ ✗ 3,000万円の特別控除と軽減税率の特例は、重複して適用を受けることができる。

例題

3,000万円特別控除は、居住用財産を配偶者に譲渡した場合には適用を受けることができないが、子に譲渡した場合には適用を受けることができる。

▶ ✗ 3,000万円の特別控除は、譲渡先が配偶者、父母、子などの場合には適用を受けることはできない。

II 居住用財産の軽減税率の特例

譲渡した年の1月1日時点で所有期間が**10年超**の居住用財産を譲渡した場合、**6,000万円以下**の部分について**14**%（所得税**10**%、住民税**4**%。別途、復興特別所得税0.21%が加算される）の軽減税率が適用されます。なお、居住用財産の3,000万円の特別控除と併用することができます。

板書 居住用財産の軽減税率の特例

たとえば、次のような譲渡益が発生した場合は…
・所有期間15年の居住用財産を譲渡した
・譲渡収入2億円、取得費7,000万円、譲渡費用500万円
・居住用財産の軽減税率の適用要件はすべて満たしている
・復興特別所得税は考慮しない

―――― 譲渡収入　2億円 ――――

取得費 7,000万円	譲渡費用 500万円	特別控除 3,000万円	譲渡益 9,500万円

6,000万円以下
→所得税10%
　住民税4%

6,000万円超
→所得税15%
　住民税5%

譲渡益：2億円−7,000万円−500万円−3,000万円=9,500万円
所得税：6,000万円×**10**%+(9,500万円−6,000万円)×**15**%=1,125万円
住民税：6,000万円×**4**%+(9,500万円−6,000万円)×**5**%=415万円

例題

軽減税率の特例は、譲渡した居住用財産の所有期間が、譲渡した日の属する年の1月1日において5年を超えていれば、適用を受けることができる。

▶× 軽減税率の特例は、譲渡した居住用財産の所有期間が、譲渡した日の属する年の1月1日において**10年**を超えていなければ、適用を受けることができない。

Ⅲ 特定居住用財産の買換えの特例

譲渡した年の1月1日時点の所有期間が **10** 年超で、居住期間 **10** 年以上の居住用財産を（**1** 億円以下の価額で）譲渡し、新たに床面積が **50** ㎡以上の（一定の省エネ性能がある）居住用財産を購入した（買い換えた）場合、一定の要件を満たしたときは譲渡益に対する税金を繰り延べることができます。

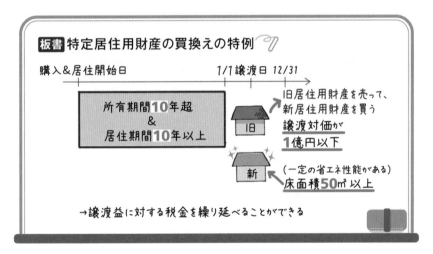

プラスワン　居住用財産を買い換えた場合の譲渡損失の損益通算および繰越控除の特例

譲渡した年の1月1日時点で所有期間が **5** 年超の居住用財産を譲渡し、譲渡損失が生じた場合で、**10** 年以上の **住宅ローン** を利用して新たな居住用財産（床面積が **50** ㎡以上）を購入したとき（買い換えたとき）は、一定の要件を満たせば、譲渡損失とその年のほかの所得とを **損益通算** することができます。

また、翌年以降 **3** 年間にわたって、その譲渡損失をほかの所得から控除（**繰越控除**）することができます。

ただし、繰越控除を受ける年の合計所得金額が **3,000** 万円以下でなければなりません。

10 不動産を譲渡したときの税金③　空き家の譲渡の特例

　相続の開始の直前において、被相続人の居住用であった家屋で、その後空き家になっていた家屋を一定期間内に譲渡した場合には、その譲渡所得の金額から**3,000万円**を控除することができます（**空き家にかかる譲渡所得の特別控除**）。なお、2024年1月1日以降に行う譲渡で、相続人が**3**人以上である場合には、控除額は**2,000万円**までとなります。

板書 空き家にかかる譲渡所得の特別控除

　　　課税譲渡所得＝譲渡益－3,000万円※（特別控除）
　　　　　　　　　　　　※ 相続人が3人以上の場合は2,000万円

ポイント

☆ 相続財産にかかる譲渡所得の課税の特例（相続税の取得費加算）と選択適用となる

　　相続や遺贈により取得した財産を一定期間内※に譲渡した場合に、相続税額のうち一定金額を、譲渡資産の取得費に加算して譲渡所得を計算することができるという特例　→参照 CH06.SEC02 **5 Ⅱ** プラスワン

　　　※ 相続開始のあった日の翌日から相続税の申告期限の翌日以後3年を経過する日まで

主な適用要件

☆ 相続開始まで被相続人の居住用に供されていて、その後、相続によって空き家になったこと

　　2019年4月1日以後に行う譲渡については、被相続人が相続開始直前まで老人ホーム等に入所していた場合において一定のときは、被相続人が居住の用に供していたものとして適用できる

☆ 1981年5月31日以前に建築された家屋であること
☆ マンションなど区分所有建物でないこと
☆ 相続開始日から3年を経過する年の12月31日までに譲渡したこと
☆ 譲渡対価が**1億円**以下であること

ひとこと

この特例は、要件に該当する家屋を、2016 年 4 月 1 日から 2027 年 12 月 31 日までに譲渡した場合に適用できます。

ひとこと

空き家の全部を取り壊して、その敷地を譲渡した場合にも、適用することができます。

プラスワン 低未利用土地等を譲渡した場合の長期譲渡所得の特別控除

2020 年 7 月 1 日から 2025 年 12 月 31 日までの間に、譲渡価額が **500** 万円以下（一定のものについては 800 万円以下）の低未利用土地等（空き地や空き家、一時的に利用されている資材置場など）で、その年の 1 月 1 日における所有期間が **5** 年超のものを譲渡した場合、長期譲渡所得の金額から最高 **100** 万円を控除することができます。

SECTION 06 不動産の有効活用

このSECTIONで学習すること

1 有効活用の方法

・土地の有効活用の事業手法

　自己建設方式、事業受託方式
　土地信託方式、等価交換方式
　建設協力金方式、定期借地権方式

・有効活用の形態

　アパート・マンション
　オフィスビル、駐車場
　ロードサイド店舗

土地の有効活用について、概要をおさえておこう

2 不動産の投資判断の手法

・投資利回り
・DCF法
・不動産投資に関するその他の尺度、分析
・レバレッジ効果

DCF法はよく出題されるから、内容を確認しておいて！

3 不動産の小口化、証券化

・不動産の小口化、証券化
・不動産投資信託 (J-REIT)

J-REITの分配金は配当所得！

1 有効活用の方法

所有する不動産を有効に活用する方法として、以下のようなものがあります。

Ⅰ 土地の有効活用の事業手法

土地を有効に活用する事業手法として、次のようなものがあります。

自己建設方式 →全部自分でやる	
概　　要	・土地の所有者が、自分で自分の所有する土地に建物を建設し、賃貸業を行う方法 ・企画や資金調達等、すべて自分で行う
メリット	◎収益はすべて自分のものとなるので、成功すれば収益性が高い
デメリット	×すべて自分でやらなければならないので、手間がかかる ×専門知識が必要 ×リスクが高い

事業受託方式 →業者におまかせ！	
概　　要	・土地の所有者が資金調達をし、土地活用のすべてを業者（デベロッパー）にまかせてしまう方法 ・賃料は土地の所有者が受け取る
メリット	◎すべてデベロッパーが行うので、専門知識は不要
デメリット	×デベロッパーに報酬を支払う必要がある

土地信託方式 →信託銀行におまかせして、配当を受け取る！	
概　　要	・信託銀行に土地を信託する方法 ・信託銀行が企画、資金調達、建物の建設を行う ・土地の所有者は信託配当を受け取る ・信託期間中は、土地の所有権は信託銀行に移るが、信託終了後は、土地・建物はそのまま土地の所有者に引き渡される
メリット	◎専門知識は不要
デメリット	×信託配当から信託報酬が差し引かれる（信託報酬を支払う必要がある） ×収益が保証されていない←運用成果に応じた実績配当だから ×土地の規模によっては土地信託に応じてもらえないことがある

等価交換方式 →土地を譲渡して、その分だけ建設後の建物を受け取る！

概　　要	・土地の所有者が土地を提供し、その土地にデベロッパーが建物を建設し、完成後の土地と建物の権利を資金提供（出資）割合（土地の価額と建物の建設費の割合）で分ける方法 ・全部譲渡方式と部分譲渡方式がある **全部譲渡方式** 所有する土地の全部をデベロッパーに譲渡し、建物完成後、譲渡した土地の価額に相当する分の土地＆建物を取得する方法 **部分譲渡方式** 所有する土地の一部をデベロッパーに譲渡し、建物完成後、譲渡した土地の価額に相当する分の建物を取得する方法 土地を全部譲渡 → 譲渡した土地の価額分だけ土地＆建物を受け取る 土地の一部を譲渡 → 譲渡した土地の価額分だけ建物を受け取る ・所有権がある土地のほか、借地権や底地（他人の建物が建っている自分の土地）も等価交換の対象となる
メリット	◎土地の譲渡により、借入金等の資金負担がほとんどない
デメリット	×土地をデベロッパーと共有することになる

建設協力金方式 →入居予定のテナントに建物の建設費を出してもらう！

概　　要	・土地の所有者が、入居予定のテナントから保証金（建設協力金）を預かって、建物の建設費にあてる方式 ・建物完成後、テナントから保証金を差し引いた賃料を受け取る
メリット	◎テナントが建設資金を出すので、土地の所有者は借入れ等の必要がない ◎保証金に金利がかからない←建設協力金は無利子貸与だから ◎テナントが中途解約した場合には、一般的に保証金の返済義務がなくなる
デメリット	×テナントが撤退したとき、残された建物と保証金の処理が複雑

定期借地権方式 →一定期間、土地を貸す

概　　要	・定期借地権を設定して、土地を賃貸する方法
メリット	◎資金負担や手間がかからない
デメリット	×契約期間が比較的長くなるため、長期にわたって土地を転用できない可能性がある

例題

事業受託方式は、土地所有者が入居予定のテナント等から貸与された保証金や建設協力金を建設資金の全部または一部に充当してビルや店舗等を建設する事業方式である。

▶✕ 事業受託方式は、土地の所有者が資金調達をし、土地活用のすべてを業者にまかせてしまう方法である。本問は建設協力金方式の説明である。

例題

建設協力金方式は、建設する建物を入居予定のテナントから建設資金を借り受けて建設するため、当該建物はテナントの仕様に合わせた構造となり、用途の汎用性は低いものとなる。

▶○

Ⅱ 有効活用の形態

不動産の有効活用の形態と特性をまとめると、次のとおりです。

アパート・マンション	
メリット	◎需要はある程度安定している ◎専門知識は不要
デメリット	✕入居者の入れ替わりが多く、管理コストがかかる
その他	・ファミリーマンションよりもワンルームマンションのほうが収益性が高い ・利便性や住環境といった立地が重視される

オフィスビル	
メリット	◎収益性が高い←マンション等より、賃料を高く設定できるから
デメリット	✕景気変動の影響を受けやすい←法人需要が主だから

駐車場	
メリット	◎借地権が発生しないため、法的トラブルが発生しづらい ◎ほかの用途に転用しやすい
デメリット	✕機械式駐車場の場合、初期投資が大きい

ロードサイド店舗→道路沿いのファミリーレストランなど	
メリット	◎交通量の多い道路沿いなら、高い収益が見込まれる ◎建設協力金方式の場合、初期投資が少なくてすむ。また、テナントが撤退しづらいので、安定的な収益が見込める
デメリット	✕広い敷地が必要←駐車場が必要だから

2 不動産の投資判断の手法

不動産投資をするさいには、採算が合うかどうかを検討する必要があります。

不動産の採算性や収益性を評価する手法には、**投資利回り**や**DCF分析**があります。

Ⅰ 投資利回り

投資額に対する（単年度の）収入の割合をみる指標には、**総投下資本総収益利回り（表面利回り）**、**総投下資本純収益利回り（実質利回り、NOI利回り）**、**キャッシュ・オン・キャッシュ（自己資本手取額利回り）**があります。

総投下資本総収益利回り（表面利回り）	
概　要	・諸経費を考慮しないで計算するため、計算が簡単であるが、正確性に欠ける
計　算　式	$$表面利回り＝\frac{年間収入合計}{総投下資本}×100$$ ☆ 総投下資本とは、建物を建てるためにかかった金額（自己資金＋借入金）のこと

総投下資本純収益利回り（実質利回り、NOI利回り）	
概　要	・諸経費を考慮して計算するため、総投下資本総収益利回りに比べて正確性が高い
計　算　式	$$実質利回り＝\frac{年間収入合計－諸経費^{※}}{総投下資本}×100$$ ※ 減価償却費、支払利子を除く

キャッシュ・オン・キャッシュ（自己資本手取額利回り）	
概　要	・自己資本（自己資金）に対する現金手取額を表す ・ほかの金融商品と比較する場合などに用いられる
計　算　式	$$キャッシュ・オン・キャッシュ＝\frac{現金手取額}{自己資本}×100$$

例題

NOI利回り（純利回り）は、対象不動産から得られる年間総収入を総投資額で除して算出される利回りであり、不動産の収益性を測る指標である。

▶ ✕ NOI利回り（純利回り）は、対象不動産から得られる年間純収入（年間収入合計－諸経費）を総投資額（総投下資本）で除して算出される利回りである。

Ⅱ DCF法（ディスカウント・キャッシュフロー法）

DCF法とは、対象不動産から得られると期待される（複数年の）純収益（総収益－総費用）を現在価値に割り引いて計算した値によって、投資の収益性を評価する方法です。

ひとこと

わかった！

たとえば、いま100万円を持っていて、この100万円を利率1%の預金に預けると、1年後には101万円（100万円×1.01）になっています。

ということは、1年後の100万円は現在の価値になおすと100万円未満（100万円÷1.01≒99万円）であるということになります。

このような時間価値（現在の価値と将来の価値は異なるという考え方）を考慮した投資評価方法がDCF法です。

代表的なDCF法には、**正味現在価値法（NPV法）**と**内部収益率法（IRR法）**があります。

板書 DCF法

正味現在価値法（NPV法） ←Net Present Value Method

…投資期間中に得られる各年度の収益を現在価値に割り引き、その合計額から投資額を差し引いた正味現在価値の大小によって投資の収益性を判断する方法

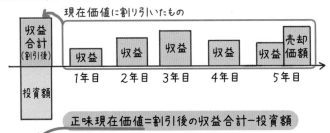

正味現在価値＝割引後の収益合計−投資額

☆ 数値が**大き**いほど、有利な投資

内部収益率法（IRR法） ←Internal Rate of Return Method

…投資期間中に得られる各年度の収益の現在価値合計と投資額が等しくなる割引率（内部収益率）を求め、内部収益率の大小によって投資の収益性を判断する方法

☆ 内部収益率が**大き**いほど、有利な投資といえる

☆ 内部収益率＞投資家の期待収益率の場合、有利な投資といえる

例題

IRR法（内部収益率法）による投資判断においては、対象不動産に対する投資家の期待収益率が対象不動産の内部収益率を上回っている場合、その投資は有利であると判定することができる。

▶× 内部収益率法では、内部収益率が投資家の期待収益率を上回っている場合（内部収益率＞投資家の期待収益率の場合）に、有利な投資と判定される。

Ⅲ 不動産投資に関するその他の尺度、分析

不動産投資に関するその他の尺度、分析には、次のようなものがあります。

借入金償還余裕率（DSCR）…Debt Service Coverage Ratio	
概　　　要	・元利金返済額に対する元利金返済前の年間キャッシュフロー（収益） ・借入金返済能力（安全性）を測る尺度
計　算　式	$$借入金償還余裕率 = \frac{元利金返済前キャッシュフロー（年間）}{元利金返済額（年間）}$$

デュー・デリジェンス	
概　　　要	・投資における広範囲の調査・分析のこと ・不動産取引では、土地や建物、周辺環境、法律関係（権利や契約）、賃料の状況などを調査し、分析する

Ⅳ レバレッジ効果

レバレッジ効果とは、借入金を用いることにより、すべて自己資金でまかなうよりも自己資本に対する投資利回りが高くなることをいいます。

レバレッジとは、「てこ」のことをいいます。
てこの原理（借入金）によって、ちょっとの力（自己資金）で大きな成果（収益）を上げることをレバレッジ効果といいます。

ただし、借入金の金利が対象不動産から得られる利回り（投資の収益率）よりも低いことが条件となります。

例題

借入金併用型投資では、借入金の金利が投資の収益率を上回っている場合には、レバレッジ効果により自己資金に対する投資の収益率の向上が期待できる。

▶ ✕ 借入金併用型投資では、借入金の金利が投資の収益率よりも下回っている場合（借入金の金利＜投資の収益率の場合）に、レバレッジ効果により自己資金に対する投資の収益率の向上が期待できる。

179

3 不動産の小口化、証券化

　本来、不動産投資には多額の資金が必要ですが、これを少額に分け、多数の投資家に出資してもらって投資・運用する手法があります。

Ⅰ 不動産の小口化、証券化

　不動産の小口化は、複数の投資家が出資し合い、共同で1つの不動産に投資し、運用する手法です。

　不動産の証券化は、現物の不動産を証券化し、投資家は細分化された証券に出資することによって、そこから得られる収益の分配を受けるという手法です。

Ⅱ 不動産投資信託(J-REIT)

　不動産の証券化のひとつに、不動産投資信託があります。

　日本版の不動産投資信託をJ-REITといいます。

不動産投資信託(J-REIT)

…投資家から集めた資金を投資の専門家が不動産に投資し、そこから得た賃料や売却益を投資家に分配するというしくみ

　日本版の不動産投資信託を J-REIT とよぶ

ポイント

☆ J-REIT は上場されているので、一般の投資家も市場を通じて売買が可能である

☆ クローズドエンド型なので、解約請求には応じない
　　　　　　　　→換金するには市場で売却する

☆ 売買の仕方や税金の取扱いは基本的に上場株式と同様
　　　　　→収益分配金→配当所得(ただし、配当控除は受けられない)
　　　　　　売却益→譲渡所得(株式等に係る譲渡所得)

例題

J-REIT は、証券取引所に多数の銘柄が上場しており、市場を通じて自由に売買することができる。

▶ ○

CHAPTER **06**

相続・事業承継

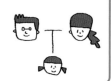

SECTION
01

相続の基本

このSECTIONで学習すること

1 相続とは

・相続…死亡した人の財産を、
　残された人が承継すること

> 行方不明の場合には、失踪宣告によって相続開始！

2 親族と相続人

・親族とは　　　・法定相続人
・相続人の順序
・実子と養子
・相続人に
　なれない人
・代襲相続

> 配偶者は常に相続人となる。その他の順序は…
> ①子　②直系尊属　③兄弟姉妹

3 相続分

・指定相続分と法定相続分
・均分相続以外のケース

> 非嫡出子の相続分は、嫡出子と同じ！

4 相続の承認と放棄

・単純承認
・限定承認
・相続の放棄

> 限定承認も、放棄も相続の開始があったことを知った日から3カ月以内に行わなければならない

5 遺産分割

・遺産分割の種類（指定分割、
　協議分割、調停分割、審判分割）
・遺産分割協議書
・遺産分割の方法
　（現物分割、
　換価分割、
　代償分割）

> 「協議」でととのわない場合は「調停」、「調停」でもととのわない場合は「審判」で遺産を分割する

・配偶者居住権

6 遺言と遺贈

・遺言のポイント
・遺言の種類（自筆証書遺言、
　公正証書遺言、秘密証書遺言）
・遺言執行者

> 遺言はいつでも変更することができる！

1 相続とは

相続 とは、死亡した人（被相続人）の財産（資産および負債）を、残された人（相続人）が承継することをいいます。

相続は、人の死亡によって開始します。なお、行方不明等により生死が一定期間明らかでない場合には、失踪宣告 によって死亡したとみなされます。

2 親族と相続人

I 親族とは

親族とは、6親等内の血族（血がつながっている人）、配偶者、3親等内の姻族（配偶者の血族）のことをいいます。

なお、直系血族と兄弟姉妹はお互いに扶養する義務を負いますが、特別な事情がある場合には、3親等内の親族も扶養の義務を負う場合があります。

例題

親族の範囲は、3親等内の血族、配偶者および2親等内の姻族である。

▶ ✕ 親族の範囲は、6親等内の血族、配偶者、3親等内の姻族である。

本人からみて、配偶者の妹は、2親等の姻族であり、親族に該当する。

▶ ○ 本人からみて、配偶者の親（1親等）→配偶者の兄弟姉妹（2親等）となるので、配偶者の妹は2親等の姻族に該当する。

Ⅱ 法定相続人

　民法では、相続人の範囲を被相続人の配偶者と一定の血族に限っています（法定相続人）。

Ⅲ 相続人の順序

　被相続人の配偶者は常に相続人となります。また、血族相続人（被相続人と一定の血族関係にある相続人）には優先順位があります。

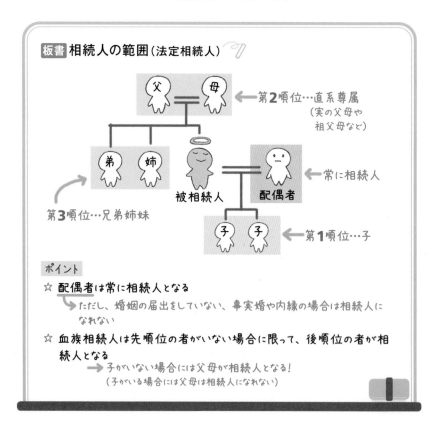

板書 相続人の範囲（法定相続人）

第2順位…直系尊属（実の父母や祖父母など）

常に相続人

第3順位…兄弟姉妹

第1順位…子

ポイント

☆ 配偶者は常に相続人となる
　↳ ただし、婚姻の届出をしていない、事実婚や内縁の場合は相続人になれない

☆ 血族相続人は先順位の者がいない場合に限って、後順位の者が相続人となる
　→ 子がいない場合には父母が相続人となる！
　（子がいる場合には父母は相続人になれない）

Ⅳ 実子と養子

実子と養子は、どちらも子として第1順位で同じ扱いとなります。

なお、養子には **普通養子** と **特別養子** があります。

普通養子と特別養子

普通養子	養子が実父母との親子関係を存続したまま、養父母との親子関係をつくるという縁組における養子
	ポイント ☆ 養子は実父母と養父母の両方の相続人となる
特別養子	養子が実父母との親子関係を断ち切り、養父母との親子関係をつくるという縁組における養子
	ポイント ☆ 原則として、養子は養父母のみの相続人となる

ポイント ☆ 未成年者を普通養子とする場合は、家庭裁判所の許可が必要
→ ただし、自分または配偶者の直系卑属（子や孫等）を養子とする場合には、家庭裁判所の許可は不要

例題

特別養子縁組が成立した場合、養子と実父母との親族関係は終了するが、実父母と養父母の両方の相続人となる。

▶ × 特別養子縁組の場合、養子と実父母との親族関係は終了し、養子は**養父母**のみの相続人となる。

Ⅴ 相続人になれない人

相続人の地位にある人でも、次の場合には相続人になれません。

相続人になれない人

◆相続開始以前にすでに死亡している人

◆欠格事由に該当する人
↳ 被相続人を殺害したり、詐欺や強迫によって遺言書を書かせた場合など

◆相続人から廃除された人
↳ 被相続人を虐待する等の場合で、被相続人が家庭裁判所に請求をして、その相続人の相続権をなくすこと

◆相続を放棄した人

Ⅵ 代襲相続

代襲相続とは、相続の開始時に、相続人となることができる人がすでに死亡、欠格、廃除によって、相続権がなくなっている場合に、その人の子が代わりに相続することをいいます。

板書 **代襲相続のポイント**

☆ 直系卑属の場合は、再代襲、再々代襲…がある
　　┗→ 実の子や孫など

▨▨▨ ・・・相続人	
× ・・・以前死亡	

被相続人　配偶者

子　子

代襲相続 → 孫

☆ 兄弟姉妹が死亡している場合は、兄弟姉妹の子（被相続人の甥、姪）までしか代襲相続は認められない
☆ 直系尊属については、代襲相続という考え方はない
☆ 相続放棄の場合には、代襲相続は発生しない

例題

相続人が相続の放棄をした場合、その放棄した者の子が代襲して相続人となる。

▶ ✕ 相続放棄の場合には、代襲相続は発生しない。

3 相続分

Ⅰ 指定相続分と法定相続分

相続分とは、複数の相続人がいる場合の、各相続人が遺産を相続する割合

をいいます。

相続分には、**指定相続分** と **法定相続分** があります。

指定相続分と法定相続分	
指定相続分	被相続人が、遺言で各相続人の相続分を指定した場合の相続分
	ポイント ☆法定相続分より優先される
法定相続分	民法で定められた各相続人の相続分

Ⅱ 法定相続分（均分相続）

　法定相続分は次のとおりです。なお、同順位に複数の相続人がいる場合には、相続分を均分します。

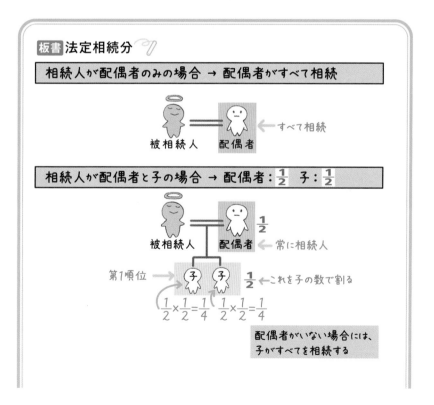

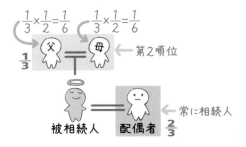

相続人が配偶者と直系尊属の場合→　配偶者：$\frac{2}{3}$　直系尊属：$\frac{1}{3}$

$\frac{1}{3} \times \frac{1}{2} = \frac{1}{6}$　　$\frac{1}{3} \times \frac{1}{2} = \frac{1}{6}$

$\frac{1}{3}$　父　母　←第2順位

被相続人　配偶者 $\frac{2}{3}$　←常に相続人

配偶者がいない場合には、直系尊属がすべてを相続する

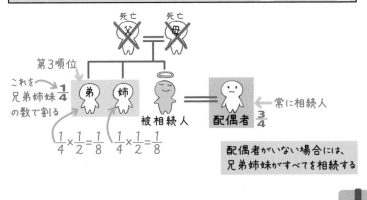

相続人が配偶者と兄弟姉妹の場合→　配偶者：$\frac{3}{4}$　兄弟姉妹：$\frac{1}{4}$

死亡 父　死亡 母

第3順位

これを兄弟姉妹の数で割る $\frac{1}{4}$　弟　姉　被相続人　配偶者 $\frac{3}{4}$　←常に相続人

$\frac{1}{4} \times \frac{1}{2} = \frac{1}{8}$　$\frac{1}{4} \times \frac{1}{2} = \frac{1}{8}$

配偶者がいない場合には、兄弟姉妹がすべてを相続する

例題

配偶者および直系尊属が相続人であるときの法定相続分は、配偶者3分の1、直系尊属3分の2である。

　▶ ✕ 配偶者および直系尊属が相続人であるときの法定相続分は、配偶者**3分の2**、直系尊属3分の**1**である。

配偶者および兄弟姉妹が相続人であるときの法定相続分は、配偶者 5 分の 4、兄弟姉妹 5 分の 1 である。

▶ ✕ 配偶者および兄弟姉妹が相続人であるときの法定相続分は、配偶者 **4** 分の **3**、兄弟姉妹 **4** 分の **1** である。

Ⅲ 均分相続以外のケース

全血兄弟姉妹（ぜんけつ）と **半血兄弟姉妹**（はんけつ）では、相続分が異なります。

均分相続以外のケース（兄弟姉妹）

兄弟姉妹	全血兄弟姉妹…父母が同じ兄弟姉妹
	半血兄弟姉妹…父母の一方のみ同じ兄弟姉妹
	ポイント ☆ いずれも兄弟姉妹として第 3 順位の相続人となるが、半血兄弟姉妹の法定相続分は全血兄弟姉妹の **2** 分の 1 になる

ひとこと

なお、嫡出子（法律上の婚姻関係にある男女から生まれた子）と非嫡出子（法律上の婚姻関係にない男女から生まれた子）の相続分は同等です。
また、養子の法定相続分は実子の法定相続分と同等です。

例題

養子の法定相続分は、実子の法定相続分の 2 分の 1 である。

▶ ✕ 養子の法定相続分は、実子の法定相続分と同等である。

プラスワン 寄与分と特別受益

相続人間の公平を保つための制度として、**寄与分**（きよぶん）と**特別受益**があります。ただし、原則として、相続開始から 10 年を経過したあとの遺産分割については適用されません（これらの主張をすることができません）。

1 寄与分

被相続人に対して財産的な援助等をすることによって、被相続人の財産の維持または増加について特別の働き（寄与）をした場合、その人の相続分にその寄与分が加算されます。

寄与者の相続分＝（相続財産－寄与分）×法定相続分＋寄与分

寄与分は相続人の寄与行為に対して認められるものですが、相続人以外の親族（一定の者を除く）が被相続人に対して、無償の療養看護等の労務の提供を行った場合には、**特別寄与者**として、寄与に応じた額の金銭（特別寄与料）の支払いを相続人に請求できます（**特別寄与料請求権**）。

❷ 特別受益

　被相続人の生前に、被相続人から学費や開業資金など特別の援助を受けていた場合のその贈与分を**特別受益**といい、贈与を受けた人を**特別受益者**といいます。

　特別受益がある場合、相続財産に特別受益額を加算して相続分を計算します。そして、特別受益者の相続分からは特別受益額が差し引かれます。

> **特別受益者の相続分＝（相続財産＋特別受益額）×法定相続分－特別受益額**

4　相続の承認と放棄

　相続人は、被相続人の財産を相続するかどうかを選択することができます。

　民法では、**単純承認**（被相続人のすべての資産および負債を承継すること）が原則ですが、**限定承認**や**相続の放棄**も認められています。

相続の承認と放棄

単純承認【原則】	被相続人の財産（資産および負債）をすべて承継すること
	ポイント ☆相続の開始があったことを知った日から**3**カ月以内に、下記の放棄や限定承認を行わなかった場合は、単純承認したものとみなされる
限定承認	被相続人の資産（プラスの財産）の範囲内で、負債（マイナスの財産）を承継すること
	ポイント ☆相続の開始があったことを知った日から**3**カ月以内に、家庭裁判所に申し出る ☆相続人全員で申し出る必要がある
相続の放棄	被相続人の財産（資産および負債）をすべて承継しないなど、相続人にならなかったものとすること
	ポイント ☆相続の開始があったことを知った日から**3**カ月以内に、家庭裁判所に申し出る ☆相続人全員で申し出る必要はない（単独でできる） ☆放棄をした場合には、**代襲**相続は発生しない

相続の放棄をしようとする者が一人でもいる場合は、相続の開始があったことを知った時から原則として3カ月以内に、共同相続人全員が、家庭裁判所に対して、相続の放棄をする旨を申述しなければならない。

▶ ✕ 相続の放棄は**単独**で行うことができる。なお、限定承認は相続人全員で申し出る必要がある。

5 遺産分割

Ⅰ 遺産分割の種類

遺産分割とは、相続財産(遺産)を相続人で分けることをいいます。

遺産分割の種類には、**指定分割**、**協議分割**、**調停分割**、**審判分割**があります。

遺産分割の種類

指定分割	遺言によって遺産を分割する方法
協議分割	相続人全員の協議によって遺産を分割する方法 **ポイント** ☆ 決定は法定相続分よりも優先される ☆ みなし相続財産には遺産分割協議の対象とならないものもある →参照 SEC02 2 Ⅱ
調停分割	協議が成立しない場合に、**家庭**裁判所の調停によって分割する方法　家庭裁判所が間に入って話し合うこと **ポイント** ☆当事者の合意が必要
審判分割	調停によってもまとまらない場合に、**家庭**裁判所の審判で分割する方法　家庭裁判所が判定を下すこと

遺産の分割について、共同相続人間で協議が調わないときは、各共同相続人は、その分割を地方裁判所に請求することができる。

▶ ✕ 協議が調わないときは家庭裁判所に調停を申し立て、調停によってもまとまらない場合には家庭裁判所による審判によって分割が行われる。

Ⅱ 遺産分割協議書

協議分割が成立したら、通常は **遺産分割協議書** を作成します。遺産分割協議書の主なポイントは次のとおりです。

遺産分割協議書のポイント

◆必ず作成しなければならないものではないが、遺産分割協議書が必要となる場面がある

　↳所有権の移転登記をするさいには、遺産分割協議書が必要となる

◆遺産分割協議書には相続人全員の署名・押印が必要

◆形式には決まりがない

Ⅲ 遺産分割の方法

遺産分割の方法には、**現物分割**、**換価分割**、**代償分割** などがあります。

遺産分割の方法

現物分割	遺産を現物のまま分割する方法
換価分割	遺産の全部または一部をお金に換えて、そのお金を分割する方法
代償分割	ある相続人が遺産を現物で取得し、他の相続人に自分の財産（現金など）を支払う方法
共有分割	各相続人の持分を定めて共有する方法

Ⅳ 配偶者居住権

配偶者（内縁関係は含まない）は、被相続人の財産に属した建物に相続開始時に居住していた場合（生活の本拠としていた場合）、次のいずれかにあたるときは、原則として、その居住していた建物の全部について、原則として終身、無償で使用・収益する権利（**配偶者居住権**）が認められます。

配偶者居住権の取得

❶遺産分割により配偶者居住権を取得するものとされたとき

❷配偶者居住権が遺贈の目的とされたとき

❸配偶者居住権を取得させる旨の死因贈与契約があるとき

❹家庭裁判所の審判により配偶者居住権を取得するとき

なお、配偶者居住権を第三者に対抗（主張）するためには**登記**が必要です。

例題

被相続人の配偶者が配偶者居住権を取得するためには、あらかじめ被相続人が遺言で配偶者居住権を配偶者に対する遺贈の目的としておく必要があり、配偶者が、相続開始後の共同相続人による遺産分割協議で配偶者居住権を取得することはできない。

▶ × 配偶者居住権は遺産分割協議によって取得することもできる。

6 遺言と遺贈

Ⅰ 遺言と遺贈とは

遺言とは、生前に自分の意思を表示しておくことをいいます。

また、遺言によって財産が相続人等に移転することを**遺贈**といいます。

Ⅱ 遺言のポイント

遺言のポイントをまとめると、次のとおりです。

板書 **遺言のポイント**

☆ 満**15**歳以上で、意思能力があれば誰でも行うことができる

☆ いつでも全部または一部を変更することができる

☆ 遺言書が複数出てきた場合は、作成日の**新しい**ほうが有効

　　　　　　　　　　　　遺贈で財産をもらう人

☆ 遺言者の死亡前に受遺者が死亡した場合、その効力は生じない

　→たとえば！

　　Aさんが B さんを受遺者として遺言を書いていたが、Aさんの死
　　亡前に B さんが死亡したという場合、B さんの子（代襲相続人）
　　には遺贈を受ける権利はない！

☆ 被相続人は、遺言によって、**5**年以内の期間を定めて、遺産の全部ま
たは一部について、その分割を禁止することができる

例題

被相続人は、遺言によって、相続開始の時から 10 年間、遺産の分割を禁ずること
ができる。

▶ ✕ 遺産分割を禁じることができる期間は最長 **5** 年間である。

Ⅲ 遺言の種類

遺言（普通方式遺言）には、**自筆証書遺言**、**公正証書遺言**、**秘密証書遺言** の
3種類があります。

遺言の種類

自筆証書遺言	遺言者が遺言の全文、日付、氏名を自書し、押印する…① ただし、財産目録を添付する場合には、毎葉(ページ)に署名・押印をすれば、その目録は**自書不要**…② **証人** 不要 **検認** 必要(法務局に保管した場合は**不要**) ↖ 家庭裁判所が遺言書を確認し、 遺言書の偽造等を防止するための手続き
	ポイント ①はパソコン作成✕ ②の目録はパソコン作成○ ☆ 原本は**法務局**(遺言書保管所)で保管することもできる↖ 自筆証書遺言書保管制度
公正証書遺言	遺言者が口述し、公証人が筆記する **証人** 2人以上 **検認** 不要
	ポイント ☆ 原本は**公証役場**に保管される ☆ ①未成年者、②推定相続人や受遺者、③②の配偶者や直系血族等は証人になれない
秘密証書遺言	遺言者が遺言書に署名・押印し、封印する。公証人が日付等を記入する ←遺言の内容を秘密にして、存在だけを証明してもらう方法 **証人** 2人以上 **検認** 必要
	ポイント ☆ パソコン作成や代筆も○ ☆ ①未成年者、②推定相続人や受遺者、③②の配偶者や直系血族等は証人になれない

☆ 検認は、遺言書が有効なものであると認めるものではない！

☆ 印鑑は、公正証書遺言については必ず実印、自筆証書遺言と秘密証書遺言については実印でなくてもよい

例題

遺言者が自筆証書遺言を作成して自筆証書遺言書保管制度を利用した場合、その相続人は、相続開始後、遅滞なく家庭裁判所にその検認を請求しなければならない。

▶ ✕ 自筆証書遺言は原則として検認が**必要**であるが、法務局に保管した場合には検認は**不要**である。

Ⅳ 遺言執行者

遺言執行者とは、遺言書の内容を実行するために必要な手続きをする人をいいます。

ひとこと

遺言執行者になるには、特別な資格は不要です。

遺言執行者は、遺言書によって指定することができますが、それがない場合には、利害関係者の請求によって家庭裁判所が選任することができます。

7 遺留分

Ⅰ 遺留分とは

民法では、一定の相続人が最低限の遺産を受け取ることができるように配慮しています。この、一定の相続人が受け取ることができる最低限の遺産を**遺留分**といいます。

ひとこと

なお、遺留分を侵害する遺言であったとしても、その遺言は有効です。

Ⅱ 遺留分権利者と遺留分の割合

遺留分権利者（遺留分を請求する権利がある人）および遺留分の割合は次のとおりです。

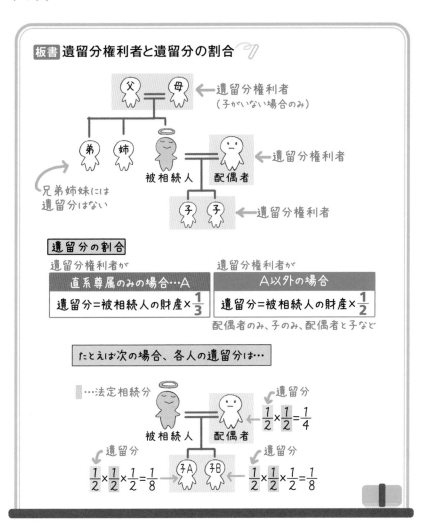

被相続人の子の遺留分は、遺留分算定基礎財産の価額の2分の1相当額に法定相続分を乗じた額である。

▶○ 遺留分は、遺留分権利者が直系尊属のみの場合は、被相続人の財産の3分の1であるが、それ以外の場合には被相続人の財産の**2分の1**である。

Ⅲ 遺留分侵害額請求権

遺言や贈与によって遺留分を侵害された遺留分権利者は、遺留分侵害額に相当する金銭の支払いを請求することができます。これを**遺留分侵害額請求権**といいます。

遺留分侵害額請求権のポイントは次のとおりです。

板書 遺留分侵害額請求権のポイント

☆ 遺留分侵害額請求権には**期間の制限**がある

① 相続の開始および遺留分の侵害を知った日から**1**年（消滅時効）

または

② 相続開始から**10**年（除斥期間）

☆ 遺留分権利者は、遺留分侵害額に相当する金銭の支払いを請求することができる

☆ 相続人に対する贈与（特別受益にあたるもの）は、原則として相続開始前10年間にされたものに限って遺留分の算定基礎となる財産に算入する

なお、遺留分のある相続人は、家庭裁判所の許可を受ければ、**相続開始前**に遺留分を放棄することができます。

8 成年後見制度

成年後見制度は、知的障害、精神障害、認知症などにより、判断能力が不十分である人が不利益を被らないように保護する制度です。

成年後見制度には、**法定後見制度**と**任意後見制度**があります。また、法定後見制度はさらに**後見**、**保佐**、**補助**の3つに分かれ、後見・保佐・補助開始の審判が行われたときは、その内容が**登記**されます。

成年後見制度

法定後見制度 …民法で定める後見制度

後見	精神上の障害によって判断能力を欠く常況にある人を保護する制度 **保護される人** …成年被後見人　**保護者** …成年後見人 **ポイント** ☆ 成年被後見人が成年後見人の**代理**によらず行った行為は原則として**取り消す**ことができる 　ただし、日用品の購入等、日常生活に関する行為は取り消せない
保佐	精神上の障害によって判断能力が著しく不十分な人を保護する制度。一定の被保佐人の行為について、保佐人の同意が必要 **保護される人** …被保佐人　**保護者** …保佐人
補助	精神上の障害によって判断能力が不十分な人を保護する制度。一定の被補助人の行為について、補助人の同意を必要とすることができる **保護される人** …被補助人　**保護者** …補助人

☆ 後見、保佐、補助の開始の申立ては、本人、配偶者、**4親等内の親族**のほか、後見人や保佐人、補助人、検察官などもできる

☆ 成年後見人になるために、弁護士等の特別な資格は不要

任意後見制度 … 将来、判断能力が不十分になったときに備えて、本人が事前に（判断能力があるうちに）、任意後見人を選任する制度

☆ 任意後見契約は**公正証書**によって行わなければならない

SECTION

02

相続税

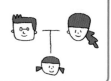

このSECTIONで学習すること

1 相続税の基本

- 納税義務者
- 相続税の計算の流れ

> 日本に住所がなくても、相続や遺贈で財産を取得した個人は相続税の納税義務がある！

2 Step1 各人の課税価格を計算

- 本来の相続財産
- みなし相続財産
- 相続時精算課税制度による贈与財産
- 生前贈与加算
- 非課税財産
- 債務、葬式費用

> 死亡保険金等の非課税限度額、債務、葬式費用の範囲はしっかり確認を！

3 Step2 相続税の総額を計算

- 計算の流れ
- 遺産に係る基礎控除
- 相続税の税額

> 遺産に係る基礎控除額は「3,000万円+600万円×法定相続人の数」

4 Step3 各人の納付税額を計算

- 計算の流れ
- 各人の算出税額の計算
- 相続税額の2割加算
- 税額控除
- 相続時精算課税制度による贈与税額控除

> 相続税の2割加算の対象者、配偶者の税額軽減の内容を確認しておこう

5 相続税の申告と納付

- 相続税の申告
- 相続税の納付（延納と物納）

> 金銭一括納付が無理なら「延納」、延納も無理なら「物納」

1 相続税の基本

Ⅰ 相続税とは

相続税 は、相続や遺贈によって、財産を取得した場合にかかる税金です。

Ⅱ 納税義務者

相続税の納税義務者は、原則として相続や遺贈によって財産を取得した**個人**です。

ひとこと

一定の場合には、「人格のない社団」や「持分の定めのない法人」が納税義務者となることもあります。なお、特定の「一般社団法人等」も納税義務者となります。

また、被相続人や相続人(受遺者)の住所や国籍によって、課税される財産の範囲が異なります。

日本に住所がある被相続人(一定の者を除く)から財産を取得したときは、相続人等の住所・国籍にかかわらず、国内・国外財産のすべてが課税対象となりますが、日本に住所がない被相続人から財産を取得した場合には、相続人等の国籍や国内居住期間によって、課税財産の範囲が異なります。

主な納税義務者の区分と課税財産の範囲 (一時居住者等を除く)

☆ 住所・国籍の有無は財産取得日で判定

(財産取得日より) A…10年以内に日本に住所を有したことがある B…10年以内に日本に住所を有したことがない		相続人(受遺者)			
		日本に住所がある	日本に住所がない		
			国籍が日本		国籍が日本以外
			A	B	
被相続人	日本に住所がある	国内財産 & 国外財産	国内財産 & 国外財産		
	日本に住所がない A				
	B		国内財産のみ		

相続税の計算の流れ

相続税の税額は、次の流れで計算します。

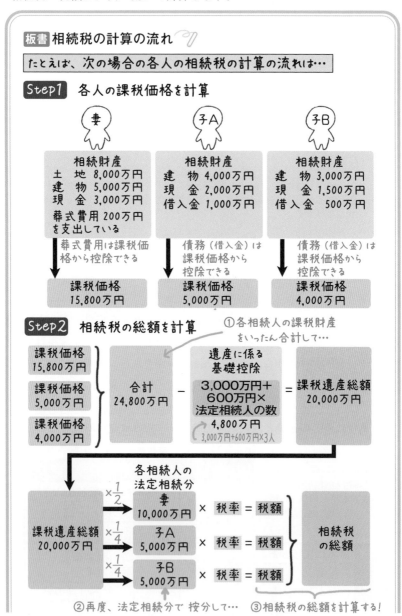

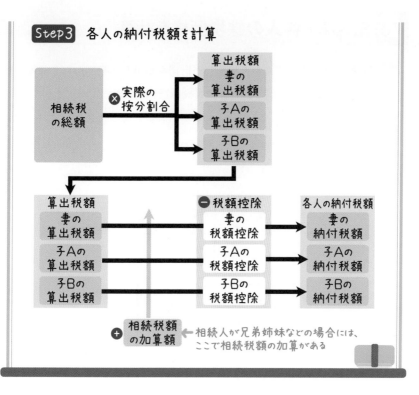

Step3 各人の納付税額を計算

相続人が兄弟姉妹などの場合には、ここで相続税額の加算がある

Step1 では、被相続人から相続した財産を集計し、そこから非課税の財産や、控除できる金額を差し引いて、課税価格(相続税がかかる相続財産の価格)を計算します。

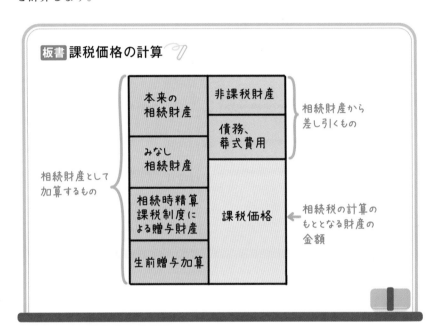

板書 課税価格の計算

相続財産として加算するもの	本来の相続財産	非課税財産	相続財産から差し引くもの
		債務、葬式費用	
	みなし相続財産	課税価格	相続税の計算のもととなる財産の金額
	相続時精算課税制度による贈与財産		
	生前贈与加算		

Ⅰ 本来の相続財産

本来の相続財産とは、被相続人が生前に所有していた財産(預貯金、株式、土地、建物、ゴルフ会員権、債権など)で、金銭で換算できる経済的価値のある財産をいいます。

ひとこと

　「相続開始時に支給時期の到来していない給与」も本来の相続財産として相続税の課税対象となります。
　また、「抵当権」は独立した財産ではないので(主たる財産の価値を担保しているだけなので)、相続財産とはなりません。

ナルホド

Ⅱ みなし相続財産

みなし相続財産とは、本来は相続財産ではないが、被相続人の死亡を原因として、相続人が受け取った財産をいいます。

みなし相続財産には、**生命保険金**や**死亡退職金**などがあります。

みなし相続財産

生命保険金	被相続人が保険料を負担していた保険契約で、被相続人の死亡によって支払われる保険金
死亡退職金	被相続人の死亡によって支給される退職金で、被相続人の死後**3**年以内に支給が確定したもの

ひとこと

なお、被相続人の死後3年が経過したあとに支払いが確定した死亡退職金を相続人が受け取る場合には、一時所得として所得税の課税対象となります。

Ⅲ 相続時精算課税制度による贈与財産 →参照 SEC03 **3** Ⅲ 相続時精算課税制度

相続時精算課税制度は、生前に、親・祖父母（被相続人）から子・孫に贈与をしたときの贈与税を軽減し、その代わりに、贈与された財産を相続のときに相続財産に加算する（相続税がかかる）という制度です。

相続時精算課税制度を適用した財産は相続財産として加算しますが、このとき、相続財産として加算される価格は**贈与**時の価額（2024年1月1日以後の贈与については110万円を控除した残額）となります。

ひとこと

相続時精算課税制度によって取得した財産は、その者が相続または遺贈により財産を取得したかどうかにかかわらず、相続税の課税対象となります。

Ⅳ 相続開始前7年以内の贈与財産（生前贈与加算）

相続人が、相続開始前**7**年以内（2026年までの相続開始分は「相続開始前3年以内」で、2027年以降の相続開始分から段階的に延長され、最終的に「相続開始前7年以内」となるのは2031年以降の相続開始分から）に被相続人から贈与を受けた場合、その贈与財産は相続財産に加算します。

このとき、相続財産に加算される価格は**贈与**時の価額となります。なお、相続開始前4年から7年のものについては総額で**100**万円を控除した残額が対象となります。

相続開始前7年以内に被相続人から財産の贈与を受けていたとしても、相続または遺贈により財産を取得しなかった場合には、その財産は相続税の課税対象となりません。

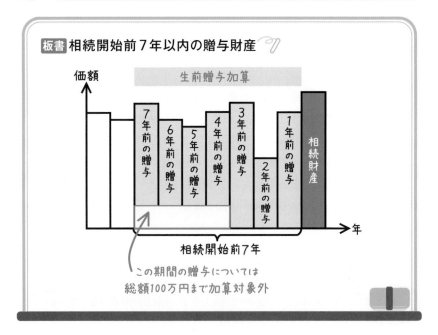

板書 相続開始前7年以内の贈与財産

Ⅴ 非課税財産

次の財産は、相続税の課税対象とはなりません。

> **非課税財産**
>
> ◆墓地、墓石、祭具、仏壇、仏具など
> ◆生命保険金のうち一定額 ← ────┐
> ◆死亡退職金のうち一定額 ← ──── 非課税額については下記参照

❶ 生命保険金・死亡退職金のうち非課税額

相続人が生命保険金や死亡退職金を受け取ったときは、それぞれについて、次の計算式で求めた金額が非課税(非課税限度額)となります。

> **非課税限度額＝500万円×法定相続人の数**

ひとこと

このときの法定相続人の数は、相続税計算上の数（次ページの**板書**を参照）になります。

各人の非課税金額は、上記の非課税限度額を次の計算式で按分した金額となります。

> **各人の非課税金額＝非課税限度額×** $\dfrac{\text{その相続人が受け取った死亡保険金等}}{\text{全相続人が受け取った死亡保険金等}}$

なお、相続を放棄した人は相続人ではないため、相続を放棄した人が受け取った保険金等については、非課税金額の適用はありません。

例題

相続の放棄をした者が受け取った死亡保険金についても、死亡保険金の非課税金額の規定の適用を受けることができる。

▶ ✕ 相続の放棄をした者が受け取った死亡保険金については、非課税金額の適用はない。

② 弔慰金のうち非課税額

相続人等が受け取った弔慰金については、以下の範囲までは非課税です（それを超える部分は退職手当金として課税されます）。

業務上の死亡

非課税限度額＝死亡時の普通給与× 36 カ月分

業務外の死亡

非課税限度額＝死亡時の普通給与× 6 カ月分

③ 法定相続人の数

相続税の計算上、法定相続人の数について、民法とは異なる扱いをしています。

板書 相続税計算上の法定相続人の数

民法上は養子を何人でも増やすことができるが、養子を無制限に認めると、相続税の基礎控除額を増やすために養子を増やすといったことができてしまう…だから、法定相続人の数について、民法とは異なる扱いをしている！

相続の放棄があった場合

放棄がなかったものとして法定相続人の数に算入する

養 子 が い る 場 合 ←法定相続人の数に算入できる養子の数

被相続人に実子がいる場合 …養子は**1人**まで
被相続人に実子がいない場合…養子は**2人**まで

養子でも実子とみなされる場合 次の場合には養子でも実子とみなされる

☆ 特別養子縁組によって養子になった人
☆ 配偶者の実子で、被相続人の養子となった人
☆ 代襲相続人で、被相続人の養子となった人

民法上も相続税の計算上も、養子には人数制限があり、実子のいる者は1人まで、実子のいない者は2人までである。

▶ × 相続税の計算上は養子の人数に制限があるが、民法上は養子の人数に制限がない。

Ⅵ 債務、葬式費用

被相続人の債務（借入金など）を承継した場合は、承継した債務を課税価格（プラスの資産）から控除することができます。

なお、葬式費用を負担した場合も、負担した葬式費用を課税価格（プラスの資産）から控除することができます。

控除の対象となるもの、ならないもの

	控除できるもの	控除できないもの
債務	○借入金 ○未払いの医療費 ○未払いの税金 など ↖準確定申告で算出された所得税も！	×（生前に購入した）墓地等の未払金 ×遺言執行費用 など
葬式費用	○通夜・告別式・火葬・納骨費用 ○死体捜索費用 など	×香典返戻費用 ×法要費用（初七日等） など

例題

遺言執行者である弁護士に支払った被相続人の相続に係る遺言執行費用は相続財産の価額から債務控除することができる。

▶ × 遺言執行費用は債務控除することができない。

3 | Step2　相続税の総額を計算

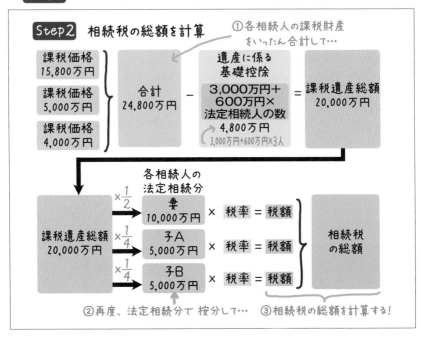

Step2 では、下記の流れで相続税の総額を計算します。

Ⅰ 遺産に係る基礎控除

　各人の課税価格の合計額から、**遺産に係る基礎控除額**を差し引いて、**課税遺産総額**を計算します。

　遺産に係る基礎控除額は次の計算式で求めます。

遺産に係る基礎控除額＝ 3,000 万円＋ 600 万円×法定相続人の数

ひとこと

　このときの法定相続人の数は、相続税計算上の数（2ページ前の 板書 を参照）になります。

例題

Ａさんには妻Ｂさん、実子Ｃさん、Ｄさん、養子Ｅさんがいる。Ａさんに相続が開始した場合の相続税の計算における「遺産に係る基礎控除額」はいくらか。なお、実子Ｄさんは相続を放棄している。

▶ **5,400 万円**

遺産に係る基礎控除額の計算において、実子がいる場合の法定相続人の数に算入できる養子の数は **1** 人までである。また、相続を放棄した人も法定相続人の数に算入する。

遺産に係る基礎控除額：3,000 万円＋ 600 万円× 4 人＝ 5,400 万円

Ⅱ 相続税の税額

　課税遺産総額を法定相続分で取得したと仮定して、各人の仮の相続税額を計算し、これを合算して相続税の総額を計算します。

　相続税の税額は次の速算表※を用いて計算します。

※ 相続税の税額（速算表）		税率（B）	税額＝A×B－C 控除額（C）
法定相続分に応じた取得金額（A）		税率（B）	控除額（C）
	1,000万円以下	10%	－
1,000万円超	3,000万円以下	15%	50万円
3,000万円超	5,000万円以下	20%	200万円
5,000万円超	1億円以下	30%	700万円
1億円超	2億円以下	40%	1,700万円
2億円超	3億円以下	45%	2,700万円
3億円超	6億円以下	50%	4,200万円
6億円超		55%	7,200万円

相続税の総額の計算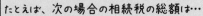

たとえば、次の場合の相続税の総額は…

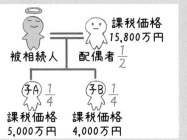

課税価格
15,800万円

被相続人　配偶者 $\frac{1}{2}$

子A $\frac{1}{4}$　　子B $\frac{1}{4}$
課税価格　課税価格
5,000万円　4,000万円

遺産に係る基礎控除額

3,000万円+600万円×3人=4,800万円

課税遺産総額

15,800万円+5,000万円+4,000万円−4,800万円=20,000万円

相続税の総額

妻：20,000万円× $\frac{1}{2}$ =10,000万円

10,000万円×30%−700万円=2,300万円

子A：20,000万円× $\frac{1}{4}$ =5,000万円

5,000万円×20%−200万円=　800万円

子B：20,000万円× $\frac{1}{4}$ =5,000万円

5,000万円×20%−200万円=　800万円

3,900万円

4 Step3 各人の納付税額を計算

$\boxed{\text{Step3}}$ では、次の流れで各人の納付税額を計算します。

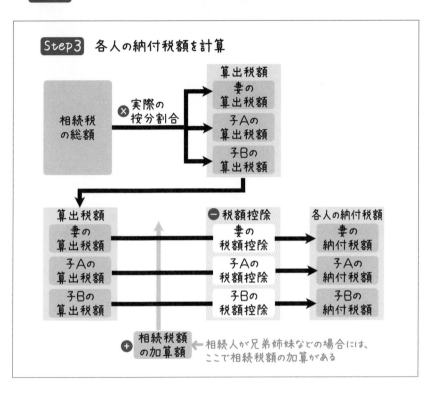

Ⅰ 各人の算出税額の計算

$\boxed{\text{Step2}}$ で計算した相続税の総額に、実際の按分割合（各人が実際に受け取った課税価格の割合）を掛けて各人の算出税額を計算します。

$$\text{各人の算出税額} = \text{相続税の総額} \times \frac{\text{各人の課税価格}}{\text{課税価格の合計額}}$$

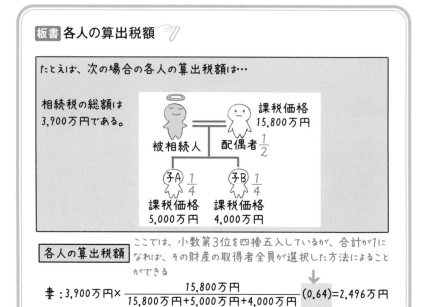

板書 各人の算出税額

たとえば、次の場合の各人の算出税額は…

相続税の総額は
3,900万円である。

被相続人　配偶者 $\frac{1}{2}$　課税価格 15,800万円

子A $\frac{1}{4}$　課税価格 5,000万円　　子B $\frac{1}{4}$　課税価格 4,000万円

各人の算出税額

ここでは、小数第3位を四捨五入しているが、合計が1になれば、その財産の取得者全員が選択した方法によることができる

妻 : 3,900万円 × $\dfrac{15,800万円}{15,800万円+5,000万円+4,000万円}$ (0.64) = 2,496万円

子A : 3,900万円 × $\dfrac{5,000万円}{15,800万円+5,000万円+4,000万円}$ (0.20) = 780万円

子B : 3,900万円 × $\dfrac{4,000万円}{15,800万円+5,000万円+4,000万円}$ (0.16) = 624万円

Ⅱ 相続税額の2割加算

　被相続人の**配偶者**および**1親等の血族**(**子、父母**。子には代襲相続人を含む)以外の人が、相続または遺贈によって財産を取得した場合には、算出税額の**2割**が加算されます。

> **相続税の加算額＝算出税額× 20 %**

> **相続税の2割加算の対象者**
>
> …被相続人の配偶者および1親等の血族（子、父母）以外の人
>
> ↳ 兄弟姉妹、孫、祖父母など
>
> **ポイント** ☆子の代襲相続人である孫は2割加算の**対象外**

例題

すでに死亡している被相続人の子の代襲相続人である被相続人の孫は、相続税額の2割加算の対象となる。

▶ × 被相続人の孫は2割加算の対象となるが、子の代襲相続人である孫は2割加算の対象とならない。

Ⅲ 税額控除

相続税の税額控除には、次のものがあります。

1 贈与税額控除

生前贈与加算の対象となった人が贈与税を課された場合は、その贈与税額を相続税額から控除します。

2 配偶者の税額軽減

配偶者には税額軽減の措置があります。軽減される税額は次の計算式で求めます。

$$\text{配偶者の}\atop\text{税額軽減額} = \text{相続税の総額} \times \frac{\text{次の❶❷のいずれか小さいほうの額}}{\text{課税価格の合計額}}$$

> ❶課税価格の合計額×配偶者の**法定相続分**
> ※ ただし1億6,000万円に満たないときは**1億6,000万円**
>
> ❷配偶者の相続税の**課税価格**

上記の計算式は、配偶者の取得した財産が**1億6,000**万円以下または配偶者の**法定相続分**相当額以下の場合には、相続税がかからないということを意

味しています。

❸ 未成年者控除

相続や遺贈で財産を取得した相続人が未成年者である場合、次の金額を控除できます。

控除額＝(18歳－相続開始時の年齢)[※]**×10万円**

※　18歳に達するまでの年数が1年未満のときは1年として計算する

❹ 障害者控除

相続や遺贈で財産を取得した相続人が障害者である場合、次の金額を控除できます。

控除額＝(85歳－相続開始時の年齢)^{※1}**×10万円**^{※2}

※1　85歳に達するまでの年数が1年未満のときは1年として計算する
※2　特別障害者の場合は20万円

❺ 相次相続控除

10年以内に2回以上の相続があった場合、一定の税額を控除することができます。

❻ 外国税額控除

外国にある被相続人の財産を取得し、その国で相続税に相当する税が課された場合、二重課税を排除するため、税額を控除することができます。

Ⅳ 相続時精算課税制度による贈与税額控除

相続時精算課税制度を適用し、贈与税を支払っている場合には、その贈与税額を相続税額から差し引きます。

なお、すでに支払った贈与税額が相続税額を超過する場合には、その超過額が**還付**されます。

5 相続税の申告と納付

Ⅰ 相続税の申告

相続税の申告についてポイントをまとめると、次のようになります。

板書 相続税の申告のポイント 🖊

申告書の提出義務者

…相続や遺贈によって財産を取得した人

☆ 相続財産が基礎控除以下の場合は申告は不要。ただし、<u>次の特例の適用を受ける場合</u>には、納付税額が0円でも申告が必要

　　① 配偶者の税額軽減
　　② 小規模宅地等の特例

提出期限

…相続の開始があったことを知った日の翌日から**10カ月以内**

　　一定期間内に遺産分割協議がととのわなかった場合は、
　　法定相続分で相続があったものとみなして申告する!

提出先

…被相続人の死亡時における住所地の所轄税務署長

その他

☆ 相続税の申告期限までに遺産分割が行われていない場合、「配偶者の税額軽減の特例」や「小規模宅地等の評価減の特例（後述）」を受けることはできない

→とりあえず、これらの特例を受けない形で申告する。そして、申告期限から**3年以内**に遺産分割が行われたときには特例の適用を受けることができる（更正の請求が必要）

相続税の計算において、「配偶者に対する相続税額の軽減」の規定の適用を受けると配偶者の納付すべき相続税額が0（ゼロ）となる場合、相続税の申告書を提出する必要はない。

▶× 「配偶者に対する相続税額の軽減」の適用を受けるときは、納付税額が0円となる場合でも相続税の申告が必要である。

Ⅱ 相続税の納付

税金は、納期限（申告書の提出期限）までに、金銭一括納付が原則ですが、相続税については、延納や物納という方法も認められています。

ひとこと

なお、相続人の誰かが相続税を納めなかった場合、相続人全員が連帯して相続税を納める責任を負います。

1 延納

延納とは、相続税の全部または一部を年払いで分割して納付する方法で、次の要件を満たす場合に認められます。

延納の要件

◆金銭一括納付が困難であること

◆納付すべき相続税額が**10万円**を超えていること

◆延納申請書を申告書の提出期限までに提出すること

◆担保を提供すること（延納税額が**100万円**以下かつ延納期間が**3年以下**の場合は不要）　延納の担保は相続財産でなくてもよい

延納した場合、延納税額のほか**利子**税がかかります。

また、延納できる期間は財産の価額合計額に占める不動産等の価額の割合に応じて定められており、最高**20年**です。

❷ 物納

物納 とは、相続税を、相続財産によって納付する方法です。

物納は、次の要件を満たす場合に認められます。

物納の要件

◆**延納**によっても金銭納付が困難であること

◆物納申請書を申告書の提出期限までに提出すること

例題

相続税は金銭により一時に納付することが原則であるが、任意に延納や物納を選択することもできる。

▶ ✕ 相続税は金銭一括納付が原則で、それが困難な場合には、延納が認められる。また、延納でも金銭納付が困難な場合に物納が認められる（延納と物納は任意に選択することはできない）。

プラスワン　物納財産と順位

物納する財産は、国内にある相続財産に限られます。なお、相続時精算課税の適用を受けた財産は物納にあてることはできません。また、次のように物納の順位があります。

第1順位	国債・地方債、不動産、船舶、上場株式等
第2順位	非上場株式等
第3順位	動産

プラスワン　物納不適格財産

以下の財産（不動産の場合）は物納にあてることはできません。

◆担保権が設定されている不動産

◆境界が不明確な土地

◆権利の帰属について争いがある不動産

◆共有物である不動産（共有者全員が申請する場合を除く）　など

【収納価額】

物納財産の収納価額は、原則として**相続税評価額**（相続税の計算の基礎となった価額）となります。

ひとこと

小規模宅地等の特例の適用を受けた土地については、この特例を適用したあとの価額が収納価額となります。そのため、物納を利用する場合には、小規模宅地等の特例は有効でないことがあります（収納価額が低くなってしまうため）。

【延納から物納への変更、物納の撤回】

原則として延納から物納への変更はできませんが、申告期限から**10**年以内である場合で、延納による納付が困難になった場合には、延納から物納（特定物納）に変更できます。

また、物納の許可を受けたあとに金銭一括納付や延納が可能となった場合には、物納の許可後**1**年以内に限り、物納を撤回することができます。

【物納による相続税の納付】

相続税を物納する場合には、物納財産の引渡しや所有権移転登記等によって第三者への対抗要件を満たしたときに、納付があったものとされます。

プラスワン　相続税の取得費加算

相続により取得した財産を一定期間内に譲渡した場合に、相続税額のうち一定金額を、譲渡資産の取得費に加算することができます（**相続税の取得費加算**）。

この特例を受けるための要件は次のとおりです。

◆相続や遺贈により財産を取得した者であること

◆その財産を取得した人に相続税が課税されていること

◆相続開始のあった日の翌日から相続税の申告期限の翌日以後**3**年を経過する日までにその財産を譲渡していること

SECTION 03 贈与税

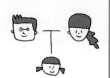

このSECTIONで学習すること

1 贈与税の基本

・贈与の形態

（定期贈与、負担付贈与、
死因贈与、通常の贈与）

・贈与税の納税義務者

贈与税が
課されるのは
「個人」！

2 贈与税の計算

・本来の贈与財産

・みなし贈与財産

・非課税財産

・贈与税の基礎控除

・贈与税の税額

贈与税の
基礎控除額は
年間110万円！

3 贈与税の特例

・贈与税の配偶者控除

→婚姻期間：**20**年以上

　非課税限度額：**2,000**万円

・直系尊属から住宅取得等資金の贈与を受けた場合の非課税制度

→非課税限度額：省エネ等の住宅は**1,000**万円、それ以外の住宅は**500**万円

・相続時精算課税制度

→基礎控除：年**110**万円、非課税限度額：**2,500**万円

　超過額については一律**20**％の税率が適用される

・教育資金の一括贈与に係る贈与税の非課税措置

→非課税限度額：**1,500**万円（一定のものは**500**万円）

・結婚・子育て資金の一括贈与に係る贈与税の非課税措置

→非課税限度額：**1,000**万円（結婚費用は**300**万円）

各特例の要件と
非課税限度額を
確認しておこう！

4 贈与税の申告と納付

・贈与税の申告

・贈与税の納付

申告期限は
贈与があった年の
翌年2月1日から
3月15日まで

1 贈与税の基本

I 贈与とは

贈与とは、生存している個人から財産をもらう契約をいいます。

贈与は**合意**によって成立する（**諾成契約**）ので、贈与契約は口頭でも書面でも有効となります。

なお、書面によらない贈与契約は、原則として各当事者が解除をすることができますが、**履行が終わった**部分については解除をすることはできません。

例題

贈与契約は、契約方法が書面か口頭かを問わず、各当事者がこれを解除することができない。

▶ ✕ 書面によらない贈与契約（口頭による贈与契約）は、**履行が終わった部分**を除いて各当事者がこれを解除することができる。

プラスワン　夫婦間の贈与契約

夫婦間の贈与契約は、第三者の権利を侵害しない限り、婚姻中はいつでも一方から取り消すことができます。ただし、夫婦関係が破たんしている場合には、お互いの合意がなければ、取り消すことはできません。

プラスワン　贈与財産の取得時期

相続税法の贈与財産の取得時期は、贈与の方法によって異なります。

贈与方法	財産の取得時期
書面による贈与	贈与契約の**効力が生じた**とき →贈与契約を結んだとき
書面によらない贈与 （口頭による贈与）	**贈与の履行**があったとき
停止条件付贈与	条件が成就したとき

Ⅱ 贈与の形態

贈与の形態には次のようなものがあります。

贈与の形態

定期贈与	定期的に一定の財産を贈与すること 例:「毎年、100万円を5年間にわたって贈与するよ」 **ポイント** ☆贈与者または受贈者のいずれかの死亡で効力が失われる
負担付贈与	受贈者(贈与を受けた人)に一定の義務を負わせる贈与 例:「土地を贈与するので借入金1,000万円を負担して!」 **ポイント** ☆受贈者が負担を履行しない場合には、贈与者は贈与契約を解除することができる
死因贈与	贈与者(贈与をする人)の死亡によって実現する贈与 例:「私が死んだら、この土地をあげるよ」 **ポイント** ☆死因贈与は贈与税ではなく、相続税の課税対象となる ☆贈与者が死亡する前に受贈者が死亡したときは効力を失う
通常の贈与	上記以外の贈与

例題

定期の給付を目的とする贈与契約は、贈与者または受贈者の死亡によって、その効力を失う。

▶ ○

Ⅲ 贈与税の納税義務者

贈与税は、個人からの贈与により財産を取得した個人に課されます。

ひとこと

法人から個人に財産を贈与した場合には、**所得**税の課税対象となります。また、個人が法人に財産を贈与した場合には、**法人**税の課税対象となります。

2 贈与税の計算

　贈与税は、1年間（1月1日から12月31日まで）に贈与された財産の合計額をもとに計算します。

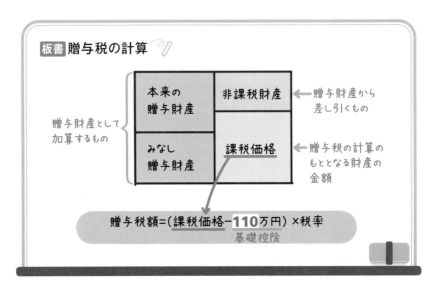

板書 贈与税の計算

本来の 贈与財産	非課税財産
みなし 贈与財産	課税価格

贈与財産として加算するもの

← 贈与財産から差し引くもの

← 贈与税の計算のもととなる財産の金額

贈与税額＝（課税価格−**110万円**）×税率
基礎控除

I 本来の贈与財産

　本来の贈与財産とは、贈与によって取得した財産（預貯金、株式、土地、建物など）で、金銭で換算できる経済的価値のある財産をいいます。

Ⅱ みなし贈与財産

みなし贈与財産とは、本来は贈与財産ではないが、贈与を受けたのと同じ効果がある財産をいいます。

みなし贈与財産には、次のようなものがあります。

みなし贈与財産	
生命保険金等	保険料の負担者以外の人が生命保険の満期保険金などを受け取った場合の保険金額
低額譲受	時価に比べて著しく低い価額で財産を譲り受けた場合の時価と実際に支払った金額との差額 例：時価5,000万円の土地を1,000万円で譲り受けた→4,000万円(5,000万円−1,000万円)がみなし贈与財産となる！
定期金の権利	個人年金保険契約で、保険料の負担者以外の人が年金を受け取る場合、保険料の負担者から年金受取人に対して定期金の贈与があったとみなされる
債務免除	借金をしている人が、その借金を免除してもらった場合の免除してもらった金額 ただし、資力を喪失して債務を返済することが困難となり、債務免除を受けたときは、返済困難な部分については贈与税の課税対象外となる！
負担付贈与	贈与を受ける人に一定の債務を負担させることを条件に贈与すること。負担がないものとした場合の贈与財産の価額※から負担額を控除した額が贈与財産の価額となる

※ その財産(贈与財産)が { 不動産の場合→通常の取引価額(時価)
不動産以外の場合→相続税評価額

例題

子が母から著しく低い価額の対価で土地の譲渡を受けた場合、原則として、その相続税評価額と支払った対価の額との差額を限度に、子が母から贈与により取得したものとみなされ、その差額相当分は、贈与税の課税対象となる。

▶ ✕ 時価に比べて著しく低い価額で財産を譲り受けた場合、その財産の**時価**と実際に支払った金額との差額が「みなし贈与財産」として贈与税の課税対象となる。

Ⅲ 非課税財産

次の財産は、贈与税の課税対象になりません。

非課税財産

◆扶養義務者から受け取った**生活費**や**教育費**のうち、通常必要と認められる金額

◆社会通念上必要と認められる祝い金、香典、見舞い金等

◆**法人**から贈与された財産
　　⮡ 所得税（一時所得や給与所得）の対象となる

◆相続や遺贈によって財産を取得した人が、相続開始年に被相続人から受け取った贈与財産
　　⮡ 相続税における生前贈与加算の対象となる

例題

法人から個人へと財産が贈与された場合、贈与税が課される。

▶ ✕ 法人から贈与された財産は「贈与税」ではなく、「**所得税**」の課税対象となる。

Ⅳ 贈与税の基礎控除

贈与税の基礎控除額は、受贈者1人につき年間**110**万円です。

例題

子が同一年中に父と母のそれぞれから贈与を受けた場合、同年分の子の暦年課税による贈与税額の計算上、課税価格から控除する基礎控除額は、最高で110万円である。

▶ 〇 贈与税の基礎控除額は贈与者の数にかかわらず、受贈者1人につき年間**110**万円である。

Ⅴ 贈与税の税額

贈与税の税額は次ページの速算表を用いて計算します。

なお、暦年課税の場合で、直系尊属（父母や祖父母など）から贈与により財産を取得した受贈者（財産の贈与を受けた年の1月1日において**18歳以上**である者に限る）は、原則として**特例税率**を適用することができます。

特例税率を適用できる財産のことを **特例贈与財産**、特例税率の適用がない財産を **一般贈与財産** といいます。

※　贈与税の税額（速算表）

ここに注目！

税額＝A×B−C

① 一般贈与財産用（一般税率）	基礎控除後の課税価格(A)		税率(B)	控除額(C)
		200万円以下	10%	−
	200万円超	300万円以下	15%	10万円
	300万円超	400万円以下	20%	25万円
	400万円超	600万円以下	30%	65万円
	600万円超	1,000万円以下	40%	125万円
	1,000万円超	1,500万円以下	45%	175万円
	1,500万円超	3,000万円以下	50%	250万円
	3,000万円超		55%	400万円

② 特例贈与財産用（特例税率）	基礎控除後の課税価格(A)		税率(B)	控除額(C)
		200万円以下	10%	−
	200万円超	400万円以下	15%	10万円
	400万円超	600万円以下	20%	30万円
	600万円超	1,000万円以下	30%	90万円
	1,000万円超	1,500万円以下	40%	190万円
	1,500万円超	3,000万円以下	45%	265万円
	3,000万円超	4,500万円以下	50%	415万円
	4,500万円超		55%	640万円

板書 贈与税額

たとえば① 叔父さんから財産をもらったとか…

一般贈与財産550万円を取得した場合は…

基礎控除後の課税価格：550万円−110万円＝440万円

贈与税額：440万円×30%−65万円＝67万円

たとえば②　←18歳以上の人が父から財産をもらったとか…
特例贈与財産550万円を取得した場合は…

　基礎控除後の課税価格：550万円−110万円＝440万円
　贈与税額：440万円×20%−30万円＝58万円

3　贈与税の特例

贈与税の特例として、以下の制度があります。

Ⅰ 贈与税の配偶者控除

　婚姻期間が**20年**以上の配偶者から居住用不動産（または居住用不動産を取得するための金銭）の贈与があった場合、基礎控除（110万円）とは別に**2,000**万円までの配偶者控除が受けられます（基礎控除とあわせて2,110万円まで控除することができます）。

板書贈与税の配偶者控除のポイント

主な要件

1年未満の端数は切捨て

☆　婚姻期間が**20年**以上

相続税の配偶者の税額軽減には婚姻期間の制約はないが、贈与税にはある！

☆　居住用不動産または居住用不動産を取得するための金銭の贈与であること

☆　贈与を受けた年の翌年**3月15日**までに居住を開始し、その後も引き続き居住し続ける見込みであること

☆　過去に同じ配偶者からの贈与についてこの特例を適用していないこと

→ 同じ配偶者からの贈与に対して1回しか適用できない！

ポイント

☆ この特例を適用し、贈与税額が0円となる場合でも、贈与税の<u>申告書の提出が必要</u>

☆ 贈与があった年に贈与者が死亡した場合でも、贈与税の配偶者控除を適用することができる

☆ この特例を受けた贈与財産（2,000万円以下の部分）については、相続税の生前贈与加算の対象にならない

☆ 2,000万円のうち、控除しきれなかった額があったとしても、翌年に繰り越すことはできない

☆ 配偶者は法律上の婚姻の届出をした者に限られる ➡ 内縁関係は✕

例題

贈与税の配偶者控除の適用を受ける場合、贈与時点において、贈与者との婚姻期間が 10 年以上であることが必要とされている。

▶ ✕ 贈与税の配偶者控除の適用を受ける場合、婚姻期間は **20** 年以上であることが必要である。

例題

贈与税の配偶者控除の適用を受ける場合、贈与税額の計算上、課税価格から配偶者控除額として最高 2,500 万円を控除することができる。

▶ ✕ 贈与税の配偶者控除額の上限は **2,000** 万円である。なお、これとは別に基礎控除（110 万円）を控除することができるため、課税価格から合計で **2,110** 万円まで控除することができる。

Ⅱ 直系尊属から住宅取得等資金の贈与を受けた場合の非課税制度

2026 年 12 月 31 日までに、**18** 歳以上の人が直系尊属（父母、祖父母など）から、一定の住宅を取得するための資金の贈与を受けた場合には、取得した金額のうち、一定額が非課税となります。

この制度のポイントは次のとおりです。

板書 直系尊属から住宅取得等資金の贈与を受けた場合の 非課税制度のポイント

適用対象者

贈与者：直系尊属（父母、祖父母など）

受贈者：満**18**歳※以上で、贈与を受けた年の合計所得金額が**2,000** 万円以下の人

※ 贈与年1月1日時点の年齢

適用住宅（主な要件）

☆ 床面積が**40**㎡以上※**240**㎡以下であること

※ ただし、**40**㎡以上**50**㎡未満の場合は、合計所得金額が**1,000** 万円以下の受贈者に限る

☆ 床面積の2分の1以上が居住用であること

☆ 贈与を受けた年の翌年3月15日までにその家屋に居住すること

非課税限度額

省エネ等の住宅	1,000万円
上記以外の住宅	500万円

ポイント

☆ 暦年課税（基礎控除110万円）か Ⅲ 相続時精算課税制度のいずれ かと併用して適用することができる

例題

直系尊属から住宅取得等資金の贈与を受けた場合の非課税制度の適用を受ける場 合、贈与者は 65 歳以上の直系尊属でなければならない。

▶ ✕ この特例を適用するさいの贈与者の年齢要件はない。

例題

直系尊属から住宅取得等資金の贈与を受けた場合の非課税制度の適用を受ける場 合、住宅の床面積は 40㎡以上 250㎡以下でなければならない。

▶ ✕ この特例を適用するさいの床面積の要件は、40㎡以上 240㎡以下である。なお、40㎡以上 50㎡未満の場合には受贈者の合計所得金額が **1,000** 万円以下でなければならない。

Ⅲ 相続時精算課税制度

相続時精算課税制度とは、親世代が持っている財産を早めに子世代に移転できるように、贈与時に贈与税を軽減し、その後の相続時に、贈与分と相続分を合算して相続税を計算する制度をいいます。

ひとこと

相続時精算課税制度は選択適用の制度です。つまり、通常の贈与制度（暦年課税制度）と相続時精算課税制度のいずれかを選択して申告します。

相続時精算課税制度のポイントは次のとおりです。

板書 相続時精算課税制度のポイント

適用対象者　　　　　　　　　※ 贈与年1月1日時点の年齢

贈与者：満**60歳**※以上の父母または祖父母
受贈者：満**18歳**※以上の推定相続人である 子 または満**18歳**※以上の孫
　　　　　　　　　　　　　　　　・代襲相続人を含む
　　　　　　　　　　　　　　　　・養子もOK

事業承継制度の特例の適用を受ける場合の満**18歳**※以上の 特例後継者
　　納税猶予制度の特例　　　　　　推定相続人でなくても
　　(SEC05 3 Ⅲ参照)　　　　　　　適用あり

手　続　き

相続時精算課税制度を選択する場合は、最初に贈与を受けた年の翌年2月1日から3月15日までに、「相続時精算課税選択届出書」を提出する

ポイント

☆ 贈与財産の種類や回数、金額に制限はない
☆ 住宅取得等資金の贈与について、相続時精算課税制度を適用する場合には親の年齢制限はない
　　　→60歳未満の親からの贈与もOK
☆ 贈与者ごと、受贈者ごとに選択できる
　　　→父からの贈与は相続時精算課税制度を選択し、母からの贈与は暦年課税（基礎控除110万円）とすることもできる
☆ いったんこの制度を適用したら、暦年課税に戻れない

相続時精算課税制度を一度選択すると、その選択した年以後に特定贈与者から贈与を受けた財産については本制度の適用を受けることとなり、本制度の選択を撤回して暦年課税に変更することはできない。

▶○

　相続時精算課税制度を選択した受贈者が、特定贈与者（相続時精算課税制度にかかる贈与者）から2024年1月1日以降に贈与を受けた場合、特別控除（累計2,500万円）の控除前に、贈与税の課税価格から基礎控除110万円を控除することができます。なお、相続時には、この110万円を控除したあとの価格が相続税の課税価格となります。

ひとこと

　この「基礎控除110万円」は、通常の贈与税（暦年課税）の基礎控除110万円とは別のものです。

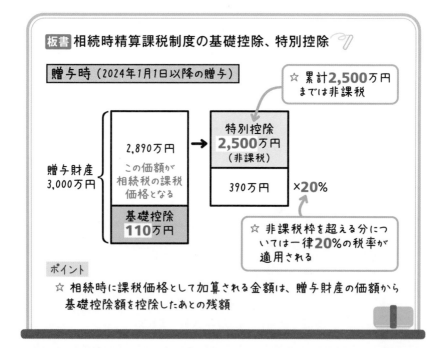

板書 **相続時精算課税制度の基礎控除、特別控除**

贈与時（2024年1月1日以降の贈与）

☆ 累計**2,500**万円までは非課税

贈与財産 3,000万円

2,890万円
この価額が相続税の課税価格となる

基礎控除 **110**万円

→

特別控除 **2,500**万円（非課税）

390万円

×**20%**

☆ 非課税枠を超える分については一律**20%**の税率が適用される

ポイント

☆ 相続時に課税価格として加算される金額は、贈与財産の価額から基礎控除額を控除したあとの残額

例題

> 相続時精算課税制度の適用を受けた贈与財産に係る贈与税額の計算上、認められる特別控除額の限度額は、特定贈与者ごとに基礎控除額110万円を控除した残額に対し、累計で2,000万円である。
>
> ▶ × 相続時精算課税制度の特別控除額の限度額は特定贈与者ごとに累計で**2,500万円**である。

Ⅳ 教育資金の一括贈与に係る贈与税の非課税措置

2013年4月1日から2026年3月31日までの間、直系尊属(父母や祖父母)が一定の要件を満たす受贈者(子や孫)に対して、教育資金にあてるために金銭を贈与し、金融機関(受贈者名義の口座)に預入等した場合には、一定額の贈与税が非課税となります。

板書 教育資金の一括贈与に係る贈与税の非課税措置のポイント

適 用 対 象 者

贈与者:受贈者の直系尊属(父母、祖父母など)
受贈者:**30歳未満**の子や孫など
　　　　↳ 30歳以上でも、学校等に在学している場合などは最長**40歳**に達する日まで
　　　　ただし、前年の合計所得金額が**1,000万円**以下の者に限る

非課税となる教育資金

① 学校等に支払われる入学金や授業料その他の金銭
② 学校等以外に支払われる金銭のうち一定のもの
　　　　↳ ☆ 塾や習い事の月謝等
　　　　　　☆ 受贈者が**23歳**に達した日の翌日以後に支払われるもののうち、一定のものは除外される
③ 通学定期券代
④ 留学渡航費

非 課 税 限 度 額

限度額は受贈者1人につき**1,500万円**(うち、学校等以外への支払いは受贈者1人につき**500万円**が限度)

受贈者が30歳に達した場合等で、教育資金口座にかかる契約が終了した時点で非課税拠出額から教育資金支出額を控除した残額(管理残額)がある場

合には、その残額については贈与税の課税対象となります。なお、2023年4月1日以後に取得した分については、すべて一般税率が適用されます。

Ⅴ　結婚・子育て資金の一括贈与に係る贈与税の非課税措置

　2025年3月31日までに、直系尊属（父母や祖父母）が**18**歳以上**50**歳未満の受贈者に対して、結婚・子育て資金にあてるために金銭等を贈与し、金融機関に信託等した場合には、一定額の贈与税が非課税となります。

板書　結婚・子育て資金の一括贈与に係る贈与税の非課税措置のポイント

適 用 対 象 者

贈与者：直系尊属（父母、祖父母など）
受贈者：18歳以上50歳未満の者
　　　　ただし、前年の合計所得金額が**1,000**万円以下の者に限る

非課税となる費用　…下記のうち一定のもの

① 結婚にさいして支出する婚礼（結婚披露を含む）、住居・引越しに要する費用のうち一定のもの
② 妊娠・出産に要する費用、子の医療費・子の保育料のうち一定のもの

非課税限度額

受贈者1人につき**1,000万円**（うち、結婚費用については**300万円**が限度）

手続き

受贈者は、この特例の適用を受けようとする旨を記載した非課税申告書を、金融機関を経由し、受贈者の納税地の税務署長に提出する

資金管理契約の終了

① 受贈者が50歳に達した場合

② 受贈者が死亡した場合　など

☆ ①の場合は、非課税拠出額から結婚・子育て資金支出額を控除した残額について、贈与者からの贈与があったものとして受贈者に贈与税（一般税率）が課税される

☆ ②の場合は、贈与税は課税されない

プラスワン　契約期間中に贈与者が死亡した場合の取扱い

　信託等があった日から結婚・子育て資金管理契約の終了の日までの間に贈与者が死亡した場合、非課税拠出額から結婚・子育て資金支出額を控除した残額について、受贈者が贈与者から相続または遺贈によって取得したものとみなされ、相続税が課されます。

　また、受贈者が贈与者の子以外の場合には、2021年4月1日以後に取得したものにつき、相続税の2割加算の対象となります。

4 贈与税の申告と納付

Ⅰ 贈与税の申告

贈与税の申告についてポイントをまとめると、次のようになります。

板書 贈与税の申告のポイント 🖊

申告書の提出義務者…贈与を受けた人

☆ その年の1月1日から12月31日までに贈与された財産の合計額が**基礎控除**（110万円）以下の場合は申告は不要。ただし、以下の特例の適用を受ける場合には、納付税額が0円でも申告が必要

> ① 贈与税の配偶者控除
> ② 相続時精算課税制度※
> ③ 直系尊属から住宅取得等資金の贈与を受けた場合の非課税制度
> ※ 2024年1月1日以降は年110万円以下の贈与であれば申告不要

☆ 受贈者が贈与税を納付しない場合には、贈与者に連帯納付義務が課される

提出期限…贈与を受けた年の翌年**2月1日**から**3月15日**まで

提出先…受贈者の住所地の所轄税務署長

ひとこと

　相続時精算課税制度の改正により、2024年1月以降は特別控除（上限は、累計で2,500万円）の控除前に年**110万円**を控除することができます。
　また、相続時には贈与時の課税価格から110万円を控除した金額が相続税の課税価格となるので、相続時精算課税制度を選択した場合でも、年110万円までなら贈与税も相続税もかかりません。贈与税の申告も必要ありません。

Ⅱ 贈与税の納付

　贈与税は、納期限（申告書の提出期限）までに、金銭一括納付が原則ですが、一定の要件を満たした場合には、**5** 年以内の**延納**も認められています。

延納の要件

◆金銭一括納付が困難であること

◆納付すべき贈与税額が **10** 万円を超えていること

◆延納申請書を申告書の提出期限までに提出すること

◆担保を提供すること（延納税額が **100** 万円以下かつ延納期間が **3** 年以下の場合は不要）

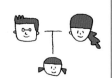

財産の評価

このSECTIONで学習すること

1 財産の評価

・財産の評価

「原則、時価」
…これだけおさえて
おいて！

2 土地の評価

・倍率方式
・路線価方式
・宅地の分類と評価
（自用地、借地権、
貸宅地、貸家建付地）

路線価方式の
具体的な計算方法
を確認して！

3 小規模宅地等の課税価格の計算の特例

・適用対象となる宅地の要件
・減額割合、限度面積
・具体的な計算方法

特定居住用と
特定事業用について、
しっかり確認して
おこう

4 株式等の評価

・上場株式の評価
・取引相場のない株式の評価

取引相場のない
株式の評価はちょっと
ややこしいので、
概要だけみておこう

5 その他の財産の評価

・その他の財産の評価

ここは
サラッとみて
おけばOK

1 財産の評価

相続税や贈与税を計算するさいの財産の価格は、原則として **時価**（その財産を取得したときの価額）で評価します。

2 土地の評価

建物の敷地として用いられる土地を **宅地** といいます。

Ⅰ 宅地の評価単位

宅地は、一画地（利用単位）ごとに評価します。

Ⅱ 宅地の評価方法

宅地の評価方法には、**倍率方式** と **路線価方式** があります。

Ⅲ 倍率方式

倍率方式 は、**市街地**以外の、路線価が定められていない郊外地や農村部などにある宅地の評価方法で、**固定資産税評価額**に一定の倍率を掛けて、評価額を計算します。

Ⅳ 路線価方式

路線価方式 は、**市街地**にある宅地の評価方法で、宅地が面する道路ごとに付された**1㎡あたり**の価額（路線価）にもとづいて、宅地の評価額を計算します。

路線価方式の具体的な計算方法は次のとおりです。

宅地に借地権が設定されている場合等がありますが、まずは基本となる自用地（自分で自由に使える土地、更地）の評価についてみていきましょう。

板書 路線価方式(自用地)の具体的な計算方法

1 一方のみが道路に面している宅地

> 評価額=路線価×奥行価格補正率×地積

たとえば、次のような宅地の場合は・・・

```
200 C ← C は借地権割合を表す記号
        借地権割合は90%(A)から30%(G)まである
地積
600㎡   奥行価格補正率:0.95
```

評価額:200千円×0.95×600㎡=114,000千円

　　　　↘ 路線価の単位は千円

　　　　　200 C
路線価は200千円 ↗ ↘ 借地権割合は70%
　(200,000円)

記号	借地権割合
A	90%
B	80%
C	70%
D	60%
E	50%
F	40%
G	30%

2 正面と側面が道路に面している宅地

> 評価額={(正面路線価×奥行価格補正率)+(側方路線価
> ×奥行価格補正率×側方路線影響加算率)}×地積

たとえば、次のような宅地の場合は・・・

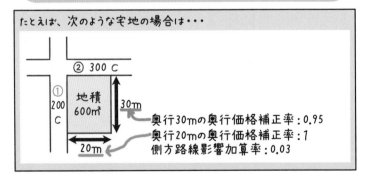

奥行30mの奥行価格補正率:0.95
奥行20mの奥行価格補正率:1
側方路線影響加算率:0.03

■正面の判定■
　路線価×奥行価格補正率で計算して、いずれか高いほうが
　正面路線価となる
　① 200千円×1=200千円
　② 300千円×0.95=285千円
　③ ①＜②→②が正面路線価

■評価額の計算■
　評価額：{(300千円×0.95)+(200千円×1×0.03)}×600㎡
　　　　＝174,600千円

角地と準角地

正面と側面が
道路に面している宅地には
角地と準角地がある

 角地

 準角地

3 正面と裏面が道路に面している宅地

評価額={(正面路線価×奥行価格補正率)+(裏面路線価
　　　　×奥行価格補正率×二方路線影響加算率)}×地積

たとえば、次のような宅地の場合は・・・

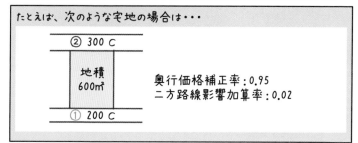

② 300 C

地積
600㎡

① 200 C

奥行価格補正率：0.95
二方路線影響加算率：0.02

■正面の判定■
　①200C＜②300C→②が正面路線価

■評価額の計算■
　評価額：{(300千円×0.95)+(200千円×0.95×0.02)}×600㎡
　　　　＝173,280千円

> **ひとこと**
>
> 　路線価方式によって評価する宅地が不整形地である場合は、不整形地補正率を用いて計算します。なお、倍率方式の場合には、固定資産税評価額に不整形地補正率が織込済みなので、不整形地補正率は用いません。

Ⅴ 宅地の分類と評価

　宅地は、**自用地**、**借地権**、**貸宅地**、**貸家建付地**に分類して評価します。

　借地権、貸宅地、貸家建付地の評価額は、自用地の評価額をもとにして計算します。

板書 宅地の分類と評価 🖊

自 用 地 …土地の所有者が自分のために使用している宅地

　評価額=路線価方式または倍率方式で計算した評価額

借 地 権 …借地権が設定されている場合の宅地の賃借権

　評価額=自用地評価額×借地権割合

Aさんの土地をBさんが借りている場合のBさんの権利=借地権

貸 宅 地 …借地権が設定されている宅地

　評価額=自用地評価額×(1-借地権割合)

Aさんの土地をBさんが借りている場合のAさんの土地=貸宅地

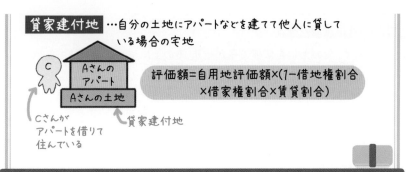

貸家建付地 …自分の土地にアパートなどを建てて他人に貸している場合の宅地

評価額＝自用地評価額×(1−借地権割合 ×借家権割合×賃貸割合)

Cさんがアパートを借りて住んでいる

貸家建付地

例題

借地権の評価額は、「自用地評価額×(1−借地権割合)」で計算する。

▶ ✕ 借地権の評価額は、「自用地評価額×**借地権割合**」で計算する。

例題

貸宅地の価額は、「自用地評価額×(1−借地権割合×借家権割合×賃貸割合)」の算式により計算した金額により評価する。

▶ ✕ 貸宅地（借地権が設定されている土地）の評価額は、「自用地評価額×**(1−借地権割合)**」で計算する。

例題

Ａさんが、所有する宅地の上にＡさん名義の家屋を建て、これを賃貸している場合、所有している宅地は貸宅地として評価する。

▶ ✕ 自分が所有する宅地に家屋を建て、これを賃貸している場合、所有している宅地は**貸家建付地**として評価する。

【土地の使用貸借の場合】

土地を無償で貸した場合（**使用貸借**の場合）の土地の相続税評価額は、**自用地**としての評価額となります。

土地の使用貸借の場合

たとえば、父の土地を無償で子が借り、その上に子が家屋を建てたという場合は…

貸主（土地の所有者）＝父	土地の評価額＝**自用地**としての価額
借主＝子	土地の使用権の評価額＝0

お金（賃料）を支払って貸し借りすることを **賃貸借**、無償で貸し借りすることを **使用貸借** といいます。

3 小規模宅地等の課税価格の計算の特例

　被相続人の居住用や事業用であった宅地等に高額な相続税を課した場合、被相続人が死亡したあと、相続人が居住したり、事業を引き継ぐことができなくなってしまいます。そこで、このような宅地（一定の要件を満たした宅地）については、通常の評価額から一定割合の評価減を受けることができます。この制度を **小規模宅地等の課税価格の計算の特例** といいます。

　この特例は、相続税の場合のみ適用できます。贈与税の場合には適用できません。

Ⅰ 適用対象となる宅地の要件

　次の要件のすべてを満たした宅地は、この特例を適用することができます。

適用対象となる宅地の要件

◆被相続人または被相続人と生計を一にする親族の、事業用または居住用の宅地であること

→別生計の親族の事業用または居住用の宅地は適用不可

◆建物または構築物の敷地であること

→空き地や青空駐車場の場合は適用不可

◆申告期限までに遺産分割が終了していること

→未分割の場合には適用不可。ただし、申告期限から**3**年以内に分割が確定した場合は適用可能

Ⅱ 減額割合、限度面積

この特例の適用を受けた場合の減額割合と限度面積は、宅地等の利用区分によって異なります。

減額割合と限度面積

宅地等の利用区分			減額割合	限度面積
居住用		特定居住用宅地等 被相続人が居住用に供していた宅地で配偶者や一定の親族が取得等した宅地	80%	330㎡
事業用	貸付事業以外の事業用	特定事業用宅地等^{※1} 被相続人が事業用(貸付事業以外)に供していた宅地で一定の親族が取得等した宅地	80%	400㎡
	貸付事業用	特定同族会社事業用宅地等	80%	400㎡
		貸付事業用宅地等^{※2}	50%	200㎡

※1 相続開始前3年以内に事業の用に供された宅地等を除く
※2 相続開始前3年以内に貸付事業の用に供された宅地等を除く

☆ 特定居住用宅地等と特定事業用宅地等や特定同族会社事業用宅地等を併用する場合、合計**730㎡**まで適用可能

330㎡ + 400㎡ = 730㎡

例題

「小規模宅地等の課税価格の計算の特例」における特定居住用宅地等に係る適用対象面積は、400㎡までの部分である。

▶ ✕ 特定居住用宅地等の限度面積は **330㎡** である。なお、減額割合は **80%** である。

例題

「小規模宅地等の課税価格の計算の特例」における貸付事業用宅地等に係る減額割合（相続税の課税価格に算入すべき価額の計算上、減額される割合）は、80%である。

▶ ✕ 貸付事業用宅地等の減額割合は **50%** である。なお、限度面積は **200㎡** である。

プラスワン 特定居住用宅地等の要件

特定居住用宅地等とは、次のいずれかの要件を満たした宅地をいいます。

❶被相続人の**配偶者**が取得した宅地である
→配偶者が取得した場合は、所有要件も居住要件も**なし**

❷その宅地に被相続人と**同居**していた親族がその宅地を取得し、申告期限まで**所有&居住**し続けている
→同居親族が取得した場合は、所有要件&居住要件が必要

❸配偶者も同居親族もいない場合で、相続開始前3年以内に日本国内にある自己または自己の配偶者もしくは3親等内の親族、自己と特別の関係にある法人が所有する家屋に居住したことがない親族が、申告期限までその宅地を**所有**している

❹被相続人と生計を一にしていた親族の居住の用に供されていた宅地（被相続人の居住用ではない宅地）を、その親族が取得し、申告期限まで**所有&居住**し続けている

なお、被相続人の居住の用に供されていた宅地等が、養護老人ホーム等への入所など被相続人が居住の用に供することができない等、一定の事由により、被相続人の居住の用に供されていなかった場合は、適用することができます。

プラスワン 特定事業用宅地等の要件

特定事業用宅地等とは、次のいずれかの要件を満たした宅地をいいます。

❶被相続人の事業の用に供されていた宅地を、事業を承継した親族が取得し、申告期限まで**所有&事業**を続けている

❷被相続人と生計を一にしていた親族の事業の用に供されていた宅地を、その親族が取得し、申告期限まで**所有&事業**を続けている

なお、相続開始前**3**年以内に新たに事業の用に供された宅地（一定の場合を除く）には適用できません。

Ⅲ 具体的な計算方法

この特例によって、宅地の評価額から減額される金額は次の計算式によって求めます。

減額される金額＝宅地の評価額×$\frac{限度面積^※}{総面積}$×減額割合（80%または50%）

※ ただし、総面積が上限

次の各ケースにおいて、小規模宅地等の特例を適用したあとの宅地の課税価格は…

> ケースA…地積：400㎡、特例適用前の評価額：6,000万円
> 　　　　　特定居住用宅地等に該当する

> ケースB…地積：500㎡、特例適用前の評価額：9,000万円
> 　　　　　特定事業用宅地等に該当する

■ケースAの課税価格■
　　↳特定居住用宅地等…減額割合：**80**％、限度面積：**330**㎡

① 減額される金額：**6,000**万円×$\dfrac{330㎡}{400㎡}$×**80**％=3,960万円

② 課税価格：6,000万円−3,960万円=2,040万円

■ケースBの課税価格■
　　↳特定事業用宅地等…減額割合：**80**％、限度面積：**400**㎡

① 減額される金額：**9,000**万円×$\dfrac{400㎡}{500㎡}$×**80**％=5,760万円

② 課税価格：9,000万円−5,760万円=3,240万円

Ⅳ その他の要件

　この特例の適用を受けるためには、特例適用後の相続税額が0円となった場合でも、相続税の申告書を提出する必要があります。

4 株式等の評価

I 上場株式の評価

上場株式は、次の❶～❹のうち、最も**低い**価額で評価します。

❶課税時期(相続開始時)の最終価格
❷課税時期の属する月の毎日の最終価格の平均
❸課税時期の属する月の前月の毎日の最終価格の平均
❹課税時期の属する月の前々月の毎日の最終価格の平均

} いずれか最も**低い**価額

例題

上場株式の価額は、その株式が上場されている金融商品取引所の公表する課税時期の最終価格と、その課税時期の属する月以前3カ月間の毎日の最終価格の各月ごとの平均額のうちいずれか高い価額によって評価する。

▶× 上場株式の価額は、課税時期の最終価格(終値)と、課税時期の属する月以前3カ月間の毎日の最終価格(終値)の各月ごとの平均額のうちいずれか**低い**価額によって評価する。

II 取引相場のない株式の評価

取引相場のない株式の評価方法には、**類似業種比準方式**、**純資産価額方式**、**併用方式**、**配当還元方式** があります。

取引相場のない株式の評価方法

原則的評価方法	類似業種比準方式	上場している類似業種企業の株価をもとにして、配当、利益、簿価純資産の3つの要素を加味して評価額を算定する方法
	純資産価額方式	その会社の純資産価額を相続税評価額(時価)で評価して、それを発行済み株式数で割って、1株あたりの評価額を算定する方法
	併用方式	類似業種比準方式と純資産価額方式の併用
特例的評価方法	配当還元方式	その会社の直前2期間の配当金額をもとに評価額を算定する方法

板書 取引相場のない株式の評価方法の計算式

類似業種比準方式

$$
\text{1株あたり評価額} = A \times \dfrac{\dfrac{b}{B} + \dfrac{c}{C} + \dfrac{d}{D}}{3} \times \text{斟酌率} \times \dfrac{\text{1株あたりの資本金等の額}}{50円}
$$

> A：類似業種の株価
> B：類似業種の1株あたりの配当金額
> C：類似業種の1株あたりの年利益金額
> D：類似業種の1株あたりの純資産価額
> b：評価会社の1株あたりの配当金額
> c：評価会社の1株あたりの利益金額
> d：評価会社の1株あたりの純資産価額
> 斟酌率：大会社は0.7、中会社は0.6、小会社は0.5

純資産価額方式

法人税の実効税率

$$
\text{1株あたり評価額} = \dfrac{\overset{①}{\substack{\text{相続税評価額}\\\text{による純資産額}}} - \left(\overset{①}{\substack{\text{相続税評価額}\\\text{による純資産額}}} - \overset{②}{\substack{\text{帳簿価額}\\\text{による純資産額}}} \right) \times 37\%}{\text{発行済株式総数}}
$$

①相続税評価額による純資産額を求める
　　純資産額＝総資産額－負債額

②帳簿価額による純資産額を求める
　　純資産額＝総資産額－負債額

配当還元方式

$$
\text{1株あたり評価額} = \dfrac{\text{年配当金額}}{10\%} \times \dfrac{\text{1株あたりの資本金等の額}}{50円}
$$

例題

配当還元方式では、1株あたりの年配当金額を5％の割合で還元した元本の金額によって評価する。

> ▶ × 配当還元方式では、1株あたりの年配当金額（過去2年間の平均配当金額）を **10**％の割合で還元した元本の金額によって評価する。

どの評価方法で算定するかは、会社の規模や取得者(誰が株式を取得したのか)によって異なります。

評価方法の選定

※ ( )内の評価方法とのいずれか低いほうで評価できる

取得者	会社の規模	原則的な評価方法
同族株主等のうち一定の者	大会社	**類似業種比準**方式(または純資産価額方式)
	中会社	**併用**方式(または純資産価額方式)
	小会社	**純資産価額**方式(または併用方式)
同族株主以外の株主等		**配当還元**方式

同族株主…簡単にいうと、経営支配力がある同族の株主グループのこと

例題

会社規模が小会社である会社の株式の価額は、純資産価額方式、または類似業種比準方式と純資産価額方式の併用方式のいずれかによって評価する。

▶○

ひとこと

同族株主とは、次の株主グループのことをいいます。

株主の1人およびその同族関係者で、その会社の議決権の**30%以上**を有している場合の株主グループ(ただし、株主の1人およびその同族関係者グループで、その会社の議決権の50%超を有している場合には、その株主グループのみ)

たとえば、Aさん一族が40%、Bさん一族が35%、Cさん一族が25%を保有しているという場合は、30%基準により、Aさん一族とBさん一族が同族株主となります。

また、Aさん一族が55%、Bさん一族が35%、Cさん一族が10%を保有しているという場合は、50%基準により、Aさん一族のみが同族株主となります。

わかった!

プラスワン 特定評価会社

特定評価会社とは、類似業種比準方式で評価することが適当でない会社のことをいいます。

特定評価会社に該当する場合、原則として**純資産価額**方式で評価します(一定の場合には配当還元方式で評価することができます)。

5 その他の財産の評価

その他の財産の評価をまとめると、次のとおりです。

その他の財産の評価

財　産		評価方法
建物	自用家屋	評価額＝**固定資産税評価額**×1.0
	貸家	評価額＝自用家屋の評価額×（1－**借家権割合**×**賃貸割合**）
	建設中の家屋	評価額＝課税時期までの建設費用現価×**70**%
附属設備等	家屋と構造上一体となっている設備	**家屋**の価額に含めて評価
	庭園等	評価額＝課税時期における調達価額×**70**%
	構築物（門、塀など）	評価額＝（再構築価額－建築時から課税時期までの償却費の合計額または減価の額）×**70**%
ゴルフ会員権		評価額＝通常の取引価額×**70**%
生命保険契約に関する権利		評価額＝**解約返戻金**の額
定期預金等		評価額＝預入残高＋（相続開始までの既経過利息－源泉徴収税額）
公社債	利付債（上場）	評価額＝課税時期の最終価額＋（既経過利息－源泉徴収税額）
投資信託	上場投資信託	上場株式等と同じ
	MMFなど	評価額＝1口あたり基準価額×口数＋（未収分配金－源泉徴収税額）－解約手数料等
	その他	評価額＝1口あたり基準価額×口数－解約した場合の源泉徴収税額－解約手数料等

定期金に関する権利	給付事由が発生していないもの	評価額＝解約返戻金相当額
	給付事由が発生しているもの	次の❶～❸のうち、いずれか多い金額 ❶解約返戻金相当額 ❷定期金に代えて一時金で受け取ることができる場合は、その一時金相当額 ❸予定利率等をもとに計算した金額
外貨建ての財産		相続開始時のTTBで円換算した金額

ひとこと

なお、普通預金については、原則として相続開始日の預入残高で評価します。

例題

建設中の家屋の価額は、「その家屋の費用現価×80%」の算式により計算した金額によって評価する。

▶ × 建設中の家屋の価額は、「その家屋の費用現価×**70%**」の算式により計算した金額によって評価する。

例題

相続開始時において、保険事故がまだ発生していない生命保険契約に関する権利の価額は、課税時期における既払込保険料相当額により評価する。

▶ × 相続開始時において、保険事故がまだ発生していない生命保険契約に関する権利の価額は、相続開始時における解約返戻金の額により評価する。

SECTION 05 相続・事業承継対策

このSECTIONで学習すること

1 相続対策

- 節税対策
- 遺産分割対策
- 納税資金対策

どんな方法があるのか、確認しておこう

2 事業承継対策

- 具体的な方法

相続対策に加えて、後継者の経営支配権の確保も考えておかないといけない！

3 非上場株式等の贈与税・相続税の納税猶予制度

- 非上場株式等の贈与税の納税猶予制度
- 非上場株式等の相続税の納税猶予制度
- 納税猶予制度の特例
- 贈与税の納税猶予制度と相続税の納税猶予制度の関係

贈与の場合には、非上場株式等に係る贈与税の全額、相続の場合には、非上場株式等に係る課税価格の80％に対応する相続税の納税が猶予される！

4 事業承継を円滑にするための遺留分の特例

- 遺留分に関する民法の特例

一定の場合には、遺留分について、民法と異なる取決めをすることができる！

1 相続対策

相続対策として、**節税対策**（課税価格の引き下げ）、**遺産分割対策**、**納税資金対策**があります。

Ⅰ 節税対策

節税対策の一般的な方法には、次のようなものがあります。

節税対策

方　　法	内　　容
不動産の購入	土地や建物の相続税評価額は、市場価額よりもかなり低くなるため、多額の現預金等で保有しているよりも、土地や建物で保有しているほうが相続税評価額が低くなる
生命保険の加入	生命保険金の非課税額を利用して相続税額を低く抑える
生前贈与 （暦年課税、 相続時精算課税）	・生前贈与により、相続財産の減少を図る ・贈与税の基礎控除や配偶者控除を活用する ・孫への贈与で相続税の課税を1回回避する 　孫が相続や遺贈で財産を取得しなければ、生前贈与加算の適用がないため、相続税の課税を1回回避することができる

Ⅱ 遺産分割対策

遺産分割の争いを回避するための一般的な方法には、遺言や生前贈与などがあります。

納税資金対策

納税資金対策の一般的な方法には、次のようなものがあります。

納税資金対策の方法

方　法	内　　容
生命保険の加入	被相続人を被保険者とした生命保険に加入することで、相続時に相続人が受け取る死亡保険金を納税資金にあてることができる
資産の売却	◆資産を売却して、納税資金をつくる ◆相続発生後に資産を売却することによって、相続税の取得費加算を利用する

2 事業承継対策

　中小企業では、経営者の死亡によって会社経営が困難になることが多々あります。そのため、経営者が死亡した場合における、後継者へのスムーズな事業承継が重要課題となります。

　事業承継対策の具体的な方法には、次のようなものがあります。

事業承継対策の具体的な方法

目　的	方　法	内　　容
株価の引き下げ 相続税の負担を減らすため	生前に役員退職金を支給する	◆退職金の支給により、会社の現金等が減るので、純資産が減る →株式の評価方法が純資産価額方式の場合、株式の相続税評価額が下がる ◆役員退職金は費用計上されるため、会社の利益額が減少する →株式の評価方法が類似業種比準方式の場合、株式の相続税評価額が下がる
	無配当・低配当にする	類似業種比準方式や配当還元方式では、配当金額を考慮して株式の評価額が計算されるので、一定期間、無配当・低配当にすることにより株価を引き下げることができる
株式数対策	自社株を後継者に贈与する	後継者の持株数を増やすことによって、後継者の経営支配権を確保することができる
納税資金対策	生命保険の加入	「契約者＝受取人：会社、被保険者：経営者」という生命保険契約の活用により、死亡退職金の支払原資を確保できる

例題

オーナー経営者に対する役員退職金の支給には、その会社の純資産価額の引き下げ効果はない。

▶ ✕ 役員退職金の支給は、その会社の純資産価額の引き下げ効果がある。

3 非上場株式等の贈与税・相続税の納税猶予制度

Ⅰ 非上場株式等の贈与税の納税猶予制度（一般措置）

　後継者(受贈者)が、前経営者(贈与者)から贈与により、**都道府県知事**の認定を受ける非上場会社の株式等を全部または一定数以上取得し、その会社の経営を承継する場合には、その非上場株式等(発行済み議決権株式総数の**3分の2**に達するまでの部分)に係る贈与税の**全額**について、納税が猶予されます。この制度を **非上場株式等の贈与税の納税猶予制度** といいます。

Ⅱ 非上場株式等の相続税の納税猶予制度（一般措置）

　後継者(経営承継相続人)が、前経営者(被相続人)から相続等により、**都道府県知事**の認定を受ける非上場会社の株式等を取得し、その会社の経営を承継する場合には、その非上場株式等(相続開始前から所有していたものを含めて発行済み議決権株式総数の**3分の2**に達するまでの部分)に係る課税価格の**80％**に対応する相続税について、納税が猶予されます。この制度を **非上場株式等の相続税の納税猶予制度** といいます。

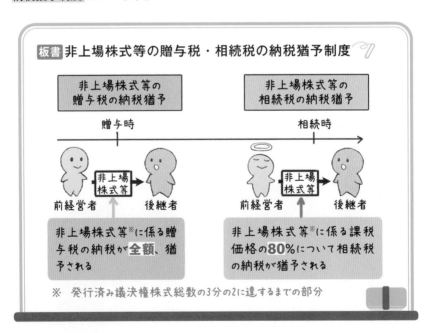

板書 非上場株式等の贈与税・相続税の納税猶予制度

| 非上場株式等の
贈与税の納税猶予 | 非上場株式等の
相続税の納税猶予 |

贈与時　　　　　　　　　相続時

前経営者　非上場株式等　後継者　　前経営者　非上場株式等　後継者

非上場株式等※に係る贈与税の納税が**全額**、猶予される

非上場株式等※に係る課税価格の**80％**について相続税の納税が猶予される

※ 発行済み議決権株式総数の3分の2に達するまでの部分

Ⅲ 納税猶予制度の特例（特例措置）

特例後継者が、特例認定承継会社の代表権を有していた者から、贈与または相続等により特例認定承継会社の非上場株式を取得した場合には、その非上場株式等に係る贈与税または相続税の**全額**について、納税が猶予されます。

ひとこと

「発行済み議決権株式総数の3分の2に達するまでの部分」という制限はなく、取得したすべての株式に係る納税が猶予されます。

また、特例後継者については、特例認定承継会社の代表者以外の者からの贈与等により取得する特例認定承継会社の非上場株式についても、納税猶予の対象となります。

例題

「非上場株式等についての贈与税の納税猶予及び免除の特例」の対象となる非上場株式は、後継者が受贈前にすでに有していた非上場株式を含めて、発行済議決権株式総数の2分の1に達するまでの部分に限られる。

▶ ×「非上場株式等についての贈与税の納税猶予及び免除の特例」の適用を受けた場合、後継者が先代経営者から贈与を受けた**すべて**の非上場株式が、その特例の対象となる。

Ⅳ 贈与税の納税猶予制度と相続税の納税猶予制度の関係

前経営者の死亡の日まで贈与税の納税猶予の適用を受けていた非上場株式等については、相続開始によって納税が猶予されていた贈与税額が免除されます。

この非上場株式等はすでに贈与を受けていますが、相続税の計算上、被相続人（前経営者）から相続または遺贈によって取得したものとみなされ、相続税の課税対象（相続財産に算入される価格は贈与時の価額）となります。そのさい、都道府県知事の確認を受けた場合には、相続人は非上場株式等（相続時点では非上場株式等に該当する必要はない）の相続税の納税猶予を適用することができます。

4 事業承継を円滑にするための遺留分の特例

　推定相続人が複数いる場合、後継者に自社株式(の全部)を承継させたくても、一定の相続人には遺留分が認められるため、結果として、後継者に自社株式(の全部)を承継させることができなくなることがあります。

　このような遺留分の問題を解決するため、「経営承継円滑化法」によって「遺留分に関する民法の特例」が定められており、一定の要件を満たせば、民法の遺留分の規定と異なる合意が認められます。

遺留分に関する民法の特例

主 な 要 件

❶推定相続人**全員**の書面による**合意**が必要

❷特例を受けられる中小企業は、**3**年以上継続して事業を行っている非上場企業であること

❸株式を譲渡する先代経営者は、過去または合意時点において、会社の代表者であること

❹後継者は、合意時点において当該会社の代表者であること　など

手 続 き

◆**経済産業大臣の確認**が必要

◆**家庭裁判所の許可**が必要

特例の内容

後継者に贈与された自社株式について、**除外合意** または **固定合意** をすることができる

除外合意 → 自社株式を遺留分算定の財産から除く合意

固定合意 → 遺留分算定の財産に算入する自社株式の価額を合意時の価額で固定させてしまう合意

プラスワン 個人事業者の事業用資産に係る贈与税の納税猶予制度

　　特例事業受贈者（18歳以上である者に限る）が、贈与により特定事業用資産を取得し、事業を継続していく場合には、担保の提供を条件に、その特例事業受贈者が納付すべき贈与税額のうち、贈与により取得した特定事業用資産の課税価格に対応する贈与税について、納税が猶予されます。

　　なお、特例事業受贈者が直系卑属である推定相続人以外の者であっても、贈与者がその年1月1日において60歳以上である場合には、相続時精算課税制度の適用を受けることができます。

プラスワン 個人事業者の事業用資産に係る相続税の納税猶予制度

　　特例事業相続人等が、相続等により特定事業用資産を取得し、事業を継続していく場合には、担保の提供を条件に、その特例事業相続人等が納付すべき相続税額のうち、相続等により取得した特定事業用資産の課税価格に対応する相続税について、納税が猶予されます。

　　前記の**特定事業用資産**とは、被相続人の事業（不動産貸付事業等は除く）の用に供されていた土地（面積**400㎡**までの部分）、建物（床面積**800㎡**までの部分）、建物以外の減価償却資産（一定のもの）で、**青色申告書に添付される貸借対照表に計上されているもの**をいいます。

索 引

英字

ア行

カ行

サ 行

マ 行

ヤ 行

ラ 行

ワ 行

memo

memo

memo

memo